U0744733

"语言研究新视角丛书"编辑委员会

主　　编：黎运汉

常务编委：（接音序排列）

　　　　　郭　熙　　何自然　　黎运汉　　刘焕辉

　　　　　屈哨兵　　邵敬敏　　肖沛雄　　曾毅平

　　　　　郑颐寿　　周国光　　宗廷虎

编　　委：（接音序排列）

　　　　　曹德和　　曹　炜　　戴仲平　　丁金国

　　　　　冯广艺　　冯寿忠　　郭　熙　　韩荔华

　　　　　何自然　　胡范铸　　黄丽贞　　黎运汉

　　　　　李　军　　刘大为　　刘凤玲　　刘焕辉

　　　　　刘惠琼　　刘街生　　罗　丽　　孟建安

　　　　　邱冬梅　　屈哨兵　　邵敬敏　　盛永生

　　　　　苏金智　　汪国胜　　吴礼权　　肖沛雄

　　　　　谢旭慧　　许光烈　　曾毅平　　张力军

　　　　　郑荣馨　　郑颐寿　　周国光　　宗廷虎

YUYAN YANJIU
XINSHIJIAO CONGSHU
语言研究新视角丛书

主编 黎运汉

ren ji xiu ci xue

人际修辞学

郑荣馨 著

以修辞编织精湛的艺术语言，用语言构建和谐的人际关系

暨南大学出版社
JINAN UNIVERSITY PRESS

中国·广州

图书在版编目（CIP）数据

人际修辞学/郑荣馨著. —广州：暨南大学出版社，2012.8
（语言研究新视角丛书）
ISBN 978 - 7 - 5668 - 0242 - 2

Ⅰ.①人…　Ⅱ.①郑…　Ⅲ.①人际关系—语言艺术—通俗读物　Ⅳ.①C912.1 - 49
②H019 - 49

中国版本图书馆 CIP 数据核字（2012）第 133582 号

出版发行：暨南大学出版社

地　　址：中国广州暨南大学
电　　话：总编室（8620）85221601
　　　　　营销部（8620）85225284　85228291　85228292（邮购）
传　　真：（8620）85221583（办公室）　85223774（营销部）
邮　　编：510630
网　　址：http：//www.jnupress.com　http：//press.jnu.edu.cn

排　　版：弓设计
印　　刷：佛山市浩文彩色印刷有限公司

开　　本：787mm×1092mm　1/16
印　　张：24.5
字　　数：522 千
版　　次：2012 年 8 月第 1 版
印　　次：2012 年 8 月第 1 次

定　　价：49.80 元

（暨大版图书如有印装质量问题，请与出版社总编室联系调换）

总　序

　　去年 6 月，暨南大学出版社策划编辑杜小陆先生邀请我为他们出版社主编一套语言学丛书。始初我有些犹豫，但后来为他的眼界和气魄所感动，而且觉得这是响应社会发展对语言科学召唤的善举，便欣然应诺了。

　　丛书筹备工作进展得很顺利，很快便得到了 20 多位学者朋友的赞许与支持。去年 7 月和今年 4 月，暨南大学出版社徐义雄社长先后两次诚邀部分编委举行了丛书策划论证会，深入讨论了丛书选题运作的相关事宜，确定丛书名为"语言研究新视角丛书"，丛书的核心思想为"创新"：课题新、理论新、语料新、方法新，力求凸显研究对象的新规律、新特点，洋溢时代气息，体现学科走向，给读者以新的启示。学术研究贵在创新，创新是学科前进的关键。只有创新才能给语言学增加新鲜血液，使其健康发展，而创新的基础是继承和吸收。继承、吸收与创新融合是语言科学发展繁荣的重要因素，也是语言科学发展繁荣的基本规律及其研究的方法论原则。我们撰写这套丛书时，既注意继承优秀传统，吸收已有成果的精华，更努力于开拓创新。

　　这套丛书由 30 本组成，于 2008 年 10 月、2013 年 8 月和 2014 年 8 月分三批出版。

　　丛书数量大，内容广泛而丰富多彩。涵盖语言理论、语言本体、语言运用和语言教学的范围，涉及词汇学、语义学、语法学、社会语言学、语用学、话语语言学、方言学、修辞学、语体学、语言风格学、辞章学，以及港台语言、网络语言、广告语言、导游语言、交际语言艺术、语用与文化、语用与教学的方方面面。其中有国家、省部级社科基金规划项目成果，有影响较大的学术专著的拓新或再构，有作者多年潜心研究的新著。我们期望丛书的问世能对现代语言科学以及与其有关学科的繁荣发展有所贡献，对语言学、文艺学、文章学的教学有所帮助，对语言科学的研究者有所启示，对社会公众提高语言运用的能力有所裨益。

　　丛书的参撰者是海峡两岸长期从事语言学、语用学、社会语言学、文化语言学教学和研究的老中青教授、博士。他们学术造诣较深，眼光敏锐，视野开阔，颇有探索、拓荒精神，曾出版、发表了不少学术专著和系列论文，而且都以严谨、务实、求新、求精的科学态度，潜心耕耘自己的课题，竭力使研究成果具有创新性、学术性、科学性、实用性、启示性。毫无疑问，丛书的每一分册都是作者多年从事语言科学研究和教学的智慧结晶，我相信读者朋友们都能从中发现自己喜爱的闪光点。

　　丛书成立的编委会由本人任主编，郭熙、何自然、刘焕辉、屈哨兵、邵敬敏、肖沛雄、曾毅平、周国光、郑颐寿、宗廷虎等教授为常务编委，丛书作者为编委。作者提交的书稿经丛书编委会审定，由主编和常务编委签署意见后，交由出版社出版。全套丛书行文体例大体一致。尽管编委共同努力把好质量关，但由于我们的水平和经验所限，这套丛书的编写难免有不尽如人意的地方，敬请读者朋友不吝赐教。

暨南大学出版社欣欣向荣，富有活力，一贯重视出版图书的质量。出版的图书在新闻传播学、语言文学、心理学与管理学等学科领域已形成优势和特色，诸如《中文》等系列华文教材在海内外享有盛誉，"院士科普书系" 2006 年获国家科技进步二等奖。这次把"语言研究新视角丛书"和全国新闻学教材系列、"海外华文文学丛书"等同列为重点图书，更显示出令人钦佩的远见和魄力。我作为主编，代表全体作者向暨南大学出版社表示衷心的感谢，并诚挚感谢各位作者朋友对我的大力支持。

黎运汉
2008 年国庆节
于暨南大学羊城苑得道居

前　言

　　人际修辞学是以人与人之间的语言交际活动为研究对象，揭示构建和谐人际关系的语言运用规律的修辞学分支学科。人们在社会上都扮演着特定的角色，以各自的需要、文化的积淀等为纽带，采用不同的方式联结在一起，于工作、学习、生活中，进行人际交往。人际关系类别众多，性质相异，错综复杂，构建和谐人际关系必须讲究高超的修辞艺术，所以，在这个意义上来说，人际修辞学也可以说是正确、妥善地处理人际关系的修辞艺术。

　　从本质上来看，一般修辞学的研究并不能完全脱离人际关系，与人际关系总是存在不同程度、不同形式的联系，我们之所以认为有必要建立人际修辞学分支学科，主要是因为一般修辞学和人际修辞学既有共同性，又有特殊性，两者在关注视野、研究重点和追求目标等方面有着比较明显的区别。

　　人际修辞学的建立，可以从一个十分重要的方面大大丰富修辞学理论研究的内容，集中表现出修辞学理论紧密联系语言交际实践的追求，开辟一个极其广阔、充满生机活力的研究新领域。当代修辞学的发展可以沿着两个方向前进。一个方向是在现有的理论基础上修正、补充、拓宽、深入，进一步科学化、严密化、系统化，抑或进行关涉全局的重大革新，建立修辞学理论新体系。对于语体风格的问题，尽管研究成果丰硕，但在定义、特征、分类等方面分歧还是较多、较大，语体风格的科学化是一个十分艰难的课题，完全有必要继续努力探索推进。陈望道《修辞学发凡》建立的两大分野理论体系，已经有学者在科学批判的基础上进行了卓有成效的重构，有力地推动了修辞学理论的发展进程，这是很有价值的研究。另一个方向就是根据社会的需要不断开辟新的课题，拓展、延伸新的领域，这是具有广阔前景、大有可为的疆域。修辞学应该具有一种开放性的品格，它的发展不能局限于抽象的演绎、理论的修补、局部的扩充，而应随着社会的发展不断注入新的历史性内涵。对于修辞学，当然应该十分重视修辞自身普遍性规律的本体研究，但不能因此而故步自封，必须高度关注、直接面对我们的语言生活中的最具有社会现实意义的问题。当修辞学中的问题来自社会现实问题时，必然会显示出生命的蓬勃活力，其研究成果也会具有更切实有效的指导意义。修辞学理论在当代的创新突破，最为突出的任务是研究社会现实问题中的修辞现象。人际修辞，就是修辞学者应该面对而且富有研究价值的重要课题。

现代社会不仅要求社会个体要有良好的身体、心理素质，而且要求形成和谐的人际关系。人们工作、学习和生活中的争执纠纷、利益冲突等现象是普遍存在的，社会消极因素的扩张，形成了不良的人际氛围，降低了人们工作的积极性、主动性、创造性，严重制约和影响着工作的顺利展开，生活质量的提高，大而言之，甚至阻碍社会的进步和发展。人们的思想素养、社会经历、知识结构、能力水平、思想性格等存在差异，各有长短。现代社会要完成一项比较复杂或大型的工作，特别需要参与者很好地沟通交流，互相学习、互相理解、互相配合、互相补充。人际关系的状况必然会在人们的语言交流中体现出来，也必须借助语言这个工具去构建。研究人际修辞，不仅有助于妥善解决现实生活中的各种人际矛盾，而且能够根据人际关系的内在规律、社会职能和现实需要，设计科学的人际关系语言结构，并通过有效的调控，使其达到最佳状况。

人际修辞应该包括修辞策略的制定和运用艺术，这一内容在以往的修辞研究中被忽略了。所谓修辞策略，我们认为是"在语言交际活动中，说写者为顺利达到交际目的，努力适应听读者而选择和运用语言材料的一种谋略设计"①。修辞策略是语言交际过程中不可缺少的重要中间环节。对于中间环节，我们大体上可以理解为从确立交际目的到语言形式外显之间的联结点，是承上继下的枢纽。在其之上，有制约和影响它的高层核心要素——交际目的；在其之下，又有众多受其调动和控制的下层具体因素——语言材料。通俗地说，选择和运用语言材料必然要有特定的高于语言材料层面的指导思想，这个指导思想就是修辞策略。修辞策略根据交际目的可以区分为了解性、理解性、审美性三种，根据适应基本走向可以区分为趋同、趋异、保持三种，根据语言材料组合可以区分为对应性、离合性、发散性三种。具体的修辞策略更是丰富多样。例如，列举典型事实、迂回曲折攻心、情理相济感化、巧妙运用数字、借助权威效应、层层剥笋分析、得寸进尺进逼、欲擒故纵设套、变换角色切入、精心设置提问等，这是劝说修辞策略众多类型的通俗表述。修辞策略在人际修辞中运用得极为广泛，也富有成效，不容忽视。

本书着眼于人际关系整体，先界定人际修辞学的概念，探析其构成要素；再就人际修辞学的基本性质、人际修辞的基本准则等重大问题作深入考察、论述；然后按照不同类型的人际关系从不同的视角进行细致论析，揭示其规律特征，描述、解释、勾画人际修辞的理论体系。同时，本书特别注重运用辩证方法。除了专设一章集中从哲学高度透视人际修辞之外，在具体的论述中，重视语言环境的制约和影响，紧密结合具体条件，努力做到一般和特殊、共性和个性的有机统一，又着意追求创新，借鉴传统修辞学理论以及研究新成果，立足语言实践，尽力做到理论与实际紧密结合，观点

---

① 郑荣馨：《语言交际艺术——修辞策略探索》，山西人民出版社，2007年。

从材料中提炼，而不仅是抽象的理论演绎和搬用。论述时选用了大量的鲜活语料，这些语料广泛采集于书报、刊物、电视电台节目以及网络，以现实真实性和典型性为标尺进行严格筛选，力求贴近现实生活，增强书稿的可信性、可读性。

郑荣馨

2012 年 8 月

目 录

第一章

人际修辞学概论

第一节　人际修辞学概念诠释

什么是人际修辞学？人际修辞学是以人与人之间的语言交际活动为研究对象，揭示构建和谐人际关系的语言运用规律的修辞学分支学科。

概念就是理论体系的重要支点，这个支点不仅是一个理论体系赖以确立的基础，而且也是理论体系的一个核心内容。人际修辞学的概念就是这门修辞学分支学科的重要支点之一。

人际修辞学的概念具有人际关系、语言交际活动、语言运用规律三个要素。

一、人际关系

人际关系是人际修辞学概念的第一要素。认识人际修辞学的概念，首先需要理解什么是人际关系。

人际关系，是人们在进行社会交往过程中发生、发展和建立起来的人与人之间的关系，包括物质和精神两大方面。这两种内容的人际交往相互联系、互为条件，都是人们的客观需要。人际关系是一个涵盖面十分广阔的概念，包括整个社会所有的人与人之间的各种关系，以及人与人之间关系的一切方面。社会关系归根结底都是人与人之间关系的综合表现。人际关系包含在社会关系体系之内，而社会关系只能通过各种复杂的人际关系表现出来。人际关系的外延包括夫妻关系、亲子关系、师生关系、朋友关系、上下级关系、同事关系、主客关系、对手关系、敌我关系等等。每个人都是社会的人，生活在各种各样现实的、具体的人际关系之中。

公共关系是以业缘关系为纽带（即社会组织的经营行为所引发的关系）所形成的特定的社会组织与其相关公众之间的利益互动关系，是一种"群体型"社会关系。必须指出，公共关系与人际关系之间虽有所不同，但这并不意味着公共关系是与人际关系完全对立的。公共关系与人际关系之间存在着极为密切的联系，彼此交叉包容，相互渗透，相互依存，公共关系与人际关系在许多基本原则上是相通的。因此，本书探讨的人际修辞，其中也包括了一部分公共关系修辞。

千差万别、千变万化的人际关系联系方式，大致可分为两种：一种是物质联系方式，即以生产、生活物质为条件的交往联系方式，如生产资料的占有方式、商品交换过程、经济分配形式等。另一种是精神联系方式，即以语言为主要媒介的交往联系方式，如信息的沟通、思想的传播、感情的交流等。物质联系方式和精神联系方式是紧密关联的，物质联系方式从根本上说，往往也离不开语言的媒介。

人际关系是不断发展变化的。现代人际关系既包容了传统人际关系的特点，又打上了时代、社会的烙印。例如，现代社会随着人格的独立，人可以更加自由、全面地发展，人际关系一方面呈现出疏远的趋势；另一方面，这种疏远并不意味着人与人之间的情感面临枯竭危机，人际关系在疏远的进程中也发生着相反的运动，即走向亲密。

普遍的人际关系虽然有疏远的倾向，但人际感情交流更加注重质量的提高。在生产力水平低下的社会，由于大多数社会成员终日忙碌，在沉重的负担下难以发展个性，难以展现自己的兴趣、爱好、特长，实现自己的理想和抱负，追求较高境界的精神享受，社会成员的感情交流往往是低质量、低层次的，更多是围绕物质生活展开的。即使是推心置腹的语言交流，也可能是发泄自己的不满，诉说自己的苦难，抱怨自己的委屈，谈论自己的物欲，而交际对象也不过是进行一番安慰、帮助、劝勉和忠告，或者排忧解难，满足诉说者的某些需要。进入现代社会，生产力的不断提高，使社会成员获得一定意义的解放。他们开始产生广泛的兴趣与爱好，追求事业的成功，希望努力发展自己的个性，实现远大理想。感情交流也随之升华，在理想、事业、志向等高层次需要上展开，感情的交流不单纯是安慰、同情，而是增添了谋求理解、希冀志同道合的厚重内容。在家庭中，许多夫妻不再满足于一般化的感情交流，而是在充分展现自己个性的基础上，追求理解，要求心灵的相通和相融。如果夫妻双方做不到这一点，即使有非常优越的物质生活条件，也难以产生和谐亲密的夫妻关系。现代社会离婚率比较高，其中一个重要原因就是夫妻双方都重视感情交流的质量，谋求精神生活的高度满足和充分愉快。当然，这是就总体发展趋势而言，现实的人际关系错综复杂，有一般性，也有特殊性，各种状态交织共存。

人际关系可以从不同的角度进行研究。例如，张康之、周雪梅在《任务型组织中的人际关系和交往活动》[①] 一文中有如下论述："任务型组织中的人际关系是一种信任关系，是与常规组织中的由规则和程序编织起来的形式化的岗位、职位关系有着根本性不同的。常规组织的岗位和职位关系所支持的是一种分工—协作的交往结构，而任务型组织中的人际信任关系则产生了实质性的合作行动。合作行动中的交往是以交往结构的平等性、开放性和自组织性的特征出现的。正是在这一交往结构中，组织成员角色上的互补性和行动上的主动性、创造性都得到了充分的张扬。"全文从社会组织类型的角度出发，研究、论述任务和环境对人际关系建构的影响以及在工作中发挥的不同作用。又如，徐贲《和谐社会的人际伦理》[②] 有如下论述："以关爱伦理为价值核心的深厚人际关系不同于一般自由民主社会中的普遍人际关系。后者的特征是不远不近，在很大程度上以各自利益为中心。自由民主的好社会基本理念是，每个社会成员都是他自己利益（即'幸福生活'）的解释者，每个人的社会权益都应受到国家的同等保护。这种保护体现为每个公民相同的公民权利和人权。人和人有不侵害的责

---

① 张康之、周雪梅：《任务型组织中的人际关系和交往活动》，《天津社会科学》，2007 年第 4 期。
② 徐贲：《和谐社会的人际伦理》，《福建省社会主义学院学报》，2007 年第 1 期。

4

任，但没有无私关爱的义务。生活在自由民主关系中的人们无须对某个过去或传统拥有共同的'美好记忆'，也无须有彼此的感情承诺。与这种'浅淡'社会人际关系相比，'和谐'的关系深厚是深厚，但也更难达到。"这完全是从伦理角度研究人际关系的，基本上不涉及语言表达形式问题。

人际修辞学则与上述角度不同，它是从语言纽带的一个特定的方面研究人际关系。人际关系与语言存在着怎样的联系？修辞对促进人际关系的建立和改善有怎样的影响和作用？特定的人际关系与怎样的修辞规律相对应？建设良好的人际关系常常运用哪些修辞技巧？……由此可以衍生出许多值得探讨、研究的问题。

人际关系是人际修辞学赖以建立的基石，它规定了人际修辞学的功利价值取向，构建和谐、良好的人际关系是人际修辞学研究的终极目标。

二、语言交际活动

人际关系的建立、巩固和发展不是静态的图景、凝固的公式，而是表现为人际交往的过程。人际交往既然离不开语言，人际交往的过程便也就是语言交际活动的过程。人际修辞学着重研究人际交往中的语言交际活动，这是人际修辞学的研究对象。

人际修辞研究视野中的语言交际活动具有完整性、关联性、指向性的特点。

（一）完整性

完整性主要是指人际修辞着眼于语言交际的全过程。虽然研究语言的表达依然是重点，是基本的出发点，但是还需要进一步研究信息的传递、理解和接受，延伸到交际对象、修辞活动对人际关系所产生的现实影响和取得的实际效果。这一点与传统修辞学有明显的区别。传统修辞学的研究对象是普遍性的修辞现象，虽然也必然涉及语言交际活动，但其中有许多是单向的语言交际活动，基本上并不过多顾及接受者，很大程度上关注的是假设的交际对象和修辞的理论效果。

比如，关于修辞格研究，传统修辞学研究的路子大体是：考察现实生活中修辞格运用的状况，归纳，命名，下定义，分类，指出运用时的注意点，概括一般具有的修辞效果。陈望道《修辞学发凡》论述"夸张"修辞格，先下定义："说话上张皇夸大过于客观的事实处，名叫夸张辞。"然后指出一般的效果："所以用这种夸张辞，大抵由于说者当时重在主观情意的畅发，不重在客观事实的记录。我们主观的情意，每当感动深切时，往往以一当十，不能适合客观的事实。"再划分类别，可以分为"普通性夸张辞"、"超前性夸张辞"两大类。最后指出运用的两个注意点：一是"主观方面须出于情意之自然流露"，二是"客观方面须不致误认为事实"[①]。这就是传统的研究路子。

来看下面的一个例子：

---

① 陈望道：《修辞学发凡》，上海教育出版社，2001年，第130—135页。

人际修辞学

新来的缪老师一进教室就自我介绍说："同学们，我姓缪……"他正转身准备往黑板上写"缪"字，不料有个调皮的学生发出一声响亮的猫叫："喵——"引得同学们哄堂大笑，课堂秩序顿时混乱。然而，缪老师并未发火，反而神态怡然地说："大家先别忙着夸我'妙'，从今天起，咱们一同学习，过一段时间你们再评价我讲课'妙不妙'，好吗？"骤然，同学们发出了会心的微笑，课堂也很快恢复了平静。

（《思维与智慧》，2003 年第 11 期）

如果从传统修辞学的角度来考察，对上例，我们往往指出这是巧妙运用了谐音曲解的修辞方法，取得了生动、幽默的修辞效果。如果从人际修辞的角度来考察，这位老师巧妙运用了谐音曲解的修辞方法，课堂机智确实令人佩服！缪老师利用谐音，将"喵"曲解为"妙"，不但灵活应对了课堂突发的意外事件，化解了自己的尴尬，而且借此机会，缩短了师生初次见面的情感距离，融洽了彼此间的感情。这样的分析、研究，就与通常的修辞格研究不同，不是就修辞格论修辞格，而是进一步关注借助谐音造成的曲解，着眼整个语言交际活动，并且顾及谐音曲解在改善人际关系方面产生的影响。

（二）关联性

关联性主要是指人际修辞学十分注重影响和制约语言交际活动的各种内外部因素。语言交际活动是人的活动，而活生生的人是复杂的综合体，是物质、生理、文化、心理诸多因素的交织集合；它不仅仅是单纯的当事人之间的交流，同时受到"第三者"和客观语言环境多种因素的钳制。传统修辞学的研究并非忽视语言环境诸因素，但较多的是在理想化、抽象化、标准化的语言环境中探讨和研究，与语言交际的生动现实有不同程度的距离。传统修辞学关注的重点常常是文学作品，不可否认，文学作品也反映了现实生活中的人际关系，但毕竟经过了作者的集中、加工、提炼，不能与现实生活中的人际关系完全等同。

王女士和即将成为自己儿媳妇的丁小姐谈论丁小姐的上司——歌舞团的余团长。余团长是王女士丈夫的下属，也是王女士年轻时的情敌。而丁小姐进入歌舞团的近十年来，都是在余团长的指导下跳舞。

王女士说："我们那批年轻人呀，她是最出色的一个了。当时还真有几个不错的男同志对她有好感，追求她，结果都被她拒绝了。她就是守着舞蹈家的梦想不放，什么都耽误了。可怜啊！"丁小姐说："我觉得余团长挺幸福的，一点儿也不可怜。我挺佩服余团长的。"

（《外语研究》，2007 年第 4 期，文字有改动）

这一例中的王女士和丁小姐都很了解余团长，但是，两人在谈论余团长时语言表达的形式却不同。王女士直接陈述"她就是守着舞蹈家的梦想不放，什么都耽误了"这一命题，没有什么顾忌，直截了当给予信息，对方是接受信息。但丁小姐没有直接陈述命题，而是使用了"我觉得"这一措辞，把想给予的信息"余团长挺幸福的，一点儿也不可怜"适当掩盖，前边加上"我觉得"，表面上变成谈论自己的主观感受，这样就显得比较委婉。这一语言交际活动中，王女士和丁小姐是准婆婆和准儿媳关系，丁小姐不能直截了当地与未来的婆婆正面顶撞、争辩。话题则牵涉到第三者余团长，这个第三者的角色与王女士和丁小姐又有不同的关系，种种复杂微妙的关系就使得语言交际形式被打上了非常生动的、特殊的印记。

有则顺口溜：

> 急事，慢慢地说；/大事，清楚地说；/小事，幽默地说；/没把握的事，谨慎地说；/没发生的事，不要胡说；/做不到的事，别乱说；/伤害人的事，不能说；/讨厌的事，对事不对人地说；/开心的事，看场合说；/伤心的事，不要见人就说；/别人的事，小心地说；/自己的事，听听自己的心怎么说；/现在的事，做了再说；/未来的事，未来再说。

顺口溜通俗地道出了人们语言交流时应该注意的一些常见问题，所言不无道理，人际语言交流要做到得体很不容易。"……事"，指的是说话的话题、内容、场合等，属于语境的因素，对语言表达起着强有力的制约和影响作用。例如，"大事，清楚地说"，重大的事情，牵涉到重大的利害关系，假如表述模糊，行动就会失误，人际关系就会遭受破坏，可能导致比较严重的后果。"伤害人的事，不能说"，话语伤人，言过其实、无中生有地攻击他人，违背人际关系道德准则，不利于建设和谐的人际关系。"伤心的事，不要见人就说"，自己遇到伤心事，向别人诉说以得到心灵的宽慰，本无可厚非，但逢人必讲，不分场合，有的人就会感到说话者啰唆、惹人厌烦。

> 以一曲《阿莲》闻名全国的歌手戴军转行做了主持人。2010 年 1 月 30 日晚在广东电视台举办的"先声夺金"歌手大奖赛的五进四比赛中，当周礼虎和冉渊两位歌手闪亮登场后，作为现场主持的戴军口无遮拦道："下边将是黑楠的爱徒周礼虎 PK 常宽的干儿子冉渊。"在现场做评委的流行歌坛常青树、刚满 42 岁的常宽马上更正道："冉渊不是我干儿子，是'先声夺金'的干儿子。"
>
> 常宽已经委婉地给了戴军暗示，提示他不要乱说了，哪料戴军仍然毒舌连连："不是你干儿子，还是我干儿子?!"当着其他评委、粉丝，还有上千挥舞荧光棒的热情观众，常宽脸上实在挂不住了，把前边竖着的评委牌子一下子砸向了戴军……另一位评委黑楠也怨言连连。此前，本来就有媒体质疑比赛的公正性，

他如此当众乱说，不亚于自打耳光啊！台下的观众见台上竟然"飞"起牌子，也都喊声一片，刹那间，整个现场乱作一团。

（《演讲与口才》，2010 年第 5 期）

戴军口无遮拦，怎么能够在这样的场合胡说"冉渊是常宽的干儿子"呢？别说在台上，就是私下朋友间开这样的玩笑，也会伤和气乃至关系闹僵，何况是灯光聚焦的直播现场。也许戴军仗着和常宽较熟才随便说说，可对方已经提醒他不要乱说了，戴军却置若罔闻，竟然将胡说升级，招致常宽评委"飞"起牌子。"口上不留德"，严重损害了人际关系，对自身的声誉也产生了负面影响。

（三）指向性

指向性主要是指人际修辞学研究语言交际活动的目的非常明确而集中，最后要归结到对人际关系影响的评估上面。修辞学不可能完全超脱功利性目的，但由于传统修辞学并不是着重研究语言交际全过程，其指向往往是一般的、分散的、抽象的。研究状物、写人、抒情、写景中的修辞现象，虽然从本质上说，都与人的交际活动有关，但是未必都侧重在人际关系上。就说纯粹描写景物的散文，状写得非常优美，融入作者的深深情感，如果进行研究，发掘其艺术价值，对读者而言，可以从中受到感染，获得丰富的审美享受，不能说对人际关系没有任何影响，但这种作用毕竟是相对分散的、一般化的，缺乏鲜明的、集中的指向的。

余华的《许三观卖血记》中有这样的描写：

浑浊的眼泪涌出眼眶，沿着两侧的脸颊刷刷地流，流到了脖子里，流到了胸口上。他抬起手去擦了擦，眼泪又流到了他的手上，在他的手掌上流，也在他的手背上流。他的脚在往前走，他的眼泪在往下流……他无声地哭着向前走，走过了城里的小学，走过了电影院，走过了百货店，走过了许玉兰炸油条的小吃店，他走到家门口了，可是他走过去了。他向前走，走过一条街，走过另一条街，他走到了胜利饭店。他还是向前走，走过了服装店，走过了天宁寺，走过了肉店，走过了钟表店，走过了五星桥，他走到了医院门口，他仍然向前走，走过了小学，走过了电影院……他在城里的街道上走了一圈，又走了一圈，街上人都站住了脚，看着他无声地哭着走过去……

对上述引文，有学者进行修辞分析道："许三观晚年卖血失败又遭人讥笑，满心的酸楚与悲伤，作品通过高频率地连用动词'走'、'流'（该句群中，'走'使用了25 次，'流'使用了 7 次），反反复复地，一而再，再而三地充当谓语中心词，笔墨酣畅地强调、突出许三观表达激烈情感的基本行为方式：'行走'和'流泪'，表达他内心极度哀伤，达到了令人震撼的效果。"① 论者的分析旨在发掘其中的修辞方法，描述一般的修辞效果，凸显人物心理特征，至于由此引起的人物之间的关系变化则没有也不必顾及。这就是比较典型的传统修辞学的分析、研究指向。

A 有一次在火车站叫了一辆出租车，司机是位中年人。司机除了问 A 到哪，一路上一声不吭，A 没话找话，聊当地的天气、交通、风景等，司机面无表情，一概不搭腔，只是"唔"了几声。接近目的地，A 轻轻地说了一句："你的车真清爽。"司机竟然露出了难得的微笑，说道："谢谢。"A 下车走了一段路，车又跟了上来，司机摇下车窗，对 A 说："对不起，载你之前我被交警抄了车牌，心情不好。"A 朝他笑笑，露出灿烂的笑容，说："谢谢。"

这一例，司机因为"被交警抄了车牌，心情不好"，只是以"唔"来敷衍乘客。A 没有因为司机的态度而责怪对方，可能猜想对方确实有心事所以不愿与乘客交谈合作。"你的车真清爽"，并非无中生有，简单的一句赞美，却带来意料不到的收获。赞美很像味精，给予合适的量就会给人带来好口味。虽没有用什么修辞格，但也是一种修辞艺术，A 的目的明显是改善双方之间的关系。

某公司王小姐与总经理这样谈话：

王小姐：总经理您批评我打印文件不合格，可我并不是专职打字员，您给我安排的工作那么多，整天忙不过来，压力太大了……

总经理：工作忙也要细心点，不能出差错嘛！那份文件赶紧重新把它打印好。

王小姐：好吧，如果我能办到的话……

总经理：怎么还"如果"？看样子你还是想不通呀！

王小姐：我当然想不通了，工作出问题，这能全怪我吗？我整天忙得不可开交，您干吗总跟我过不去，竟在大会上批评指责……

总经理：这是什么话？你工作没干好，还要怪我批评你，你要是不想好好干，那就明说！

王小姐：我说得够明白了！费力不讨好，这样的地方，我没法干！

总经理：不干就滚蛋，少跟我来这套！

王小姐：你凭什么骂人？你算什么总经理！

（《心理世界》，2004 年第 5 期）

---

① 江南：《汉语修辞的当代阐释》，中国矿业大学出版社，2001 年，第 164 页。

这一例中，总经理是上司，下属没有做好工作，有权也应该对其批评，但措辞也有不妥当的地方。"你要是不想好好干，那就明说！""不干就滚蛋，少跟我来这套！"大发雷霆，粗俗话也用上了。而王小姐则不从主观上找问题，反而罗列了不少客观原因争辩——"我并不是专职打字员"，"我整天忙得不可开交"，"费力不讨好"，还强硬反问："工作出问题，这能全怪我吗?"厉声指责总经理"总跟我过不去"，"你算什么总经理！"如此这般，结果只能是关系破裂，使双方的感情受到严重的伤害，这就是带有不良情绪的人际沟通所导致的恶果。人际修辞就是要关注语言表达对人际关系所产生的不同程度的正负影响。

三、语言运用规律

人际交往要求构建正确、和谐的人际关系，这虽然应该具备多方面的条件因素，但非常重要的一个方面是语言运用要得体，遵循修辞的规律。人际修辞学研究的主要内容就是在揭示、描述人际交往中构建出正确、和谐的人际关系的语言运用规律。

任何修辞行为都是人的语言运用行为，对此，修辞学界应该没有什么异议。但是，传统的修辞观念把修辞看做是"语言技巧"的选择，着眼于炼字、炼句，语音、词语、句式的变异，研究同义结构、修辞方式、语言风格、语体特征等。这当然也是规律，不过是相对静止状态下的修辞规律，有的甚至可以概括成固定的公式。在面对丰富生动的语言交际现实时，也缘此降低了不少阐释力。这些规律与人际修辞学研究的语言运用规律有密切的联系，是其坚实的基础，但并不完全相同。要完整地构建对语言运用的阐释力，就不能不关注语言运用的整个格局，特别是最终还要注重分析语言运用何以能够实现交际意图的规律。

人际修辞学视野中的语言运用规律具有现实性、特定性、灵活性的特点。

（一）现实性

现实性是指语言运用的规律是从现实语言交际活动中抽象、概括出来的规律。这与从一般的修辞活动中提炼规律有很大的不同。比如，研究比喻、比拟、借代、互文、双关，我们可以将不同使用者、不同场合、不同作品、不同形式的修辞方法的语料收集、归纳、整理之后，继而加以研究。当然，这样做不能说是脱离了语言实践，其自有科学研究的意义，但可以说这不是语言运用整个格局中的实践，而是片断性的、存在局限性的，在某种意义上说，是切断了有机联系的语言实践。

龙青然、胡玲《互文式成语的类型与特点》① 一文着重探讨、研究了互文式成语的类型与特点。类型有三种：主谓互文式成语、动宾互文式成语、偏正互文式成语。特点有三个：结构上的对称性，语义上的互补性，表达上具有言简意丰、错落活泼、音律优美等特点。举例颇丰，论析颇详，揭示了其中的规律，这对我们理解成语的结

① 龙青然、胡玲：《互文式成语的类型与特点》，《修辞学习》，2007年第2期。

构和特点确有助益。但这类研究，例证是孤立的成语基本上不联系现实生活，且到此为止，仅停留在静态书面语言层面上。

人际关系的修辞研究则必须紧密结合现实生活，揭示、描述和解释人际语言交往中的修辞规律。

> 春节期间，几个同学到杨老师家拜年，杨老师热情地为大家沏了一壶茶，小芳呷了一口茶说道："嗯，这茶口感不错，杨老师，这是从哪儿弄来的碧螺春？"见很多人在场，杨老师并没有先正面回答，而是与大家闲聊几句，然后了无痕迹地说道："过年了，我向你们推荐一种好茶。看见这茶没有？它和碧螺春一样属于半发酵茶，它的制作程序和工艺也与碧螺春大同小异，且味道都差不多，但保健功能要略胜一筹，如果不看茶形，只品茶香，就连专家都难区分呢。"说着，他拿了一盒精品铁观音推到小芳面前。
>
> （《演讲与口才》，2009 年第 4 期）

杨老师明知小芳品错了茶，想纠正错误，但为了不让小芳当众出丑，又不便直言纠正，于是，就有了一番对制茶工艺、茶味、茶形的描述。"它和碧螺春一样属于半发酵茶"，"且味道都差不多"，最后还说了一句"如果不看茶形，只品茶香，就连专家都难区分"，给了小芳一个十分体面的台阶下。"宽容别人是对自己心灵的释放。"在谈话过程中，即使是口若悬河的演讲家，也难免出现口误或者语言不当的时候。这时，直截了当地纠正别人的口误，或者干脆针锋相对地予以反驳，以显示自己高明，这是一种方式。其实，还有另外更好的处理方式，那就是纠错的话婉转地说，这样会彰显说话者的睿智与品格，从而为个人人格魅力加分。无论是家长对孩子，还是领导对部属，或是朋友对朋友，当别人讲话发生口误时，一般情况下，最好不要当众纠错，因为这样会置人于难堪的境地。类似的修辞规律就是人际修辞学研究的重要内容。

（二）特定性

特定性是指语言运用的规律明确针对人际交往而言。语言运用规律是个极其广泛的概念，只要使用语言，就必然存在运用的规律。人际修辞学关注的语言运用规律，有其特定的范围和重点，主要是针对人际交往和人际关系的建设。既有一般人际交往必须遵循的普遍规律，也有不同角色、不同需要、不同领域的特殊规律。一般的人际交往，虽然不一定具有明显的功利性目的，没有重大的利害冲突，但也要讲究修辞艺术，如见面如何打招呼，人来客去，礼尚往来等，这是社会上人们和谐相处的最基本规则。根据所扮演的社会角色与人交往，着重解决人际关系的各种矛盾冲突，在不同的交际领域担任职务、做生意、从事教育工作等，对修辞的要求更高，更为迫切，针对性也更强。

有个女学生到一位教师家里请教问题，教师之妻很热情，一直陪着他们。女学生感到过意不去，就说道："阿姨，您去忙吧！"没想到她这句话却引起了教师妻子的误解和反感，以为他们觉得自己在场碍事，有什么不可告人的秘密，于是不高兴地站起来，嘴里嘟囔道："哼，有什么见不得人的事？你们好好说吧，我走！"把门摔得很响。这个学生听了，脸色红一阵白一阵的十分尴尬，只得提前告辞，从此再也没有去过那位教师家。

（《现代交际》，2001 年第 3 期）

这是日常生活领域中的例子。一声"哼"，明显表露出不满情绪；"有什么见不得人的事？"反问句作出了不切合实际的判断；"你们好好说吧"是反话，讽刺尖刻；"我走！"将强烈的不满情绪付诸行为，导致矛盾激化。这位家庭主妇误解了来客话语的好意，言行失礼，严重影响了人际关系。俗话说："有理不辱上门客"，说的是主人对于来客要以礼相待，即使来客有失误、失礼、失言之处，作为主人也不应慢待，更不应不分青红皂白地加以羞辱。

一位秘书经常与主任一起接待来访者，主任是一个不太善言辞的人，语言非常简练，但也能恰如其分地表达其意。而这位秘书总认为主任言语太少，不可能完全表达其意，因此经常在旁边补充"我们主任的意思是……"时间久了之后，别人开始怀疑主任的能力。最后，主任请秘书离开了这个岗位。

（《中国女性》中文海外版，2004 年第 11 期）

作为一位秘书，适时地、恰当地介绍自己，展示自己的能力是必要的。但是如果处处想体现自己的热心、积极性，于是屡屡去补充、修正上司的意见，显示自己有很强的分析、解决问题的能力，越俎代庖，那么就会越位，与他人，特别是上司搞不好关系，成为社交场合领取黄牌的人。这是在工作领域里，上下级之间的语言交际活动的规律之一。

商业领域中人与人的关系，实际上就是合作关系，有其特殊的"合作黄金定律"。不少人做生意是这样的：先认识，接着谈友谊，谈合作；然后是利益；再后就是不满，甚至闹上法庭，从朋友变成敌人。一位资深商人经商 10 多年了，和许多人合作过，但没有一个上法庭的。他的经验是："凡是合作都会有矛盾和冲突，但我会事先分散、化解，而不是压制到最后爆发。我能很好地控制每次交谈的密度。我和别人洽谈合作时，第一次见面，谈话的主题内容只占我整个方案的 3%，其他都是闲谈，与主题无关，而且，下一次谈话一定选在三天之后，给对方一定的消化时间。第二次再谈，交谈的内容增加一倍，是 6%。下次再谈，再增加一倍，12%。三次之后，一般人就会动心了，他会用心思考，反复推敲，但这个时候，还不能作决定。紧接着，是第四次交谈，这一次是24%，很多人这个时候就已经作决定了。如果这时候还不能决定，再谈一次，这一次，密度是48%。这个时候，他心里一定会作出决定。很多人这个时候就争着签字，但我不是，还要再谈。再谈，正好相反，不是往上增，而是往下减。我会提出一些负面的问题，并不会影响他作决定，他正在兴奋点上，会按惯性往前走。但是我说和不说对我不一样。等到他最终作出决定，并开始和我实际合作时，会发现问题，但这些问题我都事先和他讲过，所以他有准备，会接受。即使这次合作最后没有赚到钱，他也不会怨我。因为我所有的想法不是一次性强加给他，而是慢慢渗透给他的，是他自己接受了才作决定的。要怨，只能怨自己，当初没有认真对待我提出的问题，如果认真对待，也许就不会有今天的结果了，所以他还要感谢我呢。下一次，如果有机会，他还会和我合作。"

　　每一个合作，不仅会有有利、积极的一面，也会有不利、消极的一面。大部分人为了合作成功，都只说正面，对负面的东西瞒着不说，等到出现问题就互相埋怨，结果可想而知。成功的合作，是在合作之前，把你想到的有关负面的东西告诉对方，但是，要记住：别把时间顺序搞错，否则没人会跟你合作。这就是生意场上的"合作黄金定律"。

　　（三）灵活性

　　灵活性是指语言运用规律不是凝固的公式、僵化的教条。人际修辞学所揭示的语言运用规律虽然具有理论性、概括性、普适性等规律必须具备的特征，但因为更贴近丰富多彩的实际生活，因而语境条件的因素十分重要，不能简单地移植和照搬。人际修辞是如此的丰富多彩，如此的生动灵活，如此的引人入胜，完全可以称为一种艺术。所以，在通俗意义上来说，人际修辞学也可以看做是人际修辞艺术的学问。

　　　　一个镇子上的民政所为了解决离婚者日益增多的问题，特意邀请一位研究婚姻问题的老教授前来讲学。
　　　　老教授走进教室，首先拿起粉笔在黑板上写下一行大字："世界上没有失败的婚姻。"
　　　　讲台下立即嗡嗡作响，显然大家对老教授的话不以为然。老教授问道："谁感觉自己的婚姻是和谐的，请举手。"没人举手。老教授又微笑着说："既然大家认为各自的婚姻都不和谐，那么这里有一份问卷，我所知道的婚姻不和谐的原因都在上面，请大家选择，问卷上没有的原因可另写。但是，诸如吸毒、赌博、暴力等涉及法律的问题，不在婚姻学家研究范畴之内，如有此类情况请及时与公安机关联系。"问卷上写着一百多个答案：对方固执、任性、抽烟、喝酒、跳舞、吝啬、唠叨、狂热工作、迷恋上网……老教授收回问卷，每份答卷都只选择了一个或者两个答案。
　　　　"现在我再调查一下你们目前的家庭状况。"老教授又发了一份问卷，上面写着一百多个问题：收入是否够维持生活？是否为你买过礼物？是否有孩子？孩子是否健康活泼？生病了是否及时治疗？生病后是否得到过对方的照顾？……每份答卷上几乎全是肯定的回答。老教授把两份问卷放到面前，缓缓地说："你们的婚姻并无不妥，之所以感到不如意，只是由于人为地放大了婚姻中一些细微的瑕疵，忽视了身边的幸福。"

说着，老教授接来一杯清水，取出钢笔，挤出一滴墨汁滴入水杯中，那滴墨汁在水中缓缓下降，最终沉入杯底，杯子里的水依旧是清澈的。

这时，老教授用手指搅动清水，杯底的墨汁马上向上翻腾，杯子里面的水随即变得浑浊起来。这次，杯子里的水费了比滴入墨汁后三倍的时间才恢复了清澈。老教授又慢慢地把清水倒入另外一个杯子，然后把原来杯子底部的墨汁倒掉，另外一个杯子里的水已经清澈如初。老教授语重心长地说："滴墨入水，搅则变浑，婚姻何尝不是如此？"老教授接着"世界上没有失败的婚姻"后面写下了另一行大字："前提是别搅浑那杯清水。"

"想一想，究竟是谁搅浑了你们婚姻的清水？"教授转过身来，突然严厉质问。台下众男女不禁怵然动容，鸦雀无声。

（《交际与口才》，2006 年第 11 期）

这一例中，老教授以生动形象的比喻说明了世界上没有失败的婚姻的道理。教授先是问卷调查，根据调查结果得出结论："你们的婚姻并无不妥，之所以感到不如意，只是由于人为地放大了婚姻中一些细微的瑕疵，忽视了身边的幸福。"当然，光是这样的结论，听讲者未必都信服。于是，教授接着在一杯清水里滴入一滴墨汁，沉淀、搅动、倒掉。最后结合比喻说明道理："滴墨入水，搅则变浑，婚姻何尝不是如此？""前提是别搅浑那杯清水。"使得讲述的道理深入浅出，更具说服力。滴入婚姻清水中的那滴墨汁，是日积月累形成的，其中掺杂着太多的外界环境影响与人性的弱点，阻止那滴墨汁的形成或许不可能，但是我们不去搅动它，想办法把它倒掉还是可以做到的，所以我们可以把这看做是共性规律。不过各人所选的答案各不相同，反映出各个家庭都有一本难念的经，怎样去倒掉墨汁，需要具体情况具体分析。教授协调夫妻之间关系的修辞艺术无疑是生动灵活、多彩多姿的，所以收到了良好的效果。

第二节　人际修辞的研究意义

既然从本质上来看，修辞学也是研究人际交往中的语言修辞现象，为什么还要特别提出建立人际修辞学分支学科呢？这主要是因为一般修辞学和人际修辞学的关注视野、研究重点和追求目标等方面是有区别的。它们既有共同性，又有特殊性。人际修辞学的创建无论在理论上还是在实践中都有重要的意义。

一、开拓修辞学研究的新领域

人际修辞学的建立,从一个十分重要的方面大大丰富了修辞学理论研究的内容,集中表现出修辞学理论紧密联系语言交际实践的追求,开辟了一个极其广阔、充满生机活力的新领域。

修辞学的发展可以沿着两个方向前进。一个是在原有的理论基础上修正、补充、拓宽、深入,进一步科学化、严密化、系统化。例如,修辞格通常被认为是修辞学的核心研究内容,修辞格理论是修辞学理论的重要组成部分。修辞格的问题,许多专家学者殚精竭虑地探索和研究,取得了丰硕的成果,但许多棘手的问题仍然没有解决好,比如修辞格的定义、分类,现有的修辞格究竟够不够"格"等问题,离真正意义上的科学化尚有较大的距离,完全应该也可以继续进行后续研究。比喻修辞格通常划分为明喻、暗喻、借喻三类,对偶修辞格通常划分为正对、反对、流水对三类,前者是按照修辞格的结构形式进行分类,后者则是按照修辞格的内容进行分类,标准并不统一,诸如此类的问题都值得深入思考和研究。随着语言实践的发展,出现了许多新的修辞方法,它们也需要加以发掘、总结、成型。这些工作很有意义,很有价值,是在不断夯实、扩充修辞学基础的工程。再如语体风格的问题,专著论文众多,但定义、分类分歧很大,语体风格的科学化是一个十分艰难的课题。有的学者大力主张建立语体的语料库,筛选、界定语体词,理论上确实迫切需要,但进行实践操作的话,达到预期的理想效果却绝不是轻而易举的事情。另一个方向就是根据社会的需要不断开辟新的课题,拓展、延伸新的领域,比起前者,这是更具有广阔前景、大有可为的疆域。修辞学应该具有一种开放性的品格,它的发展不能只是抽象的演绎、理论的修补、局部的扩充,而必然随着时代的发展不断注入新的历史性内涵。

在传统的修辞学研究视界中,对书面文学创作语言给予了特别的关注,早期的修辞学论著有的甚至可以说是以文学语言研究为中心的。只要我们在翻阅修辞学论著时稍加留意,就会发现采集自书面文本(尤其是名家名篇)的例证占有很大的比重。即使是研究口语,也还是从小说、剧本等作品中引述语料。当修辞学还处在需要以文学作品来显示其规范性、典型性、科学性的时期,以文学语言为重点的研究确实具有一定的合理性、必要性,对修辞学的基础理论建设具有积极的促进意义。但是,随着时代社会的发展,在修辞学作为一门学科的地位已经确立,语言艺术越来越趋向个性化、多样化、时尚化,社会的需求重点发生明显的转换时,延续以书面文本为主要的研究对象,致力于文学语言艺术的分析,就越来越显示出其局限性。现实生活中的语言实践与文学创作语言,虽然后者源于前者,联系紧密,但两者并不完全相同,文学创作的语言经过加工,含有理想化、典型化、艺术化的成分,并非生活中的语言交际的本来面目。人们隔着书面文本的对话——毕竟其中存在着书面文本的创作者,比起直接的面对面的交流对话与现实生活的距离，孰远孰近是不言而喻的。

语言既是人类最基本的交际工具，修辞学也就不应该成为学者自我封闭、自娱自乐的园地。语言研究有本体研究和运用研究之别。修辞学当然应该十分重视修辞自身普遍性规律的本体研究，但不能因此而故步自封，必须继续前进和不断发展，应该高度关注、直接面对我们的语言生活中的最具有社会现实意义的问题。修辞学中的问题只有来自社会现实问题时，才是富有生命力和现实性的修辞学问题。修辞学理论在当代的创新突破，最为突出的任务不是研究修辞学中的问题，而是研究社会现实问题中的修辞学。如果一个修辞学者只重视修辞学中的问题而不关心、不重视社会问题中的修辞学，那就表明他在某种程度上脱离了现实，因为社会现实的要求和矛盾最强烈地表现在人类面对的问题之中，需要修辞学者去积极应对。我们大可不必担心或顾忌会不会由此降低修辞学的品位。品位是品质和水平，必须在实践中接受检验，再好的理论，如果在解决现实问题中不能很好地发挥切实有效的作用，难道我们能够断言其品位是很高的吗？反之，修辞学如果在解决现实问题中很好地发挥了切实有效的指导作用，难道我们就能够断言其品位只是实用的吗？难道显示出实用性，理论就是不严谨、不科学的吗？

由此观之，文学语言的运用，严格地说并不是当下的一个值得社会高度关注的"问题"。修辞学要焕发蓬勃的生命活力，真正成为"显学"，迫切需要对人类语言生活各个领域的全面关注，其中对社会稳定、和谐、发展具有重要影响的人际关系语言运用的研究具有特殊的重要意义。这种语用研究当然并不排斥诸如词语的推敲、句式的选择、修辞格的运用等问题的分析，但更应该关注语言在构建人际关系中的地位与作用，尤其是实现的可能性；更应该着重研究人际关系的修辞艺术。一般修辞学的研究目的是提高语言表达的效果，这似乎是修辞学界业已达成的共识，但这种语言表达的效果的指向是宽泛的，而且主要是着眼于语言的说写者角度。人际修辞学的研究目的虽然从宏观层面上来说，同样是要求提高语言表达效果，但具有明显的功利指向性，侧重于得体地运用语言来构建正确、和谐的人际关系，也就是说追求提高具有特定指向的语言表达效果。

如果说人际关系的修辞问题至今没有引起人们的注意，那是不符合事实的。近些年来，公关语言、社交语言、营销语言、职场语言等吸引了人们的目光，相关的探索也不断取得成果，有的还成为社会的热门课题。应该说，这些探索都涉及人际关系中的修辞问题，说明了人们已经在不同程度上普遍认识到解决诸如此类现实问题的重要性、迫切性，但又必须指出研究中存在的几个突出问题：第一，对象的模糊性。这些研究所关注的并不都是人际修辞问题，许多侧重为人处世的方法，有的甚至把权术运用、关系网建立等都拉进研究的范围。第二，视野的局限性。关注的具体问题众多，比较零碎，未能从宏观上把握。例如，有的书名就叫"与人交往的 123 个怎么办"、"78 个打动人心的社交技巧"等。第三，理论的贫乏性。缺乏理论高度和层次，就事论事，忽视普遍规律的揭示，没有将研究提升到一门学科的高度来认识，更不要说进行学科建设了。人际修辞学则力求将分散的研究集中化，将零碎的研究系统化，将感性的经验理论化，将肤浅的认识深入化，真正致力于开创和建设一门新兴的修辞学分支学科。

二、推动社会的进步和发展

任何理论都是为实践服务的，社会实践是试金石，能够检验出理论的价值大小、分量轻重。人际修辞学对推动社会进步和发展具有十分重要的现实意义。人际修辞学的社会实践意义主要是由人际关系在推动社会进步和发展中的重要作用决定的。

英国哲学家奥斯汀曾经将言语行为分为三种，即以言表意的行为、以言行事的行为和以言取效的行为。在他看来，仅有以言表意的行为，难以产生行为约束或行为规范。只有以言行事的行为，才能约己束人；只有以言取效的行为，才能影响社会合作的结果并产生非正式的约束或相关的制度。概括地讲，在奥斯汀看来，说话就是做事。从语用学的角度看，以言行事必然表现为一种主体间性，而主体间性又为规范的有效性提供了可能性基础。语言行为中所包含的规则、结构和秩序，构成了合理的人际交往条件，规范了人们的价值意识、社会的行为准则等。事实上语言正是这样，我们不但用来表意，而且凭借它发挥社会效益，产生经济效益。

（一）有助于构建良好的人际关系，创造和谐社会

人际修辞学有助于构建良好的人际关系，创造和谐社会。现代社会不仅要求个人要有健康的体魄、健康的心理，而且要求形成良好的人际关系。和谐的人际关系的特征是平等、团结、互助、融洽等，人际关系的状况必然会在人们的语言交流中体现出来，也必须借助语言工具去构建。研究人际修辞，不仅有助于妥善解决现实生活中的各种人际矛盾，而且能够根据人际关系的内在规律和社会职能，结合实际，设计科学的人际关系语言结构，并通过有效的调控，使其达到最佳状况。社会环境的和谐是由个体之间的和谐造就的，交往中形成的良好的人际关系使社会成为一个网络状的有机整体，从大处说，形成良好的人际关系也是构建和谐社会的基础。因而，人际修辞学可以对创造和谐社会作出自己的独特贡献。上海东方电视台有个名牌栏目《新老娘舅》，还开设了《柏万青和谐热线》、《热线追踪》等栏目，后来更是开办了新栏目《一呼柏应》，影响颇大，很受观众欢迎。不少电视台也开设有类似的栏目。我们以为，《新老娘舅》等栏目可以看做是普通百姓生活的一个缩影，关涉社会民生的诸多问题，而栏目主持人——"老娘舅"们凭借自己的修养、口才，努力帮助他人解决人际矛盾，协调人际关系，为创造和谐社会尽心尽力。有一次，记者采访著名"老娘舅"柏万青：

记　者：您觉得《新老娘舅》的意义在哪里？

　　柏万青：俗话说，家和万事兴。做了那么多期节目，我发现这句话很有道理，那些和和睦睦的家庭，总是碰到好事情，那些整天吵吵闹闹的家庭，生活往往乱七八糟。家庭是社会最小的细胞，如果都是后面那类家庭，这个社会怎么会和谐？但是光有各种新旧"老娘舅"是不够的。我也在思考，怎么用社会化的方式来解决家庭问题，比如老年人老闷在家里，容易情绪不好，引发家庭矛盾，我的工作室成立了各种班，让他们学画画、书法、时装表演，还组织出国游……与社会交流多了，心情舒缓了，家庭矛盾也少了。

　　　　　　　　　　　　　　　　　　（《解放日报》，2009 年 3 月 23 日）

　　柏万青所言是有道理的，家庭确实是社会的细胞，亲人之间的关系尚且做不到和睦，那又何谈社会大家庭的和谐呢？

　　（二）有助于形成人际合力，提高工作效率

　　人际修辞学有助于形成人际合力，提高工作效率。我们都可以深切地感受到，人们生活、学习和工作中的矛盾冲突、精力内耗、时间浪费等现象是普遍存在的，严重制约和影响着工作的顺利展开，以及生活质量的提高与社会的进步和发展。这固然与社会各种客观因素的影响有关，但其中一个重要的原因在于没有高度重视人际关系的建设。社会消极因素的扩张，形成了个体发展的不良人际氛围，降低了人们工作的积极性、主动性、创造性，致使工作不能顺利展开，更遑论提高工作效率。人们的思想素养、社会经历、知识结构、能力水平、思想性格不可能完全相同，各有长短，要完成一项比较复杂或大型的工作，特别需要进行很好的沟通，互相学习、互相配合、互相补充。人们为了取长补短，就会有意识地与他人交流思想、智慧、经验等。这种互补行为，会促使个人能力提升和集体力量增强。"团结就是力量"、"人多力量大"、"人心齐，泰山移"等俗语包含着一个深刻的道理：只要人们按照正确的方式联合起来，就会产生很大的力量，形成整体效应。怎样团结？怎样使力量变大？怎样心齐？答案是必须充分发挥语言工具的积极沟通效能，团结、互助、协作，然后才能真正付诸实际行动，发挥群体作用，提高工作效率。

　　某教授在讲管理课时举了一个例子："当大雁展翅高飞时，常常排成'v'字队形，当然，在队伍中最引人注目的是强壮的头雁。但头雁不能永远是头雁，它飞行一段时间后，就会疲惫不堪。这时，就有另一只强壮的雁替换它的位置。头雁便心甘情愿地排到队伍后面。有的年轻的大雁没有担任过头雁，在'v'字形队伍中飞行得很顺利，总认为自己具备单飞的能力，不愿受飞行队伍的束缚，于是想选择单飞。但当它偏离队伍时，就会发现单独飞行的辛劳和阻力，并不得不立即飞回队伍。"

　　教授停顿了一下，问大家："为什么会这样呢？一起飞与单飞有什么不同呢?"大家都有些迷惑。教授道:"原来大雁排成'v'字队形,会增加71%的飞行范围,在这个范围中,众雁的飞行动作会形成一股'向上之风',而大雁们相互凭借这股'向上之风',能大大减轻飞行时遭遇的阻力。"

最后,教授补充道:"其实,不少人常常会犯这种错误。干了一两年,总认为自己具备了驾驭、管理能力,遇到一点儿不如意,就抱怨,就想着跳槽,但跳到另外一个企业却仍旧无法施展自己的才能,因为他根本还不具备这种能力。"

(《故事家》,2009 年第 8 期)

教授以大雁展翅高飞时常常排成"v"字队形作比喻,批评职场中的一些人常犯的错误:"干了一两年,总认为自己具备了驾驭、管理能力,遇到一点儿不如意,就抱怨,就想着跳槽,但跳到另外一个企业却仍旧无法施展自己的才能。"原因在于忽视了自己在团队中的位置,以及自己与他人互补互助的关系。这个例子很有启发性。一个单位、一个群体的工作成效,取决于全体人员的努力,相互支持、配合、帮助,有赖于和谐的团队关系。个体只有凭借团队给予的"向上之风",才能共同走向成功。

G 是因为冯总看中其才华才被调进晚报社的。

因为一个新闻稿子的事,G 和张总吵翻了。他把 G 写的稿子删掉了一段话,但是 G 发给编辑时,竟把没修改的发了过去。报纸登出后,张总把 G 狠批了一顿。其实那句话并不重要,G 觉得他小题大做,和张总顶了起来。张总愤愤地说:"你这样的人我用不起,你走吧。"

G 辞职了,在外面投稿的稿费并没有工资多,还不足以养家糊口。正六神无主时,冯总打来电话说他还在医院里,想必张总跟他说了,G 想。冯总开口就对 G 说:"听说你辞职了?你有更好的工作了?"G 便把与张总的过节说了。冯总郑重其事地对 G 说:"你如果想回晚报,我来跟张总说和,但是你得先跟张总道歉。毕竟他是领导。文人应该有骨气,否则也写不出好文章,但有时也得为五斗米折腰。"

G 去跟张总道歉,张总说:"道什么歉也不好使,要不是冯总说我既然用你的才,就该接受你的坏脾气,我才不让你回来呢。"

(《女人街》,2009 年第 6 期,文字有改动)

这一例中,冯总、张总是领导,G 是下属。G 坚持认为自己的意见是正确的,明知不是原则性问题,却不顾张总反对,不但付诸行动,按照自己的意愿发稿,而且与张总发生了争执。张总从领导的角度修改稿件,当 G 不接受时,愤愤地说:"你这样的人我用不起,你走吧。"请 G 走人。冯总从中斡旋,但张总并不接受道歉,只是出于"既然用你的才,就该接受你的坏脾气"的缘由,才答应 G 回来。冯总容忍 G,鼓励 G，欣赏 G，认同 G，所说的一番话具有辩证性，考虑到各方的面子、利害关系，既肯定"文人应该有骨气"，但也告诫"有时也得为五斗米折腰"，前提是必须给张总道歉。在工作中类似的情况是很多的，必须妥善应对处理，否则不但可能改变个人的命运，而且对工作的正常开展也会产生负面影响。

（三）有助于构建社会平衡机制，获得经济效益

人际修辞学有助于构建社会平衡机制，获得经济效益。人们的利益需要多种多样，要求互惠互利，希望相对平衡，这包括物质和精神不同的方面和层面。当正常的需求不能得到满足时，人际矛盾、冲突也会由此产生，当人们的利益需求以群体诉求的形式显现，就可能致使需求失衡，利益受损，在更大范围内影响人际关系的和谐。利益需求是以语言为载体的，关爱、争辩、退让、和解、双赢等，都离不开人际修辞的作用。

有一个在谈判界广为流传的经典小故事：

　　有一个妈妈把一个橙子给了邻居的两个孩子。这两个孩子便讨论起来如何分这个橙子。两个人吵来吵去，最终意见达成了一致，由一个孩子负责切橙子，而另一个孩子选哪一半橙子。结果，这两个孩子按照商定的办法各自取得了一半橙子，高高兴兴地拿回家去了。第一个孩子把半个橙子拿到家，把皮剥掉扔进了垃圾桶，把果肉放到果汁机上打果汁喝。另一个孩子回到家，把果肉挖掉扔进了垃圾桶，把橙子皮留下来磨碎了，混在面粉里烤蛋糕吃。

从上面故事的情形可以看出，虽然两个孩子各自拿到了看似公平的一半，然而，他们各自得到的东西却未物尽其用。这说明，他们在事先并未做好沟通，也就是两个孩子并没有说明各自的利益需求，导致了双方盲目追求形式上和立场上的公平。结果，双方各自的利益并未在谈判中达到最大化。如果两个孩子能够充分交流各自所需，或许会有多种方案和情况出现。可能的一种情况，就是两个孩子想办法将皮和果肉分开，一个拿果肉去榨汁，另一个拿皮去烤蛋糕。然而，经过沟通后也可能是另外的情况，恰恰有一个孩子既想要皮做蛋糕，又想喝橙子汁。这时，如何创造价值就非常重要了。想要整个橙子的孩子可以提议将其他的问题拿出来一块谈。他说："如果把这个橙子全给我，你上次欠我的棒棒糖就不用还了。"其实，他的牙齿被蛀得一塌糊涂，父母不让他吃糖了。另一个孩子想了一想，很快就答应了。他刚刚从父母那儿要了五块钱，准备买糖还债。这次他可以用这五块钱去打游戏，才不在乎这酸溜溜的橙子汁呢。

两个孩子的谈判思考过程实际上就是不断沟通，创造价值的过程。双方都在寻求实现自己最大利益的方案的同时，也满足了对方的最大利益的需要。商务谈判的过程实际上也是一样。好的谈判者并不是一味固守立场，寸步不让，而是要与对方充分沟通交流，从双方的最大利益需求出发，创造各种解决方案，用相对较小的让步来换得最大的利益，而对方也是遵循相同的原则来取得交换条件。在满足双方最大利益需求的基础上，如果还存在达成协议前的障碍，那么就不妨站在对方的立场上，替对方着想，帮助扫清达成协议前的一切障碍。这样，最终的协议是不难达成的，而且对双方都是有利的。

> 正当经济危机在美国蔓延的时候，某纺织公司因一场大火化为灰烬。3 000名员工悲观地等待着宣布公司破产和失业风暴的时刻来临。在无望而又漫长的等待中，他们终于接到了董事长办公室的一封信："我们决定向全公司员工继续支薪一个月。"
>
> 员工们深感意外，惊喜万分，纷纷打电话或写信向董事们表示感谢。
>
> 一个月后，正当他们为下个月的生活发愁时，他们又接到董事长办公室发来的第二封信。董事长宣布："我们决定再支付全体员工一个月薪酬。"3 000名员工接到信后，不只是意外和惊喜，而且热泪盈眶。第二天，他们纷纷涌向公司，自发地清理废墟、擦洗机器，还有一些人主动去南方联络被中断的货源。3个月后，公司重新运转了起来。对这一奇迹，当时的《基督教科学箴言报》是这样描述的："员工们使出浑身的解数，昼夜不舍地卖力工作，恨不得一天干25小时。"
>
> （《传奇文学选刊》，2006年第6期）

这一例中，在公司几乎遭遇毁灭性打击时，董事长等高层领导对员工的守信、关心，仅仅"我们决定向全公司员工继续支薪一个月"一句话，就激发了员工极大的自救积极性，巨大的精神力量促使企业起死回生。这也是一种平衡。世界上任何形式的灾难，其实都是人的灾难，一旦人的灾难被化解了，希望也就降临了。

第三节　人际修辞的研究方法

人们的认识运动总是从认识个别事物开始，从个别中概括出一般，因此，科学归纳法是人们广泛使用的基本的思维方法，在科学研究中具有重要的意义。一切科学发现，都是通过观察、研究个别事实并对它们进行总结的结果。《修辞学发凡》就是主要运用归纳法取得了辉煌的研究成果。人际修辞的研究既要继承传统修辞学科学归纳的研究方法，又要有所突破，应该注重综合性，加强实践性，贯穿科学辩证方法。

一、研究的综合性

综合性研究，即多角度研究，就是既要充分借鉴、运用语言修辞学的现有研究成果，高度重视语言修辞自身的问题，又要结合心理学、文化学、伦理学、哲学、组织行为学、经济学等不同学科的知识从不同角度进行综合研究。

（一）立足语言学、修辞学核心阵地进行研究

人际修辞学是修辞学的分支学科，必须建立在语言学、修辞学的研究成果的基础上，绝对不能脱离语言学、修辞学现有理论成果来研究人际修辞。毫无疑问，语言学、修辞学的基础理论是人际修辞学研究的核心阵地。语言学、修辞学的基本规律同样适用于人际修辞学，人际修辞学是一般修辞学的延伸、拓展、深化，但同时需要发掘、总结自身的特殊规律。

比较下面几组句子：

①A：你的名字叫什么？/B：请问，我可以知道你的名字吗？

②A：你必须……/B：我们要为你那样做，这是我们需要的。

③A：你错了，不是那样的！/B：对不起，我没说清楚，但我想它运转的方式有些不同。

④A：如果你需要我的帮助，你必须……/B：我愿意帮助你，但首先我需要……

⑤A：你听着，那没有坏，所有系统都是那样工作的。/B：那表明系统是正常工作的。让我们一起来看看到底哪儿存在问题。．

⑥A：注意，你必须今天做好！/B：如果您今天能完成，我会非常感激。

⑦A：你没有弄明白，这次听好了。/B：也许我说得不够清楚，请允许我再解释一遍。

A组是习惯表达形式，B组是礼貌表达形式。在上面的例子中，很明显，B句能产生更好的交际效果。对比两种表达形式，后者在交流时，尽量用"我"代替"你"。为什么呢？因为上面的例子或者是要求对方，或者是指示对方，或者是命令对方，以"我"的视角的礼貌表达方式减缓了语势的强迫性，显得委婉、诚恳。而习惯表达常常会使话语接受者感到好像有根手指指向自己。例如，"你错了，不是那样的！"两句一正一反，直截了当指责对方，毫不顾及对方的面子和心理承受能力。"对不起，我没说清楚，但我想它运转的方式有些不同。"在道歉的同时，先把责任归到"我没说清楚"，再转折，用"我想"起头，委婉地表达自己的意见。再如，"注意，你必须今天做好！"完全是下达命令的口吻，"注意"更是加强了这种语气。"如果您今天能完成，我会非常感激。"融入了"我"感激的情感，对方听了就乐于接受完成任务的要求。这里就牵涉到修辞中的代词运用、视角转换等理论知识。

边哲是一位勤奋又聪明的大学生，为了减轻家里的负担，节假日他去"浩然亭"餐馆当侍应生。

一次，来就餐的人特别多。一对戴眼镜的中年夫妇面带怒色地冲他叫了一声："侍应生！"他赶紧走到这对夫妇面前问有何指教。戴眼镜的男士用筷子指了指三鲜汤里飘着的一只苍蝇，冷冷地说："请问，这东西在我的汤里干吗？"边哲弯下腰仔细地一看，顿时头皮发麻、如针刺骨，弄不好，这份工作也就泡汤了。突然，他灵机一动，计上心来，毕恭毕敬地答道："先生，对不起！它好像在仰泳。""难道它不知道这儿严禁游泳吗？"这男士也颇具幽默感地反问道。"很对不起，是我们管理不严，让这厮犯了自由主义错误。我这就给您重换一碗汤，行吗？"这对中年夫妇被边哲的幽默惹得忍俊不禁，那位男士还主动站起来握住他的手称后生可畏。

（《秘书之友》，2007 年第 7 期）

这一例中，男士冷冷地道："请问，这东西在我的汤里干吗？"并没有直言指斥，而是赋予死苍蝇生命，从苍蝇角度诘责，问话是种冷幽默。边哲答道："先生，对不起！它好像在仰泳。"他从中年男士的问话中判断出其是一个温文尔雅且具有幽默感的人，既然对方运用拟人方法，自己也就延续此法，发挥超乎常人的想象，说成是"好像在仰泳"，加上毕恭毕敬的态度，令人忍俊不禁。男士反问："难道它不知道这儿严禁游泳吗？"承接边哲的话题，严禁的对象是苍蝇，所以仍然可以看做是拟人修辞方法。边哲自责"让这厮犯了自由主义错误"，"这厮"、"自由主义"，完全是将苍蝇当做人来看待、处置了，而且将自己与苍蝇的关系变成了人际关系。边哲与顾客之间的对话都运用了拟人的修辞格，相互关联，形成完整、连贯的语篇，边哲在笑声中淡化并迅速化解了中年男士因他服务失误所造成的不满情绪。这里则必须借助于拟人修辞格的理论知识，运用规律来解读、分析。

（二）结合心理学、哲学等多种学科进行研究

人际修辞学以构建和谐的人际关系为最终目标，而人际关系的构建取决于多种因素。修辞艺术虽然对构建和谐的人际关系十分重要，但只是其中的一个因素，而且更为重要的是，人际修辞艺术的运用深深受制于其他各种因素，特别是人的各种复杂因素，其能够真正在实践中发挥有效的作用，也必须依赖于主客观条件。现代修辞学已经越来越重视语言世界与物理世界、文化世界、心理世界之间的关系，当我们的目光集中在人际关系的领域之中时，就会发现这种联系显得尤为紧密。如果不是运用综合的多角度的研究方法，则无法对人际关系的修辞问题进行科学描述，使其符合有机统一的客观现实。综合性、多角度研究，其含义并不是对某一修辞现象只需要以某种相对应的学科的知识来描述和解释，事实上，各个领域的知识与人际关系的修辞现象呈现出复杂的交织、融合状态，研究时，可以突出重点条件，但必须同时兼及其他诸多因素。

　　丈夫对妻子说："你躺着，我起来。"这句话很普通，很平实，如果一定要发掘用了什么修辞方法，那么可以确定为对偶，或者再提高到寻常词语艺术化的高度来认识。但是倘若这句话联系到特定的背景，综合不同因素考察，结论就不会那样简单、乏味了。

　　下面是 2010 年第 8 期《读者》上一篇文章《最幸福的一句话》中的片断：

　　　某电视台办了一个小型活动，征求最令女人感到幸福的一句话。应征的话语如雪片飞来，最终摘冠的是这一句："你躺着，我起来。"

　　　原来，这句话背后有一段令人感动的故事。

　　　一对白手起家的男女，男人为了养家，在外努力工作奔波；女人为了刚生下的多病孩子，产后未加休息，就扛起育儿持家的重任。晚上，累了一天的男人回到家门前，一定先理理蓬乱的头发，然后精神抖擞地去按门铃。女人听到熟悉的脚步声，也总是一改疲惫的仪容，展开笑靥，到门口迎接男人。

　　　她发现男人的秘密后，更加心疼男人。夜里孩子哭闹时，不管怎么累，她都立刻起身，怕吵到男人。男人也发现了女人的秘密，他更加细心地呵护女人。只要孩子一有动静，他立刻睁开眼，轻按着女人说："你躺着，我起来。"因为孩子有病爱哭闹，每晚男人都要重复这句话好多次。

　　　颁奖当天，主持人讲完这个故事，只见一个白发苍苍的女人，牵着一个同样满头银丝的男人出现在观众面前。老婆婆已经热泪盈眶，她指着老伴说，故事里的男人是他，女人是我。他们结婚几十年，至今想起他这句话，她心里还是暖烘烘的。

　　　听完老伴的话，老先生张开无牙的嘴笑了，现场许多观众却哭了。

　　这对夫妻家境贫困，男人"为了养家，在外努力工作奔波"，女人要照顾"刚生下的多病孩子"，双方都尽力为对方着想，让对方能够多休息休息——这是他们能为对方做的最力所能及的事情了。两人不管多累，男人总是装作"精神抖擞"，女人总是努力"展开笑靥"，每晚抢着起身照顾哭闹的孩子。"你躺着，我起来。"这句不断重复的平平淡淡的话，却表现出夫妻之间至亲至爱的关系。要深刻认识这种动人的人际关系，则必须联系这夫妻俩的坎坷经历、物质环境、"第三者"（小孩）等因素，分析他们的心理特点、内心世界。这就是从多种角度进行探讨、研究。

　　　一位少年练小提琴练得心醉神痴，走火入魔，却进步甚微，拉得实在太蹩脚了。

　　　有一天，这位少年去请教老琴师，老琴师说："孩子，你先拉一支曲子给我听听。"少年拉了帕格尼尼 24 首练习曲中的第三支，破绽百出，简直不忍卒听。

老琴师问少年："你为什么特别喜欢拉小提琴？"少年说："我想成功，我想成为帕格尼尼那样伟大的小提琴演奏家。"老琴师又问道："你快乐吗？"少年回答："我非常快乐。"老琴师把少年带到自家的花园里，对他说："孩子，你非常快乐，这说明你已经成功了，又何必非要成为帕格尼尼那样伟大的小提琴演奏家不可？在我看来，快乐本身就是成功。"

少年听了琴师的话，深受触动，他终于明白过来，快乐是世间成本最低、风险也最低的成功，却能给人真实的受用。倘若舍此而别求，就很可能会陷入失望、怅惘和郁闷的沼泽。少年心头的那团狂热之火从此冷静下来，他仍然常拉小提琴，但不再受困于成为帕格尼尼的梦想。这位少年就是阿尔伯特·爱因斯坦，他一生仍然喜欢小提琴，而且始终拉得十分蹩脚，却能自得其乐。

（《少年读者》，2005 年第 10 期）

少年练小提琴练得心醉神痴，走火入魔，却几乎没有进步。老琴师没有具体指点，只是询问少年是否快乐，得知"非常快乐"的答案后，告诉他，非常快乐说明"已经成功了"，"又何必非要成为帕格尼尼那样伟大的小提琴演奏家不可？"这与一般人的思路不同，某人喜爱、追求什么，作为前辈、教师，通常都是积极鼓励，悉心指导，以使其取得更大进步。"快乐本身就是成功。"这就是老琴师的核心理念。这一例中，老琴师与少年之间的一番谈话，解开了少年的心结，使他明白了人生追求的道理，步入了正确的生活轨道。貌似平淡的话语却蕴含着深刻的哲理：快乐即成功。这是充满阳光的人生哲学。在现实生活中，我们不难见到这样一类人，他们身体健康，笑口常开，心情愉快，活出了人之为人的全部趣味，但他们在事业上却没有太大的建树，与名利双收、功成名就并不怎么沾边。这样的人难道一定是失败者吗？类似的人际修辞应该联系哲学思想才能论析透彻。

某学生迟到 5 分钟，老师不等学生开口，便说："不用解释那么多，迟到就是迟到，什么理由都没有，先罚站一节课，再写份检查。"任凭学生低头垂泪，老师始终视而不见。众目睽睽之下，学生觉得自己颜面尽失，从此再无心听这个老师的课，而这个老师也成了这个学生一生中最厌恶的一位老师。

学生的迟到是有原因的，因为他在路上遇到一位迷路的老婆婆，他将老婆婆送到了警察那里，所以迟到了。而老师根本拒绝沟通："不用解释那么多，迟到就是迟到，什么理由都没有。""不用解释"，剥夺了学生解释的权利；"迟到就是迟到"，分明将迟到与任何语境因素隔离开来；"什么理由都没有"，将宾语"理由"前置，突出否定的力度，强调学生的迟到不存在任何理由。而且加以"罚站"和写"检查"的处罚，毫无沟通的诚意，师生之间的矛盾不但没有解决，反而加深了。这一例，不仅仅是教师的语言沟通有问题，其深层是师道尊严的传统教育观念在作怪。类似的人际修辞应该联系教育学、心理学等理论知识才能论析深刻。

二、研究的辩证性

辩证性研究方法，就是运用对立统一的观点，在动态和相互联系中研究的方法。

（一）注重人际矛盾的对立统一性

人际修辞学研究的是人与人之间的语言交流的修辞艺术，离开了交际对象，对立面是无法对其运动的轨迹作出如实的描述和解释的，所以既要高度重视居于矛盾主要方面的说写者的修辞活动，又绝不能忽视处于矛盾次要方面的听读者的身份、年龄、个性、修养、心态以及语言反响等各种因素的制约和影响作用。两者对立统一，相互交织，处于矛盾运动状态，其所居地位也在不断转换。

有个"三朵玫瑰花"的故事：

情人节这天，一老一中一少三个男人一块回家，年轻人买了三朵玫瑰花，塞给另外两人各一朵，说："爸，这朵是送给妈的，您代我交给她；爷爷，这朵是孝敬奶奶的，麻烦您交给她。"中年男人不好意思地笑笑："我和你妈都结婚二十几年了，早过了送花的年龄，多难为情啊！"老年男人更是窘得红了脸："我不要！那是你们年轻人的玩意，我们老年人不兴这个！"但年轻人不依，说钱付过后花就不能退了，两人只好收下。

年轻人拿着玫瑰花就奔向了一家美容院。正好女朋友做完头发出来，看见持花的年轻人，一边的姐妹们叫了起来："好漂亮的玫瑰花啊！……鲜花配美人，真浪漫！"嬉笑着把女朋友推到年轻人的面前。"情人节快乐！"女朋友接过花，撒娇地问："亲爱的，今天有什么安排？"年轻男人顺势揽过女朋友的腰说："先去一家新开张的西餐厅吃饭，然后去看电影。"说完，两人相拥而去。

妻子正在厨房做饭。中年男人温柔地说："老婆，你辛苦了，送给你的！"妻子看见玫瑰花，愣了一下后厉声问道："多少钱？""十块。""什么？十块！"妻子气愤地把勺子一扔，咆哮道："你吃饱了撑的，花十块钱买这干什么？你不知道现在物价涨得厉害？还不如买点菜回来。那好，买花的钱直接从你这个月的烟钱中扣除……"但妻子做起饭来心情却更加舒畅了，还时不时看几眼地上的玫瑰花。吃完饭，趁中年男人看球赛的空当，妻子小心翼翼地把花拾了起来，凑近鼻子闻了闻，露出了初恋般幸福的笑容。然后，她找来一个干净的花瓶，换上清水，把花插了进去。

老年男人刚进家门，老太婆便朝他嚷了起来："怎么这么晚才回来？干什么去了？是不是又和李老头下棋去了？我和你说过多少次了……"他半晌才颤巍巍地从身后拿出玫瑰花，还未开口，老太婆便叫了起来："好你个不正经的老东西，这花哪来的?"老年男人急得快疯了:"这是孙子买给你的,我说我不要,他非要我亲手送给你,你看这事闹的。"睡觉前,老太婆捧着那朵玫瑰花,激动得怎么也睡不着,眼泪哗哗往下落,嘴里喃喃细语道:"结婚五十多年了,这还是他第一次送我玫瑰花呢……"

年轻男人送出的玫瑰花,在看完电影后就被女朋友随手丢进了路边的垃圾桶;中年男人送出的玫瑰花,被妻子悉心侍弄着,每天早上一起床就去换水,原本只有三天保鲜期的玫瑰花竟娇艳地盛开了一个多星期;老年男人送出的玫瑰花,被心灵手巧的老太婆一瓣一瓣地摘了下来,在阳光下晒干后,做成了香包,挂在房间中。从此,家里每天都弥漫着玫瑰花的芳香。

(《桂林晚报》,2010 年 2 月 12 日)

这一例中,三个男人分属于三代人,在情人节,他们分别把玫瑰花送给女友或爱人,他们都深爱着对方,但说出的话语和当时的神态都不一样。是什么原因呢?很重要的一个原因是接受花的对象不同,年龄、经历、个性等有异。年轻人将玫瑰花送给女友,开口说道:"情人节快乐!"浪漫的情人节属于年轻的一代。在女友的撒娇声中,年轻人道出了活动安排。中年男人温柔地说:"老婆,你辛苦了,送给你的!"心中虽然藏着对妻子深深的爱,但话语实实在在,没有浪漫可言。这反而引起了老婆的一顿乱花钱的责怪。老年男人进门连说话的机会都没有,先是挨了老伴接二连三的严厉责问,晚回家啦,不正经啦……老年男人的送花变成了解释辩白,"我说我不要,他非要我亲手送给你","我不要"、"他非要",对比中强调自己完全是被迫、被冤枉的。三位女士接受玫瑰花以后的反响也都各异。所以倘若要真正领悟他们之间的关系,研究他们的语言交流,就不能不把交际双方都纳入我们的视野。

(二)注重人际修辞的运动变化性

人际修辞研究具有鲜明的动态性。在语言交际过程中,语言环境不是事先确定的、一成不变的外在因素的简单汇合,不是围绕话语的一组静态的共有知识集合,而是不断发展变化,不断被创设、被选取、被延伸的动态系统。人际修辞面对的是活生生的社会的人,要正确揭示人际活动中的修辞规律,就必须在错综复杂的人际联系中考察,在人与物理世界的关系中考察,在人与语言世界的关系中考察。在考察这些关系时,又必须抓住主要关系,即人际关系来进行研究。人际关系处于不断的运动变化之中,今天的朋友或许就是明天的对手,今天的下级或许就是明天的上级,暂时的成功或许隐藏着失败的苗头。一切都随着不同的扮演角色、不同的利害关系、不同的对象极其灵活生动地发生着变化,人际修辞自然也就不能死守僵化的教条了。

吉尔斯是一名汽车销售员。一天,一位顾客走进店里,吉尔斯热情地接待了他,并相互交换了名片。吉尔斯为顾客介绍不同型号的车子,耐心解说车子的性能。顾客频频微笑、点头，然后两人一起走向办公室，准备办理购车手续。

不料，从展示场到办公室短短两分钟时间内，顾客脸色越来越难看，突然莫名其妙地发起脾气来，最后竟拂袖而去。为什么顾客会中途变卦？吉尔斯百思不得其解。当晚，他照着名片拨通了顾客的电话："先生，不好意思，这么晚了打扰您。我有一个问题向您请教，我看您今天本来是要买车的，可后来却生气不要了。您能不能告诉我哪里做错了，好让我以后改进。""你说得对，我本来是要买车的，连支票都开好带在身上了。可是，我在走廊上提到买车的原因时，你却毫无反应。你知道吗？我儿子刚考上医学院，全家高兴极了，我买车子就是要送给他的！我说了无数遍'儿子'，你却一直说'车子'，我讨厌与这样的人打交道！"

听完这位顾客的一番"肺腑之言"，吉尔斯才恍然大悟，自己交际失败的根源在于没有耐心倾听顾客的话语，没有用心分享顾客的喜悦心情，让顾客觉得自己没有诚意、缺乏尊重，最终导致"煮熟的鸭子飞了"。

（《演讲与口才》，2009 年第 6 期）

吉尔斯尊奉"顾客是上帝"的信条热情接待顾客，双方已经准备办理购车手续。但是在走向办公室的路上，顾客兴奋地告诉吉尔斯购车的原因，"我儿子刚考上医学院，全家高兴极了"，特地买一辆车送给儿子，可是吉尔斯根本没有听进耳朵，对方说了多遍"儿子"，吉尔斯却一直说"车子"，沉浸在做生意的思绪中。这一例中，吉尔斯的生意似乎已成定局，"准备办理购车手续"了，但在短短的两分钟内却起了变化，究竟是什么原因？就是吉尔斯没有尊重顾客，没有顾及顾客的心理变化，一件小小的事情，导致了人际关系失和，生意失败。所以人际交往中的一切都是变化着的，切勿用凝固、静止的思想方法为人处世，而应该讲究辩证法。

（三）注重修辞规律的非绝对性

应该确立辩证的规律观。不能死板、机械地理解人际关系的修辞规律，似乎规律都有百分之百的绝对必然性，就像"列车时刻表"一样确定不移。人际关系的修辞规律植根于生动的现实生活，其表现形态是丰富多样、极其灵活的，必然性和偶然性于其中有机统一。严格的必然性只是规律的一种形态，而且是省略了很多"理想条件"的特例，规律的常态是统计规律，即表现为一定概率的必然性，也就是系统规律，即由一定层次和结构所决定的某种概率的分布。比起自然科学的规律，这种规律的非绝对性表现得更是突出。

《长江日报》上曾经有篇《女大学生乘公交钱包被偷，司机劝小偷交还》的报道：

> 587 路公交车司机李师傅，驾车从东湖新村开往板桥方向，车子行至井岗村车站时，一位女大学生十分着急地对他说："我的钱包不见了，一定是被车上的

小偷偷了!"李师傅当即将车停在路边,关紧车门。

在等候民警到来时,司机李师傅对车上的乘客说:"不管是哪位乘客捡到了钱包,请交还给失主,不要等民警查出来,对个人影响不好。再说,现在正是高峰时间,大家都急着回家。"这时,车上的乘客也纷纷规劝。过了大约5分钟,有人从车厢中间传来一个钱包,女大学生打开一看:"不对,里面的钱不见了!"李师傅再次起身对乘客道:"请将钱交出来吧,免得警察来了,把人都带到派出所,影响一车子人,早点交出来早点了事。"话音刚落,车厢中间传来一个声音:"钱在这里!"说着,又有乘客从车厢中间将钱递了出来。

这一例中,女大学生在公交车上被偷了钱,司机说:"不管是哪位乘客捡到了钱包,请交还给失主……"将小偷视作"乘客"中的一员;用"捡"字,而不是用"偷";加上了"请"这个礼貌用语。"对个人影响不好","不好"的否定表达要比"很坏"的肯定表达语气和缓。司机是在委婉劝告小偷将钱包还给失主。当钱包还回来,其中的钱却没有了时,司机态度严厉了起来。"请将钱交出来",换用了"交"字,而且指出"警察来了"的后果。但总体来看,司机是采用一般的规劝方法解决难题的。这可以看做是人际修辞的一条规律。但是,并非所有的失窃事件都适用这条规律解决,事件的大小、性质,交际对象的经历、个性、年龄等差异,都会对矛盾发展的方向、问题解决的方法产生不同的影响。

三、研究的实践性

实践性研究方法,就是人际修辞学必须紧密结合语言交际实践进行研究,从实践中发现、总结、揭示规律,并结合人际关系建设的实践来论述、检验。人际修辞学是门实践性很强的学科,无论从理论初衷或立论宗旨上看,还是从基本内容和最终归宿上看,都具有鲜明的目的性和功利性,完全可以说,如果不紧密结合语言实践,就无法进行切合实际的有效研究。我们必须确立这样的观念:现实人际交往实践是人际修辞学语料取之不竭的源泉,是人际修辞艺术孕育、成长、发展的肥沃土壤,是人际修辞成败优劣的衡量标尺。

1. 面向现实生活采集语料

研究人际关系的修辞,必须拥有丰富的、鲜活的语料。语料的采集,要突破传统的途径。以往修辞的语料来自名家名篇、创作虚构的文本居多。名家名篇规范又经典,自有其优越性;创作虚构的优秀作品,也有其典型性的长处,根据需要适量选用不是不可以,但人际修辞语料的采集,特别要注重现实人际交往实践,力求具有客观真实性。耳闻目睹,直接记录人际交往过程,当然是理想的途径,但毕竟人的活动范围和视野有限,我们较多情况下还是只能借助于记录、反映现实生活的书面文本。不过,研究语料必须尽可能按照真实性的标准筛选,以现实真实性为主,艺术真实性为辅。

2. 立足人际交往提炼规律

人际修辞所揭示的规律不是主要来自经过艺术加工的文学作品，或者简单移植修辞学现成的理论成果，而是来自丰富多彩的现实生活。人际交往实践既是一个有一定规律、节奏和趋势的过程，又是一个充满变数的、多维的、流动的过程，人在其中起着主导作用。人际修辞学主要运用科学归纳法，就是面向人际交往实践，收集丰富的语料，比较语言的成败得失和优劣高下，揭示其中起着支配作用的规律。以抽象的方式诠释人际交往的规律是必需的，然而在现实生活之中，规律的表现却是十分具体而灵活的。人际修辞艺术正是因为拥有了丰富、坚实的语言实践土壤，才能绽放出艳丽的花朵，成为一门充满魅力和活力的学科。

3. 根据社会实践确立标准

人际修辞与和谐社会的建设、生产力的发展关系紧密，自觉地把人际修辞的研究和生产发展、社会进步紧密联系起来，可以进一步揭示人际修辞学的真正奥秘，因而具有突破性的意义。这个基本观点，为我们正确认识、评价人际修辞活动提供了一个客观的实践性标准。正确、健康的人际修辞与错误、庸俗的人际修辞，必须根据实践来鉴别。

汤某听说某市国税局局长郑某对书画颇有研究，便拿了幅画请他帮忙鉴别。那是一幅张大千仿石涛的画，虽非石涛真迹，但仍十分珍贵稀有。郑某说："小汤，这可是一幅难得的极品，你是怎样得到的？"汤某恭恭敬敬地说："这幅画是我从一个文物市场淘来的。"汤某说局长是真正的书画行家，执意将那幅画送给他。郑某一再推辞。汤某说："书画只有遇到懂行的人才有价值。遇到慧眼识珠的郑局长，是这幅画的福气，也是它最好的归宿。"郑某爱不释手，便收下了，还亲热地说："小汤啊，我们聊得这么投机，也算是忘年交了。"

没多久，汤某注册了一家公司，请"书法家"郑某为公司题字。郑某对这样的吹捧非常受用，立即挥笔写下了"追求卓越"四个字。汤某夸赞一番后，奉上了数目不小的"润笔费"，郑某坦然笑纳了。随着"感情"的加深，汤某更是频繁拜访郑某，常陪他喝茶，聊书法，"鉴赏"、赠送书画作品，逢年过节自然也少不了带着钱物登门探望。

一天，汤某找到郑某，说："郑局长，一直觉得和您结识，是我今生最大的福气，所以一般事情不敢麻烦您。但我想做一番事业，可因为开增值税发票受到一定的限制，再好的想法也无法实现。"郑某先前接受了汤某许多好处，这点忙不能不帮，但还是有点犹豫："我倒是可以帮你想想办法，但你千万不能出什么纰漏。"汤某拍着胸脯说："郑局长，您放心好了，兄弟可是踏踏实实干事的人。"郑某笑了笑，大手一挥，说："年轻人想干一番大事，是好事。"于是，在郑某的关照下，汤某顺利地开出了大批增值税发票，获得了巨大的利润，好处费也源源不断地流入郑某手中。最后，郑某和汤某都受到了法律的惩处。

（《演讲与口才》，2009 年第 6 期）

　　这一例中，郑某和汤某表面上交往热络，是好朋友，但汤某实际上是吹捧、拉拢、诱惑郑某。汤某将价值不菲的画作送给郑某，说："书画只有遇到懂行的人才有价值。遇到慧眼识珠的郑局长，是这幅画的福气，也是它最好的归宿。"以"懂行"为条件，牵强地把"懂行"与"价值"拉在一起，吹捧郑某是"慧眼识珠"，郑某获取画作竟然成了"这幅画的福气"，"是它最好的归宿"，将物看做有情有义的人了，汤某的言行抹去了贿赂的痕迹，暗藏了卑劣的用心。之后，他更以"想做一番事业"为由，"因为开增值税发票受到一定的限制"，摆出了困难。虽然点到为止，并没直截了当提出要求，但由于贿赂在前，郑某心知肚明"这点忙不能不帮"，叮嘱"千万不能出什么纰漏"，只是要求对方做违法之事时小心谨慎而已，自私、贪赃枉法的面目暴露无遗。双方的话语虽然说得冠冕堂皇，但危害社会，阻碍进步，这样的"修辞艺术"应该坚决否定。

　　总之，人际修辞学是修辞学的一门分支学科，具有广阔的发展前景。廓清其概念是当务之急；真正认识其研究意义是促进这门新兴学科发展的动力；明确其主要研究任务，可以帮助我们认识其研究的方向；掌握研究的主要方法，可以加快人际修辞学前进的步伐，不断取得突破性成就。

第二章

人际修辞的基本性质

第一节　规范性

人际修辞第一个基本性质是规范性。人际交往的网络何其错综复杂，人们必须遵守规范准则才能正常进行交往，进而建立起和谐的人际关系。口无遮拦，信口开河，蛮不讲理，见风使舵，唯唯诺诺，圆滑奸巧等，都是无视或忽视人际修辞规范的表现。人际修辞的规范界定起来比较困难，因为既然是规范，就必须有标准，而这种标准有些非常明显，有些则比较模糊，且具有一定的弹性，甚至处于潜性状态。另外，人际修辞的规范性不仅仅是一般的语言规范，而且关涉到深层的思想观念的制约和影响。我们根据其对人际关系约束力的强弱，将人际修辞的规范区分为三个层次：强力规范、次强规范和弱性规范。

一、强力规范

强力规范是明显的、在特定范围内带有较强约束力的人际修辞规范。人际修辞的强力规范一般以书面文本形式出现，通过制度、公约、守则、契约等明确规定必须遵守的准则，得到所涉及的群体或当事人的认可。也有口头的约定、承诺，当口头语言形式规范具有旁证等条件时，其约束力会大大加强。

（一）强力规范的语言规则

语言规范是最基础的强力规范。语言规范是在长期的语言交往中形成的"规矩"，例如词汇、语法等规则，这在相关的文件、著作、文章中都有明确规定。即使语言规范存在着某些学术上的分歧，也并不对其强有力的制约性产生很大的影响，这是因为人们无论根据哪种观点，基本上都能够保证语言交际顺利进行。毫无疑问，人际修辞必须遵守语言表达的规范，不能脱离其约束，否则就会造成人际交往的障碍，使交际主体与客体之间难以沟通，不能达成共识，无法完成交际的互动过程。

在网络语言交际中，网民生造了许多新词，逻辑、语法、修辞也不尽符合现有的规则。有的人表达啰唆重复，颠三倒四，混乱不堪。尽管某些人群以为是时髦、新潮，但放到社会大背景中来考察，放到现实人际交往中来衡量，大多数违背了语言的强力规范，不应该提倡。例如，在网络上看到有这样的说法："你这人超厉害！我对你的说法严重支持！""我对你灰常灰常（非常非常）不满。"如果容许如此修饰、形容，岂不造成现实语言交际混乱？又看到网络上有下面一段对话：

> 光头和尚："你平时都喜欢干吗？"灵尚女人："数人。"光头和尚："数人？什么叫数人呀？"灵尚女人："你不会明白的。"光头和尚："呵呵，那你今天数了多少人呀？"灵尚女人："58个了。"光头和尚："呵呵，真有意思，你喜欢数

人玩。"灵尚女人："是的，你是第 59 个。"光头和尚："哦？什么意思呀？不明白。"灵尚女人："你会明白的。"

什么是"数人"？"光头和尚"不明白，局外人也不明白，自己随意给"数人"赋予了含义，这并不是真正的修辞。至多只能局限在网友群体，在小范围内使用。

（二）强力规范的契约形式

契约规范是常用的强力规范形式。契约是种规则的明契，具有明确的、很强的约束力。契约有文字表达的，也有口头表达的。无论哪一种方式，哪怕只是口头上表述的，都必须要求语言简洁、清晰、准确，不致让双方产生误会、误解，有时甚至容不得一个字的差错，还要求能够体现尊重、平等、民主、合情合理的现代理念。契约修辞规范的文字表达形式则具有固定的格式，例如合同、协议。与一般语言表达相比，很大的不同在于契约修辞的取效特点非常明显，签订契约的每一方都必须承担语言表达可能产生的后果。

现代经济社会的本质就是一个契约社会，契约是现代人际关系规范的重要形式。契约，是双方或多方之间基于各自的利益要求所达成的协议。订立契约的双方是自主自愿的，目的是满足各自的需要。契约签订的过程事实上是一个包含着多方面的价值共识的过程。契约以某种价值共识为前提，可以避免争执、相互攻击等人际关系的不良状况，其本质是一种社会关系规则的制定行为，规则总是意味着规范，规范是以价值观念为内核的。

婚姻到了现代，不都是传统的"因为爱所以爱"，单纯地为爱而相识、为爱而结合、为爱而相守、为爱而白头偕老。尽管这很无奈，但我们还是不得不承认，婚姻也是一种民事契约关系。在这个前提下，婚前两个人无论爱得有多深，都得做好兑现这个契约的心理准备，共同努力打造幸福和谐的婚后生活。以往的做法是大家共同商量，或者默认这个契约。西方的婚礼上，神父通常要问："不管贫穷还是富贵，不管疾病还是健康，你都愿意爱她（他）吗？"这是习用的口头契约格式。现代社会，不但仍然沿用类似的口头契约格式，而且还用做买卖签合同的方法来约束自己和对方，签上一纸婚前协议。婚前协议貌似无情，看上去与夫妻关系太不协调，却担负着监督感情的重任。夫妻任何一方都不可能是高尚无私的圣人，把丑话说在前面的婚前契约，并非一纸空文，条款的明文规定，常常能够避免或减少许多婚后的纠纷，对建立良好的夫妻关系是有益的。这种签订婚前契约的做法已经被一些国人逐渐接受。

张某（男）与李某（女）都离过婚，双方各有一个孩子。张某提出结婚，李某有些犹豫，觉得两人发展得太快，不想草率结婚。张某提出了一个建议——搞 AA 制夫妻，婚后的收入各归各，双方互不干涉对方的经济。这样，子女们的财产继承等问题都好处理。李某答应了，两人在上海办理了结婚登记手续。李某心想，既然两人要签财产协议，为什么不将相互忠诚也写进协议呢？她的想法，张某欣然同意。2000年6月，两人正式签署了《婚姻忠诚协议》，协议约定："夫妻婚后应互敬互爱，对家庭、配偶、子女要有道德观和责任感。"协议书中还特别强调了"违约责任"："若一方在婚期内由于道德品质的问题，出现背叛另一方的不道德行为（婚外情），要赔偿对方名誉损失及精神损失费30万元。"

令李某意想不到的是，虽然有忠诚协议，丈夫还是有了外遇，李某抓到了丈夫不忠的证据，决定将他告上法庭，可李某万万没想到，张某竟先向法院提出离婚。2000年9月，李某向法院递交了一份反诉状，并提交了张某不忠于婚姻的证据，向法院提出依据双方约定的协议，要求张某赔偿李某精神损失费30万元。

（《现代妇女》，2003年第6期）

虽然对不履行夫妻"忠诚"义务，情节尚未达到"重婚"、"与人非法同居"等严重程度的一方如何承担相应责任，法律未作具体规定，但法律也未明文禁止当事人自行约定。而李某与张某约定30万元违约责任的"忠诚协议"，实质上正是对婚姻法中抽象的夫妻忠诚相待责任的具体化，完全符合婚姻法的原则和精神。也正是这一具体的协议，使得婚姻法上原则性的夫妻"忠实于对方"的义务有了可诉性。既然协议没有违反法律规定，且是双方在没有受到任何胁迫的平等地位下自愿签订的，协议的内容也未损害他人利益，因而有效，应受法律保护。法院作出一审判决，判决双方离婚，张某支付对方违约金30万元人民币。最终张某赔偿李某30万元人民币，当场一次性付清。这一例中，婚前协议约定的相关条款清楚明了，"若一方在婚期内由于道德品质的问题，出现背叛另一方的不道德行为（婚外情），要赔偿对方名誉损失及精神损失费30万元。"规定的是"不道德行为（婚外情）"，加上的括号，特别指明了不道德行为的内容，这对当事人双方具有很强的约束力，张某无法辩解，李某的胜诉自在情理之中。

（三）强力规范的特定范围

强力规范具有特定的适用范围。强力规范适用的范围并不是完全统一的，有的全社会都必须遵守，有的则适用于特定的范围。不同地区、行业、单位常常根据自身的实际情况，制定用语规范。这些规范具有较强的针对性，能够比较有效地建设、维护良好的人际关系。服务性行业从某种意义上来说，就是处理人和人之间关系的艺术，工作人员用语是否规范得体，直接影响到与服务对象的关系好坏，而且会对经济效益产生明显的影响。例如，浙江省湖州移动营业班"青年文明号"曾经制定了19条服务规范用语：

①欢迎词："您好／早上好／下午好／晚上好，欢迎光临！"
②客户来到柜台前："您好，欢迎光临，请坐！请问您需要办理什么业务？"

③接受咨询："您好，请问有什么需要帮忙吗？/请问有什么可以帮到您？"

④受理业务时若不能办理："对不起，按某某规定（制度），这是不能办理的，请您原谅。"

⑤若可以办理："请问，您带了某某证件吗？"

⑥当客户的话没听清时，要多问："对不起，我没听清楚，麻烦您再说一遍，好吗？"

⑦当客户手续不全时，要多提醒："对不起，按规定您还缺某某，请您补齐后再来，谢谢！"

⑧当客户对所办的业务不清楚时，要耐心询问："请问您需要办理什么业务？"适时追加介绍："我公司推出的新业务有某某某，请问您是否需要开通？"

⑨当客户所提供的证件或资料看不清时："对不起，这里我看不太清楚，麻烦您告诉我，好吗？"

⑩台前空闲，但其他柜台拥挤时，主动上前引导客户："先生（小姐），请在这里办理，好吗？"

⑪柜台前拥挤时，办法一："请稍等，我马上就为您办好！"办法二："您好，欢迎光临，请稍等。"

⑫若离开柜台时间稍长，应列出暂停服务告示牌，并告诉客户："对不起，我需要查询一下某某，需要离开一会儿，麻烦您稍等片刻。"

⑬处理完毕回来后继续为客户服务或让客户等待时间较长时，应说："对不起，让您久等了。"

⑭在服务过程中，客户向你道谢时："不客气，这是我应该做的。"

⑮在向客户解释完毕时，应明确客户是否完全明了："某某先生（小姐），不知道我刚才是否将您的问题解释清楚了？"或"我的解释您满意吗？"

⑯当客户要求查询其他客户个人资料时："对不起，按公司规定，此资料属保密资料，不能为您查询，请您谅解。"

⑰当客户提出对公司的意见和建议时："谢谢您为我们提出的宝贵意见，我们将在以后的工作中不断提高。"

⑱当业务受理完毕或客户咨询完毕，应主动提醒客户："请问您还有其他问题吗？""请问我还有什么可以帮您的吗？""如果以后有什么问题，您可以拨打10086咨询。"或"欢迎您拨打10086。"

⑲当客户离开时："再见，请慢走/请走好！"

另外，又提出了38条"服务忌语"，从反面对用语进行规范，下面列举数条：

①不行。

③找领导去/您找我也没用，要解决就找领导去。

⑤不知道就别说了。

⑥这是规定，就不行。/不能退就不能退，没有为什么，这是规矩。

⑧着什么急，没看见我正忙着吗？

⑨墙上贴着，自己看。

⑩有意见，告去！/您可以投诉，尽管去投诉他们好了。

⑪刚才不是和您说了吗，怎么还问？/不是告诉您了吗，怎么还不明白？

⑭我就这态度，不满意到别处去问。

⑮干什么，快点！/有什么事，快说！

⑰您问我，我问谁？

㉒欠费您不急，停机您着急了。

㉓眼睛睁大点，看清楚了再写。

㉔移动公司不是为您家开的，说怎样就怎样。

㉕只知道用电话，就不知道交电话费。

㉙这手机谁卖给你的，你找谁去。

㉝说了这么多遍还不明白。

（湖州移动网，http：//www. hzmcc. com/yingyeban/xwgf/xwgf04. htm）

引例中，18 条服务规范用语用了 15 个"请"字，几乎句句有"请"；13 个询问的疑问句，亲切柔和；7 个"对不起"，将工作中出现的问题、麻烦的责任都揽在工作人员身上；还多次运用"麻烦"、"谢谢"等礼貌措辞。相信，如果该营业班工作人员都能够自觉按照上述规范用语与客户进行语言交际，必然会避免许多冲突，构筑良好的关系，争取客户的信任，不断拓展业务。而对照"服务忌语"，没有一个"请"字，没有一个婉转的疑问句，没有任何礼貌用语；多为断然肯定或否定，"这是规定，就不行。""不能退就不能退，没有为什么，这是规矩。""我"、"你"泾渭分明，"您问我，我问谁？"多用模糊的代词，"您可以投诉，尽管去投诉他们好了。""这手机谁卖给你的，你找谁去。"令客户找不着北。

二、次强规范

次强规范是比较明显的、在特定范围内带有一定约束力的人际修辞规范。人生活在具体的社会环境中，因而人际交往中总会存在有形或无形的"社会契约"，决定着人际关系，并影响交际的内容、情感的表露、语言的表达。尽管交际各方并没有实际签订什么契约，规则却是潜在的。我们无法也不必将这类人际修辞的规范都一一明文作出规定，但由于其内在的合理性、历史的传承性，经过媒介的传播，通常得到社会公众的认同。与强力规范不同的是，次强规范虽然具有一定的约束力，但并没有强硬的、刚性的、细致的评判标准，说写者的语言表达效果带有一定的弹性，规范力是有限的。

1. 次强规范的道德关涉

次强规范的重要组成部分是道德规范。人际修辞规范包含着道德规范，道德规范中有相当大的部分属于次强规范。道德规范不是人为的设计，往往没有明文规定，但深受社会传统制约和现代观念影响，得到社会全体人员认可。道德具有强烈的价值导向和规范整合性，本质上是一种体现主体要求的"应当"，在人际交往领域中，道德是各交往主体的内在基础或一种境界。人际修辞的次强规范在交际双方合作的情况下，约束力能够较好地体现出来。

林肯在任美国总统之前，曾是一名律师。一天，一位老态龙钟的妇人来到律师事务所，十分激动地向林肯哭诉自己的遭遇。原来她是一个孤寡老人，丈夫在独立战争中为国捐躯了，她每月靠抚恤金艰难度日。可是一个专管抚恤金发放的工作人员，却要从她可怜的抚恤金中扣除一笔手续费，而这笔手续费多达全部抚恤金的一半。林肯听后十分气愤，决定免费为老人打官司，教训一下这个没有良心的公务员。

法庭开庭了，那个公务员指责林肯无中生有。因为他对老太太只是口头勒索，并没有留下任何真凭实据。林肯十分沉着，两眼闪着泪花，充满感情地回顾了帝国主义对殖民地人民的压迫，以及爱国志士如何奋起反抗，如何忍饥挨饿地在冰天雪地里战斗，为了美国的独立而抛头颅，洒热血。最后他说："现在，一切都过去了，1776 年的英雄，早已长眠地下，可是他们那衰老而可怜的夫人，就在我们的面前，要求申诉。这位老人从前也是位美丽的少女，曾与丈夫有过幸福愉快的生活。不过她已失去了一切，变得贫困无靠。可是某些人享受着烈士争取来的自由和幸福，还要勒索他遗孀那一点微不足道的抚恤金，有良心吗？当无依无靠的她，不得不向我们请求保护时，试问，我们能熟视无睹吗？"

听众被感动了，法庭里响起哭泣声，法官也眼圈发红。被告的良心也被唤醒，再也不矢口否认自己的劣行了。法庭最后通过了保护烈士遗孀不受勒索的判决。林肯在缺少证据的情况下，靠动情的话语打赢了官司，被传为佳话。

（《情感的力量》，《现代交际》，2007 年第 11 期）

法庭上要用充足的证据、严密的说理，以无可辩驳的雄辩力量制胜。但林肯的成功在于以言语修辞把道德情感的力量发挥到了极致。林肯充满感情地回顾并描述了独立战争中爱国志士艰苦奋斗、不惜牺牲生命的感人情境。"老人从前也是位美丽的少女，曾与丈夫有过幸福愉快的生活"，而今天却"已失去了一切，变得贫困无靠"。将老太太从前的"美丽"、"幸福愉快的生活"与今天的可怜境况作了鲜明的对照。接着提出问题，严厉责问那个公务员："有良心吗？"因为反问之前陈述的正是这些人一边"享受着烈士争取来的自由和幸福"，一边还在"勒索"，而抚恤金的金额是那样的"微不足道"，所以简短的一个问句却异常有力。同时，又向法庭中的听众、法官问："我们能熟视无睹吗？"因为提问之前，再次陈述孤寡老人"无依无靠"，且是出于生活压迫，"不得不请求保护"的悲惨处境，所以这一问句也是十分有力地唤起了人们强烈的同情心。林肯极为有力地表达了为老太太伸张正义的合理性、必然性。他的一番饱含真情的说辩言辞，给人以强烈的冲击，打动了所有的人，包括法庭里的听众、理性的法官，甚至那个被告。于是在一片哭泣声中，官司有了定论。这一例中，道德规范深入人心，取得了良好的成效。

2. 次强规范的弹性

次强规范具有不同程度的弹性。次强规范的约束力在大多数情况下具有弹性，强调的是自觉遵守。违背规范，有可能承担全部后果，或者承担部分后果，也有可能不承担任何后果，具体情况要具体分析。

"修辞立其诚"，待人以诚而不欺骗，这是人际修辞的一条重要准则。人际交往双方的地位是平等的，对于交际信息，每个人都享有相同的权利，都应该得到同等的尊重。人际交往应该是双向受益的行为，通过语言交流，人们建立起彼此间需要与被需要的关系，互为价值。如果在交往中个体每次所发出的信息都是真实可靠的，他们之间就会逐渐建立起真诚的友谊，真正地满足对方的信息需要，使自己对于交往对象具有价值；反之，欺瞒哄骗，则不仅不能建立起良好的人际关系，还会使已经建立起的人际关系恶化，最终失去被虚假信息所欺骗的交际对象的友谊。而且，真实信息与虚假信息对于人际关系发展所起的作用是不对称的，经过数次真实信息交往建立起来的友谊，可能因为一次虚假信息的传递而崩溃。不过，问题在于即使在人际交往中的一方不诚实，提供了虚假信息，只要没有产生严重的后果，另一方也一般是无法迫使对方承担法律责任的，仅仅是影响双方的关系而已。

葛某家中的某某牌煤气灶的点火针坏了一根，但由于过了保修期，葛某特地打电话请该品牌的特约维修部工作人员来家修理。青年维修员小张上门来修理。葛某好茶好烟热情招待并开口问道："你看修好要多少钱？"小张答道："不急，修好以后再说。"更换了一根针，煤气灶很快就修好了。葛某着急，又问："多少钱？"小张说："180元。"葛某大吃一惊，价格真是始料不及，心想，区区一根针，怎么会要价180元！葛某说："你把计价细目说给我听！"语气已有些不客气了。小张答道："上门费60元，修理费60元，材料费60元。"葛某说："上门费我认了，你修理不过几分钟，要60元？那根针是什么针，值60元？"于是双方发生了激烈的争吵。最后，葛某说道："假如你坚持要收180元，那我今天先付你上门费，明天我们在消委会见面，在那里解决，也可以请你们老板到场！"这时，小张软了下来，双方协商后，商定修理价格为90元。

事后葛某了解到，这个著名品牌的特约维修部是通过竞争而得的，属私人经营，而修理人员的奖金是与修理费用挂钩的，所以修理人员往往巧立名目收取不合理的费用。维修员的话语"不急，修好以后再说"，表面上是要根据损坏程度、修理结果再核算，实际上掩盖着陷阱：修好了，木已成舟，迫使对方按照提出的金额付款。"上门费60元，修理费60元，材料费60元。"所列项目清清楚楚，实际上并非真实信息。职业道德在这里起着重要的作用。有了这样的经历，且不说双方的关系搞僵，今后谁愿意、谁敢请这样的特约人员上门修理？

环境公共道德规范是个新的领域，有些已经以立法形式予以规范，属于强力规范；有些则还是需要自觉遵守，属于次强规范。有个"夭折的小青蛙"的小故事：

> 一次，教师组织同学们清洁海滨公园。在公园草地的另一头，突然出现了不协调的一幕：因为前一天刚下过雨，草地上有好多小青蛙，几个孩子在他们父母的陪伴下，展开了一场围捕战斗，孩子们大声叫嚷并追逐着小青蛙，而他们的父母们却在一旁用脚、用物什帮着拦住小青蛙的去路，还大声鼓励着："宝宝，看，这儿有一个，拦住了，踩死它，踩死它！"一会儿工夫，好些腿都还没能站稳的小青蛙，在这些人的疯狂"围剿"下失去了生命。此时，同学们目睹着这一幕，有一个男生看不下去了，走上去说："叔叔阿姨，你们别踩了，小青蛙是好动物，却都被你们踩死了！"听到同学们的请求，大人们有点悻悻然，但还是带着小孩子蹦蹦跳跳地又踩了一会。
>
> （《小故事中的环境伦理道德教育》，广东环保公益公众网，http：//www. gepf. org. cn）

踩青蛙的事件中，如果说几个踩青蛙的小孩尚不懂世事，那么他们的父母宠爱"宝宝"，"看，这儿有一个"，帮着"拦住"小青蛙，反复高声呼喊"踩死它"，鼓动小孩踩青蛙的举动和言辞则明显违背了公共环境道德准则。看到这一幕的学生，诚恳请求、劝阻人人们，摆事实，讲道理："叔叔阿姨，你们别踩了，小青蛙是好动物，却都被你们踩死了！"表现出良好的保护环境的道德素质。我们可以从道德角度批评那些成年人的语言行为，但只能在道德法庭上审判，却不可能因此对他们进行实质性的制裁。

三、弱性规范

弱性规范是不明显的、在特定范围内只有较弱约束力的人际修辞规范。弱性规范的要求比较宽松，没有明确规定，或者是一种约定俗成，或者是处于规范化的进程之中，再或者是一种理想化的倡导。弱性人际修辞规范的约束力弱小，不绝对，不死板，不强求，一般不需要承担语言表达产生的后果。

（一）弱性规范的普遍性

弱性规范具有普遍性。弱性规范渗透进社会生活的各个领域，即使是在日常生活中，也随处可见弱性规范的影踪。见面相互打招呼，一部分称谓的使用就属于弱性规范。称谓的使用虽然很有讲究，乃至有规定，例如"爸爸"、"妈妈"、"外公"、"外婆"等称呼是不能弄错乱喊的，但一般称谓，只要不是错误、明显不得体的，指称同一交际对象，可以使用不同的称谓，比较灵活。现代社会有种将家庭称谓推向社会从而拉近人际距离的倾向。阿姨，从字面理解，是用于对女性长辈的称呼。从本义来说，它应该属于权势称谓。随着现在对同辈人使用"阿姨"的频繁，"阿姨"逐渐成了一种亲近称谓。中年妇女之间，也有用"阿姨"相称的，熟悉点的还会在"阿姨"前加上对方的姓，如"张阿姨"、"李阿姨"。小贩、营业员们喜欢叫中年甚至更年轻点的女顾客"阿姨"，既顺口又显得亲切。而中年男子称与自己年龄相当或大一些的妇女为"阿姨"也司空见惯。甚至有些老年人（无论男女），对比自己小一半的中年妇女也以"阿姨"相称。而家政服务员被称作"阿姨"，恐怕也是出于亲近的考虑。除了亲近的考虑，进一步的目的常常含有功利性，拉近了关系好办事、好做生意。不过，尽管如此，在上述语境中，使不使用"阿姨"的称谓，并没有硬性的规定，选择的自由度很高。

客套语言在人际交往中是普遍使用的，多为弱性规范，用了很好，没用也并无大碍。例如，初次见面说"久仰"，等候客人用"恭候"，未及欢迎说"失迎"，看望别人用"拜访"，好久不见说"久违"，宾客来到称"光临"，起身作别称"告辞"，请人别送用"留步"，陪伴朋友用"奉陪"，请人原谅说"包涵"，求人解答用"请教"，欢迎购买说"惠顾"，请人帮助说"劳驾"，麻烦别人说"打扰"，向人祝贺说"恭喜"，对方来信称"惠书"，尊称老师为"恩师"，请人休息说"节劳"，老人年龄说"高寿"，平辈年龄问"贵庚"，女士年龄称"芳龄"，打听姓名问"贵姓"，中途告辞用"失陪"，请人批评说"指教"，盼人指点用"赐教"，请人受礼称"笑纳"，求给方便说"借光"，托人办事用"拜托"，赞人见解称"高见"，赠人书画题"惠存"，称人学生为"高足"，对方不适说"欠安"。以上客套说法在生活中常常见到、听到，但不同社会层次、修养层次的人使用的情况并不完全相同，直截了当述说，一般情况下也不会招致他人责怪。

（二）弱性规范的差异性

弱性规范具有差异性。弱性规范与强力规范、次强规范相比具有很大的差异，即使同属于弱性规范，其间也存在不同的差异，乃至显示出层级性。如果只是作为一种倡导、追求的人际关系理想，弱性规范修辞的形式与强性规范、次强规范相比，表现出很大的差异，往往以生动形象、寓含丰富情感、富有感染力的语言呼唤、诉求、呐喊。这样的规范在当时可能被许多人接受、认可，甚至赞赏，但并不一定都能够付诸实践。例如 2008 年北京第 29 届奥林匹克运动会主题歌《我和你》的歌词：

> 我和你，心连心，同住地球村，为梦想，千里行，相会在北京。
> 来吧！朋友，伸出你的手，我和你，心连心，永远一家人。

"我和你"，泛指世界上的任何一个人，同住"地球村"——巨大的地球以小小的村子喻指，大大缩短了距离，人与人之间应该是朋友，永远像一家人一样，消除战争，友爱、亲密地相处。歌词充溢着人道主义精神，倡导的是博爱，表现的是一种理想化的人际关系规范，但并不能够强求遵守，事实上在当今世界也无法做到。

（三）弱性规范的动态演变性

弱性规范具有动态演变性。弱性规范由于其约束力小，本身的稳定性也就相对弱，容易受到社会各种因素的影响而发生不同方向、不同程度的变化。弱性规范有可能向次强规范、强力规范演变，也有可能转向非规范。处于演变过程中的弱性人际修辞规范常常局限于某些特定的人群，有的还可能存在争议，这是正常的现象。这种情况，也同样不能强迫人们遵守。

据《楚天都市报》报道，武汉市汉口香港路一位 30 多岁的女士（甲），雇用了该市巾帼家政服务中心一名家政服务员（乙）上门做家务。甲的丈夫在一家外资企业工作，她要求家政服务员称丈夫为"先生"，称甲本人为"太太"；乙认为称呼甲"太太"有辱自己的人格，坚决不愿意叫。甲不得不让服务中心又为她换了 3 位家政服务员，可这些服务员中也没有一个愿意称甲为"太太"的。后来该报援引所谓权威人士的话，劝告这些下岗女工面对现实，勇敢称呼。

《现代汉语词典》关于"太太"一词的义项共有 5 种解释：①方言中指曾祖母或曾祖父；②旧时官吏妻子的通称；③旧时仆人等对女主人的称谓；④对已婚妇女的尊称（带丈夫的姓）；⑤称某人的妻子或丈夫对人称自己的妻子（多带人称代词做定语）。该例中甲应该是根据第四个义项提出的称呼要求。像甲这样的"太太"们教育素养较高，要求家政服务员如此称呼自己，未尝不合情理，在现代社会也不是个例，我们不能横加指责甲是苛求"规范"。但从家政服务员角度来考察，她们一般文化水平不高，对"太太"的不同含义的理解有限，误以为如此称呼贬低了自己的人格、辈分，感到不舒服，甚至有被侮辱的感觉，也是符合情理的。类似的人际称呼修辞规范就具有很大的弹性，不能强求一律相同。

（四）弱性规范的复杂性

弱性规范具有复杂性。由于弱性人际修辞规范处于规范和不规范的边缘，情况是颇复杂的，特别是潜在的规范意味，有时分辨起来很困难，需要语言实践的反复历练，才能真正认识和体会到，在具体的语言环境中，逐步做到心领神会、灵活处置、熟练把握。

中国人口中的"随便"并不随便。"随便"在语言运用中通常有三种含义：第一种"随便"，含有探测对方诚意的意味。家中来了客人，主人问客人要喝什么，客人说"随便"，意思就是说：根据你自己的能力、条件，可以提供什么就提供什么，不能为难你。但如果主人真的"随便"，客人就会觉得是轻慢了自己。例如客人说要"苹果汁"，主人没有，未免尴尬。客人说"随便"，就给主人留了招待的余地。虽然没有苹果汁，但是端上一杯好茶或者咖啡，客人自然也很高兴，因为没有"随便"应付。不过主人明明有饮料，假若果真"随便"端上一杯白开水，那很有可能会引得客人不高兴。第二种"随便"，含有"单凭物品不足以表达全部的敬意，必须以精神来补偿"的用意。请客吃饭，主人即使准备了很丰盛的佳肴，仍然会客气地说："没什么准备，粗茶淡饭，随便吃点。"意思是应该有更好的，才足以表达对来宾的敬意。如果客人认为过于丰盛，就会说："您太破费了！"如果客人觉得不过是家常菜肴，但因为主人说了"随便吃点"，所以客人一般也不会产生不满情绪。第三种"随便"，暗示"我有我的意见，只是不便说出来"。上司征求下属的意见，下属通常是不能说"随便"的，而是要请上司作出最后决定。因为说"随便"，就意味着下属有自己的意见，只是不方便说、不能说而已。类似的"随便"的运用规范，不是那么随便就能够掌握的，需要社会阅历和语言实践的经验。

第二节　综合性

人际修辞第二个基本性质是综合性。人际修辞关涉到多种学科知识，受到各种因素的制约和影响，深深地打上文化烙印，是人们复杂心理的折射，哲学思想在其中起着重要的支撑作用。

一、文化的深刻烙印

"文化"的含义很复杂。广义上的"文化"是指人类创造的物质财富和精神财富的总和，内涵异常丰富，外延异常广阔。语言自身就是一种独特的文化现象，是文化的一个有机组成部分。为了论述角度的集中和讨论的方便，我们在这里将语言视为一种特殊的文化现象，是文化的载体之一，与文化是对立统一的关系。

人际修辞和文化的关系非常密切，文化因素全面、深入地渗透其中，强有力地制约和影响着修辞，给其打上了深刻的文化烙印，并极其自然地表现出来。

（一）文化因素全面渗透进人际修辞活动

严格地说，任何人际修辞都是文化修辞。因为社会是文化的社会，人都是文化的人，人们的语言交际活动无法脱离文化浸润，文化因素必然在建设各种人际关系的修辞中全方位地体现出来。政治经济、教育教学、文学创作、日常生活等广泛领域的修辞活动都与文化息息相关。

1943 年，周恩来率中共代表团由重庆返回延安，途经西安，国民党西安最高军事首领——第八战区副司令胡宗南为周恩来洗尘。胡宗南吩咐黄埔六期以上三十余名将官偕夫人出席酒会，授意他们以礼相待，制造友好气氛，把周恩来灌醉。

招待会在小雁塔举行。胡宗南想灌醉周恩来的打算被在胡部工作的共产党员熊向晖悄悄告诉了周。一场酒席上的较量就这样不动声色地开始了。

酒会由胡宗南的政治部主任王超凡主持，王在祝酒词的结尾说："在座的黄埔同志先敬周先生三杯酒，欢迎周先生的光临，请周先生和我们一起，为领导全国抗战的蒋委员长的身体健康，先干头一杯。"周恩来举起酒杯，微笑着说："王主任提到了全国抗战，我很欣赏。全国抗战的基础是国共两党的合作。为了表示国共合作抗日的诚意，我作为中国共产党党员，愿意为蒋委员长的健康干杯；各位都是国民党党员，也请各位为毛泽东主席的健康干杯！"

胡宗南闻听此言愣住了，王超凡和其他作陪者也都不知所措。周恩来举目四顾，继续微笑着说："看来各位有为难之处，我不强人所难，这杯酒就免了吧！"

国民党众将官无言以对，此番敬酒只好作罢。

隔了一会儿，十多位打扮得花枝招展的夫人举杯走向周恩来。其中一位说："我们虽没进过黄埔军校，但都知道周先生在黄埔军校倡导'黄埔精神'，为了发扬黄埔精神，我们每人向周先生敬一杯。"周恩来微微一笑，风趣地说："各位夫人很漂亮，这位夫人讲的话更漂亮。我想问：我倡导的黄埔精神是什么？谁答得对，我就同谁干杯。"此言一出，众夫人张口结舌。胡宗南忙说："今天只叙旧谊，不谈政治。"周恩来转向那些夫人说："我们还是谈点别的吧。"同她们寒暄几句后，周恩来把她们送回原座。

稍后，十几位将军排成一行向周恩来走来，领头的说："当年我们都是黄埔的学生，您是我们的政治部主任，同我们有师生之谊。作为弟子，我们每人敬老师一杯。"周恩来说："胡副司令长官讲，今天不谈政治。这位将军刚才提到我当黄埔军校政治部主任，政治部主任不能不谈政治，请问胡副司令长官，这杯酒该不该喝？"胡宗南说："他们是军人，没有政治头脑，酒让他们喝，算是罚酒。"

(《周恩来智辩却酒》，《现代交际》，2006 年第 3 期)

胡宗南他们几次三番以冠冕堂皇的理由"敬酒"，为"蒋委员长的身体健康"干杯，为"黄埔精神"干杯，为"师生之谊"干杯，周恩来将计就计巧妙却酒，其间都包含着政治目的，双方语言的你来我往，实际上是政治文化的较量，而周恩来棋高一着。当王超凡提议"请周先生和我们一起,为领导全国抗战的蒋委员长的身体健康"干杯时,实际上是出了个政治难题,按照礼仪,无可厚非,却包含着抑低共产党地位的用心,而周恩来随即提出"也请各位为毛泽东主席的健康干杯"这个合情合理的要求,对对方来说,同样是个难题,"将"住了对方,敬酒作罢。夫人们以发扬"黄埔精神"为由准备轮番敬酒,似乎理由也无懈可击,但周恩来反问了一句:"我倡导的黄埔精神是什么?"一个简简单单的问题——周恩来是清楚这些夫人根本回答不出来的,巧妙戳穿了敬酒者的虚情假意。将军们的一番"师生之谊"敬酒辞,周恩来则是以其人之道还治其人之身,以对方提出的"今天不谈政治"加以拒绝,胡宗南的"阴谋"最终没能得逞。

在日常生活中,人际修辞的文化渗透现象更是随处、随时可见。有的已经形成了文化的习俗,拥有惯常的表达形式,在特定范围内具有普遍性,表现尤为鲜明。这在称呼语、礼貌用语、习惯用语等中都可以看出。正因为随时随处耳闻目睹,太平常了,或许感觉不到其中渗透的文化因素,但只要联系文化背景略作思考,分辨起来并不困难。

"面子"在汉文化中频频使用,以至形成了特有的"面子文化"。构成中国人际关系结构的一个重要因子是"面子"。它具体地调整着中国社会人际关系的方向和程度,成为中国人际关系的一个最基本的"调节器"。面子文化观念渗透进社会的方方面面,是中国人内在人格的重要特征之一。人际互动双方爱"面子"的程度、给不给"面子"或"面子"是否给足,往往是人际关系和谐与否的重要条件,它直接关系到人际关系发展的方向及程度如何。如果在人际交往中,一方不给对方面子,或没有给足对方面子,就会影响人际双方关系的亲密程度,甚至使双方反目,关系破裂,严重的会造成剧烈冲突。有一种很普遍的现象,基层的人民调解员在解决民事纠纷的时候,通常习惯于说这么一句话:"请你们双方看在我们的面子上,这件事情算了,好不好?"在这里,面子不是个人所追求的一种虚荣、一种角色,也不是个人与个人之间的一种特殊关系,更不代表解决民事问题的原则,而是一种独特的文化现象,蕴含着情和理,常常能够起到良好的调解作用。

蒋子龙有篇文章叫《越南的人情味》,介绍越南人的称呼:

> 在越南人的称呼中没有第二人称"你"。日常习惯性的称呼是哥、弟、姐、妹……
>
> 我请教越南一位老资格的翻译家:越南高层人物之间也像老百姓这样称兄道弟吗?他说都一样。在越南只要一提起胡志明,无论男女老幼,一律称呼"胡伯伯",或只叫"伯伯"。有一回,他给一个高级政府代表团当翻译访问中国,在天安门广场向英雄纪念碑献完鲜花之后分头活动,秘书长就在英雄纪念碑前大声宣布:跟五哥去的往这边来,跟八哥走的到那边去。陪同的中国领导人听得一头雾

水，其实"五哥"就是书记，"八哥"就是总理。

（《今日南国》，2007 年第 1 期）

在越南的人际交往中，人们已经习惯于使用"哥、弟、姐、妹"这样的称呼，连最高层革命领袖胡志明也被称为"伯伯"，显露出亲和力、人情味，这是越南文化长期的积淀使然，带有越南文化的鲜明烙印。这可能在其他民族文化中是很少见到的。

（二）文化因素深刻制约着人际修辞活动

制约的深刻性，是就约束的力度而言的。文化对人际修辞的制约强而有力，以至形成许多不成文的规矩。如果尊重这种文化的约束力，修辞就得体，语言交际就成功，人际关系就和谐；反之，则可能不得体、失败、失和。这种文化的约束力，既有历史的传承，又有现代观念的影响。

1. 文化差异的深刻制约性

文化差异实质上就是观念上的差异，观念的差异决定了为人处世的特定的态度、方式，进而在语言表达方式上表现出来。文化差异越大，对修辞活动的制约性表现越是鲜明。

在国际交往中，人们经常通过赠送礼品来表达谢意和祝贺，以增进友谊。但如果不了解中西接送礼品时语言表达上的差异，不仅达不到增进友谊的目的，反而会引起彼此误解。中国人呈上礼物时往往习惯说："小小礼物，不成敬意。""东西不好，请笑纳。"西方人听了可能会纳闷，既然是不好的东西，为何还要送给我呢？这不是强人所难吗？其实，这是中国人谦虚和客套的一种表现，是要表明送礼者发自内心的感觉，送这些东西还不足以表达自己的敬意和友情。与此相反，西方人把礼物献给别人时要表示他的礼物很好，自己非常喜欢，甚至告诉对方："我是费了九牛二虎之力，千挑万选买来的，现在把它送给您，希望您也能喜欢。"中国人接受礼品时，总是再三推辞："谢谢您！您的心意我领了，但礼物是不能接受的。""你看，又让你破费了。"或者说："你们家有老人，带回去给老人用吧。"几次三番推辞，最后才勉强收下，但不会当着送礼人的面打开礼品。这样做可以避免双方因为礼物选择的不恰当而尴尬。但西方人接受礼品时总是非常爽快地收下礼品，并当着送礼人的面打开礼品盒（结婚礼和圣诞礼除外），还要表现出非常愉快的神情，常说："哦，非常漂亮，谢谢！我很喜欢，这正合我的心意。"西方人认为只有这样才算没辜负送礼人的一片心意，也最能表达对送礼人的尊重。这些接送礼品语言修辞上的差异，主要就是由中西文化习俗的差异造成的。

2. 文化变迁的深刻制约性

文化随着时代的变迁而变化，虽然这种变化常常是潜移默化的，但能够促使人们的文化观念发生变异，这在人际修辞中也会鲜明地反映出来。这从另外一个侧面说明文化对修辞的深刻制约性。

　　道歉是在与人发生矛盾时承认自身言行失当，表示理解对方的难处或痛苦，向被损害的一方表达诚意、歉意。无论有过失的是朋友还是陌生人，无论所受到的损害是轻是重，大部分人希望听到的道歉语都是"对不起"。"对不起"是对人有愧的意思，语义比较重，是缓和双方紧张关系的润滑剂，是解决人际矛盾的一个简单有效的常用语。而"不好意思"仅仅表示出一种难为情的心态、情绪，因而当交际对方在受到某种损害后期待你有所表示时，听到一声轻描淡写的"不好意思"，说话人的致歉行为往往较难达到目的。2003 年 12 月 9 日《文汇报》上《校园中的黑色烦恼：学生口头禅与年龄不相符》一文，不无忧虑地提出了中学生群体中"日常礼貌用语边缘化，在口头禅中发生了变异"的现象。该文作者对 1 951 名高一至高三在校学生作了口头禅调查，"你好，Thanks，打扰了，请原谅，Sorry"一类礼貌用语比例仅占 21.6%。作者曾就"最近你在公共场所更多听到的道歉用语是什么"这一问题对 118 名大中学生作过调查，结果选择"对不起"者为 68 人，约占 58%；选择"不好意思"者为 50 人，约占 42%。这项结果反映出"对不起"正在日常的社会交往用语中被挑战的现实。汉语中"不好意思"、"对不起"这两个轻重本有差异的道歉用语有合流的趋向，并且显示出以轻代重的趋势（目前主要表现在青年的口语中）。这一趋势违背了谦敬用语的使用原则之一——升级原则。升级原则在称谓性谦敬用语中体现为"为了表示更高的尊敬，往往有意识地赋予对方比实际地位高一些的称呼"，因此我们经常见到人们在称呼他人时"舍低而就高"，而自称时却"舍高而就低"。同样的道理，使用道歉用语时我们也没有理由"避重而就轻"。如果说长期的频繁使用可能使某些词语语义逐渐淡化，因而需要由其他词语替换，"对不起"与"不好意思"却恰巧反其道而行之，在前者毫无淡化的前提下，却人为地选择其他词语淡化它，这不能不令人考虑到是社会文化因素的强大力量使然。

（三）文化因素是人际修辞多姿多彩的重要原因

　　人际修辞多姿多彩的重要原因之一是文化因素。文化是异常丰富多彩的社会现象，落实到不同地域、不同时代、不同群体、不同个人，都具有独特性、多元性，人际修辞也因此表现出多姿多彩的形式。

　　1. 人际修辞的地域文化特色

　　不同地域的人们，为人处世的准则、处理问题的方式、文化传统习俗等方面各不相同，因而人际修辞深深打上了地域文化的印记。俗话说："十里不同风，百里不同俗。"不同国家如此，同一国家的不同地区也往往各具特色。

　　　　有一家日本新闻机构请在日本访问的一中国代表团吃饭。入席之前，主人礼貌地对同代表团见面的一位中国朋友说："今天请吃饭的人中没有您，请自便。"那位中国朋友微笑着起身告辞，自然而然，并无尴尬。

　　　　　　　　　　　　　　　　　　　（《人民日报》，2001 年 4 月 13 日）

　　这一例中，主人说："今天请吃饭的人中没有您，请自便。"既把拒绝的意思清楚地表达了出来，又不失礼貌。如果将"今天请吃饭的人中没有您"换成"您不在今天请吃饭的人之中"，意思相同，意味却不一样，生硬了不少。倘若在国内遇到这种情况，往往会请那位不速之客一起吃饭，客气地说："多加双筷子而已。"可是，如果"筷子"加多了，就有可能出现那种"来客一人，陪客一群"的现象，大家心里并不舒服。日本人可不顾那个"面子"，不随便加"筷子"，请谁吃饭谁入席，不请谁吃谁离开。

　　　有个上海人去承德出差，不认识路。遇到了一个中年男子，就上前问路："师傅，请问到某某宾馆怎么走？"男子面露不悦，瞪了上海人一眼，一言不发继续往前走。上海人以为对方没听清楚，赶紧追上去，再次询问了一遍。谁料想男子依然狠狠瞪了对方一眼，很不友好地回了一声："不知道！"随即快步离开。上海人起先觉得男子非常不礼貌，怎么能够这样对外地人说话呢？后来才了解到，当地人口中的"师傅"指的是出家人，称呼对方"师傅"，自己还以为是尊重，对方却误以为受到了贬损。

在语言交际中，我们常听见交际一方称呼另一方为"大哥"。在汉语中，"大哥"既可以用来称呼自家的长兄，又可以用来称呼年龄长于自己的熟人甚至刚结识的人，以示尊敬和亲切，这对言语交际双方的人际关系也有一定的调节作用。但是，在我国鲁西南的一些地方，"大哥"却是一个忌讳的称呼。因为，据《水浒传》中的故事，鲁西南一带曾经出了一个"戴绿帽"的武大郎——武松的大哥，所以在这一带，"大哥"常与"王八"同义，人们十分忌讳这个称谓。而在广西一些少数民族和汉族杂居的地区，"大哥"则有血统不纯的地方意义，因此，叫对方"大哥"便有辱骂的意思。这是不同地域文化制约影响下的人际修辞特色。

　　2. 人际修辞的时代文化特色

　　时代的发展、社会的变化，刷新了人们的观念。新的价值观念、新的人生理想、新的是非标准、新的思想方法等，都促使人际修辞发生新的变化，人际修辞缘此充满新鲜血液，富有生命活力。

　　　品学兼优的大学应届毕业生小李踌躇满志地展开打印整齐的文案，自我感觉良好，就公司事先提出的一个广告策划设想侃侃而谈。他一边汇报，一边还观察到老总的脸上曾经三次浮现出满意的笑容。

　　　当小李刚刚结束陈述，老总便让另一位竞聘者小王谈谈他对小李所作方案的看法。小王看了小李一眼说："李同学在这个项目的方案构思上的确下了很大工夫，但我个人认为方案缺乏创意，过时了，而且运作成本太大……"没等小王的话说完,老总便匆忙发问:"依你看,怎样的方案才有创意呢?"小王不慌不忙地打开笔记本电脑,开始向大家展示他的创意文案。老总的脸上浮现出喜出望外的笑容,边听边频频点头。当小王对他的设计方案介绍完毕时,老总激动得像哥伦布发现新大陆一样,脱口而出:"OK! 这个项目就由你来完成!""老总,我可是来应聘的呀!"老总这才清醒过来,转口说道:"本公司非常欢迎你这种富有创新能力的年轻人加盟!"

(《公关世界》,2002 年第 2 期)

一般来说,受传统文化影响,中国人不太愿意当着别人,特别是陌生人的面进行批评,而这一例中,小王具有现代青年的竞争意识,敢于表现自己,因而获得了成功。他先是适度肯定"李同学在这个项目的方案构思上的确下了很大工夫",接着直言不讳地指出对手的缺陷:"方案缺乏创意,过时了,而且运作成本太大……"需知,"缺乏创意,过时"、"运作成本太大",这两个缺陷对一个方案来说是重大的、致命的,小王对小李的方案之评价,表述毫不含糊、毫不留情。然后,他向大家展示自己的创意文案,获得了老总的高度赞赏。

小吴是某名牌大学的优秀毕业生,有一手高超的计算机软件开发技艺,被同学们称为"电脑软件专家"。按理说,小吴到大公司谋个高薪职位是三个指头捏田螺——十拿九稳的事情。然而,小吴却出乎意料地被某高科技公司打了回票。公司人事经理现场检测了小吴的专业知识后,非常满意,这使小吴更显得意自信。人事经理接着不经意地问:"你平时在学校里都跟哪些同学合作?"小吴实话实说:"自己搞自己的,搞软件这一行需要相互留一手。"人事经理又问:"你平时都参加了学校的哪些集体活动?"小吴为了显示自己学习用功,更是满不在乎地说:"我们整天忙于开发软件,没时间也没兴趣参加集体活动,至多是在网上聊聊。"结果,小吴落选了。

(《公关世界》,2002 年第 8 期)

小吴的失败就是败在两个问题的回答上。第一个是合作问题,小吴说"自己搞自己的",突出、强调纯粹是自己个人行为;"搞软件这一行需要相互留一手",申述理由,从"需要"、"相互"等词语可以看出这已经在小吴的头脑中形成了一种较深的观念,即软件行业都是自顾自、吃独食的。第二个是关于集体活动的问题,小吴借口"整天忙于开发软件",非常干脆地表示"没时间也没兴趣参加集体活动",理由似乎十分充分。然而,如今社会是非常讲究合作的,合作意识和集体主义观念在软件开发、科研等高科技行业尤为重要。一个集体观念和参与意识淡薄的员工是不可能愉快地和同事密切配合的。一个员工如果没有集体观念,就不会热爱自己的单位。能干的人很多，要找专业技术精湛的人才不难，但要将其录用为正式员工，参与公司的创业与发展，则需要着意寻找。小吴应聘时过于自信，甚至刚愎自用，缺少新时代的文化观念，落选自在情理之中。

以上竞聘的两个例子，表现出了现代文化折射出的人际修辞形式。

青年一代的文化意识总是本能地延伸到时代的最前沿，敏锐地感受着时代生活的新浪潮，敢于重新建构自己的文化风貌。在现代社会，个人的容貌长相也不再是人们所忌讳的话题了，甚至可以说正在逐渐地形成一种社会时尚的风貌。同时，随着教育的普及，中西方文化的交融，国民文化素质的提高，人们在关于相貌评价的语言表达上，也日趋文雅。同样的意思，总是倾向于更加文雅的说法。比如直说一个人长得愁眉苦脸的样子有损别人自尊，而说其长得"很沧桑"，不但文雅，还给人一种阅历丰富、历经磨难的感觉；一个人长得很难看或五官不对称，说长得"很艺术"、"很含蓄"、"很深奥"、"很抽象"，贬义褒说，可避免直接使对方受到打击，相反，在这追求个性化的时代，还能给对方一种自信和鼓舞。这类的表达形式往往多见于青年一代。

3. 人际修辞的个人文化特色

人与人不同的身份地位、思想性格、爱好习惯，形成了独特的人际交往修辞方式，决定了人际交往的成败得失，其实不论是哪方面的差异，归根结底都与个人文化素养有着紧密的联系。文化素养是底蕴，左右着修辞方式的选择和运用。

有个青年因为对另外两位青年的恋爱不满，便向陶行知告状："陶先生，你应该管一管，他们太不像话了，简直是把恋爱当饭吃！"

"是吗？"陶行知像发现了新大陆似的，眼睛里闪耀着惊奇的光："他们真的是把恋爱当饭吃？"

"谁还能对您说假话，您应该批评批评他们。""批评？——不，我认为应该赞扬他们。"陶行知若有所思地说。

"陶先生，请您不要说笑话。他们这样发展下去，对集体的影响是很大的。"

"为什么？"

"他们把恋爱当饭吃，如果不管，就会影响别人也把恋爱当饭吃。"

"那很好，我完全赞同。"陶行知亲热地拍拍他的肩膀说："假如今后你谈恋爱，我希望你也和他们一样。"

"陶先生又在讲笑话了。"青年有些不好意思。

"不，这绝不是笑话。把恋爱当饭吃，这是人生最正确的恋爱观！"陶行知的态度变得严肃起来："人每天吃饭不过三顿，每顿10分钟，加个倍，一共也不过个把钟头。如果其余时间都用在工作和学习上，那么不就会取得更大的功效吗？我担心的是，你们并不把恋爱当饭吃，而是当成工作和学习、当成生活的全部啊!"

这位青年听了,惭愧地低下了头。

（中国华文教育网，http://www.hwjyw.com）

"把恋爱当饭吃",本来是这位青年告状时所设的一个比喻,是个虚指,"太不像话"、"简直"加强了这个比喻的否定情感倾向,但这一比喻却被陶行知先生拿来实用,并借用这句话对青年进行教育。对这位青年告的状,陶行知先生没有简单地回答他这件事的对与错,而是借用了一个"载体",把自己的教育思想渗透进去。他讲的不是刻板的大道理,只是简单地分析生活中的细节,"人每天吃饭不过三顿,每顿10分钟,加个倍,一共也不过个把钟头",这是进行时间计算;最为担心的是"并不把恋爱当饭吃,而是当成工作和学习、当成生活的全部",这是对比句式,道出并强调了真实用意。陶行知以一番别出心裁的劝言,让对方接受了教育,并取得了最佳的劝服效果。不是一般人都能以这样的方式进行教育、劝服的,这些言语反映出陶行知深厚的教育文化素养。

陈毅元帅担任上海市市长时,为了筹建制药厂,前去拜访化学家齐仰之先生。谁知齐先生态度十分冷淡,并提出了"闲谈不得超过三分钟"的条件。

陈市长灵机一动,讲道:"我以为,齐先生虽是海内外闻名的化学家,可是有一门化学齐先生也许还一窍不通。"

此言一出,齐先生大惑不解,定要问个明白。

陈市长却看看表说:"哎呀呀,三分钟已到,改日再来奉告。"

齐先生急于了解究竟,非要陈市长把话说明白。

陈市长却笑着说:"我说的是共产党的化学。"

齐先生微嗔道:"这种化学与我何干,不知亦不为耻。"

陈市长说:"先生此言差矣!子曰:'大而化谓之圣。'社会若不起革命变化,实验室里也无法进行化学变化。齐先生刚才自己也说嘛,致力于化学四十余年,而建树不多,这是啥子道理呦?当初……"

这番话触动了齐仰之,他想起了自己的经历,对陈市长的话产生了共鸣,一颗冷却多年的心又炽热起来,他与陈市长彻夜长谈,终于同意帮助陈市长筹建制药厂。

（《思维与智慧》，2002年第4期）

在这里,陈毅市长面对处于封闭状态的说服对象,巧妙地制造悬念,"齐先生虽是海内外闻名的化学家,可是有一门化学齐先生也许还一窍不通","海内外闻名"与"一窍不通"反差巨大,按照常理是不可能的,这激起了齐仰之不服气、好奇的情绪。

陈毅表面上严格遵守对方提出的"闲谈不得超过三分钟"的约定，"哎呀呀"增强了"尊重"对方的感情色彩和语势的跌宕，通过卖关子来吊起对方胃口，用假设复句"社会若不起革命变化，实验室里也无法进行化学变化"，将社会革命和化学研究紧紧勾连在一起，诱导对方循着自己的思路去揭开谜底，探索真理。然后顺势讲道理进行说服，取得了极好的效果，同时也反映出陈毅高超的人际交往文化修养。

二、心理的复杂折射

人际交往不可能脱离人们的心理活动，心理活动是人际修辞的基础。人们的心理虽然是隐藏在心灵深处的微妙复杂的活动，但是在人际交往活动中，常常借助于语言形式折射出来。人际修辞是人们心态的展现，情感的传递，智慧的交锋。

（一）人际修辞是心态的展现

心态是指个体的心理状态和思想观点。人际修辞是语言交际双方各种心态的展现，而心态又随着语言环境的转换不断变化。心态包括自我心态、价值心态、兴趣心态等。自我心态，是指对自我身心认识的心态，包括认识自己的心理特征（如兴趣爱好、能力、性格、气质等）以及自己与他人的关系等。一个人能正确地认识自己是很不容易的，但人们总是在语言交际中自觉不自觉地流露出自我意识。价值心态，是人们对作用于他们的客观事物或对于其所参与的活动的价值的心理评估，是一种稳定的心态。在语言交际活动中，人们的价值心态对修辞活动起着重要的导向和调节作用。兴趣心态，是反映一个人行为指向特征的心态，有广泛、狭窄，持久、暂时等差异。

《楚天都市报》上有篇文章《老父寻儿三换称谓》：

> 王老爹打电话找儿子，不得不连换三次称谓，找出一肚子的火来。
> 王老爹退休后独自一人在家，儿子王川在一家公司当老总，平时很少回家。
> 一天下午，家中电视发生故障，王老爹想到了儿子，就把电话打到了儿子办公室："找虎子接电话！"
> 接电话的是位秘书小姐，一听"找虎子（王老爹儿子的小名）"，就回了一句："没这个人！""啪"地挂了电话。
> 王老爹再拨过去，接电话的还是那位小姐。
> "请找王川。"
> "哦，你等等！"片刻后，小姐回话："王总很忙，你明天再打来。"电话又挂了。
> 王老爹不甘心，再拨一次："请找王总！"
> "王总有事，有什么事明天再说！"
> 三次被拒，王老爹吸取了教训。第四次，他不紧不慢地说："请问小王在吗？"

"您等等！"小姐毕恭毕敬起来。

少顷，话筒中传来了儿子的声音："请问是哪位领导？"

接下来的，自然是老子的一顿臭骂，儿子的一串道歉。

王老爹与秘书小姐的对话表现出交际双方各自的不同心态。想与儿子通话，王老爹起初理所当然地认为无须用谦敬称谓，直呼小名"虎子"即可。秘书并不知道王川与虎子之间的关系，以为对方打错了电话，找错了人，因而毫不客气地回敬了一句"没这个人"，挂断了电话。王老爹第二次换用"王川"这个称呼，似乎是想假借关系平等而又较亲近的"朋友、老熟人"的身份获得与儿子通话的可能。秘书推测说话者与王川是同等级别，因而回答时选用了符合社会语言规则的言语。"你等等"、"你明天再打来"这样的回答，显得既不过分热情又不过分冷淡，传递了既不亲近也不疏远的态度信息。秘书用"王总"这一称呼体现了自己与王川之间的雇员与雇主的职位高低的关系。第三次打电话，王老爹降低了自己的身份，称呼儿子为"王总"，力求表现出对王川的尊敬，使秘书有了通融的余地。秘书以为是下属，是低级别的、关系疏远的人物，回答语气生硬："王总有事，有什么事明天再说！"信息不真实，且用的是命令句式。第四次，王老爹汲取了前三次的经验教训，在姓氏前加上"小"字，这往往是上级对下级、长辈对晚辈等的称呼，显得说话人与王川是上下级关系，果然，接电话的秘书对他毕恭毕敬，换用"您"称呼王老爹，表现出处于低势位的人对高势位的人说话应有的势位差。话筒里终于传来了儿子的声音，因为王川推断必定是他的某位上级领导的电话。交际双方的自我心态、价值心态等在这一例中表现得淋漓尽致。

以下是江苏卫视《非诚勿扰》一期节目的片断，其中有一位男嘉宾徐某某。

（主持人询问徐某某心动女生是谁）

徐某某：23 号吧。（他竟然将心动女生的号码直接说了出来，按照规则是不允许的，应该按按钮选择）

主持人：史上从来未发生过的事情，在你身上发生了，就是有一种相见恨晚的感觉。

徐某某：因为我觉得能成为我终身配偶的女人，是非常非常幸运的，几千万人里面只能找出一个而已，所以我要挑准点，千万不要看错。

主持人：你有多大把握？

徐某某：百分百。

女　生：我实在觉得他这个动作啊，有点像在菜场里买菜的感觉……

徐某某：你有什么资格说我像买菜的感觉？我觉得你又有何德何能这么评价我呢？真正了解我的人，从来不把我比喻成这个样子，所以我特别特别生气！后果很严重!

（女生表示自己没有任何贬低徐某某的意思）

徐某某：只是我对你的水准有点失望而已，你至少应该尊重我。

女　生：我非常感兴趣，你的自信心是从何而来的?

徐某某：因为我想要做到的，从来没有做不到的，只要我想。现场能为我挺到底的女生，很可能那个女生就是我刚才选的心动女生。

女　生：你觉得自己够完美吗?

徐某某：我觉得世界上没有完美的人，十全九美总比十全八美好一点吧。我就是那个十全九美的。

这一例中，嘉宾徐某某的心态在对话中展露无遗。太心急了，主持人询问"心动女生是谁"，徐某某竟然直接脱口而出"23号"，"雷"到了全场，违反规则，节目举办历史上从没有发生过这种情况。而且，徐某某的自我感觉特别好，缺少自知之明。女嘉宾只是表达了一些看法，觉得他的动作"有点像在菜场里买菜的感觉"，他就严词厉句呵斥："你有什么资格说我像买菜的感觉?""你又有何德何能这么评价我呢?"矛头毫不掩饰地指向"你"。疑问代词"什么"、"何……何……"的非疑问用法，用以加强反问句的力度，徐某某已经不是自信，而是极端自傲了。其话又说得太绝对，似乎有"百分百"把握带走"心动女生"，"我想要做到的，从来没有做不到的"，世界上没有完美，自己是属于"十全九美"的人，传递的语言信息明显不符合常识、事实。如此这般，最后的结果可想而知，没一个女生看中他。

（二）人际修辞是情感的传递

人际修辞又是交际双方情感的传递。彼此的正面关系，如互相喜爱、抱有好感等，表现出来的是相容性情感。相容性情感是一种结合性情感，它通过语言的传递常常能够促使人们相互吸引、接近、认同、合作。凡是使人们彼此分离的情感，如憎恨、厌恶、冷淡、不满等，则称为分离性情感。分离性情感越强烈，彼此越不相容。人际修辞在传递这两种情感时会形成、表现出不同的人际关系。

有个关于"一碗馄饨"的故事：

那天，她又跟妈妈吵架了，一气之下，她转身向外跑去。

走了很长时间，看到前面有个面摊，香喷喷、热腾腾的，她这才感觉到肚子饿了。

可是，她摸遍身上的口袋，连一个硬币也没有。

面摊的主人是一个很和蔼的老婆婆，问她："孩子，你是不是要吃面?"

"可是，可是我没带钱。"她有些不好意思地回答。

"没关系，我请你吃。"老婆婆很热心地招呼她，"来，你坐下，我下碗馄饨給你。"

很快，一碗馄饨和一碟小菜端来。

她满怀感激，刚吃了几口，眼泪忽然就掉下来，纷纷落在碗里。

"你怎么了？"老婆婆关切地问。

"我没事，我只是感激。"她忙擦着泪水，对老婆婆说，"我们又不认识，而你却对我这么好。可是我自己的妈妈怎么那样对我呢？我跟她吵架，她竟然把我赶出来，还叫我不要再回去！"

老婆婆听了，平静地说道："孩子，你怎么会这么想呢？你想想看，我只不过煮一碗馄饨给你吃，你就这么感激我，那你自己的妈妈煮了十多年的饭给你吃，你怎么不去感激她呢？你怎么还要跟她吵架呢？"

女孩愣住了。

女孩匆匆吃完馄饨，开始往家走去。当她走到家附近时，一眼就看到疲惫不堪的母亲，正在路口张望……

母亲看到她，脸上立即露出喜色："你这个淘气包，赶快过来吧。饭早就做好了，你再不回来吃，菜都凉了！"

这时，她的眼泪又开始掉了下来。

(《报刊文摘》，2003 年 12 月 22 日)

确实，有时候，我们会对别人给予的小惠"感激不尽"，却对亲人一辈子的恩情"视而不见"。这一例中，老婆婆和蔼地询问："孩子，你是不是要吃面？"以"孩子"的亲切称呼，表示测度的疑问句，问到了女孩的心坎上。当老婆婆得知对方没带钱时，热心、爽快地招呼："没关系，我请你吃。"然后端上免费馄饨。当女孩对比老婆婆与自己的母亲，埋怨、责怪母亲时，老婆婆将"我只不过煮一碗馄饨给你吃，你就这么感激我"与"妈妈煮了十多年的饭给你吃"作比较，语气平静地说道："你怎么不去感激她呢？你怎么还要跟她吵架呢？"一正一反两个反问句，以事实为依据，深深触动了女孩的心灵。女孩自知应该理解母亲，不能跟母亲吵架，应该感激母亲的养育之恩。普通而温暖的语言传递了浓浓的亲切、热心、关爱等结合性情感。

2009 年 6 月 9 日下午，在上海电视节"真实中国·导演计划"座谈会上，被称为"愤怒主播"的浙江人民广播电台《伊甸园信箱》节目主持人万峰依然"愤怒"，对当今的电视剧、纪录片都不屑一顾地道："看现在的电视剧、纪录片真让我火冒三丈。"

全国热播的电视剧《人间正道是沧桑》，成了万峰首先抨击的对象："编剧都是白痴！整个片子漏洞百出，胡编乱造。那个孙红雷，一身的痞子气竟然去演红军！太胡闹了！他就是个痞子，是黑社会老大的作风，演戏做作得不得了！他就应该安心演他的坏蛋角色，别来演什么正面角色。"热播剧《潜伏》也被他贬得一文不值："这戏简直不堪入目，情节拖沓，还找了两个丑角演我们的地下党。"

万峰的炮火不仅朝着"外人"，就连在场嘉宾宁财神编剧的作品《武林外传》也遭到了攻击，万峰很不留情面地说："我还没看该剧就觉得非常无聊。"此话一出，宁财神一度显得非常尴尬，侧身反击道："不要没看我的戏就抨击我！"

万峰一语惊起千层浪，以致上千万的网友在新闻后面跟帖，孙红雷、姚晨的粉丝也纷纷攻入"万峰贴吧"，在万峰贴吧置顶的"万峰痛批孙红雷、姚晨，您有何话要说"的"全民投票"中，超过80%的投票者都认为万峰是在炒作，另一些有识之士则认为万峰认为"孙红雷、姚晨因为'痞'和'丑'不能演正面角色"的论断怀有个人偏见及缺乏常识。

（《演讲与口才》，2009年第12期）

一向以"愤怒主播"著称的万峰，何以招致网友如此多的非议呢？最主要的原因就在于他将评论变成了宣泄个人不正常的"愤怒"情感的渠道，语言过于偏激。骂《人间正道是沧桑》"编剧都是白痴"，"整个片子漏洞百出，胡编乱造"——用了状语"都"、定语"整个"，可见剧组成员全在斥骂之列，而且被骂得一无是处。说"那个孙红雷，一身的痞子气竟然去演红军！太胡闹了！"以"那个"指称，轻蔑之情溢于言表；一个副词"竟然"，将孙红雷不能出演红军角色的偏见渗入强烈的主观色彩；"太胡闹了"近乎人身攻击。万峰使用了"不堪入目"、"非常无聊"等程度很深的贬义词语来评价观众喜爱的电视剧，缺少起码的辩证法。任何一部电视剧都不可能十全十美、无可挑剔，当然也不可能一无是处，万峰却全部"一棍子打死"，太绝对了。评价一部电视剧质量的高低、演员演技的优劣，广大观众最有发言权，万峰以无视大众舆论的狂妄言语"抬高自己"，评价完全成了"显摆"。"愤怒主播"如此表达"愤怒"，自然惹得观众强烈不满，导致人际关系极度紧张。

（三）人际修辞是智慧的交锋

人际修辞常常表现出交际者的聪明才智。智慧，是交际者心理经验厚重的结晶，是思维力、创造力的发挥。智慧修辞讲求在适当的时候、适当的地方，对适当的人作出适当的语言行为，是在语言交际实践活动"不确定性"和"紧迫性"情景下的一种即兴创作，具有独特性、偶然性、瞬间性和效用性等特点。智慧交锋的修辞往往以一种直觉判断的方式进行，受到情绪、个性、意志、素养等的影响。

有个关于"打手机"的故事：

驶往东郊的中巴车开动后，女售票员开始售票了。

当她走到前排一中年男子跟前时，这个男子突然大骂一声："你这个混账王八蛋！"

售票员着实吓了一跳，全车十几位乘客也都惊呆了。

当女售票员看清中年男子一只手按在耳朵上时，这才知道人家正在打手机。

"你欠老子的钱至今没有还，你小心老子抽你的筋……"中年男子怒气越来越大，嗓门越来越高。这震耳的声音，使得乘客们紧皱眉头。

中年男子的骂声和吼声还没完，后排又响起了一个女乘客的高音嗓门的尖叫："哟，哟，你死到哪里去了？烦死了，烦死了，打了十几次电话，你说，你说，你为什么不接……"那撒娇式的语气让人烦心。乘客的不满和无奈只能表现在脸上。

正在这时，更让乘客们意想不到的事发生了，坐在中间座位上的一老者也打起了手机。他的声音更响，那么大的岁数底气竟然还如此之壮，把那对男女的声音全给压住了："你把嘴巴放干净些，注意一下'口腔卫生'，你以为你是谁呀……"

中巴车到东郊时，中年男子和高音女士下了车。这时乘客们发现，老者手上拿的不是手机，而是一只微型半导体收音机。

（《报刊文摘》，2006 年 12 月 25 日）

这一例中，两位乘客全然不顾公共道德，目中无人。中年男子脏话、粗话满嘴，不堪入耳；女乘客打电话时尖而高的刺耳发嗲声，惹得汽车上的乘客个个不满、无奈，老者的心理与大家一样，但他想出的批评招数相当新奇、高明，以"微型半导体收音机"假装手机，"你把嘴巴放干净些，注意一下'口腔卫生'，你以为你是谁呀……"表面上是与电话中的"对方"说话，实际上是在教训不讲公德的两个乘客，表现出特别的智慧。要求对方嘴巴"干净些"，针对性很强，两位乘客的电话内容、方式虽然不同，但语言不文明则是相同的。要求对方"注意一下'口腔卫生'"这形象的比喻，既把心中的不满、怨气发泄了出来，尺度又把握得极好，以自己文明的话语，让中年男子和女士无可指责。

交际双方语言智慧的交锋，很大程度上依赖于说写者对交际对象的心理特点和规律的准确认识和灵活把握。

英国姑娘汉娜为一家出版社推销《大英百科全书》，取得了令同行瞩目的好业绩。她有一个诀窍，就是在人家夫妇两人同时在家的时候登门拜访。见面之后，她把做丈夫的拉到一边，尽量压低声音，述说《大英百科全书》的内容如何丰富，质量如何可靠，说明购买此书的价值。做妻子的对汉娜的那副神态既觉诡秘，又觉奇怪。想用心倾听所谈内容，却又听不清楚，忍不住走过去问个明白。这时，汉娜又向妻子述说此书的内容丰富，质量可靠，以及购买此书的价值等等，并说明丈夫对购买此书的态度。这样，做妻子的十有八九很爽快地答应汉娜的推销要求，填写购买此书的订单。

（《思维与智慧》，2002 年第 4 期）

汉娜推销成功的原因，就在于善于制造悬念调动别人的好奇心，故意放低声音和做丈夫的谈话，令做妻子的感到好奇，激起她关注此事的意愿，促使她赶在丈夫之前同意购买此书，于是推销员的目的便达到了。制造悬念是一种修辞策略，在人际交往中把悬念设置得强烈、新奇、对比明显，造成足以触动对方心弦的效果，会给对方深刻的印象，引起对方的高度重视。同时，制造悬念还必须因人而异，要根据说服对象的精神、思想、兴趣、需求、知识面等情况，有针对性地设置悬念，才能取得最佳效果。

三、哲学的科学轨迹

从深层考察，人际修辞的背后，总是存在着哲学思想的支撑。哲学也是文化的组成部分，但又与一般文化不同。哲学是关于世界观的学说，是各种知识的概括和总结，层次更高，所以我们将其单独列出作些阐述。和谐的人际关系并不仅仅表现为漂亮、动听的词句，其深层应该是人际矛盾的平衡、协调、转化。在语言交际中，人们追求和谐的价值取向，使交际各方努力克服矛盾、冲突，淘汰不和谐因素，从不和谐到比较和谐，再到高度和谐，这就是人际修辞的哲学科学轨迹。哲学以其巨大的包涵力、渗透力、支撑力相融于人际修辞追求的种种美好的价值观念中。对立统一规律，运动变化规律，基于内因、外因的转化规律等，在人际修辞中都得到生动的体现。当然作为指导的哲学思想，有的表现得比较鲜明，但大多数潜藏在交际语言的深处，需要我们仔细体味、深入分析才能正确辨识。在后面的章节有专门的论述，这里略举一二作些说明。

（一）相对相反，全面兼顾

人际关系语言指向必须顾及矛盾的不同方面，避免片面性。人性是复杂的，矛盾是交织的，而且矛盾的不同方面之间的关系，往往会对人际关系产生或正或负的影响，所以，话语指向尽管可以有重点，但在许多场合却不能仅顾一个方面，否则可能达不到预定的交际目的，甚至还会对人际关系产生负面影响。

> 抗战时，宋哲元将军组建了一支五百战士的大刀队。
> 决战前夜，宋将军检阅部队，他在一名年轻战士面前停下来问："你叫什么名字？"
> 战士回答："报告军长，一班长侯万山。"
> 宋哲元又问："你身上背的是什么？"
> 侯回答："大刀。"

宋再问："你背着大刀去干什么？"

侯回答："报告军长，风萧萧兮易水寒，壮士一去兮不复还。"

宋说："不简单，还是个诗人！你在家念过书？"

侯回答："临上轿扎耳眼，我们队长现教的。"

宋又问："队伍明天就要出发，有话要说吗？"

这时侯忽然两行热泪潸然而下，并且跪了下来。

宋哲元冷峻地问："你还是男子汉吗？"

侯回答："是男子汉。"

宋又说："男儿膝下有黄金，更何况是抗日军人！"

侯说："我侯万山别无牵挂，只是家里有一个临产之妻。如果我壮烈牺牲，孤儿寡母能得军长的体恤，那我也就死而瞑目了！"

宋哲元听罢，立即叫军务处的人过来，将侯的话记录在案，也把大刀队每个官兵的要求记下来。

命令宣布完毕，他轻声对侯说了一句："你放心去吧！我会照办的！"

侯万山听了，感动不已，他的情绪顿时感染了全体官兵，众勇士斗志陡涨！

后来侯万山牺牲了，宋哲元真的兑现了承诺，将侯的妻子和一对双胞胎安置在自己家中。

（《现代交际》，2004 年第 9 期）

决战在即，作为先锋的大刀队队员牺牲的可能性极大，他们的斗志左右着战斗的胜负，指挥员理当以豪言壮语激励将士，但也必须解除战士的后顾之忧。这一例中，宋哲元将军并不是一味号召动员战士奋不顾身杀敌，而是言辞刚柔相济。要求战士要像一个真正的男子汉，"你还是男子汉吗？""男儿膝下有黄金，更何况是抗日军人！"这里的"男子汉"是指那些为正义而英勇无畏、不怕牺牲、不计名利、不求回报的好战士，具有震撼力。"何况"一词用在反问句中已有进一层的意思，叠加了"更"，大大强化了"何况"的力度。冷峻的反诘责问，声声振聋发聩。得知了侯万山的后顾之忧，又关怀备至，富有人情味地吩咐下属将战士的要求一一记录在案。"你放心去吧！我会照办的！"鼓励情深意长，保证干脆有力，不打任何折扣"照办"，使众勇士"感动不已"，"士气陡涨"，投入生死战斗中去。推及他人他事，无不具有两重性。

（二）条件制约，灵活应对

人们的语言交流都是有前提条件存在的，话要说得得体，就不能绝对化、极端化。顺应这样的指导思想，在人际交往中，说话就应该适当留有余地，不宜将话说得过满、过死，同时还要与不讲原则的"和稀泥"区分开来。

许多人遇事常常既不赞成也不反对，事实上是赞成之中有反对，反对之中也有赞成，并不是不分是非，糊里糊涂或者怕惹事端。先赞成后反对或先反对后赞成，对方就可能比较容易接受，例如："我毕业后马上出国留学，你赞成吗？"如果你心底是不赞成的，可以这样回答："我不赞成你马上出国，但是如果你已经准备得十分充分了，知道自己所要学的是什么，将来学成之后要做什么，我当然不会反对。"类似这样的话，一方面保证了自己的立场得以申明，另一方面可以放大对方的自主性，增强对方的责任性。一旦表示完全赞同，对方自觉受到很大的鼓励和支持，大意失荆州，马失前蹄的情况也不是没有可能。而一旦表示坚决反对，对方受到打击，可能因缺乏信心而放弃。留有余地的回答，交际对象会面对现实，用心地研究判断，自己作最后的决定，双方的关系也必然和谐。

下面是一位顾客的自述：

> 某日，我在石家庄开完会，要返回哈尔滨，路经北京，去长安商场购物。
>
> 前一天晚上，我看中了一件北京产的赛美品牌皮衣，标价是 2 350 元，但现在打 95 折。
>
> 我就问售货员："这件衣服昨晚还打 8 折来的，现在怎么 95 折了呢？"
>
> 她说："先生，我们是在周六、周日打 8 折，平时 95 折，要不，你下周六来吧。"
>
> "我是外地来的，你给通融一下，还按着周六、周日的价格给我，好不好？"
>
> 但是她的语气很坚定："这是规定，我也没有办法。"
>
> 我找到了年轻女经理的办公室，和她讲了这件事。
>
> "是的，先生，服务员说的都是事实。"她说道。
>
> 我说："我是从黑龙江哈尔滨来的，你知道，那也是一个很时髦的城市，有'东方巴黎'之称，但我没有在那儿买，就是因为几次在北京买东西都是在长安商场，家人对此很满意。"
>
> 她点点头："你先等一下。"然后进了里屋，大约 2 分钟后她就出来了，"可以对您破例，先生，请和我走。"
>
> 我以 8 折的价格买下了那件皮衣，非常高兴，对那位管理人员说："你能把商场的地址告诉我吗？这件事情我要写成文章，然后寄给商场，也是对你们工作的一个反馈。"
>
> 她转身回去给我拿了一个长安商场的信封，微笑着说："欢迎您再来北京！"
>
> 我这才留意到这是一个真诚的微笑，也是动人的微笑。
>
> （《公关世界》，2006 年第 13 期）

按照告示的明文规定，平时 95 折清楚无误，但对商场而言，并不会因为优惠了"我"而赔了本，事实上，正常的打折总还是能在成本之上取得一定利润的。这位经理仔细倾听顾客陈述的理由，对规则的把握恰当，不死板。"可以对您破例"，通融按照 8 折出售。"先生，请和我走。"并非施舍恩惠的口吻，"先生"、"请"，表现出对顾客的尊重和礼貌。"欢迎您再来北京"虽然似乎是商家的惯用语，但联系特定的打折出售事件，经理的态度是诚恳的。经理这样接待顾客，既维护了商家的形象，又照顾了消费者的利益，顾客高兴，商家也名利双收。

（三）凝结哲理，引发思辨

人际修辞还往往闪耀着哲理的光芒，引发思考，给人启迪。这是一种富有内涵和思辨力的修辞形式，能够帮助交际对象克服、消除思想认识、认知情感等方面的困难、障碍，往往能够对建立良好的人际关系起到较好的作用。

某高校经济管理学院皮埃罗教授的课深受大学生们的欢迎。他擅长把枯燥晦涩的专业知识与大学生们的兴趣点结合起来。他是这样给学生们诠释营销的：

> 你在晚会上看到一个漂亮的女生。你走到她面前，说："我很有钱，嫁给我吧！"——直接营销
>
> 你在晚会上看到一个漂亮的女生。你打听到她的电话号码。第二天，你给她打电话，说："喂，你好。我很有钱，嫁给我吧！"——电话销售
>
> 你在晚会上看到一个漂亮女生。你站起身，整理了下领带，走到她面前，殷勤地给她倒饮料。晚会后，你帮她拎包，为她开车门，主动提出送她回家。你开车时，说："顺便问一下，我很有钱，你愿意嫁给我吗？"——公共关系
>
> 你在晚会上看到一个漂亮的女生。你走到她面前，说："我很有钱，嫁给我吧！"她给了你一个响亮的耳光。——顾客反馈
>
> 你在晚会上看到一个漂亮的女生。你走到她面前，说："我很有钱，嫁给我吧！"这时，她把她的男友介绍给你。——供需缺口
>
> （《教授的比喻》，《报刊文摘》，2007 年 4 月 9 日）

这一例中，教授的精妙比喻形象生动地把营销员与顾客之间的关系描写了出来。"我很有钱，嫁给我吧！"是喻体的主干，用以比喻直接营销，直来直去，不加任何修饰和铺垫。用以比喻电话销售，加上了问候语"你好"，表现出打电话者的态度和口吻。用以比喻公共关系的那句话，显露出主动性，是有意的设计，突出自身服务殷勤周到的形象，"顺便"一词的使用并不随便，其将真实目的自然而然表达出来，体现出艺术性。用以比喻顾客反馈的那句话，同样是不加任何修饰，但因为是面对面的，而且没有铺垫，突出了交际对象鲜明的态度和出现这种态度的必然性。用以比喻供需缺口，则涉及第三者。貌似简单的比喻，由于设定了语言环境，渗透进深刻的哲理思想，言简意赅，给学生以启迪。这就是教授的课受到学生热烈欢迎的原因。

第三节　动态性

人际修辞的第三个基本性质是动态性。人际交往是说写主体积极能动的修辞行为，在语言交际过程中必须根据具体对象、事件、时空等情况灵活转换，通过双方互动合作，才能顺利完成交际任务，建立良好的人际关系。在现代语言学中，没有语境的研究，就不可能有充分的修辞学研究，同样也不可能有充分的、科学的语义学、语用学的研究。语境绝不是静止凝固的，说写者在人际交往中必须力求打造适应动态变化的语境，所以人际修辞的过程必然是非常生动、灵活、多彩的。

一、能动的修辞行为

能动是自觉努力，积极活动。人际修辞是说写者能动的修辞行为，紧紧围绕交际目的，精心选词造句，制定周密的修辞策略，反映出说写者对交际过程把握和驾驭的主动性，即使是被动的应答，同样在不同程度上体现出说写者的积极主动性。

（一）人际修辞是具有目的性的行为

人际修辞追求建立和谐的人际关系，通常具有特定的交际目的，交际目的则左右着修辞行为的基本走向、具体面貌。这种交际目的可能在言辞中表露得清晰、明确，也可能蕴藏在言辞的内层，需要细细品味才能知晓。即便是闲聊，也包含着倾吐心声、融洽感情、增进了解等交际目的；在牵涉需要、利益关系等的人际交往中，修辞的目的性尤其鲜明、突出。具有目的性的语言行为包孕着内在的驱动力、强大的制约力，其理所当然是能动的。

出色的推销员善于挖掘潜在顾客，与顾客建立良好的人际关系。他们常常以情感人，拉近与对方的人际距离，促使顾客愿意与他们打交道，逐渐接纳他们的意见、主张，最终达到取得更好业绩的目的。他们善于分析顾客的需求，在顾客生日时打一个电话，在顾客遇到生活上的困难时给予热情帮助等都让顾客感动，从而逐渐打开营销的大门。

　　　张豪是华为公司客户经理。有一次，张豪负责陪同某运营商的老总等一行人来考察，吃饭的时候，客户发现他对饭店周围的情况很熟悉，于是问他是不是经常到这里吃饭。

　　　但张豪的回答却出人意料："为了订这家饭店，我特意提前过来，对周边的路况和饭店的环境都进行了实地考察，觉得满意之后，才订下来的。"

　　　在考察结束的前一天，张豪在早餐时向大家提议说，今天是某主任的生日，所以自己希望晚上的时候请大家一起为某主任庆祝生日。

　　这让客户中的某主任一听，既感动又很吃惊，不禁问他："我们只是第一次见面，你怎么知道今天是我的生日？"

　　张豪笑着回答说："我在换登机牌的时候，留意了一下每个人的身份证，所以知道今天是您的生日。"当天晚上，张豪为客户精心准备了一个生日晚会。

　　张豪深深打动了客户，从那以后，这家运营商成了华为的忠实客户。张豪获得了华为市场部金牌"第一名"的称号。

（《演讲与口才》，2010 年第 7 期）

　　一般人待客，可能只会考虑饭店够不够档次，订好餐就可以了。而张豪事先"对周边的路况和饭店的环境都进行了实地考察"，用"考察"而不是随意看看，可见重视的程度；考察的对象包括"路况"和"环境"，可见是综合考察，全面熟悉；"觉得满意之后才订下来的"，可见选择的标准严格，要求很高。一早就提议晚上为客户中的一员庆祝生日，让对方惊奇其怎么会知道的，"我在换登机牌的时候，留意了一下每个人的身份证，所以知道今天是您的生日。"这个"留意"不寻常，是有心人、有情人才会留意。提供这样细致周到、热情真诚的服务，客户能不受感动吗？这家运营商成为华为的忠实客户也就是必然的了。

（二）人际修辞是具有选择性的行为

　　人际修辞是具有选择性的行为。为了构建、维持和谐的人际关系，说写者的语言表达必须高度注重修辞手段的选择，从大处说，选择应该因人而异、因地而异、因时而异、因事而异、因物而异；从小处看，词语、词序、句式组合、修辞格等的选择都不能掉以轻心。不同的选择会对人际关系产生不同的影响，有时候即使是微妙的变化，也能够表现出复杂的人际关系。如果选择得当，人际关系便顺畅、和谐；如果选择不当，很可能对人际关系产生阻力和障碍。选择的水准，反映出说写者的文化底蕴、社会经验、辨识能力、语言功底等状况。

　　1. 修辞手段的选择需要考虑多种因素

　　修辞手段的选择需要考虑多种因素。就以因人而异的原则来说，下面这些因素通常是必须注意的。一是因性别而异。俗话说："女人怕说老，男人怕说小。"因此，同女性打交道，应该尽量把她们称呼得比实际年龄年轻一些，在称谓上选择"小姐"、"女士"一般要比"阿姨"、"太太"更合适。而夸赞男人老成持重、经验丰富，往往会博得对方好感。女人还有一种防卫心理，不要冒昧问她们的岁数，过分献殷勤，否则她们会怀疑你有什么企图。二是因年龄而异。年轻人喜欢谈理想、事业、恋爱、婚姻、评论时政；中年人喜欢谈家庭、孩子，赞美他们的孩子比赞美他们自己更容易拉近彼此的距离；老年人爱谈业余爱好，如钓鱼、养花、养鸟、下棋等，还喜欢忆旧，在和老年人谈话时最好专心倾听他们对自己经历的描述，尊重他们的意见、主张、结论。三是因文化层次而异。同文化程度高的人交往可以使用正规文雅的语言，对文程度低的人则要尽量使用大白话。如请客吃饭，对文化层次高的人可以说："稍后，我请诸位在某某酒店共进晚餐……"而对文化层次低的人可以说："待会儿我请你们撮一顿。"文化程度高的人爱听委婉的话，文化程度低的人爱听热乎乎、掏心窝的直爽话。四是因身份而异。中国人向来讲究称谓，对领导最好称其姓加职务，而不明确说正副；对工程师，最好呼其姓加职称，如"张工"、"李工"等；在学校里一般把学校工作人员（包括职员）都称作"老师"，这是中国人使用尊称的习惯。

2. 修辞手段的选择需要斟酌遣词造句

修辞手段的选择需要斟酌遣词造句。不同的人际关系，有时候在一词一句中都能表现出来，特别是带有不同感情色彩的词句，例如称谓语、敬谦语等，表现尤为鲜明。

> 传说有一次，苏轼游完莫干山，来到山腰的一座道观。道士见来人穿着非常简朴，冷冷地应酬道："坐！"对小童吩咐道："茶！"苏轼落座，喝茶。他随便和道士谈了几句，道士见来人出语不凡，马上请苏轼入大殿，摆下椅子说："请坐！"又吩咐小童："敬茶！"苏轼继续和道士攀谈。苏轼妙语连珠，道士连连称是。道士不禁问起苏轼的名字来，苏轼自谦道："小官乃杭州通判苏子瞻。"道士连忙起身，请苏轼进入一间静雅的客厅，恭敬地说："请上座！"又吩咐随身道童："敬香茶！"苏轼见道士十分势利，坐了一会儿就告辞了。道士见挽留不住苏轼，就请苏轼题字留念。苏轼写下了一副对联："坐请坐请上座，茶敬茶敬香茶。"
>
> （百度文库，http://wenku.baidu.com）

这个故事告诉我们，千万不要以貌取人，不要轻视平常人。道士的用语从"坐"、"茶"到"请坐"、"敬茶"，再到"请上座"、"敬香茶"，前后似乎仅仅加了一两个字，但语气、情味却大不相同，表现出对苏轼从怠慢、佩服到敬重的变化过程。而苏轼的一副对联，不过是将道士说过的话语分成两组连缀起来，似乎重复，但入木三分地讽刺了道士的势利。只是选用的几个字的差别，就将主客双方的关系以及变化抒写得淋漓尽致。

3. 修辞手段的选择需要注意表达方式

修辞手段的选择需要注意表达方式。不同的表达方式，反映出说写主体的不同思路、角度，以及综合修养，会对交际对象的接纳、认同程度产生不同的影响，进而影响人际关系的状态。

> 一著名的中外合资企业招聘一名服装营销部经理。三个女孩子进入了最后的面试阶段。

　　总经理向三位微微点了点头："你们三位的营销方案我看了，各有千秋。"他话锋一转，"如果需要，你们愿穿着三点式为公司做广告吗？"女孩甲马上回答："当然愿意，为了公司的利益，我愿意自己作出一点小小的牺牲。"总经理微笑着没有出声。女孩乙略犹豫着说："我不愿意，我是来应聘营销部经理一职的。"女孩丙微笑着说："这同所处的环境有很大的关系。平时穿三点式不符合国人共同的审美价值标准，但若是在国际舞台上，它就是人们对美的一种追求了。贵公司实力雄厚，若要做此类广告的话，我愿意献计献策，为公司的产品开拓更为广阔的市场。"

　　总经理继续问："如果被录用，你们能做到长期干，不跳槽吗？"甲回答："我喜欢这工作，我不会跳槽的。"乙也说："贵公司实力强大，我也不会跳槽。"丙说："我从小爱美，特别喜欢漂亮的服装。如果能应聘到这个与我专业对口的工作，我将为它献出我全部的智慧和才能。一个英雄有用武之地又拥有相应回报的人，应该是非常幸福的。"总经理反问丙："你的话语中怎么总隐含有前提条件？"丙笑着回答："这就像我取得面试资格需要一定的条件一样，条件是成功的基础，你可以用实践来检验我的能力。"

　　结果丙成了服装营销部的经理。

（《教育与职业》，2004 年第 25 期）

　　这一例中，总经理对三位应聘者提出的是同样的问题，三个女孩的回答各不相同。甲的回答都是毫不含糊的肯定，"当然愿意"、"不会跳槽"，态度十分明朗，一切顺着对方的意思，很可能是急于求职的心态致使她选择了这样的表达方式。乙的回答略显犹豫，表示"我不愿意"，后面解释了原因，"我是来应聘营销部经理一职的"，希望总经理理解；又说"我也不会跳槽"，是跟着甲的态度表态。推测起来，可能乙虽然很想求职成功，但又不愿意完全违背个人的意愿，所以语言表达不是很干脆。丙回答第一个问题，"这同所处的环境有很大的关系"，具体分析，表达自己的看法，并没直接应承，表示"若要做此类广告的话，我愿意献计献策"，其中假设了条件，包含了多种可能性，当然也不排除自己"穿三点式"衣服。回答第二个问题，"如果能应聘到这个与我专业对口的工作，我将为它献出我全部的智慧和才能。一个英雄有用武之地又拥有相应回报的人，应该是非常幸福的"，回避使用与"跳槽"相关的词语，而是改用"为它献出我全部的智慧和才能"、"应该是非常幸福的"之类相对模糊又充溢感情的词语，同样假设了前提条件"专业对口"，既尊重对方，又不失自尊。丙的语言最为得体，可以看出，丙的求职愿望也很强烈，但综合素养颇高，考虑全面、深刻，并不急于求成，最后成为竞聘的胜者。这也给我们启示：同样的语境中，不同的语言表达形式对人际关系的影响是不同的，修辞手段的选择至关重要，绝不能忽视。

（三）人际修辞是具有积极性的行为

这里说的积极性行为，是指语言自身的积极性，含有肯定、热情、向上、乐观、富有生气活力的语言。并不是说人际交往中都必须运用这些语言，任何事物都有两面性，消极语言在某些场合也有使用的必要，而是说积极语言是人际修辞的主色调之一，改换角度，抓住主色调，不仅会给自己，也会给周围的人带来勃勃生气，在构建和谐人际关系中具有独特、重要的作用。人们往往有意识地在建设人际关系的进程中注重选用积极性语言。

自己很忙很累，告诉他人有不同的表达方式。一种是抱怨、诉说："唉，没办法，太忙了！""太累了，好苦啊！""都是你，限时限刻要完成，差点把我累垮了！"还有一种就比较乐观："忙是忙，但我很充实。""我尽了最大努力，学到了不少新东西。""虽然辛苦了一阵，但能够为大家做一点事情，我很高兴！"面对岁月的流逝，也有不同的表达方式。一种是慨叹、忧虑："没法子啊，头发都白了，我已经老了。""岁月不饶人，不中用了！"另一种是："我还年轻，请不要把我当老人对待！""你没有听说？夕阳正红，我还要发挥余热！"面对棘手难办的事情，一种是犹犹豫豫："我该怎么办呢？""好为难啊，愁死了！""要不，你给我出个主意？"另一种是："让我再考虑下，一定会有让你满意的解决办法的。""我一定尽力，保证完成任务！"需要明确表明工作态度时，一种是："我想……"、"我打算……"、"我以为……"，另一种则是："我要……做"、"我一定……干"、"我相信……"，以上两种不同的表达方式，给交际对象的印象、感染力是大不相同的，后者看到了问题的不同方面，表现出积极向上的生活、工作态度和精神。

> 第一次登陆月球的太空人，其实共有两位，除了大家所熟知的阿姆斯特朗外，还有一位是奥德伦。当时阿姆斯特朗所说的一句话"我个人的一小步，是全人类的一大步"，早已是全世界家喻户晓的名言。
> 在庆祝成功登陆月球的记者会中，有一个记者突然问了奥德伦一个很特别的问题："登月时，阿姆斯特朗先下去，成为登陆月球的第一个人，你会不会觉得有点遗憾？"在全场有点尴尬的注目下，奥德伦很有风度地回答："各位，千万别忘了，回到地球时，我可是最先出太空舱的。"他环顾四周笑着说："所以我是由别的星球来到地球的第一个人。"大家在笑声中，都给予他最热烈的掌声。
>
> （小故事大智慧，爱书吧，http：//www.ibook8.com）

这一例中，奥德伦没有第一个登陆月球，自然没有阿姆斯特朗风光无限，但面对记者"你会不会觉得有点遗憾"的问题，他的回答并没表露出遗憾之情，而是用积极的态度特别提醒记者"千万别忘了，回到地球时，我可是最先出太空舱的"，所以"我是由别的星球来到地球的第一个人"，改换了看待问题的角度，幽默风趣，富有风度。奥德伦不与同事抢功，将团队的成功看做自己的成功，因而赢得了最热烈的掌声。

二、灵动的修辞艺术

人际交往的具体情境是非常复杂而生动的，于其中，什么样的人都可能遇到，什么样的事情都有可能发生，偶然的、突发的因素无法事先准确预料，这些都要求说写者审时度势，随机灵活转换。随机转换就是根据具体情况，随人、随时、随境地不断调整，加强针对性，力求得体性。当然，随人、随时、随境往往交织在一起，难以截然分立，只是有所侧重而已。人际修辞是随机灵活转换的艺术，不是僵硬死板的公式套用。

（一）随人转换

随人转换，就是根据不同的交际对象进行人际修辞活动。交际对象的身份地位、职业岗位、思想性格、文化素养各有特点，与说写者的社会角色关系也各不相同，有的熟悉，有的陌生，有的是上下级或长幼的关系，有的则相互之间存在着不同的利益关系等。这些都需要说写者在人际交往中善于对交际对象的特点进行审察、权衡后作出决策。

> 某大龄男青年肠胃有点不好，众人皆知。
> 有人想给他介绍对象，就向他打听："听说你肠胃不好，是吗？"
> 这个问题本来没有什么不好回答的，然而这人是想给他介绍对象，显然是受人之托来刺探"情报"的，如果直接肯定回答"是的"，对方会以为他患有肠胃病，有可能介绍的对象一听就吹，因此，他回答说："有时会拉肚子。"

拉肚子，谁没有过？"有时"，又不是经常。这个回答就比较巧妙，既没隐瞒实情，又没有把事情完全告诉对方。这是根据刺探"情报"者的特殊性进行巧妙应答的修辞艺术。

新闻采访是记者最基本的职业活动，在采访中记者需出入各种场合，与形形色色的人打交道。根据对象的特点，精心选择具有针对性的修辞手段，有助于与采访报道对象形成良好的互动关系。特别是不熟悉的、身份地位特殊的对象，采访的难度比较大，不容易顺利进入对方的内心世界，对于他们，有经验的记者往往着眼侧面，在细微处寻找突破口，从貌似一般性的、对方熟悉的话题聊开来，深入去。何光先的《现代应用新闻学》（新华出版社 1990 年版）中提到这样一个例子：

> 1937 年 4 月的一天，斯诺的夫人韦尔斯深夜跳窗逃离西安，到延安采访毛主席。见面后，她掏出一张照片对毛主席说："我早就从照片上认识你了。这是斯

诺给你照的。我从西安跳窗户出来时，只带了两样东西。一样就是你的照片，一样是一盒口红。你知道，一盒口红对美国年轻妇女来说多么重要，几乎什么都可以贡献出来，而口红是不能丢的，所以，对我冒昧采访的行动，你就不会诧异了。"这诙谐的语言，招来了一连串的笑声。毛主席看着自己那张红军装束的照片，眯眼笑了，说："我从来没有想到，我的照片会这么好看。"于是，毛主席对韦尔斯如遇故知，谈话的气氛自然十分融洽。

韦尔斯后来回忆说："这张照片，就好比桥一样，把我和毛主席之间联系起来了。从这张照片里，毛主席可以生发出丰富而有趣的联想，与我产生心灵的交感。当然，没有这张照片，我也可以采访，但气氛就不会那么自然了。"[①] 韦尔斯先以照片入题，"我早就从照片上认识你了"，一个"早"字，突出了对毛主席的高度关注，着意拉近与毛主席的距离；接着又以诙谐的语言强调自己是何等看重这张照片，韦尔斯从西安跳窗户出来时"只带了两样东西。一样就是你的照片，一样是一盒口红"，这需要从文化背景来考察，一盒口红对中国妇女未必见得重要，但对美国年轻妇女来说，"几乎什么都可以贡献出来，而口红是不能丢的"，两者关联在一起，很自然地产生了强烈的感染力，牢牢吸引住了被采访者。韦尔斯这招侧面进入，初看上去好像一开始要花费一些时间，其实磨刀不误砍柴工，与交际对象关系融洽了，采访就顺畅了。

2001 年 7 月，《机会》杂志在意大利的米兰创刊。为了能一炮打响，董事长亨利·肯德里提议让比尔·盖茨写发刊词。他先给盖茨写了一封充满诚意的约稿信。但信发出之后，石沉大海。亨利·肯德里于是派记者前往旧金山跟踪和堵截。盖茨答应，在纽约开往内罗毕的飞机上，可接受不超过三个问题的采访。

为了确保盖茨说出"机会"这个词，记者草拟了三个内容相同的问题：第一，你认为，最不能等待的事是什么？第二，你认为，什么事最不能等待？第三，最不能等待的事，你认为是什么？他想，只要盖茨把答案反复地说三遍，《机会》杂志就有了世上最绝妙的发刊词。

采访开始了，为缓和气氛，记者首先来了一段简短的开场白："这次您刚忙完盖茨夫人（比尔·盖茨的母亲）的葬礼，就前往非洲参加艾滋病研究中心的捐赠仪式，着实令人敬佩！下面我冒昧问三个问题，希望能得到您的答复。"说着，把采访本上的一张纸撕下来，递了过去。

盖茨注视着那张纸，微笑了一下，说："我不知道世人对这三个问题是怎么看的，根据我自己的经验，我认为最不能等待的事是孝顺。也许我的回答令你非常失望，但是，既然接受采访的是一位刚刚失去母亲的人，我相信这种回答是最

---

① 转引自何光先：《现代应用新闻学》，新华出版社，1990 年，第 352—353 页。

诚实的。对第二个问题，我认为是爱情。假如你爱上了一位姑娘，千万不要闷在心里，否则她就会属于别人。至于第三个问题，恕我直言，是行善。假若你没有感觉到这一点，一定是我们之间还存在着某些不同。"

采访结束，记者自始至终都没听到"机会"二字，就在他失望地返回座位时，见到他附近的一位美国《生活周刊》记者，在笔记本上敲出这么一行文字："在现实社会里，人们总认为，最不能等待的事是机会，最不可能第二次前来敲门的是机会，最需要抓住的是机会。其实，这种来自于战场上的理念，并不适合于生活。生活中，只有两三件事不能等待。它们是什么？你若想知道答案，请先成为比尔·盖茨那样的亿万富翁。"

（小故事大智慧，爱书吧，http：//www.ibook8.com）

这一例中，记者确实是用心良苦，精心设计了三个问题，选用的词语基本上是相同的，只是组合排列次序不同。第一个问题："你认为，最不能等待的事是什么？"第二个问题："你认为，什么事最不能等待？"大的结构没有变，只是将单句中的主宾换位。第三个问题："最不能等待的事，你认为是什么？"大的结构作了改变，将原来句中的一个短语提前，作整个单句的主语。这些变化的目的只有一个："逼迫"盖茨重复说出"机会"一词，得到最佳发刊词。可惜的是，无论是董事长还是记者，都对盖茨此人了解不深，仅仅是按照一般人的思维逻辑推理，有些想当然，盖茨的回答令他们大失所望。还是《生活周刊》的记者说得妙："生活中，只有两三件事不能等待。它们是什么？你若想知道答案，请先成为比尔·盖茨那样的亿万富翁。"

（二）随事转换

随事转换，就是根据事态的变化进行人际修辞活动。人们的交往常常伴随着特定的事件，当事情发生变化时，修辞形式也需要跟着调整、转向。语言交流当然有相对的直线走向，但不可能都是直线走向，说写者必须随时灵活应对变化中的情况。

有位卖瓦罐的生意人在村头叫卖。他一边用瓦片敲击瓦罐，一边自卖自夸道："听听咱这瓦罐，响声多清脆！""当、当、当——"不料用力过猛，瓦罐被敲破了，围观者一阵哄笑。卖者并不气馁，顺手捡起一块被敲破的瓦罐碎片，继续自夸说："看看咱这瓦片，茬口多瓷实，土质泥料多地道！"他的巧舌如簧终于说服了围观的人，人们纷纷掏钱购买。

（《现代交际》，2001 年第 11 期）

显然，卖者敲破瓦罐的一刹那，自知引起众人奚落，但他不因身处窘境而惊慌失措，而是立即转换成"被敲破的瓦罐碎片"的话题，"看看咱这瓦片，茬口多瓷实，土质泥料多地道"，夸耀"茬口""瓷实"，"泥料""地道"，通过巧妙得体的说辞，化被动为主动，找到了一个合情合理的台阶下，并使形势朝着有利于自己的一方逆转。

> N 刚到美国加州的时候，租了一套房子，窗台上有一排花瓶。
>
> 房东汉瑟太太告诉 N 说："这些花瓶都是我已经去世的丈夫亲手在工厂烧制并送给我的，花瓶底部还刻有我俩的名字。"
>
> N 惊讶于他们的浪漫，于是将一个大花瓶倒过来看，希望能看到久远的爱情的印记。可花瓶刚倒过来，便有一个东西掉落下来，接着一声清脆的响声打破了黄昏的寂静。
>
> 原来花瓶里还装着另一个小花瓶！看着脚下的碎片，N 慌忙道歉，汉瑟太太摇头笑说："没关系，只是不小心而已。"
>
> 汉瑟太太回去准备晚饭。N 清理完毕，将垃圾都装进一个大大的垃圾袋里，放在门前。
>
> N 忙了一整天，刚想休息一会儿，突然汉瑟太太来了。她四下看了看房间，忽然，她问 N："花瓶呢？那个摔碎的花瓶呢？"
>
> N 说："在垃圾袋里！"
>
> "哦！你怎么可以放在垃圾袋里呢？那里全是垃圾啊！"汉瑟太太焦灼地对 N 说："孩子，你必须把那花瓶的碎片找出来。"
>
> N 无奈，只好照办。终究是寄人篱下，身不由己啊！
>
> N 将垃圾袋里所有的东西都倒了出来。汉瑟太太拿了一个厚实的袋子，将花瓶碎片一点点拾进袋子里。N 心想：老太太大概是想珍藏起来吧……
>
> 把碎片捡干净之后，汉瑟太太把袋口封住，然后拿笔在袋口的空白处写了一行字："有锋利的碎片，请小心！别伤手！祝你好运！"接着满脸微笑地说："孩子，这样就可以了。我们得为我们的垃圾负责，如果伤了清洁工人，那多不好啊！"
>
> N 忽然醒悟过来，心中顿时涌起一股巨大的感动与敬意，为她的细心，还有那细心中蕴藏着的对他人的深深关爱。
>
> （《演讲与口才》，2009 年第 5 期）

这一例中，N 和汉瑟太太的心态和语言随着打破一只小花瓶的事件发生着变化。当 N "惊讶于他们的浪漫"，不小心打破了房东的小花瓶时，他慌忙道歉，而汉瑟太太表现得豁达大度，宽容体谅："没关系，只是不小心而已。""没关系"是轻描淡写地安慰对方；归咎于"只是不小心"，大大减轻了对方的心理压力。汉瑟太太再次登门时，发现花瓶碎片被混装进了垃圾袋，非常焦灼。"你怎么可以放在垃圾袋里呢？那里全是垃圾啊！"发出这样的反问责怪，再以"那里全是垃圾啊"补述原由，加强了责怪的力度，称呼虽然是"孩子"，但口气却不容置辩，"必须"将碎片从整袋的垃圾中找出来。N 则满是寄人篱下的无奈，只得照办。汉瑟太太将碎片另装一袋，并在袋口写明："有锋利的碎片，请小心！别伤手！祝你好运！"接连三个充满感情的感叹句，体现出对清洁工人的关爱，N 由是"涌起一股巨大的感动与敬意"，误会和矛盾在这一刻烟消云散了。

（三）随境转换

随境转换，就是根据特定情境进行人际修辞活动。人际交往必然置于特定的情境之中，而情境是不断变化着的，新的情境迫使说写者作出修辞的抉择、调整、转换。复杂的、困难的情境，尤其需要说写者审时度势，充分利用环境因素，克服障碍，顺利达到交际目的。

> 有位妇女搀着老父亲的胳膊艰难地上了公交车。车上早就人满为患，这时一个小姑娘站了起来，微笑着对老人说："大爷，您来这里坐吧！"可那位老人却说："谢谢了，姑娘，我站站没关系，你坐吧。"
>
> 那位姑娘没想到会这样，有些尴尬，再次说："您坐吧，大爷，尊老爱幼是我们年轻人应尽的义务。"那个搀着老人的妇女似乎想说什么，但老人朝她摆摆手，说："好，好，孩子，那就太谢谢你了！"说完，慢慢走到座位前坐下，小姑娘脸上流露出笑意。奇怪的是，那个妇女明显不高兴，似乎是在责怪父亲。
>
> 公交车继续朝前开，突然一个急刹车，那位老人"哎呀"一声，紧皱着眉头，好像强忍着身体某处的不适。小姑娘在一旁不禁替老人暗自庆幸，亏他坐下了，如果一直站着，不知要遭多少罪。
>
> 下面一站就是医院，那父女俩下车了，巧的是小姑娘也是在这一站下车。小姑娘听到那位妇女在埋怨："爸，您也真是的，明知自己臀部有伤口，不能坐，您却还要坐！伤口疼了吧？"
>
> 老人乐呵呵地说："人家小姑娘一片好意！我硬是拒绝她，也许以后再遇到这样的事，她就会有顾虑了……"
>
> （李文勇：《成全善良》，小故事网，http://www.xiaogushi.com）

一般情况下，老人因为臀部有伤口，是不愿也不会坐的，但是这一例中的老人处于公交车的特定场景中，小姑娘出于对老人的尊重、关心，热心让座，坐还是不坐，老人面临着抉择。老人先是表示感谢，委婉拒绝，说："我站站没关系，你坐吧。"但小姑娘不明白其中的原委，再次真诚地让座，还表达了"尊老爱幼是我们年轻人应尽的义务"的心声。此情此景下，老人立即转变了态度，说："好，好，孩子，那就太谢谢你了！"爽快地接受了对方的好意。连续说"好"，亲切地称呼对方为"孩子"，一个"太"字，提高了感谢的程度，大大加重了感谢的分量。这并不是虚情假意，他道出了内心的真实想法："人家小姑娘一片好意！我硬是拒绝她，也许以后再遇到这样的事，她就会有顾虑了……"在这种特殊环境中，老人作出的选择成全了别人的善良，这何尝不是另一种善良！

　　著名导演希区柯克有一次在苏格兰山区迷了路，不知走了多久，才见到一户人家，他立刻兴奋地奔上前去。

　　当他向中年男子房主提出借宿要求后，房主一脸不高兴，说："我家又不是旅店！"说着就准备关门。

　　"别忙，我只要问你三个问题，就可以证明这屋子就是旅店。"希区柯克笑着说道。

　　这话引起了房主极大的兴趣，他爽快地说："倘若你能说服我，我就让你进门。"

　　"在你以前谁住在此处？"

　　"家父。"

　　"在令尊之前，又是谁当主人？"

　　"我祖父。"

　　"如果阁下过世，它又是谁的呀？"

　　"我儿子。"

　　"这不就结了？"希区柯克笑道，"你也不过是暂时居住在这儿，也像我一样是旅客。"

　　当晚，希区柯克在屋里舒舒服服地睡了一觉。

（《思维与智慧》，2002 年第 4 期）

这一例中，希区柯克急于借宿，房主却坚决不允，此情此景，迫使希区柯克制造了一个悬念，来激起对方的兴趣。连续提出的三个问题："在你以前谁住在此处？""在令尊之前，又是谁当主人？""如果阁下过世，它又是谁的呀？"缺一不可，顺序也不容打乱。三问听上去似乎简单，却从人生长河的角度证明人人皆过客，针对性很强，言外之意是人们应该互相帮助，这种别具匠心的说服语言，让人心悦诚服。

三、互动的修辞流程

人际修辞的动态性还突出表现在交际双方的互动上面。这与我们一般所说的修辞的动态性不同，一般的修辞动态性主要是从说写者的角度，考察其如何根据题旨情境进行修辞活动，提高语言表达效果，但人际修辞活动中，交际双方是个有机整体，交际对象的存在是前提，双方需要相互理解和合作，努力排除交际过程中的障碍和困难。所以，互动的修辞流程鲜明地显示出交际者的能动性，尤为复杂多变。

（一）交际对象的存在是前提

人际修辞是双向的互动流程，说写者的语言表达是以对方的存在和活动为前提的，否则修辞就根本不能存在和进行。比如说，与人为善，如果在别人需要帮助的时候给予温暖体贴，提供解决的办法，那么首先需要保证这种语言事实确实在交际活动中客观存在，而通常情况下，交际对象总是有反响和回音的。

> 一个冬日的傍晚，上海大众出租车公司司机孙宝清在浦东接到一位要去浦西赴宴的客人。车进隧道不久，客人突然要求掉头。孙宝清解释，隧道里不能掉头，只有到浦西再说。客人告诉他，自己出门时换了裤子，身上没有带钱。如果到浦西再掉头，赴宴就来不及了。孙宝清笑着回答："没关系，我可以免费送你去。"车到饭店，孙宝清递过三张大众乘车证给了这位客人，并告诉他："身边没有钱，回来可以按上面的号码打电话，让大众出租车接你。这三张乘车证可以抵付30元车费，即便不够用，大众司机也会送你回去。"
>
> 孙宝清两天后被聘请到纽约银行上海分行担任行长的司机。原来那个晚上坐车要掉头的客人就是纽约银行上海分行的行长。
>
> （《有一种美丽叫信任》，《成功之路》，2008 年第 5 期）

这一例中，客人忘记带钱，司机孙宝清不仅把不能掉头的原因解释得很清楚，而且态度亲切，表示"没关系"，承诺"我可以免费送你去"，还递过三张大众乘车证给了这位客人，告知其回来该怎么办，"让大众出租车接你"，"即便不够用，大众司机也会送你回去"。考虑细致周到，免费送客人已是可贵，连回来的具体事项都一一作了妥帖的安排。温暖的话语消解了客人的急难，他也得到了意外的回报。孙宝清的话语虽然普通平实，却闪耀着夺目的光彩，之所以如此，绝对离不开交际对象面临的窘境和困难。

现代教育理念，强调师生之间的互动，由师生共同承担学习的责任，分享学习成果，教学活动设计、教学目标制定、教学内容筛选、教学评价实施等工作，尽量由师生共同参与，这样既能够紧密结合学生的实际情况，又能够更好地激发学生的学习动机、兴趣，吸引学生参与、投入学习活动。简而言之，教学改革绝对不能脱离教学对象，特别要关注教师的交际对象。学生的情绪对教学的效率、效果影响极大。学生没有良好的精神状态，不积极思考，是无法真正做到师生互动的。教师常常察言观色，从教材的实际出发，针对学生的思想情绪，或以有趣的事例引出教学内容，或以日常生活式的对话创造生动的场景，或以幽默的语言打破沉闷的气氛，把学生的求知欲望调动起来，使他们的思维活跃起来，积极投入师生双边活动中去。

> 在许多学生看来，数学课枯燥无味，让人望而生畏。但是，斯坦福大学商学

院数学教授库珀先生的趣味数学课却别具一格。

一上课，库珀教授就让同学们把自己的生日写在小纸片上，然后把所有的小纸片都折起来放在讲台上。他拿出一张 5 美元的钞票："我用 5 美元打赌，你们中至少有两个人同月同日生。有人敢跟我打赌吗？"

"我赌！""我也赌！"有三个男同学马上举起手来。另外又有七八个同学也掏出 5 美元扔在桌子上。有的同学暗想：一年 365 天，我们班只有 50 名同学，同一天生日的可能性也太小了，这不是明摆着的事吗？库珀先生这下输定了！

库珀教授打开第一张纸，读出上面写的日期，马上就有三个同学举起手表示是他们的生日。打赌的同学嘟哝了几句："怎么会这么巧？"周围的同学都大笑起来。

库珀用他那明晰的语言把同学们带入了数学王国里："解决这个问题最好是用反证法，即先证明 50 个人中没有两个人同一天生日的概率非常之小。……"

(《演讲与口才》，2010 年第 7 期)

数学课比较抽象，所以有些学生觉得枯燥无味，库珀教授讲"反证法"，先跟学生玩了个"打赌"的游戏："我用 5 美元打赌，你们中至少有两个人同月同日生。有人敢跟我打赌吗？""打赌"对学生来说本来是诱人的游戏，在学生看来，明摆着教师输的概率很大，参与积极性一下子被调动起来了。结果是教师赢了，为什么呢？打赌的同学嘟哝了："怎么会这么巧？"周围的同学都大笑起来。学生的好奇心、求因心大大地激发出来，接下去的教学，要不互动合作也难！

（二）交际双方的理解是关键

人际修辞在互动合作中追求和谐。建立和谐的人际关系需要交际双方的努力和合作。合作并不是意味着各自对等，不能越雷池一步，而是要求能够相互理解，只有相互理解了，语言交际才能顺畅，互动才能具有良好的基础，取得真正的成效。有人概括了 1978 年至 1998 年间最具有影响力的 10 句流行口号，其中第五句就是"理解万岁"，可见理解在人际交往中何等重要。理解是合作的关键，包含着相互体谅、宽容、让步等内涵。

有一刘新婚不久的夫妇，丈夫发现妻子不理家务，大量的时间用在看电视等事上，但他不想正面提出批评妻子，于是有一天，丈夫对妻子说："今晚看完电视后，你帮我找一双不带窟窿的袜子和一件不缺纽扣的上衣。"妻子听后，对丈夫的言外之意心领神会，以后果然在家务管理方面比较细心了。

丈夫说："今晚看完电视后，你帮我找一双不带窟窿的袜子和一件不缺纽扣的上衣。"时间是"看完电视后"，并非即刻；口气是"帮我"，不是强求；"找一双不带窟窿的袜子和一件不缺纽扣的上衣"，要求实在是不高，但这个家庭的女主人却难以做到。丈夫在尊重妻子的前提下，委婉地批评了她不理家务的缺点，旁敲侧击的语言，使妻子由此产生联想，推导出特殊的语用含义，从而自觉认识缺点。丈夫一点妻子就明白，双方相知甚深。

对交际对象的难处、困惑、隐私表示体谅、理解，特别有利于融洽交际双方的感情，使之在互动中顺利达到交际目的。从学生的心理特点来看，不愿意和老师进行语言交流，有时候自己"放弃"话语权，总是出于某种考虑，有着特定的原因。教师则不能被表面现象所迷惑，应该多多理解学生，准确把握学生个体的特殊性，想方设法消除学生的心理屏障，将话语权交给学生，以摸清真实情况。应常常用"知道"、"懂得"、"理解"、"推测"等词语，以及含有担心、劝慰、肯定等感情色彩的词语。

吴峥的《师生冲突的案例分析反思与新型师生关系构建的思考》一文中有这样一个案例：

> 某学生以前一直很喜欢上英语课，有一次她上英语课时竟然打起了瞌睡。
> 辅导课完后，老师把她叫出来，对她说："老师知道你最近学习很刻苦，成绩却不见起色，老师很理解你，所以上课时不敢叫你，怕影响你，想过段时间再找你谈的，但是这段时间上课老打不起精神……"
> 还没等老师说完，她就接过话："我最近五点就起来背书，本想在这次考试中好好表现一下的，我多么希望你上课时能朝我笑一下，哪怕就是一个小小的暗示都可以，可我从你的脸上找不到一丝安慰。上课时你也从来不喊我回答问题，我最怕你向我投来失望的目光。"

学生都是有思想、有感情、有个性的活生生的人，与之交际的具体情况也是十分复杂的。这位老师没有因为学生上课打瞌睡就简单地呵斥批评，而是说"知道你最近学习很刻苦"，乃至"上课时不敢叫你，怕影响你"，"知道"、"不敢"、"怕"等词语，使体谅之情溢于言表；温和委婉地仅就"老打不起精神"现象提出问题，并不直接下结论，学生很快就竹筒倒豆子，把打瞌睡的原因说得一清二楚，"本想……"表示这是真实的想法；"多么希望……哪怕……可……最怕……"几句话，感情色彩鲜明，表达出对老师的深切期盼，以及内心微妙、复杂的心理活动。这些都表明师生双方在互动的过程中做到了理解，深化了情感交流。

合作并非完全自发生成，而往往建立在语言表达者的诱导艺术之上。如果你到一家餐馆去用餐，点菜时你问："这鱼新鲜吗？"通常情况下，店主出于营利的需要，即使鱼不新鲜，也会作出肯定的回答，所以多数时候你问也是白问。而如果换一种方式，将是非问改成特指问："今天有什么可推荐的好菜吗？"为了给饭店树招牌、扬声誉，店家必然会将该店最新鲜、最具特色的好菜介绍给你，如果其中有鱼，这鱼八成就是新鲜的了。显然，店主认为是非问句包含的信息对自己不利，所以总是肯定回答；特指问句包含的信息，店主理解为对自己有利，所以很愿意配合，特指问句便能帮助你达到目的。

（三）交际障碍的排解是艺术

交际双方的互动合作不可能是一帆风顺的，其中必然会遇到障碍和困难。排解障碍和困难不能靠单方强加的意愿，而应该是在充分尊重对方的前提下，讲究修辞艺术，促使对方认同。拒绝在语言交际中是不可避免的，拒绝就意味着人际交往面临障碍和困难。拒绝但又不抹杀合作空间，就是种修辞艺术。必须学会否定，说"不"。说"不"是件困难的事，这是因为"不"是一个否定词，它表示拒绝、排斥、否定、反对之意，容易使对方产生不愿合作的意向。意大利人说：所有的语言中最美的一个词为"是"。如此看来，与"是"相反的那个词"不"，应该是最不受欢迎的词了。拒绝对方，否定交际对象的意见，又不能使其失望、难堪、不快，那就要表达得自然、有理、有利、有节。

> 一位业绩卓著的室内装饰专家声称，对于用户的不合实际的设想，他从不直截了当地说不行。你越说不行，对方越觉得自己的审美情趣高。但你如真按对方的要求办，那就势必弄得不伦不类，给对方造成损失。他的办法是，竭力引导用户接受他的设计方案，从而使用户在不知不觉中忘掉原来提出的要求。
>
> 他谈到，一位主妇起初喜欢用一种俗不可耐的花花绿绿的印花布料做窗帘。这位装饰专家提议道："好的，让我们来看一看你希望你布置的窗帘达到什么艺术效果。"接着，他侃侃而谈主妇室内家具的色调以及摆设的格调，还谈到了室外的风景，最后他谈到什么样的布料做窗帘才能与现代装饰达成最好的和谐度，而只字不提花花绿绿的窗帘怎样不伦不类，俗不可耐。奇怪的是，那位主妇很快忘记了那种花花绿绿的印花布料，而接受了装饰专家的建议。
>
> （《公关世界》，1996 年第 10 期）

这一例中，装饰专家的主张与客户的要求明显存在差异，如果按照客户的要求做，最后的效果肯定不好，有悖专家的本意，且难免届时被客户倒打一耙，将责任推在专家身上；如果直截了当地否定客户的意见，不但客户不会接受，而且生意也可能泡汤。这位装饰专家巧妙引导对方在不知不觉中接受自己的主张。"好的，让我们来看一看你希望你布置的窗帘达到什么艺术效果。"先用"好的"加以肯定，减弱客户的反对心理；"看一看"表示自己并不马上作出定论，留有改变主意的余地；看的是"你希望你布置的窗帘达到什么艺术效果"，这一句表达的意思实际上是模糊的，是"希望"的效果，而不一定就是客户喜欢的"花花绿绿"的印花布料，然后不露痕迹地陈述现代装饰如何达成最好的和谐度的道理。话中没有使用一个"不"字，实际上却已拒绝了对方的意见，而双方的关系仍旧和谐。这就是互动合作的修辞艺术。

第三章

人际修辞的基本准则

如果细细区分人际修辞的准则的话，可以列出许多条，本章着重探讨各种不同人际修辞都必须遵循的基本准则。其大致可以归纳成四条：伦理道德准则、真诚宽容准则、协调一致准则、互惠双赢准则。后面分章论述的不同人际修辞艺术，都必须遵守这些准则、涉及这些准则，只是表现的形式具有不同程度的特殊性。

第一节　伦理道德准则

伦理是指在处理人与人、人与社会相互关系时应遵循的规范、准则。道德是人们共同生活及其行为的规范、准则。社会领域的人际关系的主导规则就是以伦理道德观念来处理人与人之间的关系。

伦理与道德联系紧密，但又有区别。它们的区别主要表现在三个方面。一是伦理的指向是他人；而道德的指向则是个体，即自我。二是伦理具有客观性，是一种有关人类关系的自然法则；道德则具有主观性。伦理是一种客观现实，是由人们的道德实践交往关系整合的实体结构；道德是主体的主观原则、精神要求，具有强烈的价值导向和规范整合性，本质上是一种体现主体要求的"应当"。三是伦理具有一元性，道德则具有多层次性。从道德和伦理的联系和区别中可以看出，在社会领域中，道德是各交往主体的内在基础或一种境界，伦理则是各主体在交往实践活动中的核心。

语言是伦理道德表现的外在形式，既然伦理道德是人际关系的主导规则，那么修辞活动就必须遵循和体现伦理道德的准则。

一、合乎伦理秩序

伦理秩序是指一般为社会上人们普遍认可的人际关系的次序、条理。伦理秩序是在社会生活实践中生成的，具有内在的规定性。这种规定性，既有传统文化的自然积淀，也有现代意识的人造设计。

（一）遵守传统伦理秩序

传统伦理秩序是传统文化的深厚积累，稳定性很强。汉语亲属称谓系统表现出鲜明的伦理秩序。汉语具有完善发达的亲属称谓系统，这是传统文化的深厚积累。亲属之间的称呼，受到辈分、尊卑等关系的强有力的制约和影响。虽然有一定的礼貌成分在里面，但又不是单纯的礼貌用语，而与伦理秩序紧密相关。"爸爸"、"妈妈"、"大哥"、"二姐"、"伯父"、"叔叔"、"阿姨"、"舅舅"、"姑妈"等称谓，在亲属人际交往系统中，对象、位置都是特定、有序、不能混淆的。只有当这些亲属称谓社会化时，它们才有可能转化为名副其实的纯礼貌名词。违背了亲属之间的伦理秩序，就有可能导致人际关系不和谐的现象出现。在中国，晚辈直呼长辈的名字，那是绝对的"不敬不孝"，不但家长不允许，而且旁人也会指责，通常会批评说"没大没小"、

"不懂人事"、"没有一点规矩"。

　　一天傍晚，老赵和夫人准备做晚饭，可是煤气罐没气了。这时，老赵儿子正好下班回家，就去换煤气罐。忽然，他们清楚地听到楼下有人大声呼叫老赵夫人的名字："周玲——"，声音非常耳熟。原来是儿子正扶着驮着煤气罐的自行车站在楼前喊叫。夫人问儿子："刚才是谁喊我来着？"儿子说："是我。"夫人一听，差一点儿没气得背过气去。

　　儿子一上楼，夫人就劈头盖脸地骂开了："你都20多岁了，怎么连人事儿都不懂，你怎么当众叫我的名字呢？我的名字是你叫的吗？真是没大没小的，也不怕别人笑话你少调失教！"儿子解释说："我去换煤气罐，只带了钱，没带煤气本，人家不给换。我今天特别累，懒得再爬上咱们家这5层楼，就想让您把煤气本从阳台上给我扔下来。可我伸着脖子大声叫了半天'妈'，嗓子都快喊哑了，你们谁也听不见。没别的办法，我只好喊您的名字。嘿！这招儿还真灵，我只喊了一声，您就到阳台上来了。"儿子说这话的时候，还挺洋洋得意的。他妈妈气还是没消，继续数落着："不管你有什么理由，也不能叫我的名字！"儿子申辩说："我只是在特定的情况下偶尔叫这么一次，并不是不尊重您，您何必生这么大的气？值不得。"

（《中国健康月刊》，1998年第9期，文字有改动）

　　这一例中，妈妈跟儿子的争论，缘起儿子对妈妈直呼其名，而且是"大声呼叫"，使用了妈妈认为"大不敬"的称谓。妈妈劈头盖脸地骂儿子："你都20多岁了，怎么连人事儿都不懂，你怎么当众叫我的名字呢？我的名字是你叫的吗？真是没大没小的，也不怕别人笑话你少调失教！"连续使用三个反问句，疑问代词"怎么"作状语的复用加强了反问的力度，所言"人事儿"、"没大没小"，就是伦理秩序的通俗表达，且提高到"少调失教"的修养高度，严厉批评儿子。我们以为，在这种特定的语境中，儿子直呼其名是有原因、有道理的，谈不上是"忤逆不孝"。不过，母亲如此斤斤计较，足见伦理秩序在母亲心目中的重要地位了。

　　不但是称谓系统具有鲜明的伦理秩序，而且不同辈分之间的言语交锋，即使小辈对长辈有强烈的不满情绪、持坚决的反对态度，也要注意自我控制，防止情感的随意宣泄。情感的表露要求说写主体将情感置于伦理性的眼光之下，在恰当的时间和地点、向着恰当的对象、以恰当的形式表现出来。态度和情感虽然是非动机性的，却具有内在的价值尺度。

　　北宋有个叫党进的太尉，一天他从官府回到家中，一眼看见儿子赤裸着身子被捆绑着跪在庭院的雪地之中。一问，得知是儿子得罪了祖母，太夫人一怒之下给了孙子这样的惩罚。党进见状自是心疼不已，二话没说便脱掉衣服，命侍者将自己也绑缚起来，跪在儿子旁边。太夫人出得门来，眼见自己儿子如此这般的凄凉，忙问何故。党进回答说："一报还一报，你冻我儿，我也冻你儿。"母亲一听，气恼之余，却又顿时生出怜惜之心来：毕竟是亲子血缘关系呀，她哪舍得冻坏自己的儿子呢？于是，太夫人立即命人将孙子松了绑。这时党进才停止了自虐的"激将"行为。

（《现代交际》，2002 年第 4 期）

这一例中，党进面对的，一方面是自己的儿子，另一方面是自己的母亲。明明心疼儿子，却不能公开反对母亲，这牵涉到伦理秩序问题。党进回答"一报还一报，你冻我儿，我也冻你儿"，虽然没有违背长辈的意愿，但渗透进了怜爱儿子、不满母亲做法的情感，激发了对方的恻隐之心，以得体的语言达到了自己的目的。

（二）合乎现代伦理秩序

现代社会人际关系伦理秩序发生了许多变化，更为丰富、复杂、灵活，这是现代意识冲刷下的产物。封建社会等级制度被企事业单位中的上下级关系取代，但如何在修辞活动中顺应这种新颖的伦理秩序，很有讲究，也很有艺术性。

对于上下级之间的关系，从伦理角度来考察，下级应该尊重、服从上级，但该如何尊重、如何服从呢？尊重不是畏惧，服从不是盲从。为了群体的利益，也为了对上级负责，该提意见的时候要提，该出谋划策的时候不能藏藏掖掖，前提是不能颠倒了上下级的关系。有的上级"身经百战"，经验丰富，果敢自信，下级进言时就应该注意一些问题：首先，尽量避免运用主宰性语言，例如："我看这是最好的办法！""那样办是绝对行不通的！""除此之外，别无良策！"而适宜多用请教性、商榷性的语言，例如："我觉得这办法有好处，您看呢？""那样办恐怕有些麻烦，您说是吗？"其次，"示之以璞"。多提供客观事实，奉上的是未经加工的"璞玉浑金"，少作或不作个人的主观分析判断，而把分析判断留给上级做。如果你把一切都确定了，越俎代庖，说不定会招来上级的挑剔，甚至彻底否定你的建议。如果上级一定要下级明确表示意见，那么下级回应的口气也应该谦和，例如："我觉得这样似乎好一些，但还说不上有把握，请您最后决定。"再次，采用暗示法。为了让创造性的建议在上级心目中生根、萌发，并最终付诸实施，下级不可操之过急。明智的办法之一是用暗示法，不一次说出建议的全部，只说出一鳞半爪，下级说出的一鳞半爪，如果确实是真知灼见，那么足以成为种子播在上级的心中，上级会把你提供的一鳞半爪连接搭配起来，丰富起来，完美起来，最终画成一条活灵活现的"龙"。因为龙是上级自己画成的，所以他也就不会轻易否定了。

现代社会存在的伦理秩序体系并不是绝对、唯一的。在现实生活中存在着伦理秩序的错位现象，传统的规范要求可能在外力强制以及其他因素影响之下发生变化，但只要合情合理，我们都可以视作合乎伦理秩序。但要讲究"度"，超越了"度"范畴，就会转化为不得体。

有则短文，介绍呼救的特殊策略，颇有幽默感。当你喊"救命"、"有人抢劫啦"而无援手时，一位警察告诉说可以这么喊："警察打人啦！"爱看热闹的心理会使一部分人出来观看，危险处境自然会化解。这是现代"呼救绝招"。（《读者》2001年第24期）这一例中，角色的错位源于特殊的紧急情况，可以谅解。

> 有一年重阳节，某单位即将退休的老李被领导请来陪退休的老干部。酒过三巡，各领导轮番把盏。老李不胜酒力，偏巧一把手提壶敬酒，老李千推万辞不接受，该领导就来了个激将法，说："这人老了，就是这样。这里工作没人要，那个单位也往外推。这不，一杯酒都喝不了，还能干好工作？"老李平时工作很出色，虽然老了，上进心也不减当年，经一把手如此一说，他气不打一处来，当场要这位领导说出他"这也不行，那也推辞"的事实。众人劝说不住，该领导也自讨没趣，老李摔杯愤然而去。
>
> （《莱阳农学院学报》社科版，1999年第2期）

这一例中，一把手因为老李千推万辞不愿喝酒，就说："这人老了，就是这样。这里工作没人要，那个单位也往外推。这不，一杯酒都喝不了，还能干好工作？"直言"人老了"就没用，将工作好坏与能否喝酒本来没有必然关系的两件事情联系在一起，"还能干好工作"这个反问毫不留情。领导虽然说的是玩笑话，但权力再大，也不能对即将退休的下级说出如此不尊重的话语。言不慎足以伤人树敌，常言道："良言一句三冬暖，恶语伤人六月寒。"有时不慎说错一句话，就会引起很大的误会和矛盾，使上下级之间、朋友之间、同事之间反目成仇。

（三）合乎临时伦理秩序

伦理秩序有固定、临时之分。固定秩序自不必说。临时伦理秩序，是在特定条件下人与人之间构成的伦理关系，一般情况下，也是语言交际修辞不应该违背的。

> 某学院招收一名表演系新生，有两位考生各方面的条件都相当，院方决定通过面试取舍。面试时两位考生同时进场。工作人员告诉他们："一进这个房间，面试就开始了。"甲被指定进甲室，乙被指定进乙室。
>
> 甲敲了两下门，里面便传出清脆的"请进"声。甲推门进去，室内一位正在理装的少女，从穿衣镜里看到进门的甲，便惊喜异常地扭过身来，快步迎上，亲昵地喊了一声"哥哥！"甲一愣，脸红到了脖子，连连后退："你——你——，你看错了吧？"乙连敲了几次门，屋里才传出细细的一声："进来吧。"乙推开门，只见老太太正戴着花镜对着光穿线。他一个箭步扑上去，离老太太约一米的时

候，便跪着前进，扑进了老太太的怀里，双手捧着老太太的脸庞端详，眼泪刷刷地往下淌："妈妈！妈妈！"他出色地演出了一场游子归乡的戏。最后乙被录取了。

（《汉语学习》，1996 年第 3 期）

在上例的测试中，考生的语言、动作表演必须基于对临时伦理秩序的清醒认识和把握。甲乙两人实际上都被给予了多种伦理关系预设。甲一开门看到的是一位正在理装的少女。这就意味着要在两人之间进行伦理关系的选择，可以是兄妹关系、同学关系、恋人关系，也可以是陌生人关系等。如果这时甲能迅速作出反应，在多种关系中进行有利的择取，那么修辞行为和表演的主动权就握在了他的手中。而他反应迟钝，语境伦理意识太弱，因而失掉了一次选择伦理关系的时机。当姑娘惊喜地喊出"哥哥"时，他的话语角色已经被牢牢地钉进了兄妹关系之中，如果这时他能进行关系认同，并进入话语角色，无疑话语的主动权会失而复得。但他却愣住、脸红、语无伦次，以为对方"看错了"，再次错失良机。乙在其试题所赋予的伦理关系预设内，与老太太可以是母子关系、祖孙关系、邻里关系、陌生人关系等。而最佳的话语角色关系莫过于母子关系了，因为它更有利于乙的情感抒发和构建表演情节。乙的语境知觉能力很强，他迅速确定了最佳伦理关系，而后又及时抓住了话语选择的主动权，选取了最易于表达情感的游子归家的情节，一进门就呼喊"妈妈！妈妈！"伴随着丰富的肢体语言，收到了良好的修辞效果。乙被录取也是情理之中的事情了。

二、合乎文明礼貌

合乎文明礼貌，就是人际修辞必须重视、讲究礼貌语言的运用。

礼貌是人们之间在频繁的交往中彼此尊重与友好的语言、行为规范。礼貌语言通常是指在人际交往中能顺畅传播信息，取得良好的心理效应，引起满意的反馈，形成和谐情感氛围的规范语言形式。礼貌和文明紧密相连。任何一个文明社会，任何一个文明民族，人们总是十分注意使用礼貌语言的。礼貌语言在一定意义上标志着一个社会的文明程度，反映着一个民族的精神面貌。礼貌语言是人际交往的必需品、润滑剂，是尊重他人的具体表现，是友好关系的敲门砖。它能够帮助人们妥善处理好不同的人际关系以及个人与社会的关系，创造自然美好、和谐发展的人类社会。礼貌用语在日常生活中，尤其在社交场合中十分重要。多说客气话不仅表示尊重别人，而且表明自己有修养；多用礼貌用语，不仅有利于融洽双方交际气氛，而且有利于顺畅交际。

（一）合乎共同认可的礼貌语言规范

一般来说，礼貌语言可以看成是一种共同认可的社会规范。在同一社会文化背景下，所有的成员共享一套占据主导地位的礼貌语言系统，并根据这套礼貌语言系统对自己和他人的语言行为作出礼貌或不礼貌的判断。基本礼貌用语根据不同的标准可以分成不同的类别。按使用的场合，基本礼貌用语可以分为称呼语言、问候语言、致谢语言、拜托语言、慰问语言、赞赏语言、谢过语言、同情语言、挂念语言、祝福语言、理解语言、迎送语言、祝贺语言、征询用语、应答用语、道歉用语、婉言推托用语等；按礼貌用语的内涵，可以分为敬语、谦语、雅语等。另外，净化语言，选用雅言，消除污染，禁用秽语，多用委婉，少用直言，这些也都是对于一个人最基本的礼貌语言要求。

礼貌语言系统对大多数人的正常、一般语言行为作出说明和解释。最常用的礼貌用语有"请"、"您"、"您好"、"早上好"、"再见"、"谢谢"、"不客气"、"对不起"、"没关系"、"请原谅"等。文明礼貌十字用语是人们所熟知的。

"您好"：见面打招呼，问声好，"你"字下面加个心，言辞出自真心。

"请"：向人请求，客气而恭敬，谦和而诚恳。家庭待客，以礼相迎；窗口服务，显得热情。

"谢谢"：受人恩惠回声"谢谢"，懂得感恩是现代人应具备的品质。

"对不起"：做了不当之事，一声道歉，和和气气地解决矛盾纠纷，三个字中表现出诚意，对方的埋怨恼怒就可能转变成笑容。

"再见"：临别握握手，说声"再见"，含有亲情、友情，使客人感到温暖。

礼貌用语常常"您好"、"请"开路，"谢谢"压阵，"对不起"不离口，"上午好"、"下午好"、"晚上好"、"晚安"这类的问候语天天说。

某物业管理企业规定了完整的企业礼貌用语，其中的两条是：

第一条　员工日常用语

1. 问候语：您好！早上好！

2. 祝贺语：节日好！节日快乐！恭喜发财！祝您好运！万事如意！一路顺风！

3. 欢迎语：欢迎！欢迎光临！欢迎指导！

4. 见面语：请进！请坐！请用茶！

5. 致谦语：对不起！请原谅！请谅解！

6. 祈请语：请关照！请指正！请稍候！请稍等！请留步！

7. 致谢语：谢谢！多谢关照！多谢！

……

第三条　保安员服务文明礼貌用语

1. 当来访客人进入值班室时（起身），"请问先生（女士），有什么事（找谁）？"

2. 当有上级领导（外宾在公司领导陪同下）来到时，（起身相迎，立正敬礼）"欢迎光临"、"请多指教"、"多谢指导"等。

3. 在接待业主（住户）报案时，"先生（女士），别急，慢慢讲"，当报案人说准业主（住户）楼号及姓名后，"请您出示证件"，查毕交还证件时，"谢谢合作"；在明确案情后，"请稍候"，立即向值班室报告，并告知业主（住户）处理问题的办法和时间。

4. 在巡逻中，当发现有违反《治安管理条例》的人和事时，主动上前询问："请问先生（女士），发生了么事？"需要向当事人做调查时，"对不起，请到值班室协助我们调查。"

5. 当发现业主（住户）家中有异常情况时，先按门铃，待主人开门后，"请问，您有什么事需要帮忙？""对不起，打扰了！"

6. 在巡逻中发现有人违章时，应予以制止，并遵照《车辆管理服务文明用语》、《清洁员服务文明用语》、《绿化工服务文明用语》的相应规定，制止违章时均要立正敬举手礼。

无论是问候语还是服务语言，句句都要彬彬有礼，"请"字当头——例如见面语："请进！请坐！请用茶！"祈请语："请关照！请指正！请稍候！请稍等！请留步！"句句有"请"。"您"字称呼——即使违反《治安管理条例》，询问当事人时也不忘"您"，"请问先生（女士），发生了什么事？"道歉语挂在嘴边——"对不起！""请原谅！""打扰了！"等。处处从对方的角度考虑，从对方的立场着想，大多加上了感叹号，即用感叹语气，更是凸显了礼貌的浓重色彩。

（二）合乎多样变化的礼貌语言规范

当然，承认礼貌语言的规范性，并不意味着一个社会文化只能拥有一套单一的礼貌语言规范，唯一的看法是简单化、理想化和绝对化的表现。礼貌语言规范不仅仅，也不可能只有一种形式，事实上形式是多种多样的。社会规范是不断发展变化的，符合客观实际和时代发展要求的规范应该得到传承和发扬，与时代发展格格不入的规范则应退出历史舞台。另外，每个社会成员对礼貌规范语言的理解程度和运用水准也存在着差异，不可能一模一样，但不管怎样，至少要达到起码的底线，能够让交际对象通过语言形式感受到礼貌和诚意。

不同的文化背景产生了相异的礼貌语言，合乎礼貌文明准则必须注意到文化背景的异同。西方人认为是礼貌的语言，中国人却可能认为是不尊重或冒犯，反过来也是这样。有些西方人觉得中国人言谈自卑虚伪，言不由衷，含糊其辞。他们很难理解中国人用道歉的方式表示感谢，这主要是"追求情"与"追求真"的中西文化差异。中国人交往比较注重"情"的因素，认为礼貌是以自认道德修养不足而对双方之间的利害关系的调整。如果用汉文化的礼貌语言标准去评价西方的语言交际，会觉得他们的言谈过分直白，缺少人情味。中国人是不惜牺牲"真实性"去保全"礼貌性"，而西方人却是牺牲"礼貌性"来保全"真实性"。

礼貌称谓语，汉文化与西方文化有显著的不同点。汉文化中亲切而恰当的称呼在西方文化中却会显得唐突而无礼。例如，"小/老+姓"结构在汉语中是表示亲切和尊敬的称呼语，如老甘、小赵等，对辈分或职位低的人直呼其名表示亲切，而对辈分或职位高的人，则不能直呼其名，通常用"姓+职务"或"老+姓"的结构。如果一个刚刚认识的人、下级或子女直接呼对方姓名、上级或父母的名字、乳名，被称呼者会认为对方没有教养。而西方则以用名字或昵称以示亲近，即使儿子对父亲、下级对上级时也可以直呼其名，十分正常。

又如赞誉，这是人际交往重要的礼貌语言形式，但不同的文化背景下人们对赞誉的表达与回应显著不同。中国人听到赞美之词时，有个"贬己尊人"的约定俗成原则，常见的形式是否定对方赞美的同时有意贬低自己一番，以表示自谦；听到对方的感激之辞时，往往表示这是自己在尽应尽之责，不需感谢，以表示谦逊。对于"谢谢"，中国式的回答有"不用谢"、"不必客气"、"这是我们应该做的"等，而这种谦辞往往被英美人看做是虚伪、缺乏自信的表现，他们会因为赞美、感谢言辞被直接否决而认为对方言不由衷，不坦率。而以英语为本族语的国家里，人们乐于接受对方赞扬，因此，"Thank you"是对于赞扬的最恰当的答语。

（三）合乎交际过程的礼貌语言规范

合乎礼貌文明并不单纯表现在称谓语、问候语、致谢语、赞赏语等之中，选用合适的表达方式，注意本身并无明显礼貌色彩而在具体语境中含有礼貌情态词语的运用，将礼貌的观念、意识贯穿语言交际全过程是理想的交际模式。2004年5月4日《武汉晚报》上有篇文章《拾起你的尊严》，讲述了这样一件事情：

> 七十多年前，一位挪威青年男子漂洋过海来到法国，报考著名的巴黎音乐学院，但没有被录取。身无分文的青年男子来到一条繁华的街上，在一棵树下拉起了手中的琴。他拉了一曲又一曲，吸引了无数人驻足聆听。饥饿的青年男子最终捧起自己的琴盒，围观的人们纷纷将钱放入琴盒。
> 一个无赖鄙夷地将钱扔在青年男子的脚下。青年看了看无赖，最终弯下腰拾起地上的钱递还给无赖说："先生，您的钱丢在了地上。"无赖接过钱，重新扔在青年男子的脚下，再次傲慢地说："这钱已经是你的了，你必须收下！"青年男子再次看了看无赖，深深地对他鞠了个躬，说："先生，谢谢您的资助！刚才您掉了钱，我弯腰为您捡起。现在我的钱掉在了地上，麻烦您也为我捡起！"无赖被青年男子出乎意料的举动震撼了，最终捡起地上的钱放入青年男子的琴盒，然后灰溜溜地逃了。
> 这位青年男子叫比尔·撒丁，后来成为挪威小有名气的音乐家，他的代表作是《挺起你的胸膛》。

青年男子虽然身无分文，面对无赖的无礼、侮辱，言辞自始至终不失礼貌。"先生，您的钱丢在了地上。"结合语境，明显是对傲慢的无赖的反击，坚决拒绝施舍，但以"先生"称呼，确定是"您"——对方的钱，"丢"在了地上——是遗落而不是给予，给足了对方面子。当无赖再次以命令的口吻要求青年必须收下时，青年辅之以鞠躬的肢体动作，还是以"先生"称呼，表示"谢谢"，并提出了一个"请求"："刚才您掉了钱，我弯腰为您捡起。现在我的钱掉在了地上，麻烦您也为我捡起！"这个"捡起"的请求，以青年自己已经为对方捡起过钱为前提，且承着无赖"这钱已经是你的了"的话语，加上"麻烦"礼貌词语，蕴蓄着强大的震撼力，迫使无赖灰溜溜地离开了。这一交际过程中，青年维护自尊的礼貌语言与那个无赖横加侮辱的无理语言形成鲜明的对照。

需要指出的是，礼貌修辞行为并非都是发话者有意识地深思熟虑的结果。语言交际实践告诉我们，有些时候，交际者的确可以对礼貌语言的运用事先设计、安排，并设想交际过程中可能出现的一些突发事件及其应对方式的礼貌策略。但在大多数情况下，礼貌语言运用是人们在社会生活和家庭环境中逐渐培养和形成的，可以看做是逐渐内化成的、得到公众认可的一种习惯，而习惯又是语言行为者的实践再生产出来的结构的产物。

三、合乎礼仪文化

合乎礼仪文化，就是人际修辞必须遵守约定俗成的礼仪规范。礼仪，就是人们在社会的各种具体交往中，表示尊重和友好的一系列行为和惯用形式，是全社会在仪表、仪态、仪式、仪容、言谈举止等方面约定俗成的、共同认可的规范和程序。简单地说，礼仪是指人们与他人交往的秩序、方式以及进行交往时外在表现方面的规范。个人礼仪是人际关系的"通用语言"。

礼仪是一种约定俗成的文化现象，深受历史传统、风俗习惯、宗教信仰、时代社会等因素的制约和影响。各种礼仪规范都是人们在长期的社会实践生活中共同议定、共同遵守、达成默契，从而成为公认的礼仪习俗和行为准则的。礼仪规范既不像法律规范那样由国家统一制定、依靠强制力保证实施，也不像道德规范那样依靠社会舆论、内心信念来维持。礼仪规范只能通过社会成员的认同、认可和主动遵从得以推行和传扬。

礼仪语言是现代文明素质的重要组成部分和外在表现，同样反映出交际者的文明素养。礼仪语言是人际关系的黏合剂与润滑剂，其双向传播，有助于疏通彼此的关系，增进相互之间的理解，密切、升华感情，实现人际间的信息共享和情感交流。语言遵从礼仪，体现出对他人的尊重，可以用来改变、建立和完善人际关系，推动和促进人际关系和谐、顺利、健康地发展。当人们由于失误、误解或某种过错造成了某种人际矛盾时，礼仪修辞也是化解矛盾、消除隔阂的有效"武器"。随着现代生活的变化，竞争趋向激烈，人们越来越重视礼仪语言，并以它来协调复杂的人际关系。

（一）合乎一般礼仪和特殊礼仪

礼仪有一般礼仪和特殊礼仪，主要依据场合、对象等因素来区分。因此，礼仪语言也有一般和特殊之分。一般礼仪语言适用的对象比较广，使用相当普遍；特殊礼仪语言适用的对象针对性比较强，在特定范围内使用。

中央文明办为举办北京奥运会特地编写了《礼仪知识简明读本》，其中，对窗口行业服务人员所应遵循的基本礼仪有这样的要求：

> 语言文明、态度温馨。服务时多说"请"、"您好"、"谢谢"、"对不起"、"请您稍等"、"欢迎再来"等礼貌用语，多以温馨的微笑、亲切的目光与客人进行沟通，努力缩短与服务对象之间的距离。

这里提出的礼仪要求，适用于所有奥运会来宾以及其他参与者，适用面比较广泛，是一般礼仪要求。

残疾运动员是个特殊群体，礼仪语言就具有特殊性。《礼仪知识简明读本》有这样的要求：

> （1）对残疾运动员的称谓应礼貌规范。当面称呼时，如知道其姓名或运动员号码，可称姓名或号码；用规范语言称呼时，可称"残疾运动员"、"言语残疾运动员"、"听力残疾运动员"、"视力残疾运动员"、"肢残运动员"、"智障运动员"。
>
> （2）尽量淡化其残疾色彩。打招呼时，尽快判断其伤残的类别。如发现对方是聋哑人，通过握手、拍肩膀等动作或用手语表示问候。与残疾运动员交谈时，眼睛正视对方，不紧盯残疾部位；不询问致残原因，避免涉及隐私和伤心话题。
>
> 注重忌讳，戒掉不良口头禅，对残疾人不能使用"残废人"、"哑巴"、"聋子"、"瞎子"、"瘸子"、"傻子"、"瘫子"等带有侮辱、歧视色彩的蔑称和贬称。与视力残疾运动员交谈时，不说"在前面"、"在那里"、"你看"等话语；与高位截瘫的残疾运动员交谈时，不要说"在后面"、"在下面"等话语。

因为人们在生活、工作中接触残疾人的机会毕竟比较少，而且在思想上容易忽视对他们的体恤和关怀，礼仪语言特殊性的研究和宣传显得很有必要。例如，"与视力残疾运动员交谈时，不说'在前面'、'在那里'、'你看'等话语"。由于正常人之间的交谈，人们已经习惯于用这些词语，稍不留心就会冒出，无意中给残疾人带来心理伤害。

（二）合乎重大礼仪和细节礼节

语言合乎礼仪文化，必须兼顾重大礼仪和细节礼节。人际交往礼仪有的隆重、盛大，具有严格的规范性，但个体的交往更多地体现在小节上。重视小节，以小见大。日常生活中的称谓、出行、购物、用餐，电话、网络交流，语言都必须讲究礼仪文化。表面看是无关重要的小事小节，但就在这些小事小节上显示了个人的精神风貌，在举止言谈中见到了个人的文化道德修养。

> 在一家高级餐馆里，一位顾客很不得体地把餐巾系在脖子上。服务员很有礼貌地说："先生，您是想刮胡子呢还是要理发？"那位顾客愣了一下，马上明白了服务员的意思，不好意思地笑了笑，取下了餐巾。
>
> （《现代交际》，2002 年第 9 期）

这是发生在餐馆里的一件小事，服务员明知顾客的做法不合礼仪，但他秉承着"顾客是上帝"的原则，不直接指出顾客的"失礼"，而是引而不发，"您是想刮胡子呢还是要理发？"用无法选择的选择问句制造幽默，巧妙启发对方，使对方自己认识到做法不当，避免了顾客可能产生的反感和对立情绪，创造了和谐的交际氛围。

> 一位中国姑娘在特快列车软卧车厢里遇到了一位来华旅游的美国姑娘。对方热情洋溢地先向中国姑娘打了个招呼，两人就此交谈起来。按照中国人交友的习惯，她问那位美国姑娘："你多大年纪？"不料对方答非所问："你猜我有多大？"中国姑娘没有意识到有什么不对劲，继续追问："你结婚了吗？"这下，好像捅了马蜂窝，美国姑娘一脸恼怒，不再搭理她了，直到分手两人也再没有谈过一句话。
>
> （《公关世界》，2006 年第 4 期）

在社交场合，中国人拉家常多半会谈到家庭、婚姻、孩子、经济收入等问题，这些话题能缩短人们之间的距离，是一种亲切友好的礼仪表现。而在西方人看来这些都是私人问题，谈论此类话题是对对方的不尊重、不礼貌，个人生活有个受打扰的权利，这已成为一种交往中的道德意识，并广泛渗透在社会交际的礼仪中。这位中国姑娘不懂得礼仪小节，问美国姑娘："你多大年纪？"话题已经是不得体了。美国姑娘回避了直接回答，转而请中国姑娘"你猜我有多大？"实际上是委婉拒绝，希望不要再继续此类话题。不料中国姑娘进而问其是否"结婚"，更是触及了个人隐私，导致对方"一脸恼怒"，出现了不愉快的尴尬局面。

（三）合乎实质礼仪和形式礼仪

语言合乎礼仪文化，必须注重名实。礼仪语言体现出对交际对象的尊重，既有形式化的一面，又有实质性的一面。在人际交往的过程中，语言行为可能仅仅是在表面上对他人表示尊敬、礼貌，有意掩盖矛盾与冲突，可以将其称为"形式化礼仪"。"形式化礼仪"可能泛化为任何熟人、陌生人之间交往的特征。另外，语言行为不但在形式上遵守礼仪，而且发自内心，更具有主动性。无论是"名"还是"实"，两者都不可偏废，都应该重视、把握和践行。

"女士优先"原则是国际社会公认的"第一礼俗"。在一切社交场合，每一名成年男子，都有义务主动自觉地以自己的实际行动去尊重女士、关心女士、保护女士、照顾女士，并且还要为女士排忧解难，其中当然包括语言行为。国际社会公认，唯有这样的男子才具有绅士风度。在具体的场合，不管你对某位特定的女性交际对象有无好感，有无成见，语言都应该合乎礼仪习俗。这里，礼仪语言就表现出形式化的一面。

> 台湾旅日女企业家刘忍秀，经过努力担任了三和商事株式会社董事长，但她却毫无"架子"，对下属从不高高在上，而是平易近人、礼贤下士。一天，公司的一位职员下班回家，一到家门口就被眼前的景象惊呆了：女董事长领着另外几位董事，正站在自家门口，一个个西装革履，面带微笑，弄得那职员手足无措，不知如何是好。刘忍秀变戏法似的从身后取出一只大蛋糕说："祝你生日快乐！"董事们也一齐祝福。这情形令职员热泪盈眶，忙道："不敢当不敢当，谢谢，谢谢……"刘忍秀却说："你快别谢我们了。你为公司作出了多大贡献啊！应当说谢谢的是我们呀。也怨我平时考虑不周，真该替你说一个好媳妇了！"这话使得职员不再拘束，交流气氛也立即轻松了。
>
> （《现代交际》，2004 年第 4 期）

这一例中，刘忍秀对下属的关心，恐怕就不仅仅是表面的形式了。祝贺员工的生日，在企事业单位并非个例，但一般就是送几句祝福话，或送只蛋糕，董事长率领高层领导亲自登门迎候，此情此景中的一句"祝你生日快乐"，与一般情况下的祝贺语分量明显不同。而且，当职员连声表示感谢时，刘忍秀由衷地赞扬下属："你为公司作出了多大贡献啊！""应当说谢谢的是我们呀。"细细想来，事实也确实如刘忍秀所讲，不过作为上司，一般不太可能从这一角度考虑问题，说这一番话语，至多是从调动员工下属的积极性着眼。另外，刘忍秀还自责道："也怨我平时考虑不周，真该替你说一个好媳妇了！"一个"怨"，一个"真该"，将自责说得顺理成章，并非做作打官腔。没有管理企业的人性化理念，缺少真正尊重的态度，是不可能如此待人接物的。

必须指出的是，语言合乎礼仪文化，必须强调适应。语言本身是礼仪文化的重要组成部分，但并不是全部。礼仪蕴含平等、尊重理念，具有丰富的惯用形式，具有程序性、规范性、动态性等特征，语言常常伴随着非语言的约定俗成的礼节形式同时或相继外显，不能笼统地断言交往主体的礼仪修辞选择没有自由，而应该认识到世界上没有绝对的自由。当一个人受到礼仪文化的支配和限制时，开始可能会有不自由的感觉，但如果将这种外在的支配和限制转化为自我支配、自我限制、自我约束，就是自主、自决和自律，也就排除了客观规律和客观必然性的异己性质。遵守礼仪，塑造"有教养"、"有风度"、"有魅力"的形象，得到别人良好的评价，以及可亲可近、可合作交往的信任感，出入各种社交场合便会如鱼得水，游刃有余，得到欢迎和尊重，获得更多的理解与长远的支持，甚至真正的自由。所以，语言合乎礼仪文化就必须强调主体的适应性，在特定的范围内作精心选择。

例如，见面介绍通常有下面的礼仪要求：

（1）遵守"尊者优先了解情况"的规则，先将男士介绍给女士，将年轻的介绍给年长的，将职位低的介绍给职位高的，将未婚者介绍给已婚者，将晚到的客人介绍给在场宾朋。

（2）介绍过程中，先提到被介绍人的姓名，以示尊重。

（3）被介绍时，目视对方，微笑致意。

自我介绍：

（1）先向对方点头致意。

（2）说明自己的姓名和身份，有名片的可以同时递上名片。

（3）自我介绍时把握分寸，既不过分自谦，也不夸大其词。时间以半分钟左右为宜。

无论是介绍他人还是自我介绍，具体的语言形式、长短、风格可以选择，但顺序、分寸等规则一般不应该违反。

四、合乎公共道德

公共道德，是一种与个人德行相对的起码的社会公共生活规则，表现出人们对善恶、荣辱、美丑等现象的认识、判断能力等。公共道德具有时代性和阶级性。在社会主义社会，爱祖国、爱人民、爱劳动、爱科学是基本的社会公德，尊敬师长、爱护公物、文明礼貌、讲究卫生、遵守公共生活秩序等，也都是公共道德的内容和要求。

公共道德是和谐人际关系养成的基础。从伦理学角度上看，一个社会，只有各阶层利益主体通过对公共道德的认同和行为选择的相互协调，才能在此基础上形成一种有利于人们交往、发展的良好的精神氛围。修辞合乎公共道德，体现人际关系的平等友爱、互相帮助、互相体谅，摒弃偏见、冷漠、麻木、歧视、排斥、仇恨、攻击等丑恶，有利于消解错综复杂的人际关系矛盾，对社会稳定、和谐产生良好的影响。

公共道德是具有张力层次的概念。"张力"本意是矛盾两端的拉拽力量。公共道德张力，就是指公共道德规范具有设定的界限。只要张力两端的拉拽力度在这一界限之内，就可将其视为合乎公共道德的张力；一旦张力两端的拉拽超越了这一界限，就将其视为不合乎公共道德的张力。公共道德一般可以分为道德自律、道德约束、道德自觉三个层次。合乎公共道德的语言则表现出相应的自律性、规范性、自觉性三个层次。三个层次既保持相对独立，又相互紧密联系，要求依次提高。

（一）合乎公德的自律性层次

合乎公德自律性的语言，体现出交际者的自我修养和良心责任。这种语言基于对基本公德常识的认知，能够自我克制，起码能够消极不作为，客观上不对他人造成精神上的损害。言谈虽然不可能表现出多高的思想境界，但却遵守了为人处世的公共道德底线和基本准则。日常生活语言是人们平凡而普通的生活的核心内容，表现出重复性、惯常性特点，最能够显示出公德的自律性。越是简单的常常越是真实的，在日常生活中，一个人往往脱去面具和伪装，以真实状态出现，所以，日常交际语言是否合乎公德，通常是自然流露出来的。待人接物的最基本要求，一般并不需要刻意教育、培养、管束。例如，不能随口骂人、刻毒侮辱人、恶意欺骗人，禁忌讲粗话、脏话、坏话，这是做人的最起码的要求，不能突破的底线。如果违背之，就是明显不符合公共道德标准。

2010年12月9日，《人民日报》社论版用一组社评对个别公众人物"语不惊人死不休"的行为进行了批评，称"公众人物该珍惜话语权"。其中明确表示："近期以来，在电视节目里、博客微博中，一些公众人物'语不惊人死不休'，或'曝光'他人私下言论，以他人的'阴暗'反衬自己的高大；或以自己的社会声望撑腰，蛮横地给他人扣上异类的帽子；甚至'脱下西装'，与网友爆粗对骂……这些现象引起人们的思考：在信息高速传播的新媒体时代，作为对他人施加影响的'活跃分子'，公众人物该如何珍惜自己的话语权，用好自己的话语权？"周立波在网上有关"网络是公厕"的言论曾经引起了轩然大波，包括方舟子在内的诸多网友和他展开了口水战。周立波现身杭州的一个发布会，说起那一段时间的骂人风波，他表现得相当直率："有人也劝我，你是名人，别跟他们一般见识，就不能忍忍吗？但是名人难道不是人吗？谁敢骂我我就骂他，谁敢揍我我就揍他……我又不是人民币，不可能做到人人喜欢！"[①] 这样的说法以及理由都是不能接受、认同的，以粗俗的语言骂人，本身是违背社会公德的，因为他人骂你，你就回骂，同样违背社会公德，毫无道理可讲。

（二）合乎公德的规范性层次

合乎公德规范性的语言，体现出交际者对公共道德制度、公约、守则的承诺和遵

---

① 周立波：谁敢骂我我就骂他　我不是人人喜欢的人民币，开心网，http://www.kaixin001.com/repaste/39930477_3705041580.html。

守。这种语言基于个人对他人和社会应担负的契约性责任和义务的认识，具有维护社会公德准则的勇气和责任感，积极有所作为，显示出这一层次语言的规范性社会特征。

无锡市 2008 年公布的《无锡市民文明公约》是："爱国守法、明礼诚信、崇尚科学、珍爱环境、和睦友善、热心公益。"《无锡市民行为准则》是"六要六不"："一、要举止文明，不言行粗鲁；二、要遵章守纪，不扰乱秩序；三、要爱护市容，不损害公物；四、要勤俭节约，不铺张浪费；五、要诚实守信，不见利忘义；六、要互助友爱，不冷漠无情。"其中就包含着人际交往的语言表达要求。例如公约中的"和睦友善"，强调了"和为贵"，以与人为善的心念建设和睦、宽容、友爱的人际关系。家庭成员之间、邻里之间、同学之间、同事之间，乃至司机与乘客之间、服务员和顾客之间，都要做到互谅互让、互帮互助。又如准则中的"要举止文明，不言行粗鲁"：举手投足，体现文明修养；一言一行，展示城市形象。言行举止虽是小事，但在很大程度上反映出一个人的素质，关系到一个人的形象，会影响到人们的和谐相处。现代文明社会，"不拘小节"就德行而言，即便算作德行，也并不是美德，要成为一个文明的人，就必须注重生活细节，讲求文明礼仪公共道德。

语言合乎公德规范，存在着复杂的情状。首先，要求以交际者的自律为基础，虽然主要表现为他律契约的约束，但缺少自律的态度和精神，规范易于落空。其次，遵守规范是个过程，有的甚至要经历较长的时间。再次，语言往往伴随着行为，评价和舆论监督在语言公德规范化过程中起着重要的作用。有篇名《规矩》的文章：

> 挪威驻巴黎的大使馆曾经意外地收到了一件"陌生"的文物和一封来信。在信中，这位没留姓名和联系方式的神秘人物介绍，这件文物是自己 42 年前从挪威北部的一家博物馆偷来的。并坦言："40 多年来，我一直在自己家里享用着这件珍贵的工具。如今，我老了……我决定将它归还给那些发明、制造、使用它的后人。"信函的落款是："一个曾经是小偷，现在贼性渐改，转而渴望热情拥抱真诚生活的人。"这位"窃贼"也许已做好被查出，并接受任何处罚的心理准备了吧。但挪威官方获悉此事后却明确告知公众，他们绝不会对其采取任何法律行动。
>
> （《今晚报》，2007 年 4 月 27 日）

偷窃当然是与公共道德准则背道而驰的。这位"窃贼"在事隔 42 年以后，良心发现，转而回到公德准则轨道上来，"决定将它归还给那些发明、制造、使用它的后人"，自称是"一个曾经是小偷，现在贼性渐改，转而渴望热情拥抱真诚生活的人"，态度坦诚，承认自己"曾经是小偷"，也就是承认是自己盗窃了博物馆的文物，但对生活的态度已经发生根本改变，现在"渴望热情拥抱真诚生活"。他以语言和实际行动改正了当初的错误，其良知、勇气、责任感还是值得肯定的。

（三）合乎公德的自觉性层次

合乎公德自觉性的语言，体现出交际者对公共道德价值观准则的高度认同、自觉坚守、主动追求。这是相对意义上最高层次的合乎公共道德的语言。交际者在家庭生活、邻里关系、社会事务参与、公共利益分配等方面，已经自然而然养成平等相处、友好协商、理性对话的交往方式。应该说什么，不应该说什么；应该这样说，不应该那样说，不是他律在约束，而是内在的觉悟、信念、信仰在起主要作用。胡习之在《言语交际中的以情动人》一文中举过这样一个例子：

> 一个寒冷的冬天，纽约一条繁华的大街上，有一个双目失明的乞丐。那乞丐的脖子上挂着一块牌子，上面写着："自幼失明"。有一天，一个诗人走近他身旁，他便向诗人乞讨。诗人说："我也很穷，不过我给你点别的吧。"说完，他便随手在那乞丐的牌子上写了一句话。那一天，乞丐得到很多人的同情和施舍。后来，他又碰到那诗人，很奇怪地问："你给我写了什么呢？"那诗人笑笑，念牌子上他所写的句子："春天就要来了，可我不能看到它。"

为什么乞丐前后的讨钱会有如此不同的效果呢？原因就在于，"自幼失明"只是一种客观的叙述，而"春天就要来了，可我不能看到它"是一个转折句，前后构成鲜明的语意反差，饱含浓烈的遗憾、心酸、悲哀等情感，易于唤起别人的同情、怜悯之心。这位诗人经济拮据，无法给予实际帮助，无可指责，并不违背公德。但他却以独特的方式给了乞丐更大的帮助，为什么？原因就在于诗人富有同情之心、仁爱之心，因此做出完全出于自觉自愿的语言帮助行为。

第二节　真诚宽容准则

真诚宽容是人际修辞的又一个重要准则。这一准则要求人们在社会交往中，务必诚实不欺，言行一致，表里如一；尊重、宽容他人；增强亲和力。

一、体现诚信

诚信一词源于"诚"和"信"两个单字。"诚"与"信"基本意思相通，它们在词典里可以互训。《说文解字》说："诚，信也，从言成声。"对"信"的解释则为："信，诚也，从人言。"所以"诚"与"信"的基本含义就是言语实在，不欺人，也不自欺。换句话说，"诚"就是"内诚于心"，"信"就是"外信于人"，这就是古语所谓"忠诚发乎心，信效著乎外"。

　　诚信是交往主体的人格品质保证，是和谐人际关系的重要指标之一。诚信还是人际交往中的一种无形资本，看不见、摸不着，但它存在于人际关系之中，记录在行为人的头脑里，但却不能让渡给另一个人。在语言交际中，讲诚信的人具有责任感和荣誉感，交往的心理素质和性格强度健全，容易赢得他人的信任和尊敬，因而交际过程就必然顺畅、和谐，并且相互之间能够长期保持良好的关系。很难想象，一个言语浮夸、言行不一、不讲信用的人，能够与他人建立良好的关系。美国可口可乐公司老板曾这样宣称：可口可乐公司有形资产 90 亿美元，无形资产 400 亿美元，就是所有的可口可乐公司在一夜之间烧尽，天一亮公司仍丝毫无损，因为各家银行会冲着它的无形资产争着给它送钱。

　　既然诚信的基本含义是言语实在，不欺人，也不自欺，那么语言诚信的标尺，一般情况下必须结合思维、行为等因素才能作出真实、正确的判断。

（一）言事一致

　　言事一致，就是在人际交往中，语言表达实事求是。诚信语言不欺骗人，不糊弄人，注重事件的真实性，哪怕是细节也不虚假编造，进一步的要求则讲究如实表述客观的规律。

　　2006 年 11 月 15 日《报刊文摘》上有篇文章《一席话，成就李嘉诚》：

　　　　李嘉诚当年创建长江塑料厂，把从意大利偷师学艺回来的塑料花生产技术应用到生产上，一时间生意火爆。由于产品供不应求，出现了降低产品质量来应付订单的情况。结果许多客户要求退货，银行追债，客户追款，塑胶厂顿时陷入困境，濒临破产。

　　　　这天，母亲庄碧琴问李嘉诚："你认识老家开元寺法号叫元寂的那个住持么？"未等李嘉诚回答，庄碧琴继续说道："元寂年事已高，希望找个合适的接班人。候选人是他的两个徒弟，一个法号一寂，另一个法号二寂。元寂把这两个徒弟都叫到跟前，说：'现在我给你俩每人一袋稻谷，明年秋天以谷为答卷，谁收获的谷子多，谁就是我的接班人。'第二年秋天到了，一寂挑来满满的一担谷子，二寂则两手空空。元寂却当众宣布二寂担当接班人。一寂听了不服气。元寂微微一笑，高声对众人说：'我给一寂和二寂的谷子，都是用滚水煮熟的。显然，二寂是诚实的，理应由他来当住持。'于是众人悦服。"

　　　　庄碧琴忽然话锋一转："经商如同做人，诚信当头，则无危而不克。"李嘉诚听完母亲的话，深有感悟。不久，李嘉诚的诚信打动了银行、供货商和员工，形势因之好转，危机成就了商机。

　　这一例，给人颇多启示。就李嘉诚母亲所讲述的元寂和尚的故事而言，元寂的一番话语并非不讲诚信，而是诚信的特殊表现形式。"现在我给你俩每人一袋稻谷，明年秋天以谷为答卷，谁收获的谷子多，谁就是我的接班人"，他开列出的条件实际上是设计了一个考验诚信的修辞策略，因为"给一寂和二寂的谷子，都是用滚水煮熟的"，不可能收获到谷子。最后决定的接班人、述说的理由，以事实为依据，不偏心，不袒护，令人信服。就母亲对李嘉诚所讲的一番话而言，中心话题就是诚信，以元寂的故事为喻，引出道理，"经商如同做人，诚信当头，则无危而不克"，将"诚信"置于首要位置，确实道出了经商成功的关键。

> 戴维·梅尔多是美国纽约州一个小镇的铁匠。他打造的锤子很好使，既能钉钉子，又能拔钉子，这在当时是首创；而且，又不易脱柄，远近的木匠都向他定做。
>
> 一天，一个工头也来向梅尔多订制，并且要求：他要的锤子应当比他手下的木匠在这里买的还要好。
>
> 梅尔多说："对不起，我做不到，你可以找别的铁匠试试。"
>
> "别的铁匠没有你这个水平，你给我造一把更好的，我可以多给你钱。"
>
> "先生，我打造每一把锤子，都是努力把它做得最好。因此，没有更好的了。"
>
> 正是这样，只要人们看到铁锤上有"梅尔多"几个字就会二话不说买下，"梅尔多"铁锤成了纽约、美国乃至世界名牌产品。这是因为，这个产品不仅质量好，而且真诚的含量也大。

（《只有最好》，《报刊文摘》，2006 年 10 月 30 日）

工头向戴维·梅尔铁匠订制比其他人更好的锤子，表示"可以多给你钱"，铁匠面对金钱的诱惑，原本可以答应，尽心做一把与其他一样的锤子，当做"更好"的卖给工头，谁能判别出其中的高低差异呢？但是梅尔铁匠却礼貌而坚决地拒绝了——"对不起，我做不到，你可以找别的铁匠试试"——宁愿将到手的生意让给他人去做。为什么做不到呢？原因是："我打造每一把锤子，都是努力把它做得最好。因此，没有更好的了。"真是出乎意料！并不是技术水平问题，而是每一把都是"最好"，也就没有了"更好"。铁匠的话语朴朴实实，与他的精心打造每一把锤子的工作实情完全吻合，所以，锤子的"真诚的含量也大"，"梅尔多"铁锤成为世界名牌产品也自然在情理之中了。

（二）言思一致

言思一致，就是在人际交往中，所说的和心里想的完全一样。人们的内心世界虽然具有隐秘性，似乎难以捉摸，但我们从其外露的语言中可以作出基本判断。言思一致，贵在自觉、自律、自控。

有篇短文《大师》，讲述了这样一件事情：

大师年轻时在上海穷困潦倒。一日，大师画了一只老虎，拿到街上卖。一个外国人看中了这幅画，问："多少钱？"大师说："500 美元。"外国人觉得太贵，便说："能不能少点儿呢？"大师说："不能少！"一边说，一边将画撕碎了。外国人吃了一惊："年轻人，你怎么能撕了它呢？你生气了吗？"大师平静地说道："先生，我没有生气。这画我要价 500 美元，说明我认为它值 500 美元。你跟我讲价，说明在你眼里不值这个数，认为它不是最好。所以，我要继续努力，下次画好一些。这次画得肯定不行，所以我撕了它，重画，直到顾客认可为止。"

那时大师还只是个默默无闻的普通青年。就是这个心态，使这个青年日后成为一代雕塑大师，当上了中国美术馆馆长，主持雕塑人民英雄纪念碑上的浮雕，还留下了许多传世经典的雕塑作品。这个人就是一代雕塑宗师刘开渠。

（《上海文艺界》，2006 年第 4 期）

年轻时的刘开渠卖画，开价"500 美元"，外国人还价，按理这是很正常的情况，但刘开渠口气非常干脆、坚决地回应："不能少！"还将画撕碎了，他的一席话道出了原委："这画我要价 500 美元，说明我认为它值 500 美元。你跟我讲价，说明在你眼里不值这个数，认为它不是最好。所以，我要继续努力，下次画好一些。这次画得肯定不行，所以我撕了它，重画，直到顾客认可为止。""我认为……"、"你眼里……"，由买卖双方在价格上的分歧引入画者自己对画作的反思，不是生气，而是"要继续努力"，到"顾客认可为止"。言为心声，刘开渠的一番话，颇为独特，对艺术标准的追求极其严格，一丝不苟，并不是口是心非，而是出于肺腑的真心话，明明放着快到手的生意坚决拒绝不做，不欺购画者，也不自欺，非一般人所能言，令人钦佩。刘开渠终成一代雕塑宗师就是对言思一致最好的证明。

（三）言行一致

言行一致，就是在人际交往中说到做到，"言必信，行必果"，语言和行为在指向上具有一致性。但把握这一标尺时必须注意，不能把凡是说话算数的就视为好的，凡是背信的就视为坏的，因为这是片面的、错误的。言行一致的诚信应该区分价值取向。按照价值取向的不同，可以把诚信分为三种基本类型：一是红色诚信。这是一种价值取向为正的诚信，健康、有益，符合大众利益的规范性，代表人类基本情感。二是灰色诚信。价值取向比较模糊，较难区分出正负相关性。三是黑色诚信。这是价值取向为负的诚信。如为朋友两肋插刀，为掩盖同伙的罪行而拒不坦白交代，谎言连篇，愿为同伙背黑锅。我们主要考查、衡量的是第一种红色诚信语言。言行一致诚信度的判别常常遵循"输者为赢"的规则。一般说来，一个人承诺在先，而后遭受损失越大而依然遵守诺言，那么诚信度就越高。

"信义兄弟"孙水林、孙东林，被中央电视台评为"2010 年度感动中国人物"。推选委员会如此评价"信义兄弟"："言忠信，行笃敬，古老相传的信条，演绎出现代传奇。他们为尊严承诺，为良心奔波，大地上一场悲情接力。雪夜里的好兄弟，只剩下孤独一个。雪落无声，但情义打在地上铿锵有力。"

孙水林、孙东林兄弟，湖北省武汉市黄陂区泡桐镇人，20 多年前，孙水林就到外地闯荡，由一个小木匠干起，最终成了北京一家建筑公司的项目经理。

2 月 9 日，孙水林从北京工地回到天津，原定与暂住在天津的家人和弟弟孙东林聚一天再回武汉，但他查看天气预报了解到，此后几天，天津至武汉沿线的高速公路，部分地区可能因雨雪封路。哥哥当即决定连夜驾车回家。他说："万一暴雪封路，不仅我与家人没法回家过年，更重要的是，我的手上，还有好几十名民工的工钱没发。"春节前发放工钱，是他对民工的承诺。由于路面结冰，路上发生重大车祸，20 多辆车连环追尾，孙水林一家五口遇难。由于哥哥的后事处理尚需时日，沉浸在巨大悲痛中的孙东林和家人商量决定，先替哥哥完成遗愿。除夕前一天，孙东林拿出哥哥遗留在事故车中的 26 万元，又从银行提取出自己的 6.6 万元，加上母亲拿出的 1 万元养老钱，发放到了 60 多名农民工手上。"哥哥离世后，账单多已不在，我也不知道该给每个民工发多少钱。我们让民工们凭着良心领工钱，大家说多少钱，我们就给多少钱！"孙东林说。"真没想到啊，老板遭遇车祸后，工钱还能照样结回来！"跟着孙水林做活的工人们动情地对记者说。

（《楚天都市报》，2010 年 2 月 21 日）

孙水林说："万一暴雪封路，不仅我与家人没法回家过年，更重要的是，我的手上，还有好几十名农民工的工钱没发。"递进关系复句表达出他将民工的工钱看得比自己家庭春节团聚更重，所以连夜驾车回家。弟弟孙东林千方百计先替哥哥完成遗愿："哥哥离世后，账单多已不在，我也不知道该给每个民工发多少钱。我们让民工们凭着良心领工钱，大家说多少钱，我们就给多少钱！"心中无数，对方"说多少钱，我们就给多少钱"，两个"多少"表露出的是何等的胸怀！这是两个商人对诚信道德的坚守。重信义，守然诺，不刻薄，是中国历代商人恪守的道德标准。这是一个企业家对现代契约责任的履行。企业最主要的责任是遵守它与利益相关者之间的契约，所谓"重合同，守信用"，不仅是对外经济行为的约束，也是对内与员工的互存根本。孙家作为建筑商人，兑现工钱是企业家对契约责任的庄重履行。孙家不是最有钱的商人，却闪耀着道德与责任双子星的璀璨光芒——最亮，最温暖。孙家派发给民工与社会的，是比 33.6 万元更珍贵、更沉重的精神财富，深情款款，义动天地。

《资治通鉴》中有个"立木取信"的故事：

令既具未布，恐民之不信，乃立三丈之木于国都市南门，募民有能徙置北门者予十金（十金：二十两为一金，十金即为二百两）。民怪之，莫敢徙。复曰："能徙者予五十金！"有一人徙之，辄予五十金。乃下令。

王安石曾写《商鞅》一诗评价此事："自古驱民在信诚，一言为重百金轻。今人未可非商鞅，商鞅能令政必行。"这里，商鞅输掉了50金，但是赢得了诚信资本，在老百姓中树立了信誉，即深信商鞅有令必行。这是商鞅变法能取得成功的重要因素之一。

（四）言规一致

言规一致，就是指在人际交往中，语言遵守制度、规章、条文、约定等硬规则。硬规则具有强制力、约束性、明显的刚性，主要是以一种强制的、外在的方式来规范诚信。有的规则有明确的条文宣示，有的虽然未必明令，但为社会所一致公认，同样具有强制约束力。遵守规则越是严格，越是自觉，其人的诚信度就越高。

> 某公司招聘员工，要求学力必须是大学本科。A用假文凭骗得职位，工作了一段时间后，因被发现而遭解雇。A事发后振振有词地辩驳："我虽然提供了假文凭，但实践证明我的工作能力完全能够胜任公司工作，而且行为没对公司造成任何伤害。公司不应该唯文凭是举，而要根据求职者的实际能力决定录用与否。"

A以"工作能力完全能够胜任"、"没对公司造成任何伤害"、"公司不应该唯文凭是举"为理由为自己辩解，倘若孤立地看，或者在一般情况下，这样的理由是成立的，关键在于他是在应聘求职时隐瞒了真实学力，所以这样的辩驳是无力、无理的。招聘单位一般是根据应聘者所提供的个人资料和面试等情况决定录用与否，不能弄虚作假是公认的诚信规则，A能力再强，也不能伪造学力，挑战社会的诚信规则。诚信是人的立身之本，能力再强却无诚信，这样的"强者"理应为失信付出代价。真正的强者是通过合理的手段（如毛遂自荐）等方式证明自己的能力，而不是靠"瞒山过海"谋得职位。哪怕你觉得眼前的规则不合理，但你必须用合理的方式去革不合理的"命"。

二、体现尊重

尊重，就是指在语言交际中重视、尊敬他人，而不能轻慢、蔑视交际对象。《礼记·典礼》开宗明义第一句就是"毋不敬"，孔子也说："礼者，敬人也。"

尊重是真诚待人的重要表现。尊重，是人的一种普遍基本需要。在人们的社会生活中，每个人都希望他人尊重自己的人格，希望自己的能力、见解、经验、才华、优点、长处、成绩等，得到他人公正的承认和赞赏；要求有相对的独立和自由，要求给予相应的荣誉、名誉、地位、权利等，要求他人重视自己或较高地评价自己，要求在社会生活中确立自己应有的地位。这类情况几乎每处、每时频繁地发生在人际交往中。

（一）敬重语言体现尊重

人际交往语言体现尊重，首先应该敬重交际对象。敬重对方是建立友谊、加深交往、发展关系的前提。与人交往，不论对方职务高低、身份贵贱、相貌美丑、才能大小，只要与之打交道，就必须做到重视对方。处于弱势地位的人们，往往会因为自己认识、能力等诸方面的不足、缺点和错误，以及因与他人进步、成绩上的差距而感到羞愧，如果受到别人轻视、贬损、侮辱而产生不愉快，甚至愤懑的感觉，特别需要得到交际对方的重视。有两句顺口溜发人深省："老板（领导）把我当人看，我把自己当牛干，累死也心甘；老板（领导）把我当牛看，我把自己当人看，说什么也不跟你好好干。"敬重语言形式表现在许多方面。

在特定的场合以得体的称谓称呼，给予对方必要的面子，是敬重语言的常用形式。每一种语言都拥有丰富的表示敬重的称谓语，问题在于要使用得贴切，不恰当的敬重称谓，交际效果有时候会适得其反，对方不但感受不到尊重，反而会产生反感情绪，甚至误以为发话者在讽刺、挖苦自己。例如，邻居之间如何称呼是个难题，人们常常找不到得体的称呼语。称男性邻居为"先生"不符合国人的习惯，因为"先生"虽然是一个尊称，但由于它常常是正式场合下的称呼，总有些生分，而且称"先生"也要有选择，不是任何社会角色都可以称"先生"的。"姓名/名＋亲属称谓"称呼语用于称呼孩子的长辈是比较得体的。不论被称呼者的年龄、地位、职业以及文化背景差别有多大，只要他是某个孩子的长辈，称呼语都是相同的，例如"小明外婆"、"李文爸爸"等。这种称谓，在一般情况下使用，既适合于面称，也适合于背称；既表示出敬重之意，又与对方的身份吻合。

当说话人对别人有所求时，选择的称呼语更会着意表现出尊敬，常常背离规约化交谈中无标记的称呼，代之以有标记的称呼，抬高听话人的身份。例如，明明只是一个小鞋摊，为了叫修鞋匠又快又好地修好皮鞋，顾客会称对方为"老板"或者"师傅"，而不是"修鞋的"。再如，老师为了与学校食堂里的工作人员建立良好的关系，会称对方为"某老师"，而不是"某师傅"，这样抬高对方，关系看上去更平等融洽。

敬重也表现在交际用语和句式的选择上面。一般来说，褒义、委婉、鼓励的词语，含有商量、体谅、恳切意味的句式，比较容易表现出对他人的敬重。反问句、感叹句具有两重性质，当用以指责、批评对方时，很容易流露出对交际对象的轻慢，乃至藐视；当用以夸奖、表扬对方时，则能够很好地表现出敬重的情意。

在人际交往中，如果这样对他人讲话：

（1）现在谁穿你这种式样的衣服？像什么样？土里土气！

（2）你看看，写的字活像蚯蚓爬似的！

（3）吃饭有你这样狼吞虎咽的吗？简直像刚从监狱里放出来的！

（4）看你家的摆设，杂七杂八这么多，想显示自己是暴发户吗？

这类语言撇开事情本身的真实情况，就表达形式来分析，是对人的轻蔑。例（1）中，把人服装样式的落后说成是"土里土气"，连续两个反问句诘问，再下一个贬义定论，大有瞧不起对方的意思。例（2）中，把字迹潦草说成"活像蚯蚓爬"，喻体丑陋，比喻中透出鄙视。例（3）中，把食相不斯文说成"简直像刚从监狱里放出来"，"监狱里放出来"的人在人们的心目中会给人怎么样的印象，恐怕发话者并未考量，再用副词"简直"拉近类似关系，贬低了对方的人格。例（4）中把别人家庭里摆设较多说成是"显示自己是暴发户"，"暴发户"含有贬义，个人的生活小事扩大化，甚至可能使人产生存在经济问题的联想。听话者有反感、不满情绪是必然的了。

试将以上四例分别与以下修改的表述比较，那情况可能就大不一样了：

（1）你穿的这套衣服，样式似乎有些过时了。

（2）你的字太潦草了，可能是你求快的原因吧？

（3）你吃饭这样快，有急事吗？这样可对胃不好啊！

（4）我觉得你家里的摆设有些拥挤，还是简洁点好。

例（1）：式样过时是事实，以"似乎"表示并不十分确定，以"有些"减轻"过时"的分量。例（2）："你的字太潦草了"，虽然用了程度副词"太"，但说的是实情，下面紧接一句"可能是你求快的原因吧？"猜测原因，而这个原因即使承认也无伤自尊，何况问者并没作出定论。例（3）：只是用一般常用的"快"代替在一定场景下含有贬义的"狼吞虎咽"，"有急事吗？"询问原因，是合情合理的推测，"这样可对胃不好啊！"以感叹句表达出对交际对象的关心。例（4）：以"有些拥挤"替换"杂七杂八"，语意明显弱化，"还是简洁点好"，是正面的陈述，"还是"一词，表示并无强求之意，仅是一种建议。用这样委婉、猜测、关心的语言方式说话，既表达了自己的观点，又排除了居高临下的傲气和对人的轻慢，听话者会马上意识到自身的不足和缺点，也就不会产生反感、不满情绪了。

（二）欲求语言体现尊重

欲求语言，包括对他人提出要求、建议和满足他人需求的语言。提什么，用怎样的方式提，都要讲究管控，体现尊重。"己所不欲，勿施于人"（《论语·颜渊》），提出建议、要求，要用自己的心推及别人，不要只顾及自身的感受，而忽略了他人的感觉。这是最起码的准则。建议、要求，往往是出于交际主体的好心，但即使是好心，且言之有理，仍然要体现尊重，在表达形式方面仔细斟酌，适切调整，这是因为交际对象、建议内容等方面不尽相同。

文章《"移山倒海"的大师豪斯》讲述了这样一件事情：

> 美利坚合众国第 28 任总统伍德罗·威尔逊，众人都觉得他是"一扇老橡木做的门"，任何新鲜的意见都被毫无例外地拒之门外。威尔逊有才能，自负，所以对别人的意见往往瞧不起，要么不采纳，要么根本不予理睬。但是，他的助理豪斯是独一无二的例外。
>
> 豪斯懂得向总统贡献意见的最好方法：避免他人在场，悄悄把意见"移植"到总统的心中。开始，使总统不知不觉地感了兴趣，然后使这计划可以作为总统自己的"天才构思"而公之于众。最后，使总统坚定不移地相信是他本人想出了这个好主意。这样，他的计划就能顺利地被总统采纳。例如，1914 年春，豪斯奉命赴法国做外交上的接洽。出发前，威尔逊原则上同意了豪斯的计划，但态度相当谨慎，距离被正式批准还相当遥远。豪斯到巴黎后不久，寄回了他同法国外长的谈话记录。在谈话中，豪斯把自己想出的、经总统谨慎同意的计划，说成是总统的"创见"，并热烈赞扬是"天才，勇气，先见之明"的表现。看了记录，威尔逊总统毫不犹豫地正式批准了这个计划。计划的实施，给两国带来巨大的利益。若干年后，豪斯说道："我不愿意称那些计划是我的，并不仅仅出于讨总统喜欢。我的计划充其量是一颗树种，要长成参天大树，必须有土壤、水分、空气和阳光。只有总统才有这些条件。把树种变成大树的，公平地说，是总统。我只不过把种子移到了总统心中。"

(《公关世界》，1997 年第 2 期)

这一例中，豪斯把明明是自己想出的意见和计划，说成是总统的"创见"，并热烈赞扬这是"天才，勇气，先见之明"的表现，这是因为最后的决策者是总统，赞扬表示对总统的尊重，可以有效排除总统的心理障碍。豪斯坦言："我不愿意称那些计划是我的，并不仅仅出于讨总统喜欢。我的计划充其量是一颗树种，要长成参天大树，必须有土壤、水分、空气和阳光。"在敬重的背后是清醒的理性认识。在威尔逊执政期间，豪斯都采用这种简单而有效的"种子移植"策略。然而他对威尔逊的影响，比当时成群的政客能士加在一起都大。事后，人们方才窥见豪斯的秘诀，并称豪斯为"移山倒海"的大师。现代心理学研究的成果表明，在人类的潜意识中，活跃着一种本能的强烈欲望，就是偏爱、珍视自己的东西，维护自己的"尊严"。这种欲望具有强烈的排他性，不肯轻易地承认别人比自己强，这是人们接受别人意见时的一个心理障碍。豪斯以"敬重"为利器，在献计献策的时候，超越了这个障碍，把"我"的种子移植到"他"的心中，由他当做"己出"，当做"自己生的孩子"来养育，让"种子"长成参天大树，所以他成了"移山倒海"的大师。

美国最有影响的演说家之一迈克尔·奥康纳博士，曾经提出一条人际交往的"白金法则"："别人希望你怎样对待他们，你就怎样对待他们。"满足别人的希望，但并不意味着是一种丢弃自我的迎合，而是尊重他人的表现。从研究别人的需要出发，善解人意、善待他人，然后调整自己的语言行为，真正了解彼此的需求、感悟彼此的愿望，那么必然有许多冲突、矛盾和反目可以避免。

> 多年前，世界知名的"玫琳凯化妆品公司"创办人玫琳凯女士急着购买新车，在福特汽车展示中心，业务员见她开着辆破旧的车子，也就不把接待她当做一回事。于是她就去见业务经理，碰巧经理也不在，要等到下午1点钟才会回来。于是，玫琳凯悻悻地逛到对街的汽车展示中心。该中心正展示着一辆黄色轿车，尽管玫琳凯很喜欢，但车款远远超过她的预算。不过，该中心的业务员谈吐十分殷勤、诚恳。在闲聊中，玫琳凯说，想买车是因为当天是她的生日，买部车送给自己作生日礼物。听到这，业务员礼貌地说有点事儿，请求告退1分钟。很快业务员就回来了。又过了一小会儿，秘书小姐送来了一束玫瑰，那业务员就把整束玫瑰送给了玫琳凯女士："祝您生日快乐！""天啊！"玫琳凯说，当时她真的"太惊喜"、"太意外"了！不用说，玫琳凯后来买的是远远超过预算的这辆黄色轿车。

（《公关世界》，2006 年第 13 期）

玫琳凯为什么会作出这项决定？是因为那位聪明的业务员十分清楚顾客的物质、精神需求，用一种极为普通却又非常特殊的语言行为方式，表达了对玫琳凯女士的尊重。业务员在闲聊中知道了玫琳凯女士买车是"因为当天是她的生日，买部车送给自己作生日礼物"，于是借口"有点事儿"，请求"告退1分钟"——用极短的时间，送上了一束玫瑰，送上了真诚的祝福："祝您生日快乐！"顾客生日，一般来说，汽车商家并无祝贺的必要，再说玫琳凯开的是破旧的车子，价格超出了顾客的预期，几乎可以断定这笔生意是做不成的，而业务员却十分尊重顾客，以满足顾客的精神需要为切入口，"意外"地做成了买卖。玫琳凯惊呼"天啊！"，"太惊喜"、"太意外"，足见一句话、一束花对顾客的震撼力有多大。"种瓜得瓜，种豆得豆。""你敬我一尺，我敬你一丈。"那位聪明的业务员正是因为敬人而得到了丰厚的回报。

（三）批评语言体现尊重

批评是以语言对缺点和错误提出意见的行为。如果将批评所包括的范围放宽，也可以将批评理解为说话人对听话人言行作出的否定性评价的语言行为。日常语言生活经验中认定的别人的"缺点和错误"一般包含两个方面：一是对方的言行与客观不符，二是对方的言行与人们认定的价值观不符。从功能上讲，批评属于以言行事，并通过以言行事达到以言取效的语言行为。

批评虽然是用语言否定对方，但必须尊重对方的人格。从常理常情上讲，因为批评对受批评者有不同程度的情感刺激，批评总是不太受人欢迎的，这无疑将影响批评的有效性。批评的构成性准则决定了批评者不能采用威胁、污蔑、暴力等不道德的手段，否则，就意味着改变了"批评"行为的性质。如果连同人格的尊严都予以否定，那么不但收不到良好的效果，而且必然对双方的关系带来严重的影响。

　　诗人徐志摩和苦恋了三年的情人陆小曼结婚时，邀请梁启超作证婚人。为示郑重，梁启超在婚礼致辞中说道：

　　徐志摩，你这个人性情浮躁，所以在学问方面难有成就。你这个人用情不专，以致离婚再娶。以后务要痛改前非，重新做人！你们都是离过婚而又再结婚的，以后务要痛改前非，重新做人！祝你们这次是最后一次结婚！

　　　　　　　　　（龙退秋：《徐志摩传》，中国人民大学出版社，1998 年，第 178 页）

　　这段像声讨、审判的祝辞使在场的人都惊呆了，整个婚礼被梁启超的致辞搞得非常尴尬。为什么会产生这样的后果呢？显然，梁启超的批评没有顾及对方的尊严。直呼"徐志摩"之名就不妥当，尽管梁启超是长辈，但是，在公众场合按照礼仪习俗也不宜如此称呼。"你这个人性情浮躁，所以在学问方面难有成就。你这个人用情不专，以致离婚再娶。"用两次"你这个人"复指徐志摩，在现代汉语中，这样的表述明显有贬抑的意味。如果说因"性情浮躁，所以在学问方面难有成就"的批评，虽然尖锐，但还是可以接受的话，那么"用情不专，以致离婚再娶"的指责，则是极不妥当的，即使事实如此，也不应该在结婚这种喜庆场合说这一番话，这不但违背了语境的要求，而且很有可能对新婚夫妇的心态、情绪产生负面影响。作为徐志摩的长辈，在结婚这样喜庆的场合，本该说些祝颂、恭喜的话语，却说出这些涉及对方人格的不近情理的批评话来，显然很不得体。

　　批评虽然是用语言否定对方，但在使用时要与人为善。批评的目的是帮助人，绝不是挖苦、玩弄他人。人在有缺点错误时，大多有内疚感，也常常存有焦虑、恐惧、敌视等不利他人予以批评的心理障碍。在这种情况下，批评者就要注意措辞方式，使人感到其中的善意，从而为批评创造适宜的环境。如果在非常紧张的氛围中对有缺点错误的人用严厉的措辞进行责难，就可能伤害其自尊心，甚至会使对方出现对抗情绪和逆反心理，这样就达不到批评的目的。虽然俗话说"忠言逆耳"，但其实"忠言顺耳"更好。根据说话人批评意图的隐显程度，可以把批评分为直接批评和间接批评两大类。直接批评是用指责、命令、禁止、威胁、评价等直率坦白的语言形式直接对听话人的行为或话语提出批评并要求其改正，批评意图较明显。间接批评是用询问、提醒、建议、劝阻、希望、鼓励、指导或字面上婉转的命令、禁止、责备、警告等语言形式间接地对听话人的行为或话语提出批评并要求其改正，批评意图比较隐蔽。一般情况下，间接批评策略比直接批评要显得和缓些，更利于对方接受。

鲍勃·胡佛是个有名的试飞驾驶员，时常表演空中特技。一次，他从圣地亚哥表演完后，准备飞回洛杉矶。在 300 英尺的高空，两个引擎突然同时出现故障。幸亏他反应灵敏，控制得当，飞机才得以降落。虽然无人伤亡，飞机却已面目全非。

胡佛在紧急降落之后，第一件事就是检查飞机用油。正如所料，那架螺旋桨飞机，装的是喷射机用油。

回到机场，胡佛要求见那位负责保养的机械工。年轻的机械工早已为自己犯下的错误痛苦不堪，一见到胡佛眼泪便沿着面颊流下。他不但毁了一架昂贵的飞机，甚至差点造成三个人死亡。飞行员显然应该对不慎的修护工作大发雷霆，痛责那机械工一番。但是出人意料的是，胡佛并没有责备那个机械工人，只是伸出手臂围住工人的肩膀说：“为了证明你不会再犯错，我要你明天帮我修护我的 F－51 飞机。”

(《报刊文摘》，2007 年 3 月 21 日)

这一例中，年轻的机械工犯了极其严重的错误，飞行员胡佛痛斥、责骂甚至要求开除他都不为过，但胡佛清楚地知道对方已经完全认识到自己的过错，必然存有内疚感、焦虑感、恐惧感，如果再一味苛责，反而会进一步加重心理负担。他仅说了一句话：“为了证明你不会再犯错，我要你明天帮我修护我的 F－51 飞机。”一个“帮我”，既是积极鼓励，又充满了信任，这样的间接批评方式要比直接批评的分量还要重，被批评者改正的效果会更好，值得称道。

（四）自尊语言体现尊重

自尊语言，就是在语言交际中，尊重自己的人格与尊严，不向他人卑躬屈膝，也不容许他人歧视、侮辱。人际修辞体现尊重，其中也包括对自己的尊重。

自尊心强的人，往往对自己要求严格，具有上进性，遵纪守法，受到表扬、鼓励、赞赏时会更加严格要求自己；受到批评时，会自觉认识自己的缺点、错误和不足，并努力改正、发奋图强，力图在别人的心目中留下良好的印象，取得尊重，可以说，自尊心有利于人际交往的成功。

松下电器创始人松下幸之助，原本家里很穷，全靠他一人养家糊口。一次，他去一家大电器厂求职，身材瘦小的他来到厂人事部，说明来意，请求安排一个工作最差、工资最低的活给他。人事部主管见他个头瘦小又很肮脏，不便直说拒绝的话，就随便找了个理由：“现在不缺人，过一个月再来看看。”人家原本是推托，没想到一个月后的一天，松下真的来了。人事部主管推说有事，没有接见；过了几天，松下又来了。如此反复多次，人事部负责人说：“你这样脏兮兮的进不了厂。”于是松下回去借钱买了衣服，穿戴整齐地来了。人事部负责人看没办法，便告诉松下："关于电器的知识你知道得太少，不能收。"两个月后，松下又来了，说："我已学了不少电器方面的知识，您看哪个方面还有差距，我一项项来弥补。"人事部主管看他看了半天才说："我干这项工作几十年了，今天头一次见到你这样来找工作的，真佩服你的耐心和韧性。"松下终于打动了人事主管，如愿以偿地进了工厂，并经过不懈努力，成为电器行业经营之神。

（《报刊文摘》，2007 年 3 月 21 日）

这一例中，松下幸之助在求职时的地位低下，但他并不因为大厂人事部主管的轻视而放弃人格和尊严，即使面对对方一再推托之辞，也极其认真地接受、对待，并付之行动，持之以恒。最后一次，松下说："我已学了不少电器方面的知识，您看哪个方面还有差距，我一项项来弥补。"前一句表示已经按照人事部主管的要求去学习了，后一句变被动为主动，询问还有什么差距，"我一项项来弥补"，表达了不达目的誓不罢休的决心。这样做、这样说，不但没有失去自己的人格和尊严，而且最终赢得对方的佩服，在求职人际交往中获得了成功。

人际交往中，免不了牵涉钱物来去，如何对待、处置钱物，即使钱少物小，在特定的语境中，也是是否有自尊自爱之心的一面镜子。有篇文章《父亲教女儿谈恋爱"不要忘记你的钱包"》，讲述了这样一件事情：

女儿考入北京一所大学。父亲把女儿的生活费锁定在每月 600 元这个水平上。

几个月后，父亲又要去银行往女儿的卡里存钱，他先打电话过去问："600 元够不够？"女儿回答："够了。"可是犹豫了一下又说："雯雯（同宿舍同学）虽然和我一样，每月家里也是给 600 元，但是，她每天都有零食吃，每周六去一次麦当劳，有时候还能去必胜客。她是谈恋爱，其实也不是谈恋爱。有一次，她约会回来对我说，她不喜欢那个男生，只是喜欢他替她埋单罢了。我们班还有几个女生也这样，她们还嘲笑我，说我傻，可惜了这张脸。"

父亲愕然。放下电话，他赶紧去银行给女儿的卡上存了 700 元钱，又发了封电子邮件："亲爱的女儿，从这个月起，我每月给你 700 元的生活费。还有，如果你喜欢某个男生，开始谈恋爱，请一定告诉我，我会每月再给你增加 100 元，作为恋爱经费。请你一定记住：每次约会，不要忘了带上你的钱包。"

（《年轻人》，2007 年第 7 期）

这一例中，女儿并没一定要求父亲多寄一些生活费，但父亲从女儿犹豫的口气中敏感地察觉到了女儿微妙的心理变化，主动提出"每月给你 700 元的生活费"——增加 100 元，特地叮嘱女儿，如果开始谈恋爱，"我会每月再给你增加 100 元，作为恋爱经费。请你一定记住：每次约会，不要忘了带上你的钱包"。"一定"，就是要女儿必须这样做；"每次"，就是没有例外；"不要忘了"，从反面再次叮嘱。虽然看起来只是父亲告诉女儿将钱款额度小幅度上升，要注意生活小节，但父亲却以自己的社会阅历、人生经验提醒、告诫女儿，在男女交往中，切勿随意轻率，贪图小便宜，必须拥有自尊、洁身自爱，语言尺度把握得相当好。

在人际交往中，保持自尊是必需的准则，但也要把握好自尊的"度"。一方面，不能因为有求于人或自己地位、能力等比他人低，而低三下四、奴颜婢膝。另一方面，不能过分自尊自爱。过分自尊自爱就是骄傲自大，只知道自我尊重，只要求别人尊重自己，斤斤计较别人对自己的态度，常从别人的只言片语、举手投足中寻找不尊重自己的成分。无论是超越了哪一方面，都不利于构筑良好的人际关系。有则小故事：

> 牧师的邻居是个律师，律师家养了一只猫却从来不喂食，那猫饿了，便屡屡偷吃牧师家的肉。对此，牧师曾听之任之，他也的确不愿因为一只馋嘴的猫而伤了两家的和气。不料有一天，牧师刚买了两斤肉，一转眼便又被那猫叼跑了。牧师左想右想，觉得应该提醒下律师。于是登门，彬彬有礼地问了一句："我想请教一个问题，这就是，如果别人家的猫偷吃了我家的肉，应该怎么办？"律师立刻正色回答："很简单，照价赔偿。""那么，如果被叼跑的那块肉价值10卢布，应该赔多少？""很简单，赔10卢布。""那好，让我遗憾地告诉您，这只猫就是贵府的猫。""真的？这太对不起您了，我肯定会赔您钱的。不过本律师有个规定，每回答一个法律问题必须收取15卢布的手续费，这样吧，您只要付我5个卢布，咱们就两清了。"牧师听了，不由得暗暗叫苦，为了不伤和气，只好赔了5卢布。

> （《现代交际》，2007年第11期）

牧师家的肉屡屡被律师家的猫偷吃，律师是有责任的，至少应该口头上道歉，行动上略加补偿。但是，身为律师却蛮不讲理，以"本律师有个规定，每回答一个法律问题必须收取15卢布的手续费"为理由辩解，一副公事公办的模样，明明是交际双方的事情，律师却将自己放到第三者的地位，如此"维护"自己的"尊严"，令人鄙夷。

三、体现宽容

宽容，在一般意义上说，就是宽大有气量，不计较、不追究。严格地理解，是指一个人虽然具有一定的权力、能力和知识，但是不对自己不赞成的行为也进行阻止、妨碍或干涉的审慎选择。宽容的主要标志是，在具体情况下，即使条件允许，也不去损害他人的权益。

在人际交往中，宽容是一种美德或者行为规范。现代社会生活充满了冲突和不一致，夫妻之间的磕磕绊绊，同事之间的利益冲突，朋友之间的反目，生意场上的竞争等，而且，无论我们喜欢不喜欢都无法改变这个现实。人生不如意事十之八九，面对种种不能唤起我们愉悦和认同心情的状况，如果缺乏一颗宽容之心，那么人际关系何以融洽、和谐、团结呢？宽容既是我们应对多元生存处境必不可少的手段，也为我们提供了应对多元和冲突的较低的道德规则。

体现宽容的语言是一种生存的智慧，必须正确把握宽容的难度、高度和限度。

（一）宽容语言的难度

知道宽容容易，实行起来却是颇为困难的。北京潭柘寺弥勒佛像旁边有一副楹联："大肚能容，容天下难容之事；慈颜便笑，笑世间可笑之人。"古人还说："将军额间堪走马，宰相肚里能撑船。""无度不丈夫，量小非君子。"宽容语言的背后是为人处世之道，乃至一种哲学道德理想。别人的言行明明不合自己的心意，令人不快，令人反感，仍然要保持克制，牺牲自己来成全他人，这是宽容的共同特点。

> 孔子最得意的门生颜回有一次看见一个买布的和卖布的在吵架，买布的说："是三八二十三，你为什么收我二十四个钱？"
>
> 颜回上前劝架，说："是三八二十四，你算错了，别吵了。"那人指着颜回的鼻子："你算老几？我就听孔夫子的，咱们找他评理去。"
>
> 颜回问："如果你错了怎么办？"答："我把脑袋给你。你错了怎么办？"颜回道："我把帽子输给你。"
>
> 两人找到了孔子。孔子问明情况，对颜回笑笑说："三八就是二十三嘛，颜回你输了，把帽子给人家吧。"
>
> 颜回心想，老师一定是老糊涂了，但也只好把帽子摘下，那人拿了帽子高兴地走了。
>
> 后来，孔子告诉颜回："说你输了，只是输了一顶帽子，说他输了，那可是一条人命啊！是帽子重要，还是人命重要？"
>
> 颜回恍然大悟，扑通跪在孔子面前："老师，大义而轻小是非，学生惭愧万分！"
>
> （《公关世界》，2002 年第 4 期）

这就是智者的人生境界。孔子在问明情况的基础上，站在买布的立场上："三八就是二十三嘛，颜回你输了，把帽子给人家吧。"用"就是"毫不含糊地肯定错误答案，判定颜回"输了"，要求颜回"把帽子给人家"。粗粗想来，岂非荒谬之极？而孔子的解释道出了其中的道理：如果照实判定，他输了"那可是一条人命啊！"此事人命关天，一个"可"、一个"啊"，大大加重了感叹语气。"是帽子重要，还是人命重要？"不是真要颜回作出选择，而是提出一个常识性问题，根本不用对方回答，进一步使颜回明白其中的道理。把错的说成对的，对的说成错的，是宽容待人，容忍别人的错误，体谅他人的表现。孔子气度宽宏博大，这正体现了他"恕"的人生哲学、道德理想。

（二）宽容语言的高度

宽容本身并不是一种实质价值，但常常涉及关于价值观的是非判断，有些场合，还涉及基本价值观的争论。宽容语言要有高度，就要从社会和谐的大层面上进行考察，站得高，看得远，想得深。真正的宽容是人生的一种至高境界。如果没有宽容，不同的意见就可能因人际冲突而导致暴力、压制乃至迫害等，人们就不能采用和平的方式取得关于价值观或社会事件的共识。

> 诺贝尔和平奖获得者、南非黑人领袖纳尔逊·曼德拉一生都致力于反对政府种族歧视政策、推进南非民主进程的斗争，并因此被捕入狱。在度过了长达27年失去自由的监禁生活后，1990年2月10日，南非政府宣布无条件释放曼德拉。
>
> 已是72岁高龄的曼德拉，出狱后在南非首度不分种族的大选中获胜，成为第一位黑人总统。有5万人参加了他的就职典礼。就职典礼后，曼德拉设宴招待各国特使、来宾，他先致辞欢迎大家的到来。他说，他深感荣幸能接待这么多尊贵的客人，但他最感到高兴的是当初他被关在罗本岛监狱时，待他以礼的三名前狱方人员的到来。接着，他请他们站起身，一一介绍给大家。
>
> 在场的人无不为之感动。这些人中，有一位就是美国特使团成员、当时身为美国第一夫人的希拉里。由于受"白水案"牵连而接受美国司法部门调查、不时遭受媒体攻击的希拉里问曼德拉，如何在激流险壑、风云变幻的政治斗争中，保持一颗博大、宽容的心。曼德拉意味深长地看了她一眼，以自己获释出狱当天的心情回答了她。他说："当我走出囚室、迈向通往自由的监狱大门时，我已经清楚，自己若不能把悲痛与怨恨留在身后，那么我其实仍在狱中。"曼德拉还告诉希拉里，感恩与宽容经常是源自痛苦和磨难的，必须以极大的毅力来历练自己的内心。自己年轻时性子很急，在狱中学会控制情绪才活了下来，他的牢狱岁月给了他时间与激励，能够深入自己的内心，学会处理遭遇的苦痛。
>
> （《现代交际》，2004年第8期）

这一例中，在隆重的就职典礼上，曼德拉高兴地欢迎"三名前狱方人员的到来"，并"一一介绍给大家"，向希拉里描述出狱时的真实心情。"自己若不能把悲痛与怨恨留在身后，那么我其实仍在狱中。"这是个用假设关系构筑的比喻，以有形的监狱比喻无形的精神枷锁，简练的话语，表达出曼德拉不仅希望获得人身的自由，而且追求思想、精神的自由。要知道，这是曼德拉在度过了常人难以忍受的27年的监狱生活后所说的话！曼德拉的博大、宽容，达到了很高的境界，取得了人民的信任与支持，有利于建设一个公正的、合作性的社会。

（三）宽容语言的限度

宽容不是纵容。宽容不是无原则地认同一切，宽容者有自己的立场，清楚的底线；只有在不触及底线时，他才不轻易去谴责或压制与他不同的偏好、做法；而纵容是没有原则的，纵容者或许有自己的立场，但底线低到几乎可以忽略不计。宽容不是懦弱，宽容是在宽容者有足够力量去干预的前提下却保持克制；而懦弱则是一种对强权的恐惧，是无能为力时的消极态度，是苟且求安的策略。宽容不是冷漠。宽容在表面看来和冷漠一样，都是对负面判断的事物采取不作为的态度。基于宽容的不作为仍然是积极的、自由的和审慎的，其克制并不是为了逃避，而是认可他人的选择有其合理价值，是一种谦逊的自觉。冷漠则奉行"事不关己，高高挂起"的逻辑，既不认同，也不抗争，逃避现实。

大学校园里有一片柿林，成熟季节，又大又甜的柿子诱得三个学生总想寻个机会偷吃。但学校明文规定：未经管理人员许可，不得私自进入园内践踏花草采摘果实，若违规，将视情节给予处分，并记入学生档案。

一个周末的夜晚，明月朗照。三人终于按捺不住对柿子的渴望打算行动了。一人在园外负责望风，一人上树摘柿子，一人在树下接柿子。不到一刻钟，包里就装满了柿子。突然放风者喊道："快下来，管理员来了，快撤！"树上的学生慌了，急忙从树上往下滑。然而已经迟了，守柿林的老者的手电已经照到了他的身上。树上的同学吓得不敢下来。老者缓缓地把手电光从树上移下来，轻声说道："别着急，慢慢下，当心别摔着！想吃柿子说一声，晚上摘柿子多危险，下来吧，别慌。下不来我去给你拿架梯子。"老者很快拿来了梯子搭在树上。大家规规矩矩地站在树下等着他的盘问。在这个以纪律严格而著称的学校，毕业关头违反校规的后果谁也无法想象。

更糟糕的是，校公安处的两个值勤人员听到声音后赶了过来，严肃地问："发生了什么事？是不是有人在偷柿子？哪个系哪个班的？叫什么名字？"老者抢在前面说道："今晚闲着想吃柿子，就叫了三个学生帮我摘几个尝尝。""不可能吧？摘几个柿子用得着几个包吗？肯定是你有私心，想拿到校外去卖。""不信你可以问问他们啊！"老者平静地说。大家异口同声地帮老者圆谎。值勤的人悻悻地走了。

老者说："孩子们回去吧，以后可别犯错误，前途要紧！"

后来校园里再见不到老者的身影，再后来听说老者被学校辞退了，回到他那贫困的农村老家，原因是他私自在夜里偷学校的柿子到外面卖。那年七月，学生怀着自责的心情顺利毕业了。

（《现代交际》，2004 年第 6 期）

这一例中，学生偷柿子犯了错误，老者可以履行他的职责但为了使学生免受处分，顺利毕业，老者虽然违背了自己的职责，但却给了学生一架人生的"梯子"。"别着急，慢慢下，当心别摔着！"安慰、叮嘱，尽量淡化偷柿子事件的严重程度，首先关心的是学生的人身安全，免得学生因惊慌失措造成伤害事故，轻声的话语中透出真挚的关爱。校公安处的两个值勤人员来追查，老者将此事说成"叫了三个学生帮我摘几个柿子尝尝"，表明是自己主动"叫"学生"帮我"摘的，值勤人员不相信，老者就让在场的学生作证："不信你可以问问他们啊！"信誓旦旦地将责任全部揽到自己的身上。尽管与事实不符，是谎言，但话语却沉甸甸的，背负着的是学生的前途。这样的宽容，让这些涉世不深的小辈们从错误的泥沼里走出来，避免了断送学生今后充满光明的人生，不能说是纵容。

有篇文章《差异的阳光面》，讲述了这样一件事情：

在英国航空公司由约翰内斯堡飞出的航班上，一位中年发福的南非白人妇女发现她旁边坐了一位黑人。她叫来机舱乘务员投诉她的座位。

"有什么问题吗，女士？"乘务员问。"你没看见吗？你们把我安排坐在一个黑鬼旁边。我不能挨着这令人作呕的人坐。给我另找个座位！""请稍安毋躁，女士。"女乘务员回答。"今天这次航班非常满。不过我告诉你我会怎么处理：我去看看在俱乐部或头等舱我们是不是还有座位。"

那个女人昂起头睨地瞥了一眼她身旁那位义愤填膺的黑人（更别提周围的乘客是多么的同仇敌忾了）。几分钟后，女乘务员回来了，给那个女人带来了好消息。女人忍不住扫视了一番周围的人，露出自鸣得意的笑容。

"女士，不幸的是，与我预想的一样，经济舱已经客满。我与机舱主管沟通，俱乐部也满了，我们只在头等舱有一个座位。"在那个女人开口搭腔之前，女乘务员继续说："做这样的提级是非常不同寻常的，不过我得到了主管的特别许可。了解情况后，主管感觉逼着某人坐在如此一个令人不愉快的人身边是不可容忍的。"说到这里，她转向坐在那个女人旁边的黑人，说："所以您愿意拿上您的东西的话，先生，我已经把座位给您准备好了。"

言到此处，周围的乘客全体起立，大声欢呼喝彩。在喝彩声中，那位黑人朝飞机的前方走去。

（《交际与口才》，2006 年第 9 期）

这一例中，白人女士称邻座为"令人作呕"的"黑鬼"，责问服务员："你没看见吗?"似乎旁边不能坐黑人理所当然,根本用不着多讲,还愤愤地提出"给我另找一个座位"的无理要求,严重损害了黑人乘客的人格尊严。服务员经请示,带来了换座位的"好消息",开始的一番话,陈述另找座位非常困难,"不幸"客满,只有"头等舱有一个座位",但这样的提级"是非常不同寻常的"。因为是由白人女士提出换座的,服务员开始是对着她说话的,白人女士就误以为"头等舱"是给她安排的,"自鸣得意"起来,误解的落差越拉越大。最后服务员明确了换座的交际对象——黑人乘客,"我已经把座位给您准备好了",真诚礼貌地邀请"先生"入座,给予了白人妇女辛辣的嘲讽。此情此景,服务员如果让步,满足白人女士的要求,那就是纵容、懦弱;如果不问不闻,听之随之,无动于衷,则是冷漠。所以类似的人和事是不能宽容的,宽容是有界限的,有道德的底线的。

四、体现亲近

亲近,是亲密而接近。人际修辞体现亲近,主要是指通过情感语言的交流拉近双方的人际距离。人际关系是一种具有情缘性的关系,它蕴藏在角色关系之中,并通过角色关系表现出来。所以,角色关系是人际关系的载体,角色关系亲疏远近的差别与人际关系好坏有密切的联系。人们在进行语言交际互动的同时,并不完全是一架依据社会程序转动的机器,人非草木,孰能无情?每个人必然会融入个人的各种不同的情感进行交流,从而与对方建立起特定的人际关系。语言体现亲近的情意,保持恰当的人际距离,有利于理性和情感的认同、归属和承诺,创造、维护、保持良好的人际关系。

（一）渗透情感元素

孔子有一句名言:"知之者不如好之者,好之者不如乐之者。"(《论语·雍也》)孔子实际上要传达两个意思:一是情感比纯粹从认知而来的知识高一个层次,因为情感包含了知识,但又不止于知识;二是情感上的"乐"比客观的"知"更具实践意义。在社会生活中,在人际交往中,必须充分考虑到人的情感因素,情感的力量是强大的,有时候,情感在实践中的威力无与伦比。

汤姆·彼得斯是20世纪八九十年代世界最受欢迎的管理学大师之一。他在一本书中讲述了这样一个故事:

　　有一次,我的一个朋友买了一只裴顿牌的肉鸡。他回到家,打开包装后发现鸡已经变质,还散发着腐臭味。于是他拿着鸡回到了购买的商店,得到了赔付。但事情并没有结束,他决定给裴顿集团的创始人兼老总福兰克·裴顿写封投诉信,他要告诉他,消费者买到了一只裴顿牌的劣质鸡。

　　一周后,朋友收到了福兰克的亲笔回信。信中不仅有真诚的道歉和一张确保他能在任何裴顿店铺免费领取一只鸡的证明,还礼貌地请求他回答几个问题:你是在哪里购买裴顿鸡的？何时购买的？鸡肉有何问题？您认为是由什么原因导致的？当您退货时，商店的销售人员具体说了些什么？……两天后，裴顿集团的一位行政人员给他打了个电话，问他是否已经收到回信并又询问了一些具体问题。从此，我的这位朋友就只买裴顿牌的肉鸡了。

（《奇妙的致歉信》，《环球时报》，2006 年 11 月 17 日）

这一例中，老总裴顿对顾客买了一只变质鸡的事，不但真诚道歉，许诺补偿，而且细致询问、了解各种具体情况，"是在哪里购买"——地点，"何时购买"——时间，"有何问题"——性质，"由什么原因"——建议，"商店的销售人员具体说了些什么"——态度，省略号省略了其他问题，详尽到几乎各个方面都顾及到，并及时听取了顾客的反馈信息，一一落实，以利于改进经营，话语中渗透进了道歉的真诚情感，表达了彻底改正的决心，比一般官样化的述说原委、道理高明得多，强大的情感力量致使这位顾客从此只买裴顿牌肉鸡了。

（二）控制语用距离

在语言交际中，发话人对交际对方存在一个语用距离的把握问题。应该力求亲近，但关系的亲近不是对距离的否定，人们需要交往的亲近感，也需要不同的距离感，距离多样而多变，有时距离感反而会产生亲近感。同样是亲近，朋友关系和家人关系是不同的，如果仔细观察，会发现很多细微的区别。朋友关系多少还是"有私"的，不像母爱那样无私。尽管我们喜欢把朋友比喻为自家人，但那是为了说明我们看重朋友关系。人们往往在朋友面前会自觉地有所克制或退让，与朋友说话一般会比对家人说话小心、温和，对朋友会比对家人宽容。而家人的关系，特别是夫妻之间，就不会像对朋友那样有所顾忌，而是既要求严格，又不在意礼节，吵吵闹闹有"距离"地过过日子是常事。朋友关系比家人关系安宁，但家人关系比朋友关系亲近。这些语用尺度在语言交际中都必须正确把握。

在一次钢琴演奏会上，一位少年演奏者登场，主持人对他介绍说："今天到场的，有很多国家领导人，他们都在第一排就座，他们可以清楚地看到你的一举一动……"话音未了，少年演奏者的心情就紧张起来了，捧着小提琴的手微微地颤抖起来，可主持人并没注意到，还是一个劲儿地按自己的想法说。正在现场采访的吴小莉发现了少年紧张、恐惧这一细节，于是立即走过去，轻轻握住男孩的手，亲切地问："你怎么啦？"男孩说："我……我心里真是好紧张啊……"吴小莉笑道："孩子，你妈妈今天来了吗？"男孩说："来了。个过她现在在台下的观众席里。"吴小莉说："好孩子，你一定要记住，今天最重要的观众只有一个，那就是你妈妈！你今天只是在为你的妈妈演出！是吧？"男孩听了，恍然大悟似的点点头，紧张的情绪顿时烟消云散，从容地举起弓来，开始演奏，结果越拉越好，演出大获成功。

（《柔情激励，打动他的心》，《现代交际》，2004 年第 9 期）

主持人向少年演奏者介绍有很多国家领导人出席，强调"都在第一排就座"，还特别指出"他们可以清楚地看到你的一举一动"，为什么主持人要强调"第一排"、"清楚地看到"呢？推测起来，可能是为了传递这样的信息：这次演出事关重大，一定要全力以赴，小心谨慎，千万不能出差错！孰料这使得少年越发紧张了。吴小莉不愧是经验丰富的主持人和记者，在消除少年演奏者的紧张感时，她准确把握住了语用距离——"你一定要记住，今天最重要的观众只有一个，那就是你妈妈！你今天只是在为你的妈妈演出！""最重要"、"只是"等词语突出、强调了"妈妈"应该在少年心目中的地位，说得多好！将演出者与贵宾观众的巨大距离，巧妙转化为母子之间的亲密甚至依赖关系，从而消除了对方的紧张心理，催化出勇气和自信来。

（三）保持关系平衡

人际交往本质上是一种社会交换，人们都希望在交往中所得到的不少于所付出的，其实不只是得到的不能少于付出的，如果得到的大于付出的，也会令人们心理失去平衡。一般来说，人际关系可以分成亲密层次、支持层次、工具层次三种。处于亲密层次的人们，可以无话不谈，无需戒备，亲密层次是人们情感的港湾。社会规范和角色关系建立和形成的更大范围内的人际支持层次，是可以利用、倚仗赖以自身发展的社会人际资本。工具层次是指可有可无或偶然的、短暂的人际交往，也是不可或缺的社会行为的必然组合和关系表现。无论是哪一种人际关系层次，都应该提倡拉近关系，但要拉近得适度，注意平衡。

即使最亲密的人际关系，也要有所保留，好事一次做尽，好话一次说完，全心全意追求融洽、密切，这是人际交往中常犯的错误。因为人不能一味接受别人的付出，否则心理会不平衡。"滴水之恩，涌泉相报"，这也是为了使关系平衡的一种做法。如果使人感到无法回报或没有机会回报的时候，愧疚感就会让受惠的一方选择疏远。说话留有余地，渗透平等原则，让彼此自由畅快地呼吸，感受不到太大的压力，是平衡人际关系的重要准则。有则小幽默：

公园里有条小船，船上坐着一对情人与女方的母亲，小船悠然飘荡着。不料女方的母亲突然出了一道古怪的智力竞赛题问小伙子："如果这条船突然翻了，我们娘俩都不会游泳，那么你先救谁？"怎么办呢？如果说"先救老人"，将意味着不珍惜对方的女儿；如果说"先救女儿"，又势必会怠慢了面前的老人。好在小伙子十分精明，居然妙不可言地答了一句："您放心，我一定先救未来的妈妈。"老人满意地大笑。

（《现代交际》，1995 年第 6 期）

这一例中，小伙子确实很聪明，没有片面地极力奉承其中对自己婚姻起决定性影响的准岳母一方，而是巧妙选择了两不得罪的语言形式："您放心，我一定先救未来的妈妈。"这"未来的妈妈"是谁呢？显然一语双关——一旦结婚，就势必要叫船上的老人为"妈妈"；一旦结婚，势必要生儿育女，则船上的姑娘也就成了"妈妈"——如此妙答，保持各方关系平衡，维持了良好的关系。

即使是萍水相逢的陌生人，现代社会也应该倡导体现亲近，但这种亲近更要把握关爱、帮助的分寸。漠不关心、冷若冰霜，不合乎社会公德；而亲热过度，往往会使对方怀疑说话者的意图，产生不信任的感觉，甚至有损交际对象的人格尊严。2006 年 9 月 21 日《环球时报》上有篇文章《巧妙的帮助》，讲述了这样一件事情：

当我还是个孩子时，每周六我都会跟着妈妈去当地的公共图书馆。《长袜子皮皮》是我最喜欢的一本书，我总是借了又还，还了又借。

一个周六，图书馆馆长巴耐特夫人递给我一个包裹，用和蔼的语气对我说："这是送给你的礼物。"我迫不及待地打开，原来是一本崭新的《长袜子皮皮》。

几十年后，我正在巨人食品公司排队，看到一位女士买了 8 件物品，包括一包你能够想象出的最便宜、脂肪最多的肉。当收银员通过收银机记录她的物品时，这位女士翻看着钱包，看样子她的钱不够了，她当时的表情很尴尬。"请原谅，夫人，"我边说边在手推车和口香糖货架之间弯下腰，"这钱一定是你刚才掉的。"我从口袋中掏出 5 美元递给她，假装是在地板上发现的，她最初拒绝接受。"哦，不是我掉的。"她平静地回答说。"喔，这钱也不是我的，今天你真幸运！"我回答说，伸手把钱递给了她。

在那一瞬间，我回想起从前那个图书馆还有送我《长袜子皮皮》的巴耐特夫人。巴耐特夫人的友善告诉我，帮助别人也要有技巧，这能让他们不失尊严地退出危难境地。

（《报刊文摘》，2006 年 10 月 11 日）

这一例中，图书馆馆长赠送一本"我"最喜欢的书，语气和蔼地将之说成是一件"送给你的礼物"，渗透着对小孩子的关爱。一位女士购买物品，钱不够了，"我"帮助女士垫付了 5 美元，却有意不露痕迹，"假装是在地板上发现的"，借口"这钱一定是你刚才掉的"，否认是自己的钱，巧妙地保护了对方的自尊心，双方心照不宣，陌生人之间的亲近程度恰到好处。

第三节　协调一致准则

协调一致准则，就是要求人际修辞能够正确、妥善处理人际矛盾，力求达成一致、基本一致或部分一致。

协调几乎涉及所有的工作及生活领域。李瑞环同志2005年9月28日发表在《光明日报》上的一篇文章说："有人做过查阅统计，当今世界使用最多的词汇之一就是协调。"《美国十大五星上将》这本书介绍了美国仅有的十位荣耀加身的五星上将，其中对马歇尔有这样一段评述："如果说某位将军从未亲自指挥一场重大战役但又成为世界著名的将帅，大概谁也不会相信。然而马歇尔就是这样一位军人，他的功绩并不是在前线指挥军队冲锋陷阵，而是在后方运筹帷幄，调兵遣将，协调各方关系。"这段话足以说明协调在工作等领域中有多么重要。协调就是协商，人际矛盾不可避免，错综复杂，依仗压服手段，不可能真正解决矛盾。"有话好商量"，遇事讲协调，有理有据，坦诚直爽；灵活变通，曲径通幽；循循善诱，心悦诚服，多彩多姿的协调手段，应该区分场合需要，恰当选用。

协调从大处区分，可以分成律导性协调、制导性协调、劝导性协调三种，协调语言也相应可以划分成律导性协调语言、制导性协调语言、劝导性协调语言三种。

一、律导性协调语言

律导性协调语言，是指依据制度、规定、条例等约束人们的言行，促使人们意见统一、步调一致、行为协调的语言。

（一）刚柔性律导语言

律导性协调，常常运用带有一定刚性的修辞手段。对于一个组织来讲，严密的纪律、规范的程序和一定的规章制度都是必不可少的，尤其在非常时期和紧急状况下，为了保证组织的整体目标的顺利实现，必要的行政干预和强制命令往往具有不可代替的作用，它可以减少不必要的扯皮推诿现象，及时有效地进行协调。即使是比较松散的人际关系，为了消解矛盾、冲突，达到和谐，律导性协调也有存在的价值和使用的必要。律导性协调并非一定要运用刚性修辞形式，可以刚柔并济，也可以以柔为主，关键在于协调的主要依据是制度、规定、条例。

某部队的一个下属团队发生了一次"评残延误"事件：某连战士小秦，因施工摔断了胳膊，连队为他写了"评残报告"。可由于机关干部责任心不强，致使连队送上去的"评残报告"三年也没有批下来。无奈中，这位战士只好去找团领导，经团领导督促，机关只用一天时间就办好了此事。这个团的机关干部就此写了《一份报告拖了三年，作风一变一天办完》的简报向上级报告，但首长并没有立即批示下发，而是在一次党委扩大会议上向与会者严肃地说了如下一段话：

"既然这个问题按照规定一天就能解决，为什么不早解决呢？再说，这么简单的问题竟然一拖就是三年，难道该团的领导就没有责任吗？各级党委成员必须明确，迟到的正义等于非正义。该办的事拖着不办，错过了办事的最佳时效，就是领导的失职。因此，必须牢固地树立为基层服务的意识，努力提高工作效率，积极做好为官兵排忧解难的工作。如果我们一事当前能站在战士的立场上，设身处地地为战士着想，与官兵的心靠得更近一些、贴得更紧一些，那么部队建设的许多难题就能尽快地得到解决。我建议，以党委的名义作出决定：各团级单位今后每月由团领导带队到基层进行一次现场办公，每季度对机关干部的工作作风进行一次讲评。"

实行这一决定后，有效地增强了各级领导和机关干部的责任心。

（《秘书之友》，2001 年第 5 期）

这一例中，部队首长的一番话，是刚性的指示。"既然这个问题按照规定一天就能解决，为什么不早解决呢？"提出的问题值得深思，答案并不复杂，不言自明。"竟然一拖就是三年，难道该团的领导就没有责任吗？""竟然"突出事情的严重性；反问则斩钉截铁地指出团领导负有不可推卸的责任。"各级党委成员必须明确"、"必须牢固地树立"、建议"以党委的名义作出决定"等，是强调从思想上统一认识，落实具体措施，促使干部转变作风，加强责任心，提高工作效率，从而达到协调的目的。

一位厂长曾讲过这样一件事：

国家颁布的条例中明确规定，企业有拒绝摊派权，但实际上名目繁多的摊派仍屡禁不止。一次，某单位要为一位历史人物修铸铜像，派人让我厂捐资。我就稳住来人，然后给主管领导打电话。我说："局长您好，上次在贯彻条例座谈会上您的发言太好了，我们企业深受鼓舞。不过，刚才有一个人又到我厂乱摊派，还说是您派来的，我想肯定是冒充的。您说是把他交给您处理呢，还是直接交公安部门审查？"一番话，使局长哑口无言，只好把来人叫了回去。

这位厂长"以其矛反攻其盾"，明知这是局长派人来要求捐资，不符合国家颁布的条例，但厂长用局长讲过的堂皇的话语回击来人，故意断定"我想肯定是冒充的"，提出两种处理方案供局长选择："您说是把他交给您处理呢，还是直接交公安部门审查？"两种选择实际上只有前一种选择，但是用选择问句既传递了必须传递的信息，又避免了正面冲突，巧妙拒绝了摊派，既不得罪上级领导，又维持了良好关系，其中反映出厂长对政策的深刻认识，对协调上下级关系的艺术的把握。表面上似乎对局长尊重有加、悉听尊从，实际上柔中有刚，坚决拒绝乱摊派。

（二）指导性律导语言

律导性协调常用指导性形式。这里说的指导，是指说写者根据规定、条例等的要求对交际对象作必要的具体说明和解释，并面对现实问题提出解决的方案和办法的语言形式。这比直接比照条文规定考虑得更细致周到，言辞或许不是锋芒毕露，但蕴含着令人信服的理性力量。这种指导语言必须是实事求是、切中要害、对症下药的，否则难以达到预期的协调效果。

某公司这天举行一次特别会议。

董事长来到会议室，营销副总经理盖比已坐在椅子上。董事长用严厉的目光扫了他一眼，没答理他。盖比预感自己大祸临头。前几天他因一时失误，导致公司损失了50万元，此次董事长召集开会，肯定要宣布撤销他副总的职务。

会议开始了。董事长却只字不提盖比的事。他拿出两盘录影带，说："大家要注意看，看完录影带再发言。"

第一个录像，是因纽特人捕捉狼的场面：他们在冰雪地里凿一个大坑，将刀柄插在冰块里，再往刀口上洒一点鸡鸭血，将刀口埋好，再往其他地方洒了点鸡鸭血，之后便离开了。一只狼闻到了血腥味，来到埋刀的地方。它想下面一定是一只死鸡，或是死鸭，于是用舌头不停地舔着，不久舔到刀口上。渐渐的，舌头冻得失去了知觉，而狼感到血腥味更浓，继续不停地舔，哪知嗅到的再不是鸡血，而是它自己的血，流了出来，又被它吸进去，最后流血过多倒在了冰雪上。第二个录像，是一个妇女的自述：她怀孕八个月的一天，丈夫没时间接她，电话中让她打的回家。她想才一里多路，走过一条铁路就到家了，就徒步往家走。路过铁路时，不小心摔了一个跟头。还好，人没摔伤，拍了拍灰尘后走回了家。不久，一个男孩出生了，十分可爱，胖胖的，足有八斤重。当他两岁时，家人才发现他有些不正常，目光呆滞，反应迟钝，手脚笨拙，还不会讲话。医生检查时发现，这孩子有可能是在胎中受了刺激，头部受过伤所致。孩子的母亲猛然想起，当时是铁轨撞上小腹，可自己用手按了按不很疼，现在想来，应该是胎儿的头被碰到了。一个跟头，使一条生命成了痴呆，实在太可惜了！"当初我为了节省几块钱的士费，这下不知要花几十、几百万的钱去治疗孩子，无休止料理他的生活，去为他日后的生活买单……"

董事长要求大家各抒己见，根据两个故事谈自己的见解。所有董事不是指责狼愚蠢，妇女太小气，就是不知所以然。轮到盖比发言，他站起来说："我觉得，狼刀口舔血是死在自己的贪婪和缺智上。而孕妇的跟头，告诉我们该投资的一定要投资，小过也是错，一个人一生不可能没过错，重要的是将过错转化为财富，再去获取更大的财富……"

董事长带头鼓掌，众人也跟着鼓掌。会议继续进行，董事长说道："盖比因失误造成公司损失了 50 万元，主要原因在于他忽视市场规律、过于自信……按照公司奖惩规定，我宣布撤销盖比营销副总经理职务，暂时留用。但是，盖比的自我检讨做得很好，假如我们放弃如此才华横溢的人，又不肯原谅他的过错，那将会永无止境地交学费。我认为，公司应该像一位母亲，不能嫌弃自己的儿子，该为错误买单。"董事长停顿了一下，然后宣布："鉴于公司营销副总经理一职不可空缺，所以重新任命盖比为副总经理。"

董事们这才知道看这两部录像的真正原因。大家再次鼓掌，新任命一致通过了。盖比起身向大家一一行礼，他说："绝不浪费错误，一定珍惜错误！"

盖比真正做到了从哪儿跌倒，就从哪儿站起来。他很快深入市场，与员工们一道调查研究，制订切实可行的营销方案，短短一年，就给公司创造了 1 000 万元的利润，真正回报了公司。

（《北京农业》，2010 年第 23 期）

这一例，董事长在处理盖比因失误导致公司损失了 50 万元一事上，富有指导的智慧艺术。先播放两盘寓含董事长特定目的但可以多样解读的录像，然后"要求大家各抒己见"。董事长仔细倾听了盖比的发言——这是他作出处理决定的基础，"带头鼓掌"表示赞赏。一方面指出，盖比由于"忽视市场规律、过于自信"，犯了严重的错误，"造成公司损失了 50 万元"，"按照公司奖惩规定"，"我宣布撤销盖比营销副总经理职务，暂时留用"，损失金额表述明确，错误原因揭示清楚，"宣布"处分措辞严肃，董事长这是严格执行公司制定的规章制度，毫不含糊。另一方面，考虑到盖比"自我检讨做得很好"——对两个录像的见解不但与众不同，一针见血，而且联系个人实际深刻检讨，而盖比又是个难得的"才华横溢"的人才，对公司的发展是很重要的，所以将他留在公司。怎么留下呢？董事长对为什么要原谅甚至珍视其错误的缘由——用形象生动的比喻作了解释和说明："公司应该像一位母亲，不能嫌弃自己的儿子，该为错误买单。"渗透进关爱的情感。然后"重新任命盖比为副总经理"。粗看上去，似乎董事长是多此一举，但这表现出董事长的领导智慧，既没有破坏规矩，又教育并留下了人才，因此博得了与会者的一致赞同，盖比"从哪儿跌倒，就从哪儿站起来"，以实际行动回报了公司。

（三）选择性律导语言

规定、条例和道德既有一致的一面，又有矛盾的一面，是按照规定协调，还是按照道德标准协调呢？这必须根据实际情况具体对待，特别要注意着眼于整体效应、后续效应。

子贡是孔子门下一个有名气的富家弟子，他在周游列国的途中遇到了一位鲁国籍奴隶，便自己出钱将他赎了出来。按当时鲁国法律规定，若发现有本国人在他国做奴隶，公民只要能出钱赎回，赎金可由国库报销。但子贡自以为不去报销才更显得道德高尚，就当众将"收据"撕毁，并声称自愿承担一切费用，不向国家报销。这一行为在当时引起轰动。随后子贡回国去见孔子，自以为能得到孔子的赞扬，但孔子听说他回来了，吩咐学生们说："子贡来了你们要拦住他，从此我不想再见这个人。"子贡感到很委屈，于是他冲破阻挡，见到了孔子。孔子说："端木赐（子贡的名）呀，你这样做是一种过失。从今以后，鲁国人就不肯再替做奴隶的本国人赎身了。其实你若报销赎金，对于你的行为价值也没有损害；但你不报销赎金，别人就不肯再赎人了。"果不其然，子贡不领赎金的榜样作用一经舆论传播，造成了报销赎金不道德的想法漫散诸国，起了消极作用，愿意出钱赎奴者也越来越少了。

（《竞争时代》，2009 年第 10 期）

规定与道德在这一例中产生了矛盾。若按一般的道德观念，声称"自愿承担一切费用，不向国家报销"，子贡不领偿金是高尚的，但孔子却能从影响社会风气的长远角度通幽洞微，毕竟私德不同于公德，个人的高尚行为只有为大众所普遍认同，才能移风易俗、引人向善。将道德标准拔高到世人难以企及的高度，必然使大众离道德愈来愈远。孔子吩咐学生们说："子贡来了你们要拦住他，从此我不想再见这个人。"否定子贡所作所言的态度鲜明而坚决，当面批评时，称其为"一种过失"——与通常的道德观念完全相反，断言"从今以后，鲁国人就不肯再替做奴隶的本国人赎身了"，可见后果十分严重！孔子所言是很有道理的，对现代人际关系的协调也很有启发。不能孤立地评判个例，而是要放在人际关系的总体有机联系中来考察。关心企业、服务客户、爱心助人、慈善捐赠等方面的高尚行为，一般应以遵守企业的现行政策或规章制度为前提，必要时应该采取灵活变通的方式避免冲突，以取得人际关系的和谐和协调。

（四）变通性律导语言

律导性协调并非全是僵硬死板的命令、指示，只需对号入座，强制执行，便可达到协调的目的。人间既有大是大非问题，也有小是小非问题，还有许多是不必区分是非的问题。大是大非未必时时上纲，处处上线，未必残酷无情，未必不能协商。生活中大多数问题并不是大是大非问题，也并没有真理与谬误之分，充其量是答案优良、得体程度的问题。还有些问题，一时一地可能是正确的或者错误的，但移时易地就不尽然了。同样一件事情，如果你换一个角度、变一个立场，看到的可能很不一样。处处较真、不肯协商着解决问题，那就是钻牛角尖，认死理，不撞倒南墙不回头，无法趋向一致。在尊重规定、条例的前提下，也可以协商变通寻求两全其美的解决方式。

陈全忠的《善是精神的契约》一文中举过这样一个例子：

1935 年，在纽约市一个最贫困最脏乱地区的法庭上，一名老妇人因偷窃面包正被审问。老妇人头发凌乱，手在微微发抖，嗫嚅着说："原谅我。我需要面包来喂养我那几个饿得直哭的孙儿，他们好几天没吃东西了……"她抬手去抹眼角的泪水。法官依然冷若冰霜，当庭宣称："我必须秉公办事，你可以选择 10 美元的罚款或者 10 天的拘役。"

判决宣布后，时任纽约市长的拉瓜地亚从旁听席上站起来，脱下帽子，放进 5 美元，然后向其他人说："现在，请诸位每人另交 50 美分的罚款，这是为我们的冷漠付费，以处罚我们生活在一个要老祖母去偷面包来喂养孙儿的城市。"旁听席上的每个人闻之动容，认认真真地捐出了 50 美分。

按理说，一个老妇人因偷窃面包被罚款或被判 10 天拘役，符合法律契约，是非清楚，无可争议。老妇人并不抵赖，而是嗫嚅着乞求原谅："原谅我。我需要面包来喂养我那几个饿得直哭的孙儿，他们好几天没吃东西了……""几个饿得直哭的孙儿"、"好几天没吃东西了"，沉痛地如实诉说了自己悲惨的处境，仅是"需要面包"来维持生命，这明显与一般的偷窃案件有所不同，可以谅解。纽约市长从生活中人和人之间"精神的契约"出发，自己带头交纳 5 美元罚款，并恳请旁听者出手相助，"请诸位每人另交 50 美分的罚款，这是为我们的冷漠付费"，不仅是替老妇人交纳罚款，而且更是主动承担道义上的责任——"为我们的冷漠付费"，赢得大家一致赞同。这样的解决方式，既没有违反法律的规定，又体现出对老妇人的关心，取得了最佳的协调结果。

二、制导性协调语言

制导性协调，是指依据内外环境条件的变化而进行语言控制和调整，促使人们意见统一、步调一致、行为协调的语言。

协调是个动态平衡的过程，必须根据不断变化的实际情况进行调控。在协调的过程中要做到原则性与灵活性的结合。大的原则不能改变，否则就可能使协调受阻或被协调。当年邓小平与英国首相撒切尔夫人就香港回归在谈判时讲的一句名言就是"主权问题，不容谈判"。而一些小的事情、枝节问题，却是可以灵活变通的，有些情况下在小节上作出让步正是为了保证原则问题的解决。这叫两利相权取其重，两害相权取其轻。如果在双方意见相左，无法达成一致的情况下，取双方意见合理部分进而提出新的意见，使双方都能接受，这就是中国古人所讲的中庸之道，即"执其两端而用其中"，这当然也是一种创新、一种突破、一种升华，所以孔子才说"极高明者道中庸"。在协调的过程中，有些障碍、困难事先就存在，有些是突发、偶发的，还有些原来处于潜性状态，在一定的条件下显露了，这些都需要说写者进行恰当的控制和调整。

（一）根据背景变化制导的语言

人际关系总是处于特定的社会背景中，不同的社会背景人际关系的协调标准不会完全相同，特别是发生了巨大变化的社会背景，其标准的变动更是明显。如果社会背景发生了变化，人际关系往往需要重新评价，语言表达作出调整，这样才能做到新的协调。《中外书摘》2003年第3期上有篇金冶、胡居成、胡兆才写的片断文章《"酒神将军"许世友》：

> 许世友离开广州，任中央军委委员、中顾委副主任后，请长假回南京写回忆录。他听说有些老将军对他在"文革"中的一些言行有意见，有人还骂了娘。他既感到委屈——那些事当时都是上头叫他干的，军区只不过是执行和落实而已；同时也感到很内疚……许世友还是老一套，摆酒请客。
>
> 在当时的南京军区司令员聂凤智大力斡旋下，客人经过三请四邀，总算到齐了。许世友举杯先喝酒，喝干两瓶茅台酒后才切入主题："文化大革命中，你们被打倒了，我是打而未倒，在台上干了几年。打倒的肯定受迫害，没倒的肯定犯错误。现在要彻底否定文化大革命，有意见赶快提，当面提，再不提我快要进棺材了。"
>
> 参加这次宴会的南京军区原顾问后来说："那天，我们没有说什么，看到许司令敬酒的样子，本来想说的话也觉得没有必要说了。只想喝酒，那天的酒喝得真多……"

许世友是位极具个性的将军，文化大革命中处于特定的地位，"你们被打倒了，我是打而未倒，在台上干了几年"，言说自己奉命办事，做了些错事，致使过后与一些干部关系紧张。文化大革命结束后，他感到内疚，跟受过迫害的同志打招呼，而这些同志都是熟人，许世友以酒为媒介，快人快语，干脆利落，"打倒的肯定受迫害，没倒的肯定犯错误"，明确承认个人犯了原则性的错误，丝毫没有掩饰之意，并要求大家实话直说，"有意见赶快提，当面提，再不提我快要进棺材了"，"赶快"、"当面"是以真情催促对方尽早尽快，打消对方顾虑情面的想法，加上宴请的特定场景，理到情到，以特殊的方式巧妙消解了彼此的矛盾、隔阂。

（二）针对具体事件制导的语言

人际关系不是凭空存在的，而总是依附着特定的事件显现出来。尽管社会伦理秩序等具有强大的约束力，显示出人际关系的鲜明规范性，但在具体的事件中，孰主孰次、孰先孰后、孰上孰下、孰轻孰重，则是可以灵活处理，变通对待的，语言也应该随之相应地作出调整。

> 有一年"教师节"到了，部队党委决定利用这个节日表彰一批优秀教练员和

优秀教师，以此来推动以高科技为中心的练兵活动。表彰会主席台上的座位依旧是按首长的编制序列分中、左、右一字儿排开。

开会前，小殷建议首长："今天是教师的节日，今天会议的主人应该是优秀教练员和优秀教师，主席台上也应该让这些人就座。至于各部门领导，除一名主持会议者外，其余的都坐在台下，待宣布表彰通令时领导再上主席台去颁奖。"首长沉思了一下，觉得改变原来的安排时间还来得及，就很痛快地同意了小殷的建议。虽然有些人认为改变传统的"就座"方式有些不成体统，但这种改变却产生了立竿见影的效果，迅速得到了与会者的认可和支持。

那天，会议开得格外隆重热烈，主席台上的优秀教师个个端庄正坐，表情严肃而喜悦。他们觉得，他们一年的辛勤付出在今天得到了充分的回报，这就是荣耀，这就是生命价值的体现。十几名首长在主席台下也异常兴奋，他们觉得今天找到了自己真正的位置，比往常在主席台上更威严更高大。当各位领导上台颁奖时，上千人发出了经久不息的掌声。散会后，有的领导开玩笑说："以后教师节开会，让我上主席台我还真不好意思。"从此以后，这个部队除正常的行政大会之外，凡是表彰性、纪念性集会，都让相关的人员上主席台。比如"八一"建军节纪念会，让离退休干部代表上主席台；年终总结大会，让先进连队和优秀士兵代表上主席台；"五一"劳动节集会，让劳动模范和工作标兵上主席台，等等。

（《秘书之友》，2001 年第 5 期）

这一例中，小殷提议，"今天是教师的节日，今天会议的主人应该是优秀教练员和优秀教师，主席台上也应该让这些人就座"，各部门领导"都坐在台下，待宣布表彰通令时领导再上主席台去颁奖"，特别强调了"今天"会议的主题是表彰优秀教师，座位安排也就理所当然地"应该"作变动。首长痛快地接受了建议，主席台上所坐的人员重新安排。虽然仅仅是座位位置、顺序不同，但却反映出人际关系的变化，尊重表彰对象，合乎会议主题，更趋向协调。首长的玩笑话"以后教师节开会，让我上主席台我还真不好意思"，实际上反映出对这种协调的高度认同和赞赏。

（三）体现宽大包容制导的语言

制导性协调是十分灵活的，需要必要的妥协、包容、让步，需要交际者提出建设性的意见、设想、方案，合情合理、妥善地解决面临的矛盾和问题。

晚自修时，吴老师准备到教室里评讲试卷，一进教室，同学们正在收看奥运会的休操节日，一个个聚精会神。见吴老师拿着卷子走向讲台，大家都垂头丧气起来。几个胆大的叫起来："吴老师，让我们再看会吧！我们想看体操比赛！"吴老师一看，正是几个考得差的叫得凶，正准备发火，后转念一想，如果这会儿不让他们看，他们也不见得就好好听，就假装沉思了一会，说："大家都想看奥运会节目，是不是啊？"同学们一看有转机，一齐嚷起来："是！"吴老师接着说："想看可以，不过我有个条件，让你们再看半小时，半小时后我评讲试卷，讲完后每个人必须把自己做错的题目订正并分析做错的原因，谁做得不认真，就得挨罚。""好，一定！保证！老师万岁！"大家一起高声答应着。吴老师觉得这个晚自修评讲试卷的效果是最好的，大家做得特别认真，没人挨罚。

晚自修按照规定学生只能学习，是不能看电视的，但正值转播精彩的奥运体操比赛节目。怎么办？看到老师走进教室，"大家都垂头丧气起来"，这也从另一面说明如果教师强制学生停止收看，学生还是能够被动接受的，只是精神状态肯定低落。这一例中，吴老师充分理解学生迫切希望看奥运节目的心情，作了一定的妥协，"让你们再看半小时"，但用"不过"轻转，附加了认真学习的条件，半小时后"评讲试卷"——明确规定时间只有"半小时"、学习内容是"评讲试卷"，"必须把自己做错的题目订正并分析做错的原因，谁做得不认真，就得挨罚"，要求严格，措施到位。老师的一番话语不但体现了对学生的理解，而且提出了两全其美的协调方案，化解了可能产生的对立情绪，或许学习的效果会更好，学生甚至喊出了"老师万岁"的口号。

三、劝导性协调语言

劝导性协调，是指通过劝导的语言形式，消除思想障碍，促使人们意见统一，步调一致，行为协调的语言。

不和谐的人际关系，有许多情况是由各人的主张、意见、观点不同而造成的。既然主张、意见、观点相异，双方的步调就难以保持一致。劝导则是消除人们认知屏障、思想障碍常用的、有效的修辞策略。如果交际对象思想障碍，不符合相关规定、条例，是非清楚，一般来说，可以依据规定、条例进行劝说。但是在许多情况下，并不牵涉大是大非问题，且由于认知屏障的顽固性，各种因素交织的复杂性，后续关系变化的多向性，不是仅仅依靠规定、条例的力量就能很好解决问题的，而是需要保持足够的耐心，想方设法，循循善诱，促使对方口服心服。劝导的最后情况，主要有三种：求同而能同、求同而存异、求同而仍异。

（一）求同而能同的劝导语言

对于求同而能同、求同而存异、求同而仍异这三种结果，第一种是我们自然要追求的最佳理想效果。求同而能同，意味着交际对象在说写主体的劝导下，思想认识有了转变，认同或非常接近说写主体的观点意见，消解了相互之间的隔阂、矛盾，双方理性认识和感情主调趋向一致。

铁凝有篇文章《城市的客厅》，写到这样一件事：

　　然而，习惯成自然。一个城市的习性如同一个人的习性。月季枝还是被人偷偷剪去插入自家花盆；还有人把串儿红插在手里逗孩子；草皮又秃了，也许是被谁连根挖走种进了自家小院。虽然老人在园中立下了牌子，牌子上申明了罚款的规矩，但老人也总有回家打盹儿的时候。

　　老人决心来个"杀一儆百"，决心亲手抓住一个折花人示众。后来他终于在夜间抓住了一个，她是我对门的一位女画家。当她打着手电筒在午夜剪下一簇月季时，他攥住了她的手腕。他们吵起来，争吵声惊醒了不少居民。

　　他要她赔款，要她照牌子上写的数目赔。她辩解说，她不是有意要偷，而是因为职业的需要——她要画花。

　　老人风趣地说："画，画什么？是不是要画张小孩偷花？"

　　人们在深夜大笑起来。

　　画家没笑，她只对老人说："画花，不是画小孩偷花。"

　　"画花干什么？"老人问。"为了看。"画家说。"给谁看？"老人问。"给大家看。""让人家都到你家去看，你家客厅盛得下这么多人吗？""可以到展览会上看。""花钱不？""当然得买门票。"画家说。"哎，我要的就是这句话，"老人说："看假花要门票，掐真花不挨罚，行吗？""就4朵。"画家说。"1朵5元，4朵20元。你识字，有牌子。"老人说。"非20元不可？"画家问。"按牌子写的办。"老人说。"又不是您家的花园。"画家说。"你说是谁家的？"老人问。"我说是大家的。"画家说。"我说是你的。"老人说。"您可真有意思。"画家说。"你才有意思。"老人说。"您比我有意思。""我不如你有意思！"

　　听的人笑得更开心，款照老人的规定罚了。

（《读者》，2010 年第 15 期）

　　画家深夜摘小区的花，自然是违反了社会公德准则，也违反了老人制定的合情合理的规定。画家被老人抓了个"现行"，老人要求画家罚款，而画家以画花是"职业的需要"为由辩解，不肯认罚。于是老人不急不慢，沿着画家的思路一步一步追问下去。"是不是要画张小孩偷花？"明知不是，故作询问，轻松中显出风趣。"给谁看？""花钱不？"老人一连串的问题水到渠成，就是要引出画家说出必须买门票看画展，老人问道："看假花要门票，掐真花不挨罚，行吗？"此时画家已经进入老人所设的"圈套"，无力辩解，下面只是就罚款的金额进行"讨价还价"。"真有意思"、"才有意思"、"比我有意思"、"不如你有意思"，其中的意思已经失去了争辩的锋芒，带有玩笑的意味了。最后，意见趋向一致，画家按照规定交了罚款，老人目的达到，现场的人都笑得开开心心，矛盾解决了，人际关系协调了。这一例，可以看做是求同而同的劝导语言的运用。

（二）求同而存异的劝导语言

求同存异的结果是普遍存在的现实状况，也是协调的一种常见形式。求同存异语言的关键是在协调中尽力从不同的协调对象中寻求共同点，以此来统一各方，同时允许各方保留不同点和差异性。这种不同点、差异性并不会对协调产生负面影响，允许存在，恰恰能够表示出对对方的尊重，有可能取得更好的协调效果。

> 小刘和小王同为一家装饰公司的设计员。刚进公司时，相互竞争，由于一个客户的原因，两人产生了误会，虽同在一办公室，但彼此关系却一直不冷不热的。
>
> 一天，小刘接了个业务，熬了几个夜晚，为一对准备结婚的青年设计好了新房装修方案。客人前来看图样，他兴冲冲地把设计方案拿给他们看，谁知他还没有介绍完自己的设计意图，客人就横挑鼻子竖挑眼，说起了设计方案的种种不是，门厅开关、客厅吊顶、卧室窗户如何如何，几乎一无是处。小刘没想到客人如此挑剔，一时面红耳赤，满脸窘态，不知如何是好。
>
> 见此情景，坐在一边的小王连忙走过去，拿起小刘的设计图对客人解释说："门厅是住房的'第一张脸'，方寸之地自有玄机。作为连接室外室内的一个过渡地带和缓冲空间，它既要有很好的使用功能，又要有较高的审美要求。所以你们不能只考虑美观而忽视实用……""还有卫生间……"针对客人的质疑，小王解释得很细心，刚才还面有愠色的一对新人听后连连点头。"当然，这只是设计初稿，你们有什么意见尽管提，刘设计师一定会为你们提供最好的设计方案。"小王见客人情绪缓和了许多，就说："你们可以坐下来，充分地交换意见嘛！"商谈下来，客人总体上接受了小刘的设计方案，但对其中的一些次要部分提出不同意见，小刘虽然再三说明、解释自己方案的好处，但看到对方坚持的态度，最后以"保留意见"的方式让了步，修改了装修方案。
>
> 从那以后，两人前嫌冰释，成了一对工作上的好伙伴，生活中的好朋友。
>
> （《演讲与口才》，2007 年第 1 期）

在门厅的装修方案上，小刘的意见与顾客的主张发生了冲突。按照实用和审美标准，小刘的方案应该说是没错的，至少总体思路没问题，顾客横挑鼻子竖挑眼，如果全部按照顾客的主张去做，结果可能是不伦不类，责任最后说不定还会推到小刘的身上。小王的一番劝导起到了至关重要的作用，他说，门厅很重要，"是住房的'第一张脸'"，设计好并不容易，"方寸之地自有玄机"，既是提醒顾客，要全面看待门厅装修，不能随心所欲，又给顾客留下改变主意的余地，与此同时，"既要有很好的使用功能，又要有较高的审美要求"，貌似全面，实际上是有所侧重，在暗中肯定原来的设计方案，维护小刘的面子。"这只是设计初稿，你们有什么意见尽管提"，有了前面话语的铺垫，虽说指明意见可以"尽管提"，实际上不可能全盘推翻了，此言不过是给对方台阶下。矛盾已经大大缓和，事情出现了转机。最后是双方求大同存小异，意见基本上趋向一致。小王在为小刘解围的同时，与小刘的关系也得以改善。

（三）求同而仍异的劝导语言

求同而仍异则要具体情况具体分析，一般情况下劝导语言确实是没有达到协调目的，矛盾没有化解，还可能更加尖锐、激化；但在某些情况下，如果交际双方坦诚布公，促进了沟通，未必会致使人际关系恶化，反而有助于今后的合作、发展，这可以看做是协调语言的一种反常形式。

> 小孙在一家外贸公司任总经理秘书。但是，小孙渐渐发现，自己不适合做行政工作，还是比较喜欢做老师。
>
> 一天，小孙向陈总提出辞职，陈总很意外。了解到了辞职原因，他真诚地劝了小孙好一会。见小孙去意坚决，便问道："那你找好工作单位了吗？是本市的哪所学校？"小孙笑着说："我今天刚向您提出辞职，哪有时间联系工作单位呢？最重要的是，我必须先得到您的许可，才会辞职，也才能开始找工作。这是对您最起码的尊重。当然，如果您需要，我还可以再干几个月，直到您找到新的秘书为止。"陈总有些诧异："你是说，你一直没有找工作？""没有。"陈总笑了，摇摇头："没想到，真没想到！之前咱们公司几个辞职的，可都是先找到'下家'才走人的。还有几个在试用期的，一声不吭就消失了。你能做到这点，可真不容易！这样吧，我也不强留你，你再帮我一个月，怎么样？""行！"小孙爽快地回答。
>
> 一个月的时间很快就过去了。这天中午，小孙把最后一项工作转交给新来的秘书，想到即将重新加入求职的大军，茫然之余，也感到一丝恐惧。这时，陈总给小孙打电话，叫他去公司附近的一家饭店。在饭店，小孙意外发现还有一位中年男子在座。陈总向小孙介绍："他是我的大学同学、本市某某学校的刘副校长。你不是要当老师吗？今天可要在刘校长面前好好表现，多喝几杯酒啊。我特地向他推荐了你！"小孙又惊又喜。要知道，某某学校是本市最好的私立高中，想去当老师可不容易。
>
> 几周后，小孙通过了笔试和面试，进入了某某学校。对陈总，小孙总是满怀感激之情。
>
> （《工友》，2010年第11期）

公司并没有亏待小孙，原因只是他自己喜欢做教师，所以小孙要跳槽。陈总再三劝说，没有成效。小孙说："我必须先得到您的许可，才会辞职，也才能开始找工作。这是对您最起码的尊重。"自己设置的条件是"必须先得到您的许可"，而且认为这是

"对您最起码的尊重"，对比以往辞职者，小孙的表现出乎寻常。陈总表现出"诧异"，不相信地说："你一直没有找工作?"得到肯定答案后，连连感叹："没想到，真没想到!"先求证，后赞赏。按照常理，一个企业对于一个并没亏待他却要跳槽的人才，是颇为反感的，劝说无效，不加刁难已是很不错的了。但小孙的坦诚态度，一番真诚的话语打动了陈总，陈总反而帮助小孙找到了称心的教师工作。陈总虽然没有成功劝导，小孙坚持辞职，不接受陈总的建议，但最终双方的关系却是和谐协调的。这一例，协调的结果是求同而仍异，但并没有破坏人际关系。

有一段时间，小赵一直协助部门经理与国外一家驻华企业谈判，希望能为公司引进一项新技术。公司主管业务的李总非常关注此事，让小赵汇报一下目前的情况。小赵想，这可是个好机会，在谈判过程中遇到的好多事，都要和李总详细说说。

小赵先絮絮叨叨地从财务处控制谈判经费报销说起，一点一点地诉说着财务处的不是。谁知，李总没等小赵列举完就打断了她的话："这些我会提醒他们注意的。汇报要抓住要点，那么，你和合作方现在谈得到底怎么样了?"

"昨天，对方发来一份传真，您看一下。都是关于一些细节问题的，一共谈到了六点，这六点分别是……"小赵被李总骤然打断，一时有点愣神，停了几秒，才又接着说起。

李总扫了一眼密密麻麻的传真件，不耐烦地说："这份传真我会看的。你先概括地说说，现在谈判到了哪一步了?"说到最后，李总的语气明显地加重了，颇有些冷峻。

小赵当时满脑子都是关于谈判的一些琐碎的事，一时真不知道怎么说。正当她搜肠刮肚地整理出几条刚想汇报时，桌上的电话铃响了。李总拿起电话，对小赵示意："你先回去吧。我还有事要处理。"小赵真是满腹委屈，不知道自己因何让李总这么不高兴。

（《校园心理》，2008 年第 9 期）

小赵向李总汇报工作情况，"絮絮叨叨地从财务处控制谈判经费报销说起，一点一点地诉说着财务处的不是"，李总明确提醒"汇报要抓住要点"，他想知道的是"你和合作方现在谈得到底怎么样了"。小赵却没有领会，也无准备，继续罗列一些无足轻重的细节。"都是关于一些细节问题的，一共谈到了六点，这六点分别是……"本身是细节，小赵还要分别细谈。李总再次要求"先概括地说说，现在谈判到了哪一步了"，而小赵不知所措，无法作答，惹得李总语气冷峻，明显不高兴。双方最终没有往一处想，也没往一处说，步调不统一，责任当然主要在小赵身上。这一例，可以看做是求同而仍异，协调效果很不好。

第四节　互惠双赢准则

人际修辞的互惠双赢准则，是指在语言交际活动中，双方都能得到不同程度、不同形式的好处、利益。"你好，我好，世界好。"这是现代人"互惠双赢"理念的延伸与拓展。不能把互惠双赢仅仅局限于物质利益的获得，精神、道义上的满足也是重要方面。互惠双赢也不是绝对的对等，允许存在适度的差异。

一、公平合理

公平合理，就是语言谈吐体现合乎情理的平等、公正。没有公平合理，就谈不上真正的互惠双赢。黎巴嫩作家米哈依勒·努埃曼在《你是人》中说："如果没有你，便没有我之为我；如果没有我，便没有你之为你；如果没有我们，便没有他之为他。如果没有先于我们者，便没有我们；如果没有我们，便没有广阔的世间中的任何一个人。""人"字的一撇一捺，一半是自己，一半是他人，芸芸众生的世界，其实就是两个人的世界。人与人之间的关系，就像上帝给我们的一柄长勺，只有互相喂给，对方才能吃到食物；人与人之间的关系，也是未磨的璞玉，只靠一种自我雕琢远远不够，还需要别人的帮助才能最终完成生命本色的浮凸。

（一）符合实际情况的公平合理

最简单、最通俗、最彻底的公平合理，就是话语符合实际情况。所谓平心而论，是平心静气地给予客观评价，不带有主观偏见，不渗入情感色彩。公平合理的语言就是这种平心而论的语言。多与少、是与非、得与失、盈与亏等的表述，哪怕表面上似乎在"争夺"，只要确实是平心而论，就能做到公平合理。

> 18 世纪的法国科学家普鲁斯特和贝索勒是一对论敌，他们对定比定律的争论长达 9 年之久，各执一词，谁也不让谁。最后的结果，是以普鲁斯特的胜利而告终，普鲁斯特成为定比这一科学定律的发明者。普鲁斯特并未因此而得意忘形，据天功为己有。他真诚地对曾激烈反对过他的论敌贝索勒说："要不是你一次次的质难，我是很难深入地研究下去这个定比定律的。"同时，他特别向公众宣告：发现定比定律，贝索勒有一半的功劳。
>
> 　　　　　　　　　　（《宽容，创造生命的美丽》，《交际与口才》，2006 年第 6 期）

普鲁斯特的话语就体现了公平合理的准则。自己坚决不让步，"争论长达 9 年之久"，但允许别人的反对意见，不计较别人的态度，充分肯定别人的长处，承认他人的贡献。"要不是你一次次的质难，我是很难深入地研究下去这个定比定律的。""一次次的质难"，可见对手反对之激烈。这话是一种假设，但反映的却是实情，凡是从事科学研究的人们都会有这种体会，不过并非人人愿意这样说出。普鲁斯特还大度地说道："发现定比定律，贝索勒有一半的功劳。"这种平等公正的态度让人感动。

（二）符合契约精神的公平合理

公平合理并不是面面俱到，不得罪任何人，又想讨好每一个人，这是绝对不可能的。做人不可能顾到每一个人的面子和利益，而且很多情况下你认为顾到了，别人却不一定这么认为，甚至有可能根本不领情；做事也不可能顾及每一个人的立场，因为每个人的主观感受和需要都不同。所以语言的公平合理实际上是植根于有形、无形的契约基础上的。

2007年4月6日《报刊文摘》上有篇文章《于右任题字：不事新权贵》，讲述了一件于右任的逸事：

> 于右任虽为一代"草圣"，别人向他求字，他却从来没有架子，除了某些他平素不耻为伍的权贵外，不论是政坛名流，还是平民百姓、贩夫走卒，几乎是来者不拒。
>
> 1941年在西安，一位青年军官请他为自己的下级官兵写一百幅条屏，于右任回答说："他们为国辛劳，应该写，应该写。"后来他回到重庆后，立即写好一百幅条屏，还自己掏钱裱装成轴送到西安。然而对于权势赫赫的宋子文，他却是截然相反的态度。1930年于右任在上海时，有一次，杨杏佛拿了宋子文的一把很名贵的绢面扇请于为之题诗，于置之不理，杨再三敦请，于竟令杨杏佛将扇面拿走，说："我不伺候这些新权贵！"还有一次，于右任在家中宴客，酒后作书分赠宾客。有位客人已求得一幅，还要再求一幅，于嗔其贪得无厌，信笔在纸上挥写了"不可随处小便"六字，弄得此公啼笑皆非，受之无用，却之不恭。当时，监察院的王陆一秘书长在旁，王被誉为"三原才子"，人极聪敏，见到客人的窘态，立即为客人解围。他把客人拉到一边，给对方出主意把这六个字拆开来装裱，成为一句格言："小处不可随便。"天衣无缝，浑然一体，连于右任见了也拍案叫绝，一时传为书坛佳话。

这一例中，可以见出于右任为人处世是很讲原则的，该平等对待的便十分平等，一位青年军官请他为自己的下级官兵写一百幅条屏，于右任回答说："他们为国辛劳，应该写，应该写。"数量达100幅，却满口应承，连续反复说"应该写"，原因在于"他们为国辛劳"。不该平等的则不平等对待之，决不伺候新权贵，"我不伺候这些新权贵！"一个否定句掷地有声。有位客人求得了一幅，还要再求一幅，于右任"嗔其贪得无厌"，信笔在纸上挥写了"不可随处小便"六字赠送，表面上满足了客人的索求，实际上是嘲讽、教训对方，即使你拿到了条幅也没有用处。仔细体味，尺度仍然在公平范围之内。当然，至于王陆一所出的巧妙主意，则另当别论。

（三）符合价值取向的公平合理

公平合理是一个重要的价值范畴，是其他一切价值的基础和"衡器"。它不应该只是漂亮的词句，而应该体现出价值取向的相对一致和平衡。这种价值取向表现在政治、经济、文化价值、利益各个方面。公平合理的实现有多种形式，不是简单的"你好"、"我好"、"大家好"，而常常是在矛盾、斗争中得以实现的。所以，衡量是否公平合理，必须将语言艺术和其中蕴含的价值取向、利益得失结合起来考察。最完美的境界就是用巧妙的语言形式为自己和对方创造出共同的价值、利益，而这时最需要也最能体现出思维和语言的智慧。

1986 年，秦皇岛市与突尼斯的 SIAP 公司代表就建立化肥厂事宜进行接触，双方很顺利地敲定了这个利用秦皇岛港优越条件的项目。十月份，科威特也参加进来要联合办化肥厂，就这样形成了一个三方合作的形式。

在第一次举行的三方谈判中，科威特方面派出石油化学工业公司一位精明干练的董事长出席。他在听过了中突双方已经进行的一些筹备工作的介绍之后，竟断然说："你们前面所做的一切工作都是没有用的，要从头开始！"

当时，中方、突方感到惊讶。仅是编制可行性研究报告，双方就动用了十多名专家，耗资 20 多万美元，费时三个多月。如果全盘否定，推倒重来，不仅损失惨重，而且也没有道理。可当时却谁也不敢去反驳这位董事长。为什么？他的威望太高了。他在科威特的位置仅次于石油大臣，他还是国际化肥工业组织的主席，以他为代表的公司在突尼斯许多企业里拥有大量股份……

会议气氛很紧张。参与谈判的某市长心想，面对这位董事长的苛刻要求，中方、突方都难以接受。但怎么才能改变这个拥有巨大权威的董事长的决心呢？看来，客套的解释和说明很难奏效。猛地，他站起来大声说道："我代表地方政府声明，为了建立这个化肥厂，我们安置了一处挨近港口、地理位置优越的厂地，也为了尊重我们的友谊，在许多合资企业表示要得到这块土地的使用权时，我们都拒绝了。如果按照董事长今天的提议，事情将要无限期地拖延下去。那我们只好把这块地方让出去！对不起，我还要料理别的事情，我宣布退出谈判。下午，我等待你们的消息！"说完，他拎起皮包就走。中方一位化工厅长追出来喊他回去。某市长笑着答道："我不走，我到别的房间待一会儿，我保证，下面的戏准好看！"

半小时之后，一位处长跑来，兴冲冲地说："真灵！你这炮放出来，形势急转直下。那位董事长说了，快请市长先生回来，我们强烈要求迅速征用秦皇岛的土地！"

接下来的谈判十分顺利，获得了预期的成功。

（《思维与智慧》，1996 年第 3 期）

这一例中，后参加进来的科威特方的董事长竟断然说："你们前面所做的一切工作都是没有用的，要从头开始！"一个"都"字全盘否定了前期所做的一切工作，"要从头开始！"不能置疑、违背，是下达命令的口吻。他凭借自己的威望倨傲发表的意见明显是很不公平、很不合情理的，按照他的意见，其他方必然遭受巨大的经济损失。某市长的应对策略十分高明，软硬兼施，以退为进。"声明"，表示郑重其事，并非戏言——加重自己话语的分量；接着陈述了己方的高度诚意，"为了"、"也为了"第一个"为了"是表达特地为项目选择"地理位置优越的厂地"，第二个"为了"则是从拒绝他人"要得到这块土地的使用权"的角度强化己方的诚意；再后，道出可能产生的严重后果，"如果按照董事长今天的提议，事情将要无限期地拖延下去。那我们只好把这块地方让出去！"这里用的是"如果"，作出一种假设，合作的大门并没关死；最后以"还要料理别的事情"为由立即退出谈判，以示态度坚决，别无选择。某市长巧妙地以"杀手锏"抑制了对方，迫使对方迅速让步，价值、利益关系就变得公平合理了。

二、实虚有别

实虚有别，是指语言有侧重地满足人们在物质、精神不同性质、层面上的需求。所谓"实"，是承诺、给予实在的物质利益；所谓"虚"，是满足精神方面的需求。在动态的人际关系中，人们需求的相互满足，在质与量上是不相同的。有的偏重实在的物质层面，"礼尚往来"、"欲取先予"、"知恩必报"就包含着这方面的意思；有的偏重虚灵的精神层面，"相敬如宾"、"感同身受"、"情投意合"等就是生动的描述；还有的是物质和精神两者兼而有之。在语言交际中，互惠双赢通常表现在侧重某一方面的需求，兼顾其他方面，相互的需求呈现互补的情况。

> 美国布兰希保险公司采取了别致的推销方法。该公司将各种保险说明书连同一张调查表和一张优待券一起寄给顾客，优待券上写道："请您把调查表填好，同时撕下优待券寄回给我们，我们便寄上两枚世界各国古代的仿制硬币。这是答谢您们的协助，并不是请您加入我们的保险。"这一招还真灵，布兰希公司收到了大量回信。推销人员上门造访说："我给您带来了稀奇的硬币。"这种大方而自然、充满人情味的语言使顾客产生了好感。顾客在挑选硬币的同时轻松的谈话也开始了。推销员由自然的谈话逐渐引向保险业务，由于双方产生了感情，建立了信任，推销工作进行得很顺利，招揽了大笔生意。
>
> （《企业改革与管理》，1999 年第 10 期）

这是一个通过培养与顾客的亲密关系来推销的例子。上门推销保险往往被人们拒绝，常见的回绝话语是："不需要！""考虑后再说！""请不要打扰我们！"表现出对参加保险投入与收益状况至少是不理解的心态。但在这一例中，公司人员先以情感人，客气、礼貌地请顾客填写调查表，而且说明顾客花费的时间是有偿的，一旦寄回，承诺"我们便寄上两枚世界各国古代的仿制硬币"，充满人情味的语言"答谢您们的协助"，很容易便赢得了顾客的好感，不过是举手之劳，谁不想免费获得"古代的仿制硬币"呢？随后上门，一开始就说："我给您带来了稀奇的硬币。"暂且不谈保险业务话题，只是兑现承诺，"由自然的谈话逐渐引向保险业务"。由于保险公司对顾客精神、物质两方面的需求兼顾，所以取得了良好的业绩。

  古时候，有一位家境贫寒的秀才，只有一位老仆人照顾他的生活起居。

  一天，一位朋友来秀才家做客。中午，秀才留朋友饮酒，但家中只有酒，没有下酒菜。秀才吩咐老仆人去买菜，却发现只有八文钱了，面露难色。老仆人笑着说："主人不必担心，这事交给老奴去办，保证让客人高兴。"

  老仆人用六文钱买了两个鸡蛋，一文钱买了些韭菜，一文钱买了些豆腐渣。老仆人端上第一道菜：翠绿的韭菜叶平铺于盘子里，上面是两个煎蛋黄。老仆人抢着说："客人请开怀畅饮。这第一道菜，虽然简单，但却有名。"客人问道："不知这菜叫什么名？""老奴给这个菜取名叫'两个黄鹂鸣翠柳'。"客人看看盘中金灿灿的蛋黄和翠绿的韭菜叶，不禁叫了声："好！不知老人家下一道菜是什么？"仆人转身从厨房端上第二道菜，宾主一看，却是韭菜根平铺于盘子里，蛋白切成小块，排列其上。客人问道："此菜可有名？"老仆人笑着答道："这叫做'一行白鹭上青天'。"客人击掌说道："实在是妙啊！"老仆人又端上第三道菜，乃是一盘清炒豆腐渣。老仆人说道："客人请品尝，这道菜也有名字，我叫它'窗含西岭千秋雪'。"客人频频点头赞叹："妙，妙啊，亏你怎么想得出来！"老仆人鞠躬说："客人勿笑，老奴还有一道汤奉上。"说着又从厨房端来一道汤，细看，原来是清汤之上浮蛋壳。老仆人劝酒说道："请客人多饮酒。这最后一道菜，名为'门泊东吴万里船'。老奴很喜欢杜甫这首绝句，今天酒菜简陋，勉强凑成诗意，请客人不要见笑。"客人站起来拍手叹道："太好了，太好了。仆人尚且如此高雅，何况主人啊！"说完，宾主都哈哈大笑。秀才和朋友畅饮叙旧，尽欢而散。

（《演讲与口才》，2007 年第 1 期）

  这一例中，秀才请客，简陋至极，付出极少，但老仆人给每道菜以诗句命名，合起来正好是杜甫的一首《绝句》，一番"诗话"，博得了客人的赞赏，客人对第一道菜"两个黄鹂鸣翠柳"不禁叫"好"，迫不及待追问下一道菜的菜名。对第二道菜"一行白鹭上青天"，客人击掌赞赏："实在是妙啊！"对第三道菜"窗含西岭千秋雪"，客人频频点头赞叹："妙，妙啊，亏你怎么想得出来！"赞叹中含有佩服之情。

对第四道菜"门泊东吴万里船",更是站起来拍手叹道:"太好了,太好了。家人尚且如此高雅,何况主人啊!"连声感叹,并由此赞及主人的人品。宾主双方"畅饮叙旧,尽欢而散"。本来极有可能产生尴尬,却出现了如此欢快的气氛、融洽的局面,主要原因在于富有诗意的菜名满足了客人精神上的需求。

三、协商妥协

协商妥协,是指通过协商的方式,用灵活让步的语言避免交际双方的冲突或争执,达到互惠双赢的目的。妥协是现代民主社会必需的心理、精神条件,妥协的达成有赖于双方的积极参与、平等协商、相互对话。妥协的观念基础是"有所得必有所失"。

(一)寻找共同点的妥协

妥协是寻找各方的共同点、可接受点,只求部分满足各自的利益,但却是一种最实际、最容易达成解决方案的方式,因为双方的基本立场仍然是合作,有利于维持双方关系的良性循环。正是在冲突各方不断妥协的过程中,互惠双赢才得以顺利实现。所以,在语言交际过程中,说写主体常常根据实际情况尽力协商,寻找交际双方或大或小的共识,准确归纳,并以清晰的语言表述出来,便于双方都能接受,或迫使其中一方不得不接受。

有一个众所周知的例子:

1953年6月19国参加的日内瓦会议,曾就结束朝鲜战争的问题举行会谈,在会谈接近尾声时,美国代表团接到国内指示:一定要使会议破裂,不许达成任何协议。随后,他们提出要提前闭会。会议陷入僵局。时任中国代表团团长的周恩来总理站了起来,压住怒火,以平静的口气缓缓地说道:十六国宣言是在断然表示要停止我们的会议,这不能不使我们感到极大的遗憾。情况虽然如此,我们仍然有义务对和平解决朝鲜问题达成某种协议。他建议通过决议:"日内瓦会议与会国家达成协议,它们将继续努力以期在建立统一、独立和民主的朝鲜国家的基础上达成和平解决朝鲜问题的协议。关于恢复适当谈判的时间和地点问题,将由有关国家另行商定。"周恩来说:"如果这样一个建议都被联合国军有关国家所拒绝,那么,这种拒绝协商和和解的精神,将为国际会议留下一个极不良的影响。"与会各国都感觉到了,周恩来最后这句话的分量是很重的。许多国家代表被此诚意所感动,比利时、澳大利亚、加拿大等国代表纷纷表示赞同,连担任会议主席的英国外交大臣艾登也只好说:"我可否认为,这个声明已为会议普遍接受?"美国代表陷入了进退两难之境。

(《人民政协报》,2009年3月17日)

这一例,鉴于谈判各方为了维护自己的立场和利益,坚持自己的观点而出现了僵局，特别是美国代表团已经下决心"一定要使会议破裂，不许达成任何协议"，极有可能出现零成果。周恩来提出了最具和解性、为与会者普遍能接受、又是最低限度的建议。第一句"继续努力以期在建立统一、独立和民主的朝鲜国家的基础上达成和平解决朝鲜问题的协议"，强调"继续努力"，指出努力方向，并非现在必须达成，其中"建立统一、独立和民主的朝鲜国家的基础"、"和平解决"包含着不能让步的原则。第二句话，"恢复"谈判时间、地点，"由有关国家另行商定"，给打破僵局、重新开启谈判大门留下很好的余地。这样一个和平解决朝鲜问题的协议，虽然只有两句话，但为双方以后的会议作了铺垫，也为以后的合作埋下了伏笔，理所当然获得了与会代表的赞同，即使态度顽固的美国代表团，也没有理由反对。

（二）体现辩证性的妥协

真正的妥协，是妥协性和获得性的统一，原则性和灵活性的统一，长时性和短时性的统一。妥协是一种屈服，但并非屈辱；妥协是一种牺牲，但并非白赔；妥协是一种请求，但并非乞求；妥协是一种软弱，但并非卑贱。因为你在屈服，对方也在屈服；因为你在作出牺牲，对方也在作出牺牲；因为你在向他请求，对方也在向你请求。妥协也常常与坚持并存，包含着一种善意、一种理性、一种执著、一种气度、一种感化。

《北京青年报》上有篇王建清的文章《成功的梦想》，讲述了一件事情，摘选如下：

他来自意大利罗马南部的山区农场。一天晚上，我看见他站在车库后的马路上。

"我为你修剪草坪。"他说道。我问他叫什么。"托尼·塔文森诺，"他回答，"我要为你修剪草坪。"但我告诉他我雇不起园丁。"我要为你修剪草坪。"他又说了一遍，我不高兴地走进屋里。在30年代经济萧条的时候大家都很困难，但是我怎么能拒绝一个向我寻求帮助的人呢？

第二天，草坪被修剪了，花园里的草被除掉了。我问妻子是怎么回事。"一个男人从车库里拿了剪草机在园子里干活。我以为是你雇了他呢。"我把托尼的事情告诉她，我们都觉得很奇怪，为什么托尼没有来要工钱？

以后几天里我把托尼的事情忘掉了。我们准备重建工厂，招收一些老工人。星期五我看见托尼站在车库后面，我朝他打了招呼。"我为你修剪草坪。"他说道。

我付给托尼每周很少的一点点工资，他每天都整理花园，把工作干得很好。不论哪儿需要修埋或是搬动物品，他总是主动去干。

一天晚上托尼告诉我："冬天来了，请让我在你的工厂铲雪吧。"托尼如愿以偿了。几个月后，人事部门反映托尼是个好工人。

　　一天我又看见托尼站在车库后面。"我想当个学徒工。"他说。我怀疑托尼是否能看得懂图纸、正确使用千分尺及做些精细的工作。几个月后我得到报告：托尼已成为一名有技术的磨工了。我和妻子都非常高兴，这是一个令人满意的结果。

　　两年后我又看见托尼站在老地方。我问他需要什么。"克朗先生，我想买一所房子。"他在镇边找到一所等待出售的破旧房屋。我给一个银行家朋友打电话："你曾经凭名誉给别人贷过款吗？""没有。"他说道，"我可不愿意冒这个险。""喂，等一下。"我说道，"我在这儿给这个人担保，他有工作，你不会赔的，他会付你本息的。"最后，托尼以抵押方式得到 2 000 美元，他买下了那所房子。

　　大约两年以后，我又看见托尼站在老地方，他站得似乎很直也胖了一些，显得很自信。

　　"克朗先生，我卖掉了房子！得到了 8 000 美元。"托尼说话时带着自豪的神情。我很吃惊，"但是托尼，你卖掉房子住在哪儿呢？""克朗先生，我买了一座农场。"

　　我们坐下谈了起来。托尼告诉我拥有一座农场是他的梦想。他喜欢西红柿、胡椒一类的蔬菜，这合他的意大利口味。后来，他把妻子和孩子从意大利接到美国一起住在农场。

　　这一例中，托尼的梦想之所以得以实现，很大程度上取决于他的妥协和坚持。托尼具有长远的目光，不计较报酬，一次又一次请求对方给予工作。由于请求不以报酬为前提，种种请求并没有强迫意味，实际上也可以看做是协商。先是两次向主人提出"我要为你修剪草坪"的要求，主人起先"不高兴地走进屋里"，拒绝了，后来也只是"付给托尼每周很少的一点点工资"，但托尼不计报酬，努力工作。冬天来了，托尼又提出"让我在你的工厂铲雪"的请求，大家反映托尼是个好工人。第三次，托尼说："我想当个学徒工。"成了一名有技术的磨工。第四次，两年后，托尼说："克朗先生，我想买一所房子。"最后，托尼拥有了自己的农场。托尼的话语简简单单，朴朴实实，只谈安排工作，不谈报酬，似乎是白赔般的付出，作出牺牲，但他并没失去尊严，在付出、牺牲的同时，也得到了理想的回报。当然，克朗先生也并没损失，一位好工人给他家和工厂做了许多的事情。

第四章

人际修辞的哲学透视

在人际修辞的基本性质一章中，我们曾经简要涉及哲学轨迹的问题，但并没有展开具体论述。任何科学如果离开了哲学，都是无法深刻理解、彻底认识和正确把握的。人际关系是矛盾的世界，人际修辞需要从哲学的高度来深入探讨、研究。

第一节　人际修辞的矛盾基础

人际修辞，实质上就是为了妥善解决人与人之间的矛盾。人际矛盾是普遍存在的，决定了人际修辞的必要性；人际矛盾是错综复杂的，各有其特殊的性质、形式，决定了人际修辞的丰富多样性；人际矛盾又是处于不断的运动变化之中，所以人际修辞又是极其生动、灵活的。

一、矛盾的普遍性决定了人际修辞的必要性

没有矛盾就没有世界。社会是矛盾的社会，社会的矛盾最主要的就是人与人之间的矛盾，即使是人与自然的矛盾也要通过人际关系反映出来。正是由于人际矛盾普遍客观地存在着，必须解决，人际关系的修辞就有存在的必要，就有大展身手的空间。完全可以说，没有人际矛盾就没有必要专门来研究人际修辞。大致来说，人际的矛盾可以区分为主体因素引起的矛盾以及客观因素引起的矛盾两大类。两类矛盾相互交织，相互作用，没有泾渭分明的界限，只是有所侧重而已。

（一）主体因素引起的矛盾

主体因素引起的矛盾，是指主要由于人们的身份地位、思想个性、文化修养、年龄经历诸方面存在的差异而引起的矛盾。人作为语言交际的主体，都是独特的个体，其主体构成因素绝不会完全相同。主体因素的差异，在语言交际中必然会表现出来，缘此产生矛盾。不过其中的情况颇为复杂。如果主体因素反差越大，那么引起矛盾的可能性也越大；所有的主体因素差异对矛盾的产生都起着或大或小的作用，但某些主体因素在特定的场合对矛盾的产生可能起着决定性作用；主体因素的差异会导致人际矛盾产生，但矛盾的表现形式、具体走向、激化程度是不一样的，往往取决于交际者之间的差异以及自我控制能力强弱等状况。

（1）身份地位引起的矛盾。

人们在社会上的身份地位各不相同，权利、名声、影响力等也随之不同。有的身份地位比较高的人，可能会有种优越感，颐指气使，盛气凌人；有的身份地位比较低的人，则可能会有自卑感，畏畏缩缩，不敢争辩。不合理的规章制度，不平等的条条框框，人为制造了人际对立状态。现代社会，人格都是平等的，根据不同的身份地位，常常赋予相应的规定、权利、义务等，但如果交际者不能正确对待，摆错了地位，搞错了关系，那么人际矛盾也会突出地暴露出来。

一位黑人母亲带女儿到伯明翰买衣服。一白人店员不让其女儿进试衣间试穿，还傲慢地说："此试衣间只有白人才能用，你们只能去储藏室里一间专供黑人用的试衣间。"可母亲根本不理睬，冷冰冰地对店员说："我女儿今天如果不能进这间试衣间，我就换一家店购衣！"女店员为留住生意，只好让她们进了这间试衣间，自己则站在门口望风，生怕有人看到。

又有一次，女儿在一家店里摸了摸帽子而受到白人店员的训斥，这位母亲再次挺身而出："请不要这样对我的女儿说话。"然后，她对女儿说："康蒂，你现在把这店里的每一顶帽子都摸一下吧。"女儿快乐地按母亲的吩咐，真把自己喜爱的帽子每顶都摸了一遍，那个女店员只能站在一旁干瞪眼。

对这些歧视和不公，母亲对女儿说："记住，孩子，这一切都会改变的。这种不公正不是你的错，你的肤色和你的家庭是你不可分割的一部分，这无法改变也没有什么不对。要改变自己低下的社会地位，只有做得比别人更好，你才会有机会。"

（《传奇文学选刊·名人传奇》，2006 年第 2 期）

这一例中，女店员有着白人的优越感，依仗不合理的规定，傲慢要求顾客"去储藏室里一间专供黑人用的试衣间"，因"女儿"摸了下帽子而无理训斥对方，黑人顾客则坚决反驳、抵制。她冷冰冰地对服装店店员说："我女儿今天如果不能进这间试衣间，我就换一家店购衣！"不是求情，而是给店员作选择，要么让步，要么别做生意，两相权衡，店员不得不同意对方进试衣间。她明确要求卖帽子的店员"不要这样对我的女儿说话"，并在没有征得店员同意的情况下，吩咐女儿"把这店里的每一顶帽子都摸一下"，虽然语气亲切，也不是直接针对店员，但在店员连试衣都不准许这样的语境中，是对店员极不礼貌的训斥态度的有力反击。种族歧视致使白人店员与黑人顾客之间产生了矛盾。后来，这位出生在阿拉巴马州伯明翰种族隔离区的黑丫头，荣登"福布斯"杂志"2004 年全世界最有权势女人"宝座，她就是美国前国务卿赖斯。

（2）思想个性引起的矛盾。

每个人都是独特的人，"独特"主要是指思想个性的差异。俗话说，"江山易改，本性难移"，不同思想个性的人相处，难免磕磕碰碰，特别是思想个性反差比较大的人们，加上客观因素的影响，相互之间的矛盾、冲突更为明显。职业生涯中，人际交往频繁，关系复杂，倘若思想个性不合群，又碰到不体谅的上级、同事，那么其职场生涯必定不会如意。

老王以前办公室里有一个同事小宋，是仪表技术员，他干这一行已经十多年了，对单位里的各种仪表十分熟悉，技术水平也较好。但由于他性格内向，不愿与他人讲话，往往造成误会，与同事们的关系相处得十分紧张，也一直得不到领导的重视，在单位过得也不如意。

有一次，小宋对老王说："做人真的很难，我也不知道怎么得罪了人。"老王欣赏他的技术和对工作的认真，劝慰说："在这个一千多人的单位里，你绝对是优秀的。人不可能十全十美，你的技术和对工作的热情我十分欣赏。今后多和同事交流交流，说说心里话，可别把他们当做陌生人哦。"小宋听后笑了。不久，老王离开了单位。有次，在大街上遇上聊天。小宋说："我一直把你当成朋友，真的谢谢你以前对我的肯定和指教！"后来知道，他现在已被单位重用，人际关系处得相当好，可谓是事业有成。

（《交际与口才》，2002 年第 4 期）

这一例中，小宋业务虽然不错，但由于性格原因，搞不好人际关系，得不到领导重视，工作、生活不如意。幸运的是小宋遇到了老王。老王开导小宋："今后多和同事交流交流，说说心里话，可别把他们当做陌生人哦。""多"，指沟通的频率和沟通的次数；"心里话"，指话语的真诚度；"别"，从反面告诫。老王的一番话，针对小宋的个性弱点，言辞恳切，很快就奏效。不能把老王当年的那些话与同事的成功画上等号，但在职业生涯中，注意自己思想性格与他人的差异，努力融入群体，搞好人际关系，这是至关重要的。

（3）修养水平引起的矛盾。

修养具有综合性，主要是后天所受教育、在社会历练中逐渐积累、形成的。思想道德修养、语言文化修养等的差异，是决定人们为人处世态度、表达方式的重要因素。同样的意思，表达方式不同，一句话说得人笑，一句话说得人跳，有的能够使交际对象乐于接受，有的却使人反感、排斥，甚至抗拒，反映出说写者修养水平的高低。

通常情况下，人们都喜欢听好听的话，最起码是不爱听让人不受用的话。可在人际交往中，由于修养等因素影响，习惯成自然，人们很容易忽视这一点，或故意说一些别人不爱听的话，或无意间养成了一种经常否定别人的习惯。这样，常常会产生误会或纠纷，在不知不觉中让别人不开心，给人留下不好的印象，久而久之便会影响自己的人际关系。

有一次，小李借别人的自行车去办事，由于自行车座上的螺丝没有拧紧，如一使劲便上下活动，骑来总觉不顺手。当小李上一道坡时，自行车座突然朝下，身子一扭，差点从车上摔下来。在还人家自行车时，便说："你这是个啥车子，还不把它扔了。骑你车子，简直要把命提在手里。"小李纯粹是在开玩笑，也没有多考虑，但后来又一次想用人家的自行车时，人家说："我不敢把车子借给你，我担不起你的命。"几分尴尬便油然而生。

所借的自行车有些毛病，引出了小李还车时的玩笑话："你这是个啥车子，还不把它扔了。骑你车子，简直要把命提在手里。""啥车子"、"还不把它扔了"，实在所言过重了！小李颠倒了扮演的角色，将他人的车子当成自己的了。"简直要把命提在手里"，不是分量轻微的措辞，"失去生命"这样严重的后果谁担当得起？一件日常生活中很小的事情，就因为小李为人处世的随意性，开了个玩笑，引起了对方的误会，以为好心没好报，冷冰冰回敬的"我不敢把车子借给你，我担不起你的命"一句话，貌似为对方"着想"，实际上表露出了强烈的不满，气氛尴尬，反映出双方的隔阂。类似的矛盾在生活中是常见的。

现代家庭，就是个小小的社会，常常折射出社会上的矛盾。谁家夫妻之间、父母与小孩之间没有些磕磕碰碰？如果果真一直静如镜面，没有一丝一毫的风波，那倒不见得是正常的。

> 孙云晓是知名教育理论家。一个早上，女儿对他做痛苦状，说："老爸，我太累了。今天的课程又不重要，我想休息一天。"他爽快地说："那就睡吧。对于一个严重缺觉的人来说，睡眠其实比学习更重要。我给你请个假！"
>
> 初中时，孙云晓在外地出差，女儿打电话时说："老爸，你可要有点心理准备呀，我可能有一门课不及格。""是吗？两门课不及格也没关系。你这段时间已经努力了。考完了以后咱们再找一位高水平的教师分析一下，你一定会赶上去的！"

（《演讲与口才》，2002 年第 11 期）

在应试教育的重压下，多少家庭对孩子提出了不切实际的过高要求，孩子一旦不能达到要求，家长有打的，有骂的，致使孩子产生逆反心理，反抗、出走乃至自杀，绝非个例。而此例中，孙云晓的家庭同样出现了类似的问题，不过由于孙云晓究竟是知名教育理论家，调控能力强，教育方式得当，没有让矛盾激化。女儿太累，想休息一天。他爽快地说："那就睡吧。对于一个严重缺觉的人来说，睡眠其实比学习更重要。我给你请个假！"立即表态同意，还帮助女儿找理由，主动提出："我给你请个假！"女儿有一门考试不及格，孙云晓没有一点责骂的意思，回答即使"两门课不及格也没关系"，理由是"你这段时间已经努力了"；同时提出补救措施，相信女儿"一定会赶上去的"。对孩子的学习如此宽容与体贴，在一般家长看来简直不可思议。孙云晓在表示宽容的同时，使孩子懂得"睡眠与学习"的关系，以及怎样对待失败等道理。

著名书法家黄某将自己的一副楹联书法作品委托王某装裱。不料，王某却将东西丢失，双方协商未果，便诉诸法庭，对于到底赔多少，展开了争论。

被告王某的代理律师指出："全国书画界极具权威的荣宝斋出证，黄某的字一幅只值几百元，何况，中国书协几位副主席的作品，在 1991 年赈灾义卖时，价格最高为 800 元，黄某排在中国书协副主席的最末位，他的作品也应低于这个价格。"

黄某的律师则说："中国书协副主席的排名并非作品价值的排列顺序，两者无因果关系。何况，该楹联是黄先生作品中的精品，几位主席义卖的作品是否为精品，不得而知。如果以以往作品的价格来论这幅作品的价值，那么，黄某的作品在赴日展出时，标价均在 360 万至 600 万日元，其中有幅鹰字作品，标价为 4 800 万日元，折合人民币达 300 多万元。如何赔偿？可见，如此鉴定艺术作品的价值并非科学，艺术是无价的。"

(《演讲与口才》，2010 年第 6 期)

这一例中，从原告、被告之间的唇枪舌剑中，可以明显看出双方思维素养的差异，矛盾也缘此无法协商达成一致。被告律师想借用荣宝斋和书协义卖作为论据，说"全国书画界极具权威的荣宝斋出证，黄某的字一幅只值几百元"。以"极具权威"来强调金额估价的正确，以"只"来贬低作品的价值。"黄某排在中国书协副主席的最末位，他的作品也应低于这个价格（800 元）。"因黄某在中国书协副主席排位中居最后，以副主席作品的最高价相比，理应低于 800 元。表面上看来，似乎也顺理成章，但黄某律师的一番话，显示出很高的辩护水平。一针见血地指出"中国书协副主席的排名并非作品价值的排列顺序，两者无因果关系"，被告话语逻辑混乱，不成立；又将黄某的作品展出时的"标价"进行比照，数据确凿，而"该楹联是黄先生作品中的精品"，若是这么算，黄某作品的价值会更高；再顺着对方的话题谈及"鉴定艺术作品的价值"的方法，"并非科学，艺术是无价的"，"可见"一词表明，这是建立在上述分析基础之上的，非常富有说服力。

（二）客观因素引起的矛盾

客观因素引起的矛盾，是指主要由说写者以外的因素诱发的矛盾，或者可以说是语境条件诱发的矛盾。主体因素和客观因素两者紧密交织在一起，这里说的客观因素引起的矛盾，只是有所侧重而已。人际交往是有目的的行为，语言常常负载着客观因素的各种信息。世上没有无缘无故的爱，也没有无缘无故的恨，人际交往之所以产生矛盾，除了主体因素差异外，总是有客观原因的。如果客观因素与交际者之间的利害关系越是重大、密切，那么冲突、矛盾可能越大，有时候处理不当，还会出现激化的形式；反之，如果是一般性的或者较疏远的利害关系，那么虽然同样会出现冲突、矛盾，但通常比较小，比较弱，不太可能出现激化的形式。

1. 特定话题引起的矛盾

话题是有场合性的，有些话题不宜在某种场合谈论；话题是有敏感性的，对某些人来说，有的话题容易产生不愉快的情绪，甚至对人造成不同程度的伤害；话题是有分寸性的，涉题多深，铺展多大，都有讲究；话题是有变动性的，必须根据交谈的实际情况随时转移。如果选择、把握不妥当，就会引起矛盾冲突。

辽宁电视台《明星转起来》栏目，邀请大张伟做客。看到男主持人——昵称"脸脸"的于洋和他亲切打招呼，大张伟就开始"损"人："哎哟，脸儿哥，你的脸长得特殊的长啊，你真是男人中的男人。"一句调侃弄得以幽默见长的于洋也很不适。本想找个话茬换个话题，哪料，大张伟不依不饶，继续损他："你的脸形长得像个肾……""得得得"，有点恼羞成怒的主持人，一把把大张伟扯到了旁边。

（《演讲与口才》，2010 年第 5 期）

大张伟在节目刚开始，就嘲讽男主持人于洋的脸"长得特殊的长"，称呼为"脸儿哥"，突出其长相的特别；"你是男人中的男人"，不是褒扬，而是挖苦；"你的脸形长得像个肾"，喻体形状对形容脸来说是不恰当的，比喻低级粗俗。为了取得较好的节目效果，制造活跃的气氛，可以调侃某个人，但这和恶意嘲讽、中伤是明显不同的。这一例中，大张伟选择的话题本身欠妥当，分寸没有把握好，当对方想"找个话茬换个话题"时，又"不依不饶"地继续贬损。一台成功的节目，博得大家欢笑的是台上人物的幽默和智慧，而大张伟的话语分明是低级趣味，拿丑化别人取乐，当然会激怒对方。

2. 特定事件引起的矛盾

事件是最容易引起人际矛盾的客观因素。一个具体的事件中，往往交织着复杂的人际关系，是否公平，是否合理，是否真实，都会在事件中反映出来。事件常常成为人际矛盾的触发点、爆发口，一旦失衡，且处置不当，潜藏的、积累的矛盾就会鲜明地显露出来。

陈某是公司的"开厂元老"、技术部的工艺员，深得领导赏识，人们都称他是"公司的一大财富"。这让陈某暗自窃喜，工作更加卖力。可几年过去了，同时进厂的同事们都升职了，只有他还在原地踏步，陈某心里很不平衡。这时，公司又要提干了，但最后的名单中竟然还是没有他！一气之下，陈某向领导提出请假："我家中有事，要请半个月的假！"说完就走。

半个月后回到公司，有同事告诉他，在他休假的日子里公司出了大乱子！一个工艺员因为不懂他的工艺配方，选错了料，造成好几吨的产品报废了！陈某一听，暗自高兴，心想："还不提我的干，万一我走了，看你们怎么办！"

副总找到陈某，问有没有补救的办法。陈某明知可以补救，但出于一种报复心理却摇了摇头："可惜啊！这可没有办法！"副总顿时来了火气，桌子一拍，问道："你平时是怎么教他们的？"陈某也忍无可忍，反问道："那么，这几年里你们到底给了我什么？"并提出辞职。

副总沉默片刻，从抽屉里拿出一把锤子和一枚钉子交给陈某，说："你把这枚钉子敲进那个松的桌角里。"陈某泄愤一般，"砰！砰！"两下就把钉子砸进了桌角，只露出了一小截。这时，副总说："你再把钉子给我拔出来。"陈某试了好几次，但钉子却牢牢地嵌在木头里，纹丝不动。副总说："你就像这枚钉子，牢牢地占据了一个关键的位置。在没有找到更合适的替代物之前，你会不会将它拔出来？一定不会。反之，还希望它越牢靠越好！我们之所以批你的假，就是想看看少了你这枚钉子行不行。但事实证明，不行。如果你不赶快在自己的位置上砸下另一枚钉子，我们就不会冒着风险把你拔出来，你也就永远得不到提升的机会。"陈某茅塞顿开。他怕别人学去他的技术，砸了饭碗，一直不以真本事示人。结果，饭碗是保住了，但他也因此失去了被提升的机会。

（《企业家天地》，2007 年第 10 期）

陈某与领导因为自己是"公司的一大财富"却久久得不到提升而产生了矛盾，因为此事对个人来说关系重大，所以他气呼呼地借口"我家中有事"，请了半个月的假。回公司后，知道出了事故，阵阵窃喜。明知有补救办法，却故作叹息："可惜啊！这可没有办法！"接连的感叹句，表示实在无法挽救，并用以掩饰内心幸灾乐祸的报复心理。当领导批评他时，陈某忍无可忍，把郁积了多年的愤怒通过强烈的反问句一股脑儿发泄了出来，直言反问领导："这几年里你们到底给了我什么？"并提出辞职。矛盾尖锐激烈。副总的一番话，用生动形象的比喻道出了其中的原委。钉子敲进去容易，拔出来却很难，副总的结论是："如果你不赶快在自己的位置上砸下另一枚钉子，我们就不会冒着风险把你拔出来，你也就永远得不到提升的机会。"这比凭空讲大道理效果要好得多。这一例中双方的矛盾隐藏得比较深，如果没有发生这一特定的事件，恐怕不会鲜明地暴露出来。

那一天，小萍穿了一件新衣服去上班。这件衣服，花了她半个月工资。别人都是几百上千元的衣服披挂上身，而小萍从上班开始，还一直穿着几套旧衣服。可能是她的寒酸外表让同事一直看不起自己。

穿到公司里，却是出乎意料地难堪。同事们很惊讶地问："你换了新衣服？"好像小萍穿旧衣服是天经地义一样。还有人问花了多少钱，小萍如实回答："五百五。"一个同事便说："上当了上当了，你这件，顶多几十块钱。是不是地下商

场里买的?"当小萍说这件衣服是某间专卖店里的新款时,对方又撇撇嘴,说:
"现在的女孩子呀,就是不能和我那会比,我刚参加工作时,哪有这么多钱打扮
自己呀——现在的女孩子挣钱就是容易!"小萍气得脸一阵红一阵白。没有人肯
给一个微笑、一句赞美,或许,像自己这样一个刚刚参加工作,没什么背景的小
文员,是没有资格得到那些的。小萍开始认真地考虑是不是应该离开这个没有人
情味的地方。

(《中国就业》,2006 年第 11 期)

这是因为小小的物件———一件衣服引起的风波。小萍穿的一直是旧衣服,为了改
变自己的形象,特地买了件新衣服,价格也不是很贵。本来是十分正常的,但在那位
同事的眼里,却变成了"另类"。同事们很惊讶地问:"你换了新衣服?""难道我就
只能穿旧衣服?"小萍想。小萍如实告诉同事衣服的价格,同事马上断言是地下商场
的货色,反复告诫小萍"上当了上当了"。小萍争辩自己是在"专卖店"里买的,对
方"撇撇嘴"的神情,大有瞧不起的意味。"现在的女孩子呀,就是不能和我那会比,
我刚参加工作时,哪有这么多钱打扮自己呀——现在的女孩子挣钱就是容易!""就是
不能",意思是根本不能相比,且不容置辩;"现在的女孩子挣钱就是容易",这是阴
阳怪气的教训,其中"就是容易"还隐含着不便明说的潜台词。怪不得小萍气得脸一
阵红一阵白,萌生了离开这个单位的念头。

3. 特定背景引起的矛盾

文化背景是语境的重要构成因素,深刻制约和影响着人们的语言表达。人们的文
化背景总是存在差异的,只要这种差异在适度范围内,未必会产生人际矛盾。但是在
特定的文化背景中,却有可能导致人际矛盾的产生,而且这种矛盾会呈现激烈、尖锐
的形态。所谓特定背景,主要是指这种文化差异很大,烙印很深,关联很紧。

画僧慧禅法师,就是出了家的史国良,在 2000 年 2 月 2 日《北京青年报》上发
表了一篇《申世恩老师您在哪里》的文章。文章叙述了让史国良 34 年来心灵深处始
终无法安宁的一段往事:"文革"初,还在上小学三年级的史国良因为申世恩老师在
课堂上说了一句"林彪也是变色龙",和同桌一起将老师告到校革委会。老师因此被
打成"现行反革命",挂牌了,剃阴阳头,挨打,关在粪水四溢、蛆虫蠕动的厕所里,
遭受了种种非人的折磨。当时只有十岁的史国良没有想到自己的"革命"竟给老师带
来了这样的灾难,老师的灾难令他幼小的心灵产生了剧烈的震撼。一次他趁看守离开
的空,悄悄跑到厕所去看被关在里边的老师,送她一个西红柿,又小声地说了一声:
"老师,我错了。"正在厕所里写检查的老师却说:"不是你的错,你还是一个孩子,
我不怪你……"老师的宽容并没有使史国良的内疚之心释然,相反,随着年龄的增
长,岁月的流逝,史国良心中的悔恨和不安与日俱增,犹如一块沉重的石头始终压在
他的心头。这种无法排遣的负罪感甚至影响了他的创作。他想找到申世恩老师,他要

第四章 人际修辞的哲学透视

向她再次说一声"我错了",他要请她原谅一个不谙世事的孩子的错误之举。可是申老师早就调走了,不知调到什么地方去了。史国良在多年寻找无望之际,想到了媒体,于是就有了《北京青年报》上的这篇《申世恩老师您在哪里》。再后来,中央电视台的《实话实说》栏目专门将史国良和申世恩请到演播厅,围绕"忏悔"和"宽容"这个话题,做了一台令观众无不怦然心动的感人节目,许多人一边看,一边抹眼泪,唏嘘感叹不止。这一例中,史国良和申世恩之间所产生的"尖锐"矛盾,当然可以从主体因素方面作剖析,但又不能不顾及当时社会文化背景的因素——一句话足以置人于死地。史国良当时只有十岁,十岁的孩子能懂得什么?何况他处于是非颠倒的复杂的社会环境中,再说,史国良的"林彪也是变色龙"的"汇报"毕竟是确有其事,他没有去"栽赃陷害",他的"错"在于他对"革命"的无限相信,在那个失去了理智的疯狂的年代,又有几人对"革命"产生怀疑的?

二、矛盾的特殊性决定了人际修辞的丰富性

人际关系的矛盾各种各样,既有普遍性,又有特殊性。特殊性主要是指矛盾性质的特殊、发展过程的特殊、矛盾各个不同方面的特殊等。人际修辞虽然需要以一般的规律指导,但在实践中却是非常具体的,具有鲜明的针对性,必须具体情况具体分析,一把钥匙开一把锁,人际修辞由此表现出丰富多样性。

(一) 人际矛盾性质的特殊性

毛泽东同志在《矛盾论》中指出,对于物质的每一种运动形式,必须注意它和其他各种运动形式的共同点,但是,"尤其重要的,成为我们认识事物的基础的东西,则是必须注意它的特殊点,就是说,注意它和其他运动形式的质的区别",只有注意了这一点,才有可能区分清楚事物。人际矛盾具有质的规定性。从大处说,对抗性和非对抗性矛盾是性质完全不同的矛盾;即使都是非对抗性矛盾的同类矛盾,其质的规定性同样也是千差万别的。人际修辞必须区分矛盾的不同性质,讲究针对性,否则不但不能妥善解决矛盾,反而可能将人际关系搞僵,出现或大或小的问题。

父亲下午出去办事,骑摩托车经过十字路口等红灯时,一个小伙子猛然从父亲的车边窜过,伸手拽住了父亲。虽然不明白怎么回事,但为了不影响后面的车辆通行,父亲还是推着车跟他来到路边。那小伙子说:"你怎么骑的车?看把我的皮夹克给撞了个口子!"父亲说:"真是我撞的?"小伙子凶巴巴地说:"没错,就是你!我这可是名牌,三千多块钱哪。"这时,父亲发现身后多了几个大小伙子,一个个横眉竖目地盯着父亲。父亲明白了,这是讹诈。父亲便笑了:"老弟,别急,真是我撞的,这事好说。可我现在正在执行紧急任务,耽误了你我都担待不了。要不这样,"父亲指着不远处的交通违章处理岗亭,里面有个交警正忙着,"我先把你送到那儿,等他一会儿换岗时,让他带你一块回单位,我办事回来以

后就赔给你。"好半天，那小伙子才回过神来："那——大哥，我正好也有急事儿。你先忙，咱回头再说——"话没说完，人就一气儿小跑，几个同伙也都匆匆开溜了。

（《演讲与口才》，2003 年第 4 期）

发生物品损坏的交通事故，只要性质不是很严重，一般情况下，责任者道个歉，主动承担赔偿责任，问题也就会顺利得到解决。但这一例中的"交通事故"具有特殊性，那个小伙子是有意敲诈的。"父亲"压根儿就没有撞人，对方却一口咬定："没错，就是你！"凶巴巴地"狮子大开口"："我这可是名牌，三千多块钱哪。""父亲"洞察了对方的诡计，机智应对，临时将自己转换成交警的角色，表面上一口应承"这事好说"，紧接着转了个弯，"可我现在正在执行紧急任务"，提议先把小伙子送到交通违章处理岗亭，继续说："等他一会儿换岗时，让他带你一块回单位，我办事回来以后就赔给你。""父亲"实际上是在向对方传递自己的身份是交警的信息，"执勤交警"可以作证，和颜悦色的谈笑间就把几个小伙子吓退了。

某企业一个屡教不改的职工龚某，曾经因赌博三次被抓被罚，但仍执迷不悟。他正与别人赌博时，被第四次抓到。派出所老黄与他进行了一次严肃的谈话，告诉他一件令人心酸的事情。老黄说："你这次被抓，派出所了解到你曾赢了别人一台黑白电视机，决定没收。我们到你家时，你的妻子和儿子正在看电视，你那五岁的儿子眼泪汪汪地央求我们，说：'警察叔叔，别把电视拿走……'我心里很不忍，只好摸着孩子的头说：'叔叔给你搬去修理一下，就更好看了。'临出门时，你孩子又追了出来，说：'警察叔叔，星期六能修好吗？我想看动画片。'我当时听了，心里难过极了，正好我家刚买了一台彩电，我就把那台闲置的黑白电视机搬去给孩子看了。人心都是肉长的，你也是身为人父，应该有爱子之心，不能让赌博恶习麻木了自己的良知，要多为自己的孩子想想，千万不能再做让孩子都心碎的事情呀！"龚某听完这些话，伏下身子失声痛哭起来，后来，他痛下决心，改造自己，成了企业的模范职工、革新能手。

龚某屡次赌博，是违法行为，理当依法处罚，没收电视机是正常执法，但龚某的儿子是无辜的，不懂事，央求："警察叔叔，别把电视拿走……""我想看动画片。"怎么办？老黄说了个善意的谎言："叔叔给你搬去修理一下"，还将自家的电视机给了这个小孩。借此教育龚某："应该"有爱子之心，"不能"、"千万不能"再赌博了，要"多为"孩子着想。老黄的一席话是非分明，既是严肃的告诫，又是语重心长的劝导。这一例中，对没收电视机同一件事情，老黄对龚某和龚某的儿子说话的态度、内容、方式都不一样，这是因为矛盾的性质迥然有异。

（二）人际矛盾过程的特殊性

人际矛盾是一个发展的过程，究竟向什么方向发展，如何发展，不可能完全相同，而过程往往是由处于交际矛盾中的人的语言行为所决定的。所以人们必须充分关注过程的特殊性，恰当运用修辞手段，促使矛盾向着正确、和谐的轨道发展、演化，并最终解决。

> 一位老人在独自行走着，忽然被一辆从后面开过来的小车蹭着了，老人顿时倒在地上。路上没有任何行人，没人看见这一幕。
>
> 小车停了下来，从车里下来了个男人，他俯下身子去看老人，老人就要坐起来，说："你的车子只是从我身边过，轻轻蹭了我一下，我就倒下了，没伤着的。"男人又认真看了看老人，问他："你真的没伤着？"老人说："我真的没伤着。"男人说："你如果真的没伤着，那我就走了啊。"老人说："你走吧。"
>
> 男人上了车，可很快又下来了，轻轻扶起老人，说："你要是没伤着，那你走几步让我看看。"老人站起来后，活动了几下腿，往前走了几步，说："我没骗你吧，看看，我真的没伤着嘛。"男人笑着说："你要是伤着了，我会给你钱或者给你看病的。"老人笑着反问："这里没人看见你碰了我，你是可以走的，你为什么不走呢？"男人很感动地说："看得出来，你是个农村人，还是个穷人，你这么穷，可你还是这样善良！"老人也对男人说："你不是发了财的，也是个当官的。你已经这样发达了，可你也是这样善良呀！"男人要送老人回家去，老人说："你事情忙，就不麻烦你了，我也没几步路，一会儿就到家了，还是忙你的去吧，不要因为我耽误了你的大事。"
>
> 于是，两人互相招招手道了别，各走各的路了。
>
> （《两个冒傻气的人》，《晚报文萃》，2007年第3期）

这一例中，开小车的男人不小心蹭着了老人，老人倒在地上，老人在言语中一再淡化事故的程度，说只是"轻轻蹭了我一下"、"没伤着的"、"我真的没伤着"。"蹭"，并非"撞"，而且只是"轻轻"，程度轻微；"没伤着的"中的一个"的"，使语气显得和缓；"真的"，进一步肯定上面的话语，语气助词"嘛"，表达出事情本来就是这样，用不着再多辩争的意味。男人却并不就此离开，接下来双方反复使用一个"真"，以确认没有受伤，"真"字果真显露出一腔的真情！老人处处为对方考虑："你是可以走的，你为什么不走呢？""还是忙你的去吧，不要因为我耽误了你的大事。"甚至反问对方为什么不离开，竟然将对方不肯离开说成自己"耽误了你的大事"，这是何等善良、朴实的心。而开车的男人则是一直惦记着老人，反复询问、核实老人究竟是否被撞伤："你要是没伤着，那你走几步让我看看。"真心承诺："你要是伤着了，我会给你钱或者给你看病的。"两人还互相谦让，表扬对方的真诚和善良。

发生在马路上的碰撞事件真是太多太多了，但这一矛盾的发展过程却是很特殊的，不同道德修养的人对待、处理这类纠纷的态度、方式可能完全不一样。

（三）人际矛盾构成的特殊性

矛盾在总体上的特殊性，同矛盾构成的各个方面的特殊性是分不开的。人际矛盾的每一方面在矛盾中所占地位不同、自我主体因素不同、期望值不同、与对立面联系的形式不同，因而交际双方的矛盾各种各样，错综复杂。只有这样深刻地认识了矛盾各方面的特点，才能对人际矛盾的特殊性有更清楚的了解，进而正确、得体地运用修辞。否则，语言行为可能无效或者低效。

某财经大学有一名经济学教授，凡是被他教过的学生，鲜有顺利拿到学分的。原因在于：教授平时一本正经，不苟言笑，教学古板，布置的作业既多又杂，学生们不是选择逃课，就是浑水摸鱼，宁可得不了平时的学分，也不愿多听那名经济学教授讲一句。但这位教授却是国内首屈一指的经济学专家，叫得出名字的几个财经人才，都是他的得意门生。谁若想在经济这个领域闯出一点名堂，首先得过他这一关才行。

一天，教授身边紧跟着一个学生，两人有说有笑、神情自得，惊煞了周围的同学。有人问那名学生："你干吗这样巴结'八股'教授呀，你有一点骨气好不好？"那名学生回答说："你们听说过穆罕默德唤山的故事吗？有一天，穆罕默德带着他的40个门徒在山谷里讲道，他说'信心'是成就任何事物的关键，也就是说，'人有信心，便没有不能成功的计划'。一位门徒对他说：'你有信心，你能让这座山过来，让我们站到山顶吗？'穆罕默德对他的门徒充满信心地把头一点，对大山喊了一声：'山，你过来！'山谷里响起了他的回音，回声最后消失，山谷又回归宁静。大家聚精会神地望着那山，穆罕默德说：'山不过来，我们过去吧！'他们开始爬山，经过一番努力，到达山顶，他们因信心促使希望实现而欢呼。其实，教授好比一座山，而我就好比穆罕默德，既然教授不能顺从我要的方式，只好我去适应他的教学理念。反正，我的目的是学经济学，是要入宝山取宝，宝山不过来，我当然是自己过去喽！"

这名学生果然鹤立鸡群、出类拔萃，毕业没几年，就成为金融界响当当的人物，而他的同学都还留在原地"唤山"呢！

（小故事网，http://www.xiaogushi.com）

师生矛盾在教学中总是存在的，但这一例中，教授与学生的矛盾颇为特殊，不但尖锐到大多数学生采取消极对抗的方式，"宁可得不了平时的学分"，也不愿"屈服"。这一矛盾的产生，主要在于教授极为怪异的个性，要其改变，根本不可能，那么该怎么办？直截了当地对教授提出意见当然也是种策略，但效果肯定不会好。那个学生改换了思路，既然不能改变对象，那么就改变自己去适应对象，面对同学"你干吗这样巴结'八股'教授呀，你有一点骨气好不好？"的责问，绘声绘色地讲述了穆罕默德"唤山"的故事，穆罕默德说："山不过来，我们过去吧！"颇为经典，充满辩证法哲思，启示我们为人处世要从实际出发，不能死硬僵化。这个比喻富有哲理，表现出这位学生独特的思维方式，这样的思路是基于对造成矛盾的主要方面辩证、深刻认识的基础之上的。再看有关师生关系的一例：

> 某天课间休息，老师下教室巡查，发现有人打架。大个子刘某无缘无故地逗惹小个子冯某，将冯某按倒在地，还骑在冯某身上，冯某忍无可忍地予以还击，刘某于是就"理所当然"地动手打人。事后，刘某还气鼓鼓地申辩："我原来是和他开玩笑的，后来他打我，所以我才打他！"站在一旁的小个子方某看不惯刘某的所作所为，气愤地责备他："你就是仗着自己个子大，欺负人家冯某！"刘某闻此勃然大怒："欺负你又怎样？你敢和我打吗？！"方某难咽恶气，不甘示弱，一时之间眼看又要爆发一场打斗。教师厉声喊止刘某，令其蹲下，他蹲下之后，愤愤不平地抱头哭泣。教师严厉地教训道："简直是无法无天了！仗着个子大，欺负同学，活像个流氓！跟我到办公室去！"

> （文秘 114 网，http：//www.wenmi114.com）

这一例中，刘某"理所当然"地动手打同学，当别的同学指责他时，还勃然大怒："欺负你又怎样？你敢和我打吗？！"连续反诘，不给对方任何圆场的余地，挑衅，蛮不讲理。学生打架，教师自然不能坐视不管，制止、教育是应该的。迫于老师的身份、威力，刘某也马上停止了打架。问题在于刘某"气鼓鼓地申辩"，即使被责令蹲下之后，还"愤愤不平地抱头哭泣"，其中很有可能隐藏着内情。教师严厉地教训道："简直是无法无天了！仗着个子大，欺负同学，活像个流氓！跟我到办公室去！"将学生之间的事端说成"简直是无法无天"，有夸大事实之嫌；"活像个流氓"这样的训斥，语言不但不文明，而且改变了打架性质。事后老师了解到，打架确实事出有因。刘某因其相貌而被同学起了个侮辱性绰号——"猿某人"（即史前人类谐音"元谋人"），常常被人取笑；他原来学习成绩很差，后来学习成绩进步很大，还曾在校运会上为班级夺得过百米短跑冠军，尽管如此，他依然得不到同学的尊重，所以他想用暴力来换取别人的尊重。由此可见，每个学生都具有特殊性，师生关系各方面的差异，常常使教师难以深入学生的真实内心世界，难以正确把握其特殊性，但是批评教育必须在全面了解的基础上，谨慎为之。

> 一家人准备去海南过春节，在机场候机时，小路习惯性地提醒妻子去买保险，妻子不假思索地说了一句："买什么保险！我们三个在一起就不要买保

险。"小路装着继续看书，不想让她发现心中激起的狂澜。是呀，一家人在一起，万一……也就了无牵挂了，与这个世界无关了。买保险干什么呢？那一刻，小路感觉与妻、儿的生命成了一个整体，就像丛林中依偎缠绕的三棵树，一棵树上的三根枝，一根枝上的三片叶。

（《语文教学与研究》，2007年第3期）

乘飞机买保险，按照常理，完全应该，甚至值得提倡。这一例中，一对夫妻就买保险之事出现了分歧，妻子一句话"买什么保险！我们三个在一起就不要买保险"，促使丈夫突然想通了，而且激起了心底狂澜。这位妻子与众不同，想得开、想得透，确实是如此，心心相印、生死与共的夫妻关系具有特殊性，不是别的任何关系可以代替的。

三、矛盾的运动性决定了人际修辞的灵活性

从整体上看，现实生活中的人际矛盾绝不是静止不变的，而是处于不断运动变化之中。矛盾的运动、变化表现在各个方面，例如性质状态、发展方向、地位分量、激烈程度等。有的时候，变化比较明显，容易发现；有的时候，变化细微，不容易察觉；还有的时候，矛盾的显现形式也可能发生变化，或者由显性转入潜性，或者由潜性转入显性。实质上，矛盾的运动、变化除了受到客观因素的影响，最主要的是由于矛盾内部各方的斗争，语言交际矛盾的不同方面相互依存、交织、撞击，或长或消，或强或弱，或正或负，在矛盾运动的过程中，交际各方都会根据变化了的情况不断进行修辞选择、修正、调整。因而人际修辞是极其灵活生动的。

（一）矛盾性状的变化

矛盾既然是不断运动变化的，那么矛盾也不可能总是保持原来的性质状态。原来是剑拔弩张的对抗性矛盾，可以转变为和风细雨的非对抗性矛盾；原来是势均力敌的对手，可以转变为把酒言欢的朋友；原来是纷争迭出的场景，可以转变为平静如镜的局面等，反之亦然。人际修辞不可能也不应该阻止矛盾性状的变化，也不能以不变应万变，而是必须根据矛盾性状的变化，进行调控，打破旧态势，创造新局面。

这是一次月考。高一某老师，端着一杯热水，兴冲冲地提前步入教室。时间还早，便将杯子放在讲台上，走出教室与另一老师攀谈，待他再次走进教室时，顿时感觉教室的空气有些异样，不少同学故作镇静状，却掩饰不住狡黠的笑声。老师发现杯子里的水在晃动，还有些浑浊，底部有白色的沉淀物，杯子周围还残留着一些粉笔灰，立马断定学生向杯里投了粉笔灰。老师顿时怒火中烧，大声呵斥："谁干的？"同学们的笑容一下子僵住了，没想到平时温和的老师会发这么大的火。顿了一会，老师又提高八度："谁干的？站起来！"同学们都吓呆了，一个

个屏气凝神，却没有一个敢站起来。"竟然有如此顽劣的学生！竟然有如此无视老师尊严的行为！"老师气愤至极，抄起杯子往教室过道奋力一掷，"啪"的一声，玻璃杯摔得支离破碎。同学们怔怔地看着老师，教室死一般寂静。老师再也抑制不住内心的激愤，拂袖而去。

站在教室外，待愤怒的心情慢慢平静下来，这位老师想，今天是月考，不能因这件事耽误同学的考试大事。约5分钟后，他平静地走进教室，准备开考，发现狼藉的地面已被清扫干净。考试在压抑的气氛中度过。不时有胆小的女同学偷偷抬起头，似乎想在他的脸上搜寻些什么。老师有些不安：刚才是不是太冲动了？

考试结束，值日生正准备倒垃圾，老师接过畚箕，悄悄地将碎玻璃碴拾起，装在一个纸袋里。老师打探出是刘同学所为，便笑着问他："当时为什么你不敢承认？"他挠挠脑袋，不好意思地笑着说："当时您太凶了，不敢承认。其实当时纯属玩笑，没有恶意的。"听到这饱含歉意而真诚的话语，老师似乎感觉自己的心被猛烈地撞击了一下，那是后悔、是自责在撞击着他的灵魂。

（《班主任之友》，2009 年第 2 期）

这一例中，学生的恶作剧导致老师大发雷霆，怒火中烧，大声呵斥："谁干的？"当没有人站起来时，更是气愤至极，声音提高了八度，再次严词责问、命令："谁干的？站起来！"大有不达目的誓不罢休的气势。因为无人承认，老师下不了台，更是气愤至极："竟然有如此顽劣的学生！竟然有如此无视老师尊严的行为！"连续使用两个副词"竟然"，"竟然"有之前从未见到过的、空前的意思，大大强化了"无视老师尊严的行为"的严重性。再叠加两个"如此"，进一步加深了学生错误的程度。接着老师将玻璃杯摔得粉碎。一时间师生矛盾处于极度紧张对抗状态，差点影响考试。但教师看到了此后学生的情绪变化，职业道德修养最后占据了上风，经过一番思想斗争，改变了方式方法，笑着问放置粉笔灰的学生："当时为什么你不敢承认？"完全没有了前面怒火中烧的呵斥，打破了僵持状态。假如老师一意孤行，非要抓出"现行"，矛盾可能会继续激化，考试也考不成，乃至造成严重的后果。

（二）矛盾方向的变化

矛盾的发展具有多向性，且呈现出阶段性的特点。世界上的事情是复杂的，本质常常被现象遮掩，长远利益被近期利益迷惑；人们的思想观念、思维角度、个性素养又相异，所以当面临变化的形势时，语言交际修辞应该灵活应用。在语言交际活动中，人们常常利用矛盾发展的多向性，适时转换思路，巧用修辞艺术，以顺利达到交际目的。

亨利·福特被美国人称为"汽车之父"。1913 年他率先采用流水线组装汽车，第一次实现了 10 秒钟组装一部汽车的神话。福特汽车公司初具规模后，有一次，福特在高层会议中建议改进现有的装配线，以提高生产效率。这个提议遭到很多人反对：有人觉得改进装配线，既要投资购买机器，又得重新培训工人，风险太大了；另一部分人则认为公司的生产能力已经够强，效益也很好，没必要花力气去提高效率。

听完大家的意见后，福特举起桌上的玻璃杯问："你们看到了什么？"有人担忧地说："半杯水被喝了，杯子空了一半。""别担心，"有人乐观地说："杯子里还有一半水，渴了还有半杯水可喝。""和你们不同，我看到杯子容积是水的 2 倍。"福特说："这里的水用个一半大小的杯子就能盛下。用一只大杯子做一只小杯子能做到的事，是对资源的浪费，是低效率。现在生产线上的员工们就像这个大杯子，有一半的潜力没发挥出来。我要做的是换个小杯子，然后我们就可以用大杯子来盛更多、更好的东西了！"

（《女子文摘》，2005 年第 6 期）

这是福特的"半杯理论"。在公司面临守业还是继续发展的关键时刻，福特与高层同事之间产生了矛盾。矛盾缘起同事目光短浅，满足于已经取得的业绩，而福特则目光长远，对形势的洞察深刻。面对一只装了半杯水的杯子，有人担忧："半杯水被喝了，杯子空了一半。"有人乐观："杯子里还有一半水，渴了还有半杯水可喝。"两种人看问题的视角正好相反。而福特看问题的角度与上面两种人迥然有异，既新颖又深刻。"用一只大杯子做一只小杯子能做到的事，是对资源的浪费，是低效率。"跳出了就事论事的框框，着眼宏观，提到"资源的浪费"、"效率"的高度来认识，并以此构筑富有哲理思想的独特比喻，兼用明喻、借喻形式，耐人寻味，通俗地从正反两方面陈述改进现有的装配线的道理，说服同事们采纳自己的意见，促使企业向创新的方向发展。

美国一书商有批滞销书久久不得脱手，他灵机一动，给总统送去一本。忙于政务的总统怕他纠缠，便回一句："此书不错。"书商便大做广告："现有总统喜爱的书出售。"于是，这批书被一抢而空。不久，书商又有书卖不出去，又送了一本给总统，总统上过一次当，便回了一句："此书很糟。"书商又做广告："现有总统讨厌的书出售。"书又售尽了。第三次，书商送书给总统时，总统接受了前两次教训，便默不做声。书商广告云："现有令总统难以下结论的书出售，欲购从速。"居然又被抢购一空。

（《中学政治教学参考》，2003 年第 9 期）

这一例中的书商可谓思路灵活，三次送书给总统，总统的回应都不同，而书商却能够借机向不同方向发挥，炮制广告。第一次，"现有总统喜爱的书出售"，谁都想跟着看看总统喜欢的书究竟是怎样的书；第二次，"现有总统讨厌的书出售"，谁都想知道总统为什么不喜欢这本书；第三次，"现有令总统难以下结论的书出售"，激起了读者的好奇心，谁都想一探究竟。书商深谙读者的心理特点，巧加利用，成功推销掉了久久积压的商品。

（三）矛盾显潜的变化

矛盾的存在状态有显潜之分。显性矛盾是指已经显现出来的矛盾，潜性矛盾则是处于隐蔽状态的矛盾。这里的显潜之分，主要是由人们的认知水平决定的。矛盾客观存在，人们清楚地认识到的，是显性矛盾；明明存在着，却未能及时发现，还让人以为一切是正常的，就是潜性矛盾。矛盾的显潜是动态的，在主客观因素的影响下会发生变化，例如某种矛盾在当时并不影响人际关系，后来情况发生了变化，潜性矛盾就会转换成显性形式。因而当潜性矛盾转化为显性矛盾时，我们不能以老眼光看待，用旧思维思考，无视或否定矛盾，而应该实事求是，人际修辞活动也要随之调整。反之，显性矛盾转化为潜性矛盾时，也应该保持清醒的头脑，不为表面现象迷惑，作出修辞调整。

姜老汉今年79岁了，有两个儿子。由于当年家里太穷，二儿子30岁了，婚事还八字没一撇。邻村的王家托人到丁家提亲，让姜老汉的二儿子到王家做养老女婿，结婚的一切费用也不用姜老汉管，但只有一个条件：今后姜老汉养老的问题二儿子也不再负责。姜老汉满口答应："没问题，别说就这一个条件，就是再多的条件我也答应。"还当着亲家的面与二儿子签订了一个不养老的合同，约定以后养老的事不用二儿子负责。

天有不测风云，一场车祸夺去了大儿子的生命，姜老汉突然间失去了生活的依靠，恳求二儿子赡养。没想到20多年前的一纸不养老协议早已割断了父子亲情，二儿子说什么也不肯赡养。在万般无奈的情况下，姜老汉请司法所帮助。

二儿子振振有词地说："20年前我们就写了协议，不用我养老了，再说我当上门女婿，我爹一分钱也没花，现在让我赡养，我坚决不同意。"说着就把协议书拿了出来，说："你看，这字是他亲自签的，谁也没强迫他，这是我们双方自愿的，我们遵守协议了，他说话也应该算数。"所长严肃地说："赡养父母是子女应当承担的法定义务，你们所签订的不养老协议在法律面前是无效的，是不受法律保护的。如果你再继续执迷不悟，不但会受到人们的轻视，还会受到法律的制裁。"然后，所长又语重心长地说："你母亲去世得早，你父亲一把屎一把尿，又当爹又当娘，辛辛苦苦几十年把你们拉扯大容易吗？你爹让你当上门女婿，也是为了让你能够早日娶妻生子，他是一片好心，可你还不理解他，现在他只有你这唯一的儿子了，你要不赡养他，会受到良心谴责的……"所长的一番话，使二儿子幡然悔悟，诚恳地对所长说："所长，我明白了，都是我的错，都怪我不懂事、不懂法，以后我一定要好好孝敬老人，保证不让你们失望……"

第二天一早，姜老汉的二儿子与妻子开着车到司法所来接老父亲回家。

（《人民调解》，2008 年第 6 期）

这一例中，当初王家与姜老汉商定协议："结婚的一切费用"由王家承担，但附有一个条件："今后姜老汉养老的问题二儿子也不再负责。"双方都是自愿的，并无强迫。不过姜老汉的保证、承诺都是为了儿子能够娶上媳妇，虽然维持了一段风平浪静的生活，但赡养父母是法定的义务，协议在法律面前是无效的，其中应该说潜藏着矛盾，只是没有暴露出来而已。姜老汉与二儿子之间的矛盾在大儿子去世后发生了变化，转变为显性的了。姜老汉生活陷入了困境，二儿子振振有词地辩解，强调"20 年前我们就写了协议"，"这字是他亲自签的"，应该以协议为准，"现在让我赡养，我坚决不同意"，措辞强硬，毫不退让。姜老汉以往的保证、承诺变成了恳求。面对这尖锐的矛盾，调解人员根据协议的性质、赡养的义务进行入情入理的劝说，既指出"你们所签订的不养老协议在法律面前是无效的，是不受法律保护的"，又语重心长地述说父亲养儿的艰难、生活的困境，最后促使矛盾顺利得到了解决。

对教师来说，在解决师生之间比较激烈、尖锐的矛盾、冲突时，在学生犯了比较严重的错误时，在教师的面子受到严重损害、威胁时，有的教师往往容易冲动，感情用事，语言出轨。在这种场合，特别需要教师冷静的头脑、宽大的胸襟、克制的修养，否则很可能表面上解决了矛盾，实际上却是将显性矛盾转变为潜性矛盾了。

老师正在给同学们讲一个关于美德的小故事，快讲完时，意外的事情发生了。坐在最后一排的 W 同学，突然说出了几个字："先奸后杀，去他妈的。"课堂宁静的气氛一下子凝固了，老师几乎不敢相信自己的耳朵。抬眼望去，W 同学正坐在那儿傻笑呢。这时，全班同学的眼光都转向 W，教室里一片肃静，大家的眼光又转向了老师。老师眼睛里已是精光暴射，压着嗓子，喊出三个字："滚出去！"这次轮到 W 震惊了。他的嘴张在那里，像怀疑自己听错了一样，坐在那儿一动也不动。"出去！"老师坚定地重复着，并向前逼近了一步："再不出去，我要找人'请'你出去了。"W 羞愤交加，一点点站起身来，在全班同学的注视下，慢慢地走出教室。在他走到教室门口时，老师用极为严厉的声音说："到厕所里去，把你这张嘴洗干净！下次再让我听到你说这种话，我就不让你进这个门！"

（《教师博览》，2003 年第 12 期）

学生竟然在教室里说脏话，确实是犯了错误，教师的愤怒心情可以理解，但教师用"滚出去!""到厕所里去,把你这张嘴洗干净!"等斥责,如果学生不"滚出去",就要强行找人"请"他出去,语言粗暴,同样是"脏话",不文明,很不得体,且已经涉及对学生人格的贬低了,学生肯定难以接受。如此应对,有失教师身份,可能这位学生表面上会暂时被压服,但肯定心里不服,师生矛盾由显性转化为潜性。

第二节 人际修辞的平衡机制

人际修辞的平衡机制,就是通过语言调控人际关系矛盾,以求达到相对平衡的规律。这一运行机制,追求的是人际关系的和谐境界,必须正确把握修辞的距离尺度,恰当调控修辞的人际关系偏差。

一、修辞的人际关系和谐境界

人际修辞的目标就是追求达到人际关系和谐的境界。所谓和谐,从矛盾的观点考察,也就是人与人之间的各种矛盾处于相对平衡状态。所谓平衡,指矛盾对立各方在不同方面能够取得一致性,具有共同点,即缓和或消解矛盾,尽力避免矛盾的激化和爆发。一致性、共同点是做到矛盾平衡,达到关系和谐的基点,交际双方往往都尽力爱护、寻找、协商,构筑平衡的态势。共同点、一致性涉及的内容广泛,包括物质利益、精神需求、人格尊严等。衡量共同点、一致性的标尺是交际双方的接受程度,可以区分为三个层次,第一层次是可以接受,第二层次是乐于接受,第三层次是完全赞同。

(一)可以接受层次

可以接受层次是人际关系和谐境界的基本层次。一般情况下,交际双方可以接受对方或他方的主张、意见、方案,就可以视作达到了平衡。可以接受层次,并非没有分歧,没有差异,常常表现为商量、谈判、争论的过程,最后达成一个交际双方都能够接受的方案。

村民李某拦住正要上山的一支骡马队,对其队长说:"从今天起,骡马队不准从这里上山!"这支骡马队是移动公司雇来运送材料上山修建移动基站的。原来李某正在建新房,用电缆线从几十米外接来电源,而骡马队将电线擦破了皮,使电缆不能使用了。李某又发现他山上的三棵小树被砍了。

"你们弄坏了我的电缆线、砍了我山上的树!你们运送物资还要从我山上经过,这事要私了的话,你们必须给我打一口水井,再赔偿我500元钱。不然的话,休想复工!"李某对队长威胁道。"那三棵树都是些小树,我们以为是柴火没多大的事,你看……电缆线我们承认赔,但只能给你赔两包水泥。"队长恳切地

人际修辞学

说道。

村调解委员会主任察看现场后，详细了解了纠纷过程，进行现场调解。

"骡马队到我们这里来不是来办企业，人家是来为我们造福的。建起了移动基站，手机信号好，是我们大家受益的事。再说，人家出这么远的门，挣的也是血汗钱，也不容易，我们要多理解人家，支持人家才对啊！"主任对李某说道。"可我也不容易。主任说得也在理，我作出让步，水井不打了，但最低要赔500元钱！"李某发言了。"一圈电缆线也只要300多元，你为什么要我们赔500元？我们最多只能赔他200元。"队长无奈地说。"你们砍了我的三棵树，还踩坏我的山，500元多吗？"李某说道。"为了地方群众的利益，你们双方都作出点让步吧。骡马队在这里施工也不能不考虑当地群众利益，砍了人家的树、骡子踩坏人家的电缆线理应赔偿。这样吧，赔偿300元，你看行不行？"主任对双方说道。"就依主任的，我们赔300元。但今后不能阻止我们施工。"队长说道。"都是为我们造福，好吧，我同意。"李某说。

队长当场拿出300元钱递到李某手里。李某说："其实，话说穿了心里也就亮了。今后，你们还可以大大方方地在我的山上堆放材料，我还要对周围的人作解释工作，支持你们施工。""头人"也很礼貌地说："今后，我们也要多考虑当地群众的利益，有事先商量了再办。"

（《村里来了骡马队》，湖北宜都网，http://www.hbyidu.com）

这一例中，李某与骡马队发生了纠纷，起因事件虽然不是很大，但矛盾很可能激化，李某因为是当地人，明显处在优势地位。"你们必须给我打一口水井，再赔偿我500元钱。不然的话，休想复工！""必须"满足两个要求，"休想复工！"已经是威胁口吻了。队长恳切讲述了事故发生的原因，电缆线"承认赔"，"但只能给你赔两包水泥"。双方在赔偿金额上差距颇大。主任在摸清真实情况的基础上进行调解，先从骡马队的立场出发，一口一个"人家"，带有褒扬的主观感情色彩，明确述说"人家是来为我们造福的"，还以感情打动李某："人家出这么远的门，挣的也是血汗钱，也不容易"，"我们要多理解人家，支持人家才对啊！"用包括式的"我们"，而不用"你"，使对方更容易谅解和接受。同时，又从村民的立场出发，委婉地批评："你们骡马队在这里施工也不能不考虑当地群众的利益，你们砍了人家的树、骡子踩坏人家的电缆线理应赔偿。""不能不"比起"必须"，语气弱一些，但意见却是明确的，理所应当的。最后以征求意见的口吻提出了各方都让一步的赔偿方案。"赔偿300元，你们看行不行？"金额适中，用征询疑问句提出，表现出尊重双方的态度。双方都表示接受方案，一场可能激化的矛盾化解了，利益冲突平衡了，双方关系和谐了。这可以看做是第一层次的一致性。

（二）乐于接受层次

乐于接受层次是人际关系和谐境界的较高层次。乐于接受是较高的平衡，带有认可的感情色彩。乐于接受也往往表现为一个协商、谈判乃至争论的过程，但达成的最终意见、方案具有较高程度的一致性，且能够顾及交际者的情绪心态，被交际双方或其中的一方愉快接纳，交谈氛围显得十分和谐。

在美国零售业中，有一家很有知名度的商店，它就是彭奈创设的"基督教商店"。

彭奈的第一个零售店开业不久，有一天，一个中年男子来店里买搅蛋器。

店员问："先生，你是想要好一点的，还是要次一点的？"那位男子听了有些不高兴："当然是要好的，不好的东西谁要？"店员就把"多佛牌"搅蛋器拿出来给他看。男子问："这是最好的吗？""是的，而且是牌子最老的。""多少钱？""120元。""什么！为什么这么贵？我听说最好的才几十元。""几十元的我们也有，但那不是最好的。""可是，也不至于差这么多钱呀！""差得并不多，还有十几元钱一个的呢。"

男子听了店员的话，马上面现不悦之色，想立即掉头离去。彭奈急忙赶了过去，对男子说："先生，你想买搅蛋器是不是？我来介绍一种好产品给你。"男子仿佛又有了兴趣，问："什么样的？"彭奈拿出另外一种牌子的搅蛋器，说："就是这一种，请你看一看，式样还不错吧？""多少钱？""54元。""按照店员刚才的说法，这不是最好的，我不要。""我的这位店员刚才没有说清楚，搅蛋器有好几种牌子，每种牌子都有最好的货色，我刚拿出的这一种，是同牌中最好的。""可是，为什么'多佛牌'的差那么多钱呢？""这是制造成本的关系。每种品牌的机器构造不一样，所用的材料也不同，所以在价格上会有出入。至于'多佛牌'的价钱高，有两个原因，一是它的牌子信誉好，二是它的容量大，适合做糕饼生意用。"彭奈耐心地说。男子脸色缓和了很多："噢，原来是这样的。"彭奈又说："其实，有很多人喜欢用这种新牌子的，就拿我来说吧，我就是用的这种牌子，性能并不怎么差。而且它有个最大的优点——体积小，用起来方便，一般家庭最适合。府上有多少人？"男子回答："5个。""那再合适不过了，我看你就拿这个回去用吧，担保不会让你失望。"

彭奈送走顾客，回来对他的店员说："你知道不知道你今天错在什么地方？"那位店员愣愣地站在那里，显然不知道自己错在哪里。"你错在太强调'最好'这个观念。"彭奈笑着说。"可是，"店员说，"您经常告诫我们，要对顾客诚实，我的话并没有错呀！""你是没有错，只是缺乏技巧。我的生意做成了，难道我对顾客有不诚实的地方吗？"店员默不做声，显然心中并不怎么服气。"我说它是同一牌子中最好的，对不对？"店员点点头。"既然我没有欺骗顾客，又能把东西卖出去，你认为关键在什么地方？""说话的技巧。"彭奈摇摇头，说："你只说对一半，主要是我摸清了他的心理，他一进门就说要最好的，对不？这表示他优越感很强，可是一听价钱太贵，他不肯承认他舍不得买，自然会把不是推到我们头上，这是一般顾客的通病。假如你想做成这笔生意，一定要变换一种方式，在不损伤他的优越感的情形下，使他买一种比较便宜的货。"店员听得心服口服。

（《科海故事博览·智慧文摘》，2008 年第 4 期）

男子想要购买搅蛋器，店员接待他的一开始，就直截了当地询问："先生，你是想要好一点的，还是要次一点的？"强调"最好"的观念，对方一听价钱太贵，又不肯承认他舍不得买，就责问店家："可是，也不至于差这么多钱呀！"面现不悦之色，想立即掉头离去。而彭奈的一番说辞，使得生意峰回路转。"我刚拿出的这一种，是同牌中最好的。"而价格仅仅 54 元。将"最好"放入特定的品牌环境制约中，既没有欺骗顾客，又符合顾客的心理价位，给了"舍不得买"又抹不开面子的顾客一个台阶下。彭奈还针对差价之大解释了原因："'多佛牌'的价钱高，有两个原因，一是它的牌子信誉好，二是它的容量大，适合做糕饼生意用。"一清二楚，打消了顾客可能产生的对质量差异的顾虑。而介绍的新牌子"有很多人喜欢"，"我就是用的这种牌子"，"一般家庭最适合"，"担保不会让你失望"，佐证有力，分析得当，保证有据。"男子脸色缓和了很多"，高兴地接受了彭奈的建议，购买了推荐的产品。这可以看做是第二层次——乐于接受的一致性。

领导人都握有一定的权力，通常都希望能够充分展示自己的权力和才能，实现自己的政治、经济目标和人生价值，但又要讲究团结，做好工作，搞好协调，不能引起同事们的反感。因此，他们在开会研究问题时，在处理方方面面的人际关系时，就常常注重平衡修辞艺术。例如，对不属于自己主管，但不能不表态的问题，笼统地或原则性地表一下态，说一些"原则上同意"、"请您酌处"、"对此不提出异议"等带有灵活性的话。这样，既尊重了同事，支持了对方的工作，和谐了人际关系，又没有干预、插手他人权力范围的工作。这种矛盾的平衡艺术，尊重对方的地位、权力，认可对方的意见、方案，有利于工作的开展。这一类的平衡，也可以看做第二层次的一致性。

（三）完全赞同层次

完全赞同层次是人际关系和谐境界的相对最高层次。完全赞同，表明共同点不但多，而且具有高度的一致性，感情也十分融洽。完全赞同层次，透过语言表层考察，实际上是深层观念的一致或极为相似而引起的共鸣。人们常说，话说到心坎上了，指的就是这一意思。

1899 年爱因斯坦在瑞士苏黎世联邦工业大学就读时，他的导师是数学家明可夫斯基。由于爱因斯坦肯动脑、爱思考，深得明可夫斯基的赏识。师徒二人经常在一起探讨科学、哲学和人生。有一次，爱因斯坦突发奇想，问明可夫斯基："一个人，比如我吧，究竟怎样才能在科学领域、在人生道路上留下自己的闪光足迹、作出自己的杰出贡献呢？"

一向才思敏捷的明可夫斯基却被问住了，直到三天后，他才兴冲冲地找到爱因斯坦，非常兴奋地说："你那天提的问题，我终于有了答案！""什么答案？快告诉我呀！"爱因斯坦迫不及待地问。明可夫斯基拉起爱因斯坦径直踏上了建筑工人刚刚铺平的水泥地面。爱因斯坦非常不解地问明可夫斯基："老师，您这不是领我误入歧途吗？""对、对，歧途！"明可夫斯基顾不得别人的指责，非常专注地说："看到了吧？只有这样的'歧途'，才能留下足迹！"然后，他又解释说："只有新的领域、只有尚未凝固的地方，才能留下深深的脚印。那些凝固很久的老地面，那些被无数人、无数脚步涉足的地方，别想再踩出脚印来……"

听到这里，爱因斯坦沉思良久，非常感激地对明可夫斯基说："恩师，我明白您的意思了！"从此，一种非常强烈的创新和开拓意识，开始主导着爱因斯坦的思维和行动。他曾经说过这样的话："我从来不记忆和思考词典、手册里的东西，我的脑袋只用来记忆和思考那些还没载入书本的东西。"

（《文学与人生》，2006 年第 22 期）

这一例中，爱因斯坦向导师提出了一个很难回答的问题：一个人"究竟怎样才能在科学领域、在人生道路上留下自己的闪光足迹、作出自己的杰出贡献呢？"因为"闪光足迹"、"杰出贡献"牵涉的因素实在太多太多，一言半语确实无法说清楚。后来，明可夫斯基受到建筑工人铺水泥地面的启发，对爱因斯坦说道，奥秘在于要走"歧途"，解释道"只有新的领域、只有尚未凝固的地方，才能留下深深的脚印。那些凝固很久的老地面，那些被无数人、无数脚步涉足的地方，别想再踩出脚印来……"正反对比说明。先用条件关系复句表示唯一性，其间又用两个"只有"强调，以"深深"修饰脚印，普通却极妥当，与"闪光足迹"、"杰出贡献"呼应。再从反面断言，"那些凝固很久的老地面，那些被无数人、无数脚步涉足的地方，别想再踩出脚印来"。"凝固很久"、"被无数人、无数脚步涉足"，喻指研究的老领域，形象准确。明可夫斯基的话语是个比喻，构筑巧妙、贴切，言简意赅，充满哲理，爱因斯坦完全赞同，受到极大的启发，而且深深印刻在脑海中，乃至对他的一生产生了长远的重要影响。这就可以看做第三层次的高度一致性。

二、修辞的人际关系距离尺度

这里说的距离尺度是指人与人之间的亲疏远近关系。人际关系矛盾不可能做到绝对的平衡，关系的亲密不是对距离的否定，人需要交往亲密感，也需要不同的距离感，有时距离感反而能够产生亲密感，交往中的"不确定"虽然是某种约束，但在找寻确定性的过程中，人们也尝到了人际交往的喜怒哀乐。双方有一致性、共同点，并不等于毫无原则地迁就、趋同、迎合，差异永远存在，不可能绝对一致、相同，我们所做的仅仅是尽可能缩小人际关系距离。一味迁就、趋同、迎合的结果，表面上似乎"和谐"，实际上却是不正常的，矛盾依然存在，只是改换形式潜伏或推迟爆发而已。所以，人际修辞致力于矛盾平衡，必须注意正确把握人际关系距离的尺度，区分矛盾的性质，牢牢抓住主要矛盾，将人际距离控制在适度的范围内，把握分寸，注意适度，既不苛求严格意义上的亲密无间，又不随心所欲。

（一）亲密距离尺度

感情好，关系密切，这是好事，也是人际关系和谐的标志，该亲密的应该尽力缩短人际距离。但又要认识到，亲密只是意味着人际关系距离很小，并非没有距离。亲密在语言形式上会有鲜明表现，但亲密距离从深层考察，往往是伴随着价值观念的趋同、思想感情的融洽等才能做到。

　　家住辽宁省大连市远郊的刘娥是一位贫困的单身母亲。儿子方涛从小学一年级起就表现出了超强的学习能力，但他除了学习，似乎没有别的爱好，周末也捧着书看。

　　一天晚上，刘娥突然腹痛难忍，她几次喊方涛，同在一个屋里看书的方涛居然没听见。等到好不容易听到妈妈喊他时，他头也不抬地问："什么事？""帮妈拿一片止痛药来。"刘娥强忍着疼痛说。方涛应声去拿了止痛片，但递给妈妈后，却连水都没倒就转身回书桌前继续学习了。刘娥吃了止痛药依然疼得几近昏厥，不得不再次向儿子求助："涛涛，你去卫生所找个大夫来，妈妈疼得受不了了。"方涛依然头也不抬，说了一句："妈，你刚才不是吃药了嘛，再等一会儿就不疼了。""方涛，是不是妈妈死了，你也不能把眼睛从书本上移开？"忍无可忍的刘娥生平第一次向儿子发火了。方涛这才站起身来，也才注意到妈妈已经痛得满头大汗。那天若不是送医院还算及时，刘娥的急性阑尾炎可能就会危及生命。

　　这时的方涛已经 14 岁，长着 1.70 米的大个儿，看上去像大小伙儿了。可是，儿子心中根本没有别人，能够走进他心灵的，除了书，还是书。

　　　　　　　　　　　　（《母亲教儿的人生大课》，《家庭》，2010 年 2 月下）

　　母子之间的关系按理应该是亲密的。但在这一例中，母子之间的一番对话，生动表现出书呆子儿子对母亲生病一事的冷漠无情。妈妈突然腹痛难忍，要儿子"帮妈拿一片止痛药来"，儿子不问原因，没有倒水；妈妈疼得几近昏厥，向儿子求助："涛涛，你去卫生所找个大夫来，妈妈疼得受不了了。"疼痛的程度已经十分严重，话语也几近哀求了，儿子依然头也不抬，说："妈，你刚才不是吃药了嘛，再等一会儿就不疼了。"轻描淡写，敷衍塞责，意思是没问题的，这是推诿，根本不管母亲的病痛死活。儿子这样的态度，使他与母亲的关系看上去是不正常的，甚至连陌生人也不如，人际距离太遥远了，儿子这样的言语处置方式绝不可取！

高中生吴某，父母都是大学老师，平时管教很严。有一天，吴某洗完澡出来时，发现父母正在翻看他的日记。吴某非常生气，大声抗议："你们凭什么偷看我的日记？你们侵犯了我的隐私权！"可父母却说："有这么严重吗？你在我们面前只是个小孩子，哪有什么隐私权？"吴某气得立即往外边走。

这一例反映的问题在吴某的同龄人中是普遍存在的。父母翻看儿子的日记，儿子极为不满："你们凭什么偷看我的日记？你们侵犯了我的隐私权！"先是一点也不客气地责问，"凭什么"——毫无理由，措辞是"偷看"而不是"翻看"；后是强烈抗议，"侵犯"、"隐私权"等词语分量很重，表示这绝不是小事，性质严重。而父母则认为自己的出发点是好的，翻看日记是关心儿子，不需要经过儿子同意。"有这么严重吗？你在我们面前只是个小孩子，哪有什么隐私权？"将高中生儿子牢牢固定在"只是个小孩子"这种角色，认为儿子根本无所谓有什么"隐私权"，反问中对儿子的不满含有惊奇的意味，一副不容置辩的样子。从法律的角度讲，父母确实侵犯了未成年人的隐私权。吴某与父母尽管关系亲密，但亲密不等于没有距离和空间。不过父母用这种方式来表达自己的关心虽不可取，儿子也不必用过激的方式指责父母，最好是能和父母心平气和地沟通。

（二）中等距离尺度

中等距离是介于亲密与陌生之间的一种距离，除非一些特殊情况，一般的工作关系保持这种距离比较恰当。过分亲密，尤其是上下级之间，很可能会使他人误会；过分疏远，则不利于团结合作，不能正常开展工作。

小余大学毕业后分配到某局干秘书工作，上班第一天，正赶上局长在办公室烫脚。局长不好意思地笑笑说："多年的老习惯了，上班不烫烫脚，浑身提不起劲儿。"这时，电话铃响了，局长去接电话，随口对小余说："你帮我把那水喝掉吧。"

小余怀疑自己听错了，想再问一句，又怕领导觉得自己木讷。他在家的时候，就听当了多年机关职员的父亲说过，领导对秘书和司机的唯一要求便是"靠得住"；兴许这是局长在考验自己呢？想了半天，他决定喝。面对这一盆清中泛黑、黑中泛灰的洗脚水，他鼓了几次勇气，却还是没勇气喝。他知道，万事开头难。当年，父亲就是因为没通过领导的考验，才落得当了一辈子小职员。他想，自己决不能走父亲的老路，想到这里，一咬牙，一跺脚，像灌药一样将半盆洗脚水喝了下去。

还没来得及擦嘴，就听见局长在叫他。他打着嗝来到局长面前，像一只刚完成狩猎任务的猎犬，等着主人表扬。局长果然表扬了他，并向他道谢说："这水平时都是我喝的，今天难为你了，谢谢！""您还有这爱好？""啥？""喝洗脚水？""喝？小鬼，我想你大概误会了，这喝不是喝，而是我们家乡的方言'豁'，就是泼出去倒掉的意思。看你脸色咋这么难看，不会是……"

小余一听，脑袋"嗡"地就大了。赶紧冲进洗手间，吐得一塌糊涂。办公室主任正巧来解手，见这情景，摇头道："乖乖，我们单位每个秘书上班第一天咋都是一个德性。"

（《喝洗脚水的秘书》，《青年博览》，2009 年第 19 期）

这一例，局长急着要去接电话，随口对小余说："你帮我把那水喝掉吧。"须知，局长要他"喝"的是一盆洗脚水！作为秘书，小余应该怎么办？小余为了取得领导的信任，给领导留下"靠得住"、听话的好印象，居然把洗脚水喝了下去，还渴望着局长的表扬，实在可笑。虽然这是由于一个方言词"豁"引起的误会，但很值得我们深入思考。领导和秘书的人际关系确实是很近的，但主要应该是表现在工作关系上，即使再亲近，也应该保持适当的距离。类似的事情，哪怕不存在误会，也大可不必看得如此重，与自己的仕途升迁联系起来。像小余这一类人的追求"亲密"，已经超越了"度"的限制，走向了反面。

（三）陌生距离尺度

生疏、不熟悉的人际关系距离较远。在现代社会，陌生人之间的交往日益频繁，是生活中不可避免的现象。有礼有节，善待陌生人，是文明社会的文明人应该具有的修养。我们不能因为社会上存在的一些丑恶现象而一概排斥陌生人，拒之千里之外。

拖着两个很大的行李箱，第一次走出乡村的米莎太太，走进了候机大厅。寻觅了半天，也没有找到说好了与她会合的侄子。因为刚做过肾脏手术，米莎太太要频繁地去厕所，她只得一边忍耐着，一边焦急地东张西望。

"太太，需要帮忙吗？"一个面带微笑的年轻人坐到了她身旁。"哦，不，暂时不需要。"身着休闲服的年轻人掏出一本书，旁若无人地阅读起来。过了一会，米莎太太实在忍受不住生理上的要求了，向年轻人求援道："请帮我照看一下行李，我去一趟洗手间。"年轻人非常愉快地点头答应了。米莎太太很快回来了，她感激地掏出一美元，递给年轻人："谢谢你帮我照看东西，这是你应得的报酬。"望着老人一脸的认真，年轻人回一声"谢谢"，接过那一美元，放到了上衣兜里。

这时，米莎太太的侄子快步走到她跟前，忽然惊喜地冲着年轻人道："你好，盖茨先生，你也乘坐这趟班机？""是的。"年轻人收起书，开始朝检票口走去。"哪个盖茨？"米莎太太不解地追问道。"他就是我常常跟您说起的世界首富、微软公司总裁比尔·盖茨先生啊。"侄子大声地告诉米莎太太。"哦，我今天终于知道他成功的秘密了，我刚才还给过他一美元的报酬呢。"米莎太太满脸的平静和自豪。"他真的接受了你一美元的报酬？"侄子惊讶地张大了嘴巴。"没错，我很高兴今天在候机的时候还有一美元的收入，因为我帮助这位太太做了一件很小很小的事。"盖茨回头坦然回答道。

（《第二课堂》，2005 年第 6 期）

米莎太太由于生理上的原因，急着要上厕所。盖茨看出了米莎的窘境，主动询问："太太，需要帮忙吗？"表示关心。米莎因为对方是陌生人，怀有戒心，以"暂时不需要"婉转回绝。直到实在忍受不住了，米莎只得直接请求："请帮我照看一下行李，我去一趟洗手间。"回来后感激地掏出一美元，递给年轻人："谢谢你帮我照看东西，这是你应得的报酬。"米莎是认真的，在她看来，两人素昧平生，对方给予了帮助，哪怕是小小的帮助，理应适当回报，一美元是对一种劳动必须支付的报酬。而盖茨完全理解这样的心理，回应了一声"谢谢"，接过那一美元，放到了上衣兜里，言语和举动也是认真的。"我很高兴今天在候机的时候还有一美元的收入，因为我帮助这位太太做了一件很小很小的事。"那是对一份真诚的感谢作出的真诚回应。这是一个让人感慨不已的小故事。清贫的乡村老妇和身价数百亿美元的世界首富，虽然是陌生人，但彼此都很在意那区区的一美元，让一美元远远超出了其本身的价值，没有财富多寡的鸿沟，没有身份尊卑的差别，关系谈不上亲密，但却保持了社交场合陌生人之间的恰当距离。

三、修辞的人际关系偏差调控

这里说的偏差是指人际关系中的不均衡现象。在现代社会，人们的人格是平等的，但由于人们的社会地位、身份、思想、个性、修养等都不相同，因而在现实的人际交往中，不可能做到绝对的平衡，有的往往占据优势地位，有的则处于弱势地位；有的常常成为人群的中心，有的则必须服从；有的可以呼风唤雨，有的只能安居平凡。这种偏差，有两种不同的情况，一种是负偏差，即不符合人际交往的准则；另外一种是正偏差，是维系社会正常秩序的需要，是人际交往中不可避免的现象，是人们道德文明的展现。人际修辞，必须区分不同性质的偏差，调控偏差的程度，将其控制在恰当的范围内，合理定位，使人际矛盾不至于破坏相对平衡状态。

（一）人际关系偏差的常规调控

常规调控是按照人际关系的正常秩序进行调控，不是消灭偏差，而是将其调控在合情合理的范围内。一个人拥有信息，并不等于说就必定有权利强迫对方接受信息，也不是可以随意采用任何形式来传递信息。在一定场合下，给予信息的权利主要是由交际双方的身份地位决定的。例如，如果老总在职工大会上讲到某个信息，有个职工也拥有这个信息，那么他在未经允许的情况下是不能站到台上替代老总发表意见的。当表达者想要给对方提供信息时，也会根据自己与接受者之间不同的身份地位，确定各自的社会角色，使用相应的命题形式。一般说来，处于社会优势地位的表达者，在提供信息时，常常采用直接陈述命题方式，而处于社会劣势地位的一方，在提供信息时，往往采用某种方式，如情态隐喻、反意疑问或选择提问等形式，把陈述信息的命题装扮起来，避免自己扮演直接给予信息的角色，同时也避免使身份地位高于自己的交际对方扮演只是"接受信息"的角色。

市政府办公室的刘主任，最近遇到了麻烦事，自从"笔杆子"小王下乡挂职锻炼之后，办公室缺一个写材料的能手，晚报的记者李某某倒是个不错的人选，但是，要调进新人，必须要黄市长同意签字才行。刚好建造立交桥的事情告一段落，正要向黄市长汇报，刘主任决定好好利用这个机会。刘主任把材料递给黄市长，开始汇报："由于市政府组织发动比较有力，辖域内各大企业和个人都踊跃慷慨解囊，大大减轻了财政的压力……"黄市长听完汇报，非常高兴。刘主任见时机成熟，就说："这次工作能取得阶段性胜利，办公室的小王付出了不少心血，可他现在下乡挂职去了，缺个能写东西的人。对外宣传关系到市政府的形象问题，不可忽视，您看是不是给调个人过来？大家都觉得晚报的记者李某某不错，文章写得好，您看，他还出了本书呢！"黄市长接过书，翻看了一下目录，然后说："这个小伙子我听说过，在内参上也经常看到他的文章，不错，是个人才，就借调过来好好培养，把市政府的对外形象树得更好！"随后，黄市长向组织人事部门作了相关批示。

（《演讲与口才》，2008 年第 4 期）

这一例中，黄市长与刘主任地位的差别是明显的，刘主任希望将李记者调进办公室，但自己无权决定，也不能强求市长作出决定，刘主任抓住恰当时机，先汇报工作取得的成绩，"各大企业和个人都踊跃慷慨解囊，大大减轻了财政的压力"，创造了良好的交际氛围，让市长"非常高兴"。接着陈述目前缺少写作人手的困难，"缺个能写东西的人"，这不能说是小事，"关系到市政府的形象问题"。再用选择疑问句提出问题："您看是不是给调个人过来？"让市长判断有无进人的必要。继而提出人选，"大家都觉得"、"还出了本书呢"，既避免了自己直接提出候选人，又提供了人选恰当的旁证。最后黄市长痛快地同意了。这样的调控就很恰当，虽然黄市长处于强势地位，刘主任不能直接作出决定，但符合上下级之间的正常关系，对顺畅的人际交往有利有益。

（二）人际关系偏差的特殊调控

特殊调控是一种超越常规的调控，从表面上看并不符合正常的人际关系秩序，甚至"定位"错误，拉大了偏差，但由于针对的是特殊对象、特殊事件，有理可说，情有可原，往往能够取得出乎意料的良好的表达效果。

> 同事遇到了骗子。同事家有老人，骗子登门，谎称抽油烟机厂家服务，结果不光把八成新的抽油烟机卸走了，还收了数百元手续费。同事乃智力"牛"人，不仅逻辑缜密，口才极佳，且擅长斗争哲学，对规则和"潜规则"颇有研究，重要的是，他有一股绝不吃亏的猛劲。同事下班回家，闻后不动声色，给骗子打电话：先自报家门，亮出"央视记者"身份，而后勒令对方："你必须在明日午饭前将所骗钱款和抽油烟机实价一并汇入下面指定账户——×××　××××　×××××（账号），否则我们将不惜一切手段将你们绳之以法……特别提醒，我们已经掌握了你足够的诈骗证据！"用同事的话说，那真是声色俱厉、雷霆万钧，混合了新闻记者、公安民警、黑社会老大的语气和杀伤力。第二天，钱被骗子们乖乖地打到了账户上。
>
> （《读者》，2009 年第 20 期）

这一例中，"同事"在和骗子的交锋中，扮演了"央视记者"的特殊角色，明显强调了自己的身份地位，加大自身在这场矛盾斗争中的力量，"必须"、"否则"、"特别提醒"等干脆利落的命令措辞，明白无误地规定了时间、解决方式，告诫绝不能有侥幸心理，切断其后路。"将不惜一切手段将你们绳之以法"，严厉指出不照办的严重后果，迫使对方按照自己的意愿行事，归还钱款。这是人际关系的正偏差，不过比较特殊，调控超越常规，"同事"虽然假扮了某种特定角色，且沿用了此种角色的语言，因为是对付诈骗者，情有可原，有理可说，应该肯定。

（三）人际关系偏差的否定调控

否定调控，主要是针对严重的负偏差的。人际交往若是背离人际关系的正常秩序，则不利于社会的稳定和谐，特别是不论是非，混淆黑白，明知故犯，有意为之，导致人际关系状态混乱交往行为，必须严厉批评、坚决否定。

请看下面一篇文章《整你我是故意的》：

> 那天我有事要打个电话，是个男人接的，我客气地说："我是小辛，请找一下小薇。"结果电话"啪"的一下就挂断了，想不到有这么粗鲁的人！我气不打一处来，再拨，我大吼一声："你是一精神病！"就挂断了。每隔一段时间，我考试不理想，或者是不高兴的时候，就打电话给他，他一接我就吼："你是一精神病！"

有个老太太在购物中心花了老半天把车子开出来。好不容易她的车子动了，突然有辆黑色宝马插到了她的车位里。我狂按喇叭，叫道："你怎么这样啊，我先来的！"那家伙从宝马里出来，根本不撂我就直接走进商场。我想这厮又是一个混蛋，看到他的车后窗贴了个"此车待售"，就把电话抄下来，另找地方停车去了。

几天之后，我给黑宝马打电话。"请问您有辆黑色宝马出售吗？"我说。"对。""我能去看看吗？""好的，我住在西34街1802号，是幢黄颜色的房子。""怎么称呼您？""我叫唐汉森。""什么时间去看车比较方便？""我晚上都在。""听着，老唐，有件事情得告诉你。""说吧。""你是个精神病！"

几个月以后，我首先打给精神病一号，对方接了之后，我说："你真是个精神病！"但是不挂。那精神病说："你还在吗？""是啊。""别老骚扰我了。""求我啊。""你叫什么名字？"我告诉他："唐汉森。"他说："你住哪儿？"我说："西34街1802号，是幢黄颜色的房子。我的黑色宝马就停在前面。""我马上就来，唐汉森，你还是祈祷吧。""是啊，我好怕啊，精神病！"我挂断了。然后我打给精神病二号，唐汉森接了。"喂，精神病。"我说。"我一旦查出来你是谁……"他说。"就怎么样？"我毫不在乎地问。"我把你揍到十八层地狱去！""好呀，机会来了，我正过来呢，精神病。"我挂断了。

接着我拿起电话报警。我告诉警察我正要去西34街1802号，我打算一到那儿就杀死我的同性恋情人。另外户通热线打给13频道，报料说西34街正在打群架。然后我上车，开往西34街去看热闹。太精彩了！看着两个精神病在6辆警车前面对打，一架警用直升机和一群新闻记者……

这是我一生中最痛快的体验。

（《晚报文萃·B》，2006年第1期）

看看这一例中的"我"吧，因为小小的事件——拨错了一个电话、车位没有让给"我"、对方态度不好，就萌发了报复念头，多次粗鲁地骂对方"你是一精神病！"，还"精心"设计了恶作剧。套取黑色宝马主人唐汉森的家庭地址，先激怒"精神病一号"，"你真是个精神病！"又恶语相向，有意告诉唐汉森的家庭地址，引诱他前去质问。再打电话给"精神病二号"，无端辱骂，假装说"我正过来"——实际上是让毫不相干的两人争吵打闹起来。还谎言报警，提供消息给新闻记者，闹得不可开交。这都反映出"我"极差的修养，极自私的个性，极无聊的内心世界。这就是人际关系中严重的负偏差，应该旗帜鲜明地给予否定和批评。

（四）人际关系偏差的有限调控

由于人际矛盾是错综复杂的，人们的思想认识往往存在着顽固的屏障，而惯习就是其中之一。惯习是人们在长期的社会实践中积累的一套应对各种问题的经验，但它又不是一般的经验，而是具有比较固定的结构，沉积于人们思维深处的、几乎能自动处理问题的经验，它类似于生物的条件反射。当人们的惯习违背实际情况时，所形成的屏障就会出现偏差，严重阻碍人际关系的正常发展。偏差的类型、形式都有其特殊性，所以科学调控并非易事。许多人物、许多事情、许多场合，我们只能调控到适当的程度即可。

　　陈先生家里有个农村来的钟点服务工，名字叫阿芬。阿芬不识字，但有时候会固执地表达一些"高见"，而且情绪常常饱满激昂，义愤填膺。

　　有一天，她的还不会说话的小孙子拿着一张 10 元钱在手里玩，把钱给撕碎了，她狠狠地打了他一顿。陈先生说不该打孩子，因为在他眼里钱是没有意义的，跟一张纸一样。对于这样小的孩子，无意识的错误不能算错误。阿芬很气愤："我就是要打他！他撕碎的要是一毛钱我就不打他了。他撕碎了 10 元钱，我就是要打他，狠狠地打！"

　　陈先生试图说服她，说："一个孩子主动洗碗，不小心打碎了 10 只碗。另外有一个孩子，趁母亲不备，偷喝柜子里大人禁止他喝的酒，结果不小心打碎了一只碗。你说，这两个孩子谁的错误大？"阿芬当机立断地回答："打碎 10 只碗的孩子错误大。"陈先生依然耐心地说："不能这样用数量的多少比较错误的大小。前一个孩子是无意的，而后一个孩子是有意地做不该做的事，所以后一个孩子错误大。"阿芬不服气，认定打碎 10 只碗比打碎一只碗错误大。

　　陈先生举例说："假若是你的小孩，你给他 100 元出去买东西，结果东西没买回来，他还把钱弄丢了。再假若，你的小孩趁你们不备，从你的钱包里偷了 1 元钱，你说哪个错误大？"阿芬立刻判断出丢 100 元钱错误更大。然后，她做了一个毋庸置疑的手势，强调说："对，就是丢 100 元钱错误大！偷 1 元钱不算什么嘛。"

　　说到这里，陈先生看着她毫无余地、斩钉截铁的表情，哑然无语了，心里忽然涌上一种不应该有的悲凉和无奈，一种抑制不住的反感。

（《晚报文萃》，2006 年第 12 期）

　　阿芬不会说话的小孙子把 10 元钱给撕碎了，阿芬狠狠地打了孩子一顿。阿芬"打"与"不打"的标准分明，就是钱额的大小，"他撕碎了 10 元钱，我就是要打他，狠狠地打！"可见态度的坚决，观念的顽固。陈先生举两个孩子打碎碗的例子试图说服阿芬转变观念。一个孩子"主动洗碗，不小心打碎了 10 只碗"，另外一个孩子"偷喝柜子里大人禁止他喝的酒"，以致"不小心打碎了一只碗"。虽然都是"不小心"，但前者是"主动洗碗"，过失犯错，后者是"偷喝"违禁，原因、性质的区别清清楚楚。然后陈先生启发询问："这两个孩子谁的错误大？"谁料想阿芬当机立断，认定"打碎 10 只碗的孩子错误大",纯粹是从碗的数量上作出判断的。陈先生再举例,借孩子买东西"丢钱"100 元,与"偷"1 元钱,启发询问:"你说哪个错误大?"阿芬毋庸置疑地强调:"就是丢 100 元钱错误大!"陈先生一个接一个举例,从不同方面开导阿芬,目的是使她懂得如何判断孩子所犯错误的性质和大小。陈先生两相对照,举例通俗易懂,事件的不同的性质在用词上都能够清楚地显示出来,可以说说服力十足,但从阿芬的话语可以看出,她丝毫没有改变自己的价值判断。这一例中,陈先生和阿芬之间表面上是教育孩子的方式不同,但深刻反映了深层的观念素养的差异。这种人际关系的偏差有着根深蒂固的原因,很难短时间消除,只能做有限调控,逐步缩小认知上的巨大偏差。

第三节　人际修辞的转化艺术

人际关系的和谐以及和谐的程度,取决于如何妥善处置、解决人际矛盾,处置、解决即转化。说到底,人际修辞就是要通过自身的独特优势,促使人际矛盾转化,达到化解矛盾的目的。而矛盾的转化需要内外部各种力量的推动,内因是根据,外因是条件。条件也可以看做是语言环境,有共同条件、特殊条件,主要条件、次要条件、静态条件、运动条件等之分,人际矛盾的转化是各种条件共同起作用的结果。从哲学角度考查,人际矛盾转化的形式大体上有强势转化、缓冲转化、无痕转化三种,它们都与不同的矛盾内因和外因密切相关。

一、强势转化

强势转化,是指说写者主要通过自身强有力的语言形式促使人际关系矛盾得到缓解、弱化、解决。强势转化特点鲜明,通常蕴含刚性力量,显露出清晰的转化痕迹。激烈交锋、严密逻辑、据理力争、引经据典、严词反驳等,着重于说写者内因作用的积极发挥,排除不利因素的干扰和影响,在矛盾的运动中占据上风。强势转化一般多见于矛盾比较尖锐,利害关系比较重大,难以调解的场合,当然也与说写者的思想个性、内在素养等主体因素有关。

(一) 语言显示强大的理性力量

语言的理性力量,主要依靠严密的逻辑、透彻的道理与交际对象之间的交锋,辩驳中要善于抓住、揭露、利用交际对象语言中的漏洞,使自己占据矛盾的上风,说服或战胜对方。理性力量的显示,并非一定需要长篇大论,关键是击中要害,明辨是非;也并非一定表现为形式上的穷追猛打,微笑平和、轻言慢语、喻指侧击,有时也是锋利的刀剑,能够致使对方落到理屈词穷的地步。

　　一位木材公司的销售科长被控告诈骗。其中，起诉人以被告制造两份假文件来证明被告犯有诈骗罪。辩护律师发现这两份"假"文件，只是两封电函，而且内容完全真实，早已在公司备过案了，只是疏漏了发布文件的几个程序。于是，他认为，"真假"问题可能是诈骗罪成立的关键之所在。

　　在法庭上，该律师首先从法理上、逻辑上进行了论证："所谓假，就是不真实、捏造。在法律上、形式上不合法并不等于内容不合法，更何况这两份文件也未必形式不合法。"接着反问公诉人："私生子是不是真孩子？形式上不合法并不等于孩子是假的。一个妇女，只要她生下孩子，那么，这个孩子就是真的。绝对不需要用这个妇女是否履行了结婚登记来证明孩子的真假。同样的道理，这两份文件疏忽了程序上的问题并不等于内容也是假的，恰恰相反，我们有充分的证据证明，它的内容是完全真实的。"

　　这一番话语，引得旁听席上阵阵叫好声，法庭终于没有认定是诈骗，该律师以巧妙的比喻赢得了法庭辩论的胜利。

（《演讲与口才》，2010 年第 6 期）

　　这一例中，起诉人以被告制造两份假文件来证明被告犯有诈骗罪，关键在于文件的真假。辩护律师先从法理上、逻辑上论证文件真假的判别标准。"在法律上、形式上不合法并不等于内容不合法，更何况这两份文件也未必形式不合法。"这是针对本案例而言的。"不等于"，至关重要，是具体分清文件真假的一个节点；"更何况这两份文件也未必形式不合法"，"更何况"是先退后进，进一步加强了说服力。尤为精彩的是，律师接着以人们日常生活中非常敏感的"私生子"问题为喻体，即使妇女没有结婚登记（形式不合法）就生下了孩子，"私生子"仍然是孩子（内容合法），"只要她生下孩子，那么，这个孩子就是真的。"比喻形象、通俗、易懂，有力论证了这两份文件虽然形式不合法，但内容是真实的，有理有据，逻辑严密，无懈可击，使人们顿觉豁然开朗。诈骗的罪名没有成立，律师的辩护意见赢得认同，占据上风，尖锐的矛盾得以圆满解决。

　　苏联著名诗人马雅可夫斯基颇富辩才。一次，一个嫉妒马雅可夫斯基的人指着他说："你是一个极端个人主义者，否则为什么在你的每首诗中都要'我'字当头呢？"马雅可夫斯基微笑着告诉那人："为什么不能用第一人称'我'呢？比如说，当你向心爱的姑娘求爱时，你到底是说'我'爱你，还是'我们'爱你？"弄得那无聊文人又羞又恼，无言以答。

　　又有一次，马雅可夫斯基在莫斯科综合技术博物馆举行个人演讲，精彩的话语不时赢得阵阵热烈的掌声和喝彩声，突然有人站起来喊道："您讲的笑话我听不懂！"马雅可夫斯基感叹道："您莫非是长颈鹿吗？只有长颈鹿才可能星期一浸湿了脚，到星期六才感觉到。"那人火了："马雅可夫斯基，您怎么可以把大家当成白痴！"诗人迅速答道："怎么会是大家呢？我明明看见面前只站着一个人呀。"这时一个矮胖子挤到了主席台上，指着马雅可夫斯基说道："马雅可夫斯基同志！我得提醒你！拿破仑有句名言：'从伟大到可笑，只有一步之差！'""不错，从伟大到可笑，是只有一步之差。"马雅可夫斯基边说边用手指着自己和那个矮胖子。众人再次大笑，矮胖子知趣地溜走了。过了一会，又有人递上一张条子来，上面写道："您说，有时应当把沾满'尘土'的传统习惯从自己身上洗掉，那么您既然需要洗脸，是不是说明您也是肮脏的呢？"诗人回答："那么您不洗脸，难道您就是干净的吗？"

（陈艳华、高乐田编：《中外说辩艺术博览》，上海文化出版社，1999 年，第233—234 页）

马雅可夫斯基反驳第一个嫉妒者的责难，只是用了一个通俗易懂的比喻，提出一个是非选择问题，"当你向心爱的姑娘求爱时，你到底是说'我'爱你，还是'我们'爱你？"简单的常识，却点在要害处，文人的无聊、无知就暴露无遗了。面对第二个声称"听不懂"的演讲者，以感叹的口吻开玩笑应对："您莫非是长颈鹿吗？只有长颈鹿才可能星期一浸湿了脚，到星期六才感觉到。"此答语也是比喻，构想颇为奇特。以犀利的目光区分清楚究竟是"大家"还是"一个人"。"怎么会是大家呢？我明明看见面前只站着一个人呀。"前一句排除"大家"，后一句用"明明"、"只"强调"一个人"，对方立刻败下阵来。第三次，一个矮胖子引用了拿破仑的名言大加指责，而马雅可夫斯基重复对方引用的拿破仑的名言："不错，从伟大到可笑，是只有一步之差。"只是"边说边用手指着自己和那个矮胖子"，增添了一个手势语言——将"伟大"和"可笑"所指对象换了个位置，致使矮胖子溜走了。第四个递条子者，马雅可夫斯基换了一个角度，反问对方："那么您不洗脸，难道您就是干净的吗？"揭穿了对方逻辑上的矛盾，一句话就使对方哑口无言。这一例中，四个责难者都有挑衅的意图，矛盾尖锐，而且是在大庭广众之下，马雅可夫斯基无法迁就回避，给予强有力的语言回击十分必要，也取得了良好效果，征服了对手。

（二）语言包含强大的事实力量

事实胜于雄辩，在许多场合，辨明道理确实十分重要，但如果举出铁一般的事实，结合说理，其力量就更加强大。事实可以是案例，可以是亲身经历或耳闻目睹的事件，不管怎样，这些用于交际的事实，必须确实是真实的，是与语言交际主题密切相关的，最好具有一定的典型性，大家都熟知的事实更具有说服力。下面是笔者同学亲身经历的一件事情：

齐某的妻子患有胸椎间盘突出病，大小便失禁，痛苦万分，去过多家大医院就诊，医生都建议手术治疗。医生对齐某说道："虽说可以手术治疗，但有很大风险，必须动 4 根肋骨，用不锈钢材料替换，手术成功率 50%，你们要慎重考虑啊！"甚至有医生建议索性等到瘫痪后再做手术，免得万一手术失败产生严重的后果。医生的话语说得齐某胆战心惊，迟迟不敢下决心给妻子做手术。

一天，齐某偶然从报纸上看到一家规模不大的治疗脊椎病的专科医院，抱着试试看的态度与妻子前往咨询。医院热情接待了齐某，经过检查，得出可以做手术的结论。

医生："你妻子的病完全可以手术治疗，不必开大刀，只要进行微创手术即可。"齐某："那你们的手术成功率有多高呢？"医生："不好说，我们所治疗过的病人至今还没有失败的案例。"齐某："那万一失败了呢？"医生："如果手术失败，造成瘫痪，我们赔偿 20 万；如果没瘫痪，但也算不成功，赔偿 10 万。"

医生一席话说得齐某夫妻很是心动，但他们还心存怀疑，下不了决心，只是回答回家考虑后再作决定。于是医院派车送齐某夫妻回了家（医院离齐某家 40 多公里）。

10 多天后，医院给齐某打电话说："医院收治了一个与您妻子病情相同的病人，已经做了手术，您是否愿意前来与病人交流交流？如果愿意，我们派车前去接您。"

齐某夫妻应邀前往医院，那位成功进行了手术的病人大谈以前患病的痛苦，如何辗转寻找到了这家医院，现在经过手术，病情已经根本好转等。齐某夫妻当即决定做手术，结果手术非常成功。

这一例中，大医院的医生诊断的意见已经先入为主，给齐某夫妻留下了难以磨灭的阴影。"必须动 4 根肋骨，用不锈钢材料替换，手术成功率 50%"，手术大，风险高，这话落到谁身上谁都会有顾虑担忧，所以再到小医院诊疗时，病人开始总是抱有怀疑态度，不很信任医生，尽管医院态度十分诚恳，说明十分清楚。最后促使齐某夫妻改变态度，下决心做手术的是事实。医院邀请齐某夫妻前往医院与治疗好的一个病情相同的病人交流。"医院收治了一个与您妻子病情相同的病人，已经做了手术，您是否愿意前来与病人交流交流？如果愿意，我们派车前去接您。"医院征询病人的意见，并无强求之意，且提供便利服务，实际上就是要用事实说服病人去他们医院就诊，凭借成功的案例，这一目的顺利达到了。

美国近代著名女作家玛格利特·米契尔，有一次被邀请去参加世界笔会。她没有胸前佩戴名签的习惯，所以，有位匈牙利作家坐在她的旁边，却根本不知这个衣着朴素、态度谦虚的女士是谁，因而他就以一种居高临下的态度，同她进行了这样一段谈话："小姐，你是一位职业作家吗？""是的，先生！""那么，有些什么大作，可否见告一两部？""谈不上什么大作，我只是偶尔写写小说而已。"
"噢，你也写小说。那么，我们可以算是真正的同行了。我已经出版了339本小说，……你写过多少部呢？小姐！""我只写过一部，它的名字是'飘'。"语音未落，那位匈牙利人已目瞪口呆了。

（《初中生学习》，2003年第6期）

　　小说《飘》是一部大家都熟知的具有浪漫主义色彩、反映美国南北战争的小说。主人公斯佳丽身上表现出来的叛逆和艰苦创业、自强不息的精神，一直令读者为之倾心。这部小说感动了无数读者，影响力经久不息，多次被翻拍成电影，电影又名《乱世佳人》。匈牙利作家居高临下，喋喋不休。当得知女士只是"偶尔写写小说而已"后，更是傲气逼人："我已经出版了339本小说，……你写过多少部呢？小姐！"突出作品的数量，并非真心询问，"小姐"后边的感叹号加重了语气，用意是逼对方说出作品数量很少，轻蔑之情溢于言表。而玛格利特·米契尔只说了一个"飘"字，匈牙利作家自然知道其影响力、知名度，一字重千金，改变了双方的关系，足见事实的力量是何等强大。

（三）语言蕴含强大的情感力量

　　感情是十分丰富复杂的，也是一种力量，其力量的呈现形态、力度各不相同。语言中包含的感情如果建立在理性的基础之上，处置特定事件，针对特定对象，符合特定场合，集中宣泄、喷发，其表现出的刚性力量足以使说写者在矛盾的斗争、较量中牢牢占据主导地位。

　　一天，著名作家梁晓声发现有两个人在众人围观下毒打一蹬平板车的青年。当他弄清起因是两个家伙借平板车逆行而敲诈勒索时，大步上前一声厉喝："住手！"对方一惊。"三个数以内，你不放开他，老子管叫你脑袋瓢开花！一、二……"还没等到三，俩人心虚地松开了手，问："你……你是干什么的？"其中一人低声嘟哝："碰上了打抱不平的……""对，老子今天就是要抱打这场不平，活该你们两个王八蛋碰上了！""你……你敢骂……"梁手攥一只汽水瓶逼近他们："对！老子就是敢骂你们王八蛋！光天化日之下，你们公然敲诈勒索，大打出手，难道还不该骂吗？""你想怎么样？""道歉！认错！还我们社会一个公道！"一人说道："老子没向别人低过头认过错！""那你是在今天碰上我以前！"梁眼疾手快将自行车锁了，将钥匙攥在手里："你们得向被欺负的那青年低头认错，就当着这些围观的人的面。否则，你们休想走成，除非你们的车从我身上轧过去！"围观的人们也开始怒斥喝骂，俩家伙只得乖乖认错。

（《演讲与口才》，2001年第1期）

这一例中，梁晓声侠肝义胆，话语刚毅雄劲，掷地有声，与其说是以理服人，不如说他以强烈的愤怒之情震慑住了两个敲诈者，征服了对方。大步上前一声厉喝："住手！"对方吃了一大惊。"三个数以内，你不放开他，老子管叫你脑袋瓢开花！一、二……"给予对方的时间极短，如果不照办的后果不是模糊的"不放过你"、"严重"之类的表述，而是既形象又明确的"脑袋瓢开花"，渗透进极度愤怒、蔑视的情感。强烈要求对方："道歉！认错！还我们社会一个公道！"三个感叹短句，步步递进，气势逼人，好似钢刀直插进敲诈勒索者的心口。"你们休想走成，除非你们的车从我身上轧过去！"死死封住了对方的退路，更是表达了毫不退让，一管到底的决心。

此外，认识和理解强势转化，还必须注意两点。

第一，在具体实施语言行为时，强势转化的语言形式并非一味追求刚烈的形态。有的时候，以刚为主，刚柔相济，互补互助，更能取得良好的效果。

张艺华的《烟袋杆和烟袋头》一文中举过这样一个例子：

"老调解"去调解一对中年夫妻的婚姻矛盾。女的是原告，她一把鼻涕一把泪地控诉丈夫经常打她，每次都打得她鼻青脸肿。还说，丈夫经常彻夜不归，外边满城风雨，传他在单位有情人。"屁话！"丈夫一头跳了起来，指着妻子的鼻子吼道："你不要贼喊捉贼！你与大牛眉来眼去，当我是瞎子？"

"老调解"挥了挥手里的烟袋杆儿，声音不大却很威严地说："坐下！""老调解"不紧不慢地问："你们还有其他方面的矛盾吗？"夫妻俩异口同声地说没有。"嗯！""老调解"问女的："他在单位有情人，你亲眼看到过？"女的摇摇头。"你调查过他单位的领导和同事了没有？"女的又摇摇头。"老调解"再问男的："什么叫眉来眼去？""这个……"男的吞吞吐吐。"老调解"把烟袋锅使劲地往地下一敲，愤然喝道："全都吃饱了没事干给撑的，胡扯淡！"夫妻俩同时一怔。"在我看，""老调解"语重心长地说，"你（指女的）没有证据证明男人移情别恋。你（指男人）也不能捕风捉影地胡嚼妻子红杏出墙！孩子都二十了，还谈离婚呢。我看，你俩离婚的话，从现在收拾起来吧！"男的想了想，点点头说："我听大哥的。"女的却坚定地说："我是铁了心了，一离到底！""为什么？""老调解"问。女的说："我不是不给大哥面子，是他与我的裂缝太深了。大哥我问你，一个碗裂过缝，你还能把它补成原来的样子吗？""老调解"没有回答，而是低下头在灶后的柴草里寻找东西。男的问找什么？"老调解"说刚才发火，把烟袋锅敲掉了，不知落在哪里了。男的一听，赶忙帮着找，可是两人找了很久也没找到。女人不以为然地说："不就一个烟袋锅吗？再买个新的就是了。""老调解"长叹了一口气说："新的哪有原配的好啊！""啊？"女人一愣，但很快明白过来。她喃喃地重复着这句话。许久，她忽然捂起脸哽咽起来。"老调解"清楚她为什么哭，所以并不劝她，直到她哭够了为止。

结果，这两口子主动撤回了离婚请求。

这一例中，一对中年夫妻因为怀疑对方有外遇而闹离婚，他们言之凿凿，其实掺杂着强烈的个人主观感情因素，限于农村夫妻的素养，两人确实难以自己沟通协商来解决这种说不清、道不明的问题。"老调解"的经验丰富，站在客观立场上，分别向双方提问，索求确凿证据，双方都无法作出说明。"老调解"从不同方面问女的："他在单位有情人，你亲眼看到过？""你调查过他单位的领导和同事了没有？"女的都摇头表示没有。男的以"眉来眼去"作为怀疑的证据，"老调解"问："什么叫眉来眼去？"男的吞吞吐吐回答不出。询问的过程中，"老调解"是心平气和的。当发现没有任何证据后，随之"老调解"愤然喝道："全都吃饱了没事干给撑的，胡扯淡！"以事实为依据，占据了语言交际的主动权，震慑住了这对夫妻。但阻力还是不小，女的说道："他与我的裂缝太深了"，"一个碗裂过缝，你还能把它补成原来的样子吗？"以补碗为喻表示思想上的疙瘩已无法解开。而"老调解"的劝说，也以比喻应对比喻，借一个小小的烟袋锅告诫对方："新的哪有原配的好啊！"通俗易懂，语重心长，以情动人，使夫妻俩的婚姻矛盾得以顺利解决。

第二，强势转化与强力压服表面上相似，其实两者是有明显区别的。压服是用强力制服，不对矛盾作细致分析，不从实际出发，不讲方式方法，或者主观臆断，或者凭借自己的地位、权力，或者拉大旗、扯虎皮等，强迫对方接受说写者的意见、观点，认错乃至"认罪"。压服的结果常常是压而不服，适得其反，矛盾依旧存在，只不过改变了存在的形式而已，有的还会产生严重的后果，比如一方消极对抗，精神萎靡，甚至寻死觅活等。

2010年4月3日的《文汇报》上有篇莫言的文章《当众人都哭时，应该允许有人不哭》，讲述了这样一件往事：

> 新年的时候，我回故乡去看父亲。父亲告诉我，我的一个小学同学跳到冰冷的河里救一头小猪，自己却被淹死了。这个同学的死让我感到十分难过，因为我曾伤害过他。
>
> 那是1964年春天，学校组织我们去公社驻地参观阶级教育展览馆。一进展览馆，个同学就带头号哭，随后，所有的同学都跟着大放悲声。有的同学踩着脚哭，有的同学拍着胸膛哭。我哭出了眼泪，舍不得擦掉，希望老师能够看到。在这个过程中，我偶一回头，看到我的那位同学瞪着大眼睛，不哭，而是用一种冷冷的目光在观察着我们。当时，我感到十分愤怒：大家都泪流满面，哭声震天，他为什么不流泪也不出声呢？
>
> 参观回来后，我把这个同学的表现向老师做了汇报。老师召开班会，对这个同学展开批评。"你为什么不哭？你的阶级感情到哪里去了？你如果出身于地主

或富农家庭，不哭还可以理解，但你出身于贫农家庭啊！"任我们怎么质问，这位同学始终一言不发。过了不久，这位同学就退学了。

后来我一直为自己的这次告密行为感到愧疚，并向老师表达了这种愧疚。老师说，来反映这件事的，起码有二十个同学，因此这种行为不能算告密，而是一种觉悟。老师还说，其实，有好多同学也哭不出来，他们偷偷地将唾沫抹在眼睑上冒充眼泪。

这一例中，学校组织学生去参观阶级教育展览馆，许多同学言不由衷地"号哭"，唯独一位同学不哭。参观的感受各人本不相同，不哭按理无可厚非，但在那个讲究阶级斗争的特殊年代，阶级感情是衡量一个人的觉悟道德的重要标尺，所以许多同学因"愤怒"而汇报，班主任特地为此开班会严厉责问、批评。"你为什么不哭？你的阶级感情到哪里去了？"前一个是一般疑问句，后一个是反问句，但前句是质问口气，因为后句将责问的矛头直接指向了"阶级感情"，对方实际上只能在这一问题上回应、表态，别无选择。"你如果出身于地主或富农家庭，不哭还可以理解，但你出身于贫农家庭啊！"语意的重点在于转折句的后边，感叹句已经下了否定结论，省略的意思是极不应该"不哭"。最后，在重压之下，那位同学被迫退学了，而后来他却以实际行动证明了自己的觉悟品德是何等高尚！

二、缓冲转化

缓冲转化，是指说写者主要通过语言的调节，减弱语言的力度，掩饰语言的锋芒，促使人际关系矛盾得到缓解、弱化、解决。缓冲并不是回避、掩盖矛盾，没有改变矛盾的性质、形态，也不是以转化时间的长短来论定，只是以相对婉转的语言形式来传递信息，减弱信息的直接冲击力，应对和处理人际矛盾。缓冲转化大体上可以分成模糊缓冲、间接缓冲、抑扬缓冲三类。

（一）模糊缓冲转化

模糊缓冲转化，就是使用模糊性的限制语言对原本明确的观点或态度进行调节，以缓和话语的冲击力，便于对方接受，有利于更好地达到交际目的。例如："可能"、"或许"、"也许"、"似乎"、"好像"等词语，还有"（你、我）觉得"、"（你）认为"、"感觉"等词语，可以将原本鲜明的观点适当地加以掩饰。在语言交际活动中，有时候必须提出一些比较尖锐、敏感的问题要求对方表态、回答，为减轻话题对对象面子的威胁程度，同时也为保护自己的面子，使双方都有回旋的余地，保证语言交际活动能够顺利进行，通常会使用模糊限制性语言。

《大众电影》2000年第1期有篇文章《陈道明：真人说真话》：

记者：你主演的《寇老西儿》好像不是很成功？

陈道明：毛主席教导我们，一个人做好事容易，一辈子做好事难。演员一样，演个好戏，一举成名天下知，也还是容易的，相对容易，但是说部部戏都到位，不太可能，所以我们经常失误，而且失误是绝对值。演员不可能部部放礼花，有时也有臭子儿，真的。

这是一个使用程度类模糊限制语的例子。由采访对象的回答可见，陈道明主演的《寇老西儿》电影确实并不成功。但如果采访者直截了当给予评价、作出询问，可能有风险，会引起交际对象的反感、抵触情绪，因为对方是著名演员。记者在提问中使用了"好像"、"很"这两个模糊限制词语来委婉地表达自己的质疑态度，以维护对方的面子。这里，模糊限制语的使用只是一种表达方式的改变，并不影响记者真实意图的传达，因此采访对象才能作出正确的判断并予以应答。陈道明回答道："演员不可能部部放礼花，有时也有臭子儿，真的。"就是间接承认了《寇老西儿》不是很成功。

（二）间接缓冲转化

间接缓冲转化，主要是指借助于第三者视角，将说写者的意思糅合其间进行转述，通过一些有根据、有来源的说法来缓和话题，如据某人所说，依照某种信念，或者凭借书本知识等，作为话题的依据或来源，使之具有客观性。这一方面表明了话语的依据或来源，并非个人的主观猜测、臆断。如"有媒体说"、"有网友说"、"有人批评说"等代表着一些人的意见，说写者不过是加以转述，自己的意思则巧妙地隐藏其间；另一方面，其可以避免因话语过于尖刻等可能给自己带来的责任，或惹恼交际对象而中断语言交际过程。

2005 年 6 月 9 日《南方人物周刊》上有篇文章《方舟子：我是过渡人物》：

人物周刊：北师大的田松说，你从来就不是一个学术上的对手，而是政治上的，喜欢上纲上线，动辄扣"反科学"的帽子？

方舟子：我觉得是他们造谣。比方说，我从来没有说过科学是万能的、唯一的，我认为科学是必要的，但不是充分的。他们给我扣帽子，说我是"科学主义"、"学术警察"。

人物周刊：你似乎一直有双重标准，当涉及生物专业时，你说人家不够资格和你争论，但你又经常在别的专业上发言，比如和薛涌、林达争论历史、文化等？

方舟子：这涉及文理科专业的不同，要讨论像生物学这样的科学学科，需要用到很多的专业知识，没有经过系统的训练难以做到。但文科的专业性没有那么强，靠自学也可以掌握，业余的人也可能有所发现。我兴趣比较广，文史功底还是可以的。而且，我批评薛涌、林达这些人，只是针对一些基本事实、基本逻辑，从来没有涉及过很专业的高深的问题。我也不知道何以文化就成了林达的专业。他因为在美国生活，就成了美国文化专家了？我不也是长期在美国生活嘛。如果觉得我哪个地方说错了，就应该具体地指出来，不要只怪我插手太多，却说不出我错在哪里。只会摆专业的架子是没有用的，不管是哪一个领域，都要讲事实、摆道理。

这一例中，记者的第一个问题，是质疑方舟子学术打假的动机。"你不是一个学术上的对手"否定了方舟子作为学术对手的地位，又以"从来"来修饰，其否定程度则进一步加强。而"喜欢上纲上线"、"动辄扣'反科学'的帽子"这些带有消极色彩的词语的使用，不仅是对方舟子的批评，甚至可以说是严厉指责或批判。这类否定和质疑程度如此之高的直接否定性评述是不宜由记者直接表述的。记者借用第三方"北师大的田松说"来避免提问可能带来的冲突，一方面可以减轻对采访对象面子的威胁，另一方面又可以摆脱自己所要承担的责任，同时顺利达到质疑对方的目的。记者的第二个问题，则用模糊副词"似乎"。指责对方"一直有双重标准"，同样十分尖锐，甚至涉及人格、人品的问题，很容易引起对方反感，借助于"似乎"，则大大减弱了冲击力。

（三）抑扬缓冲转化

利用抑扬缓冲转化方式，即欲抑先扬修辞策略，也能够有效缓冲语势，致使交际者的心理相对平衡，有利于对方接纳信息。当我们不得不表达对某人或某事的否定、批评、质疑时，往往会"欲抑先扬"、"先褒后贬"、"先礼后兵"，就是先肯定或赞赏交际对象的成就，给对方一定面子，然后再提出否定、批评或质疑。这种肯定、赞扬是为缓和语势，降低话语对交际对象的面子的威胁程度，是对交际对象面子损害的一定程度上的补偿，是说写者为实现自己的交际目的所选择使用的话语调控手段。

国内一家有名的汽车工业企业在与电视台合办的一场现场直播的招聘会上高薪招聘部门营销主管。担任评委的是来自这家企业的高管。招聘的最后一轮是答辩。

节目主持人出了准备好的第三道题："你喜欢做小池塘里的大鱼，还是做大池塘里的小鱼？请说明原因。"2号迅速回答："我愿做小池塘的大鱼，因为小池塘里大鱼能够有机会在较高的职位上得到更多的锻炼；而大池塘的小鱼则因为鱼的群体大，人才竞争惨烈，获得晋升的几率很小。"

主持人接着发起进攻："你现在应聘的这家有名的汽车工业企业与你们原来的企业相比是小池塘，还是大池塘？"

这是一个极难解答的问题，不管回答小或大，都将跌进评委老师预先设定的陷阱。2号回答道："我们应聘的这家企业无论是规模，还是品牌与科技含量，与我尚在服务的企业相比，它确实是'大池塘'。但是——""但是什么？"主持人步步紧逼，不给人片刻喘息的机会。但见2号临危不乱，回答道："但是——与日本的丰田、美国的奔驰等国际名牌相比，目前它还只是个'小池塘'，我希望我能有机会，与同仁们一道将这个'小池塘'做大做强，使'小池塘'有一天能变成'大池塘'，使这家企业走出去，从中国走向世界。"

2号精辟的言辞淹没在热烈的掌声中。

（《思维与智慧》，2008年第6期）

应聘者表示"我愿做小池塘的大鱼"，主持人立即发起进攻："你现在应聘的这家有名的汽车工业企业与你们原来的企业相比是小池塘，还是大池塘？"这位应聘者实际上已经陷入了主持人设置的两难陷阱，如果说是"小池塘"，无疑是贬低这家企业；如果说是"大池塘"，就意味着自己不愿意进入——与先前的表态矛盾。应聘者从客观实际出发，对应聘的这家企业给予了中肯的评价，先扬："我们应聘的这家企业无论是规模，还是品牌与科技含量，与我尚在服务的企业相比，它确实是'大池塘'。"其中有个前提——与"我尚在服务的企业相比"；后抑，"但是——与日本的丰田、美国的奔驰等国际名牌相比，目前它还只是个'小池塘'"，这里用来作比的国际名牌企业众所周知，表述无懈可击。既保全了自己原公司的形象，又给足了评委们面子，同时也掺进了自己的主观愿望，表达了自己宏伟的抱负、远大的理想和坚定的信念，让其他竞争者自叹不如，最后使评委折服，获得了竞聘的成功。

教师批评教育学生，为了保护学生，让学生乐于接受意见，常常使用欲抑先扬的修辞策略。学生的优点和缺点、长处和短处、正确和错误往往并存在同一事件之中，复杂地交织在一起。这就特别需要教师具有辩证的思维方法、敏锐的眼光、灵敏的反应能力，对事实进行细致、全面、动态的分析，对其优点、长处、正确之处进行鼓励，促使对方自觉地认识缺点、错误和不足，进而达到转化的目的。

有一次，一位学生边听课边喝水，老师叫他站起来。谁知这位学生站起来后却说："老师，《中学生日常行为规范》没有规定上课不准喝水。"说完后，竟坦然坐下了。老师对喝水的学生说："我今天要表扬你。"他一愣，似乎以为老师在说反话。老师接着说："你处处以规范来约束自己，说明你的心里有一把尺子，明白什么该做什么不该做。能用理性来控制自己的行为，这是一个人走向成熟的标志；另外，你能站起来回答老师，说明你懂礼貌，这也印证了你对《中学生日常行为规范》的遵守。"听到老师的表扬，他反而露出了羞愧的神色，连连说："老师，我错了。"老师顺势反问道："你错在哪儿了？""我不该在课堂上喝水。""很好，下去想一想为什么课堂上不能喝水？并把这个观点阐述清楚，写一篇议论文。"老师认真地对他说。后来，学生真的交来一篇作文。文章分析得很透彻：

我们的行为除了必须遵守法律法规外，还要符合道德规范，不能以规范没有规定为理由钻空子。《中学生日常行为规范》没有规定上课不准喝酒，你能喝吗？也没有规定不准把宠物带到学校，你能带吗？这些都是约定俗成的道德规范，无须规定。

（《教育科学论坛》，2006 年第 10 期）

学生在课上喝水，一个小小的事件，教师却处理得如此巧妙！学生以"《中学生日常行为规范》没有规定上课不准喝水"为自己辩解，粗看似乎是强词夺理，而教师却看到了事情的另外一方面，表扬了学生两点可取之处，能够"处处以《规范》来约束自己，说明你的心里有一把尺子"，以及"站起来回答老师"，说明"懂礼貌"。教师选择的表扬点合情合理，并非无中生有，教师尚未进行批评，学生却已经主动认识到自己的错误。因为教师虽然是在表扬，但是表扬的是学生考虑问题的方法，并没有就发生的事情具体评说，含有启发性。"想一想为什么课堂上不能喝水？并把这个观点阐述清楚，写一篇议论文。"提出"为什么"的问题，促使学生向深处思考，转化成自觉的行为。

三、无痕转化

无痕转化，是指说写者主要运用委婉、柔和的语言形式促使人际矛盾得到缓解、弱化、解决。这比缓冲转化更进了一步，是人际矛盾转化的高度境界。人际矛盾如果能够以无痕的形式缓解、弱化、解决，其优越性是明显的：不伤和气，不伤感情，不伤面子，不留后遗症，有助于保持较为长久的和谐。无痕转化，没有刚猛的冲击力，语言春风拂面，细雨滋润，声声入耳，句句中听，合情合理，似乎在不经意中矛盾、冲突就销声匿迹。无痕转化同样主要依靠内因的作用，不过力量的使用方式与强势转化有所不同。

（一）运用平和语言形式转化

"平和"是一个道家的词汇，也是一个佛教用语，同时是一种儒家的说法，讲究的是一种心境，是一种处世的态度和人生观的体现。平和语言，通俗地说，就是一种温和的语言形式。虽然理在己方，却娓娓道来，措辞并不激烈、不尖锐、不见锋芒，却蕴藏着内在的震撼力量，能自然而然地促使矛盾转化。

入冬时，陈太太带着孩子去纽约与先生团聚，并把孩子送进了一所公立学校念书。

纽约的冬天真是冷极了，暴风雪几乎是家常便饭。有时几尺厚的积雪使部分公司和商家不得不暂时歇业，可是公立小学却依旧照常开课。接送小学生的公车艰难地爬行在风雪路上，按时将孩子们接来送往。

陈太太像许多家长一样，对校方的这种做法很不理解：有必要非得在这样恶劣的天气里让孩子们去学校吗？她忍不住打电话给学校，打算向校方提出停课的建议。待陈太太说明原委后，校方的答复却令她感动良久："正如你所知，纽约是富人的天堂、穷人的地狱。不少穷人家庭冬天甚至用不起暖气，把那些孩子接到学校来上学，他们不仅能拥有一整天的温暖，还能在学校里享受到免费的营养午餐！"

感动之余，陈太太灵机一动，自认为想出一个两全其美的法子。她又打了一个电话："为什么不在有暴风雪时，让家庭条件好的孩子们待在温暖的家里，只接送那些贫穷人家的小孩去学校呢？"

这一次，校方的回答不仅令陈太太热泪盈眶，而且终生难忘。校方回答说："施恩的最高境界应该是保持人的尊严。我们不能在帮助那些贫穷孩子的同时，践踏他们的自尊。"

（《施恩的最高境界》，《读者》，2009 年第 20 期）

这一例中，陈太太两次对学校在恶劣天气仍然接送孩子的做法表示不满，提出停课建议，提出分别对待学生这个自以为"两全其美"的法子，而校方不是粗暴、简单地拒绝，而是站在贫穷孩子的角度陈述接送孩子的并不复杂的理由。陈太太第一次提出停课建议，校方答复道："不少穷人家庭冬天甚至用不起暖气，把那些孩子接到学校来上学，他们不仅能拥有一整天的温暖，还能在学校里享受到免费的营养午餐！"同样对恶劣的天气，校方回答的角度与陈太太完全不同，递进句式和"拥有"、"享受"等词语充溢着对穷人孩子物质上的关爱。陈太太认可了校方的意见，第二次提出"只接送那些贫穷人家的小孩去学校"的建议，似乎这样就没有矛盾了。孰料校方的回答是："施恩的最高境界应该是保持人的尊严。我们不能在帮助那些贫穷孩子的同时，践踏他们的自尊。"第一句极简练地讲出了一个深刻的道理，提升到"最高境界"的高度；第二句承接第一句而来，"践踏"一词很有分量，虽然没有正面直指陈太太的建议，但实际上已经作出了回答——如果按照陈太太的建议，那就严重损害了穷人孩子的自尊心。给孩子温暖、午餐、自尊，竟然使得陈太太"感动良久"、"热泪盈眶"，意见荡然无存。这确实是施恩的最高境界！陈太太与校方的矛盾自然以极其平和的形式消除了。

（二）运用退让语言形式转化

人们常说："吃亏是福。""退一步海阔天空。"这是人生的警世格言，也是为人处世必不可少的行为准则。吃亏是宽厚大度的表现，是谦恭礼让的美德，是心胸豁达的风采。在现实社会中，吃亏的事是经常会遇到的，处理妥当，坏事变好事；处理不当，结果适得其反，造成尖锐的矛盾。人们往往被私欲所困，为一己私利争得面红耳赤，为鸡毛蒜皮的小事斤斤计较。贪小便宜的人处处想占上风，盛怒之下就会失去理智，无事生非地嚼舌根，蛮不讲理地骂大街，胡搅蛮缠地闹领导，结果往往是因小失大，使至爱亲朋行同路人，骨肉兄弟反目成仇，结发夫妻分手离异，虽为邻里，鸡犬相闻，却老死不相往来。经常吃亏的人既不是软弱可欺，也不是胆小怕事，因为他们具有宽厚的人品，礼让的美德。只要人们具有这种人生的态度，人际矛盾就不太可能一直僵持，更不会进而激化，其态势势必向好的方向发展，语出委婉、柔和，无痕转化就不难做到。

一栋楼上，有两位年轻的好朋友都下岗了。为此两家人聚在一起讨论研究出去做生意的事。楼下的主张两家各集资2万元去外地贩运新鲜蔬菜回来出售，楼上的赞同。由于是初次做生意，市场行情不熟，加上缺乏经验，第一次投入的4万元，不仅分文没赚，还赔了2.8万元。

回到家，楼上的朋友把亏损情况告诉了妻子后，妻子当时就用大嗓门，把丈夫骂得地位全无："你这没用的家伙，是做生意的料吗？上了楼下的当了！损失找他们赔！"而楼下的那位妻子不仅没有抱怨丈夫，还给丈夫"台阶"下："初次做生意亏了，权当交了学费，常言道失败是成功之母，下次一定会有经验。"妻子不仅鼓励丈夫，还向娘家亲戚又借了2万元，并分析经验，总结教训，鼓励丈夫与朋友再合作一次，把损失找回来。可当楼下这位妻子主动找楼上那位妻子商讨继续做生意时，楼上妻子直骂楼下妻子的丈夫，说："两个大男人，一对窝囊废，再合伙？做梦！你非要我们倾家荡产不可？"楼下妻子说："当初虽然我们两家都同意的，但主意毕竟是我们出的，我们就给你们5 000，算是赔偿。是不是再次合伙，你们自己商定。"楼上妻子一时无话可讲，脸色阴转多云，最后同意大家再次合伙。

由于有了教训，接下来不仅贩运量少，品种多，且直接去菜农家拉货，成本大大压缩了。一段时间后两家算账，算上上次亏掉的，净赚了8 000元。

（《经纪人》，2005年第10期）

这一例中，两个妻子形成鲜明对比。楼上的蛮横无理，咄咄逼人，不肯吃半点亏。指称"丈夫"为"你这没用的家伙"，复指主语明显含有贬义，把丈夫骂得地位全无；还把矛头指向楼下，双方合伙成了"上了楼下的当"；"损失找他们赔！"明确绝无自己的责任，"理所当然"地要求楼下赔偿损失，心底里将钱看得极重。楼下的却温言软语劝慰丈夫，鼓励丈夫，"权当交了学费"，绝无责怪丈夫的一点意思，甘愿自己吃亏，仅仅因为主意是他们出的，"就给你们5 000，算是赔偿"，将钱看得轻淡，而且是不是再次合伙，由"你们自己商定"，绝不强迫。不但夫妻之间本来应该出现的矛盾抑制了，而且与邻里之间的关系从紧张变得和睦，促使双方重新合伙并取得了成功。

（三）运用调和语言形式转化

这里说的调和语言，特指交际双方之外的"第三者"的调解语言和说写者利用语境等其他条件因素促使矛盾转化的语言。无痕转化，又常常借助于外部条件促使人际矛盾得到缓解、弱化、解决。所借助的条件，可以是矛盾之外的"第三者"，也可以是其他语境因素。人际矛盾有部分是可以由交际双方通过直接语言交锋自行化解的。无论是采用何种形式，激烈的、舒缓的，快速的、缓慢的，直接的、间接的，只要能够达到预定的目标就行。但是，由于各种主客观因素的制约和影响，例如当事人的思想素养较低，无法对矛盾有清醒的、全面的认识，缺少必须具备的法律和其他知识；个性脾气急躁，控制不住冲动的感情，头脑容易发热，意气用事，这样就往往不能独立妥善地解决矛盾。又如，事件比较复杂棘手，或者还牵涉其他方方面面的利益，难以有公正、公平的论断，不利于矛盾的化解。所谓当局者迷，旁观者清就是指的这种情况。这种借助外部条件力量转化的语言就可以看做是调和的语言。调和语言形式通常具有客观性、稳妥性、全面性的特点，有时也带有情感性。

在一般情况下，夫妻间、婆媳间、妯娌间、姑嫂间的矛盾，往往是公说公有理、婆说婆有理，可谓清官难断家务事。这时"第三者"的介入、调解常常能起到很好的作用。

小沈和小华夫妻为儿子的教育问题发生了激烈的争吵，小沈动手打了5岁的儿子，妻子小华对丈夫的做法非常不满，一时闹得天翻地覆。邻居老古进屋劝阻。老古对丈夫说："小沈啊，小华不让你粗暴地对待孩子，这是做母亲的本性，也是为了保护孩子的自尊心。你想想，平时主要是小华在照顾孩子，吃喝拉撒，忙里忙外，她是一位称职的慈母哇！"又对妻子说："虽然小沈的行为粗暴了点，但是他的出发点还是为了孩子好，是不是？对孩子要求越是高，心里就越是急躁，是人之常情。'养不教，父之过'，他是恨铁不成钢啊！"一席话，使得夫妻俩的怒气消失了，脸色平和了。

这一例中，老古的调解劝说很成功，对夫妻俩不偏不倚，作均衡式褒扬。称赞妻子具有典型的母性，肯定出发点是"保护孩子的自尊心"，形象陈述照顾孩子"吃喝拉撒，忙里忙外"，插入语"小沈啊"、"你想想"，带有拨动人心的缓和力量。丈夫打孩子的行为自然是错误的，不能回避，以"粗暴了点"来表述，减弱了粗暴的分量；"虽然……但是……"的转折复句，将重点放到了"出发点还是为了孩子好"上面，接着用"是不是"疑问句征询，诱发对方思考，并不强迫对方接受。"对孩子要求越是高，心里就越是急躁，是人之常情。"用带有普遍性的道理解释打孩子的原因，促使妻子改换角度看待丈夫的粗暴行为。最后引用古语"养不教，父之过"，深深感叹："他是恨铁不成钢啊！"表示对小沈心理的深刻理解。如此，让双方都感受到了对方闪光的一面，从而很快就消除了双方的隔阂、矛盾，家庭生活又变和谐了。

学生由于年龄比较小，家庭背景不同，涉世不深等原因，身上存在各种各样的缺点、弱点，缺乏处理复杂问题的经验，做事常常容易冲动犯错，这是十分正常的情况，否则也没有必要去学校接受教育了。所以，学生之间的矛盾冲突，常常必须由教师介入才能促成转化，妥善解决。但倘若要真正做到无痕转化，与教师的综合素养密切相关。

教师走进课堂时一眼就发现，张贴在教室"作文园地"中 L 的作文《第一次为妈妈洗脚》，不知被谁在上面写了一句"是从作文选上抄来的"字样。L 的眼里噙满了泪水，脸上写满了委屈，眼里充满了乞求和期待。

老师用犀利的目光扫视了一下全班。当目光落在 C 同学的脸上时，他竟不自然地避开，一下子低下了头，联想他平时的种种表现，再看看那几个字的字体，老师已经猜到了七八分。

老师微笑着走到 C 的课桌旁，问道："同学们，老师想问问，谁认真读了 L 的作文？"大家都表示读过。"那谁从作文选上看到过这篇作文，你能拿出那本作文选让大家看看吗？"大家都说没有，C 则一直低着头，不敢看老师一眼，一副等着当众挨批的架势。老师语气平和地对大家说："好，我清楚了。既然大家都没见过，我想在上面写批语的同学，肯定是对 L 表示祝贺的。"同学们一听都面面相觑，连 C 也一脸疑惑。

"同学们，L 的作文确实是自己写的，这一点我和她的爸妈都可以证明，因为这是咱留的感恩作业。让老师高兴的是，有的同学认为 L 的作文能和作文选上的文章相媲美，L，你不觉得这是同学对你的另一种赞美吗？"说完，教室里出现了短暂的沉静，接着在老师的带领下爆发出一阵热烈的掌声。L 眼中闪烁着晶莹的泪光，脸上阴云一扫而光，换成了自豪与感动，再看看 C，脸上也明显露出了愧色，一副很不好意思的样子。老师趁势引导说："在'作文园地'上写字的同学，主要是语言表达得不够准确，但老师觉得也有值得肯定的地方。刚才大家都表示认真地看了 L 的作文，写字的同学也不例外呀！而且他敢于发表自己的意见，难道这不应该提倡吗？"话声刚落，教室里再次响起了掌声。老师顺声望去，鼓得最响的正是 C，此时他的目光中流露的是惊喜与感动……

没过几天，一篇《另一种赞美》和一篇《真使我感到惭愧》的文章，一齐贴上了"作文园地"，同学们围观着，议论着，又是一片赞美……

所谓的"抄作文"事件涉及学生 L 和 C 双方。C 认为贴在"语文园地"上的作文"是从作文选上抄来的"，L 充满了委屈，两人的矛盾自己肯定化解不了。L 的家境教师了解，L 的委屈、苦楚，教师能够深刻体会到，教师设计的话语就是为了能够澄清事实，洗刷 L 的委屈，还他清白，使他树立起自信心。教师明明知道是 C 在搞恶作剧，但察觉到 C 已经知错了，就不再追究此事，而是另辟蹊径，从正面着手。"L 的作文确实是自己写的，这一点我和她的爸妈都可以证明"，明确否定了作文是抄袭的。故意错解，肯定写批语的同学，"是对 L 表示祝贺"，是"和作文选上的文章相媲美"，是对 L 的"另一种赞美"；问题"主要是语言表达得不够准确"，给了 C 认错的台阶；还用反问句表扬 C "敢于发表自己的意见"。最后促使 C 自觉认识了错误，并以实际行动改正。教师如果对这件事抓住不放，一味地追查、指责和批评，让学生产生畏惧和反感，承受巨大的心理压力，那会出现怎样的情景呢？不仅有错的同学受不到教育，恐怕也会给受伤害的同学雪上加霜，因这一打击而一蹶不振。一场纠纷就在教师的参与下，了无痕迹地解决了。

　　语境中的时间、地点、物品、事件等因素，都可以用来作为无痕转化的条件。或借以发挥、引申，或用以比喻、类比，或借以印证、缓冲，循循善诱，水到渠成，往往能够取得很好的效果。利用语境条件因素，关键在于要选取得贴切，要生发得自然，与说写者所要表达的情理以及交际对象吻合。

　　范某总觉得同事对自己不够真诚，对自己有偏见，所以和同事们相处得不融洽，于是范某经常向母亲抱怨。一次，范某和母亲一起去买碗。母亲告诉范某："挑碗的诀窍，就是当一只碗与另一只碗轻轻碰撞时，发出清脆、悦耳的声响，才是只好碗。"她顺手拿起一只碗去轻击另一只碗，相碰时发出沉闷的声响。她接连挑了几只碗，竟然没有一只满意的。随后，母亲把手里拿的碗换了只，奇怪！她挑的每一只碗都在轻轻的碰撞下发出清脆、悦耳的声响。母亲笑着说："刚才拿来试的那只碗本身就是次品，用它试出的碗当然就是次品了，你想得到一只好碗，你首先要保证自己拿的那一只是好碗才行啊！儿子啊，人和人之间的关系不也是一样的道理吗？"

　　范某将与同事相处不融洽的责任全部归咎于同事，母亲借助于挑碗的秘诀来做儿子的思想工作。"拿来试的那只碗本身就是次品，用它试出的碗当然就是次品了"，道出了最初挑碗的失误；"你想得到一只好碗，你首先要保证自己拿的那一只是好碗才行啊！"用假设关系复句表述如何掌握挑碗的诀窍，比先前"一只碗与另一只碗轻轻碰撞时，发出清脆、悦耳的声响，才是只好碗"的标准更为明确，有所侧重。"儿子啊，人和人之间的关系不也是一样的道理吗？"一声深情呼唤，一声发人深省的诘问，将挑碗和做人的道理巧妙地联系起来。范某顿然醒悟，从中可以悟出许多为人处世的道理。是啊，人与人之间的喜欢与厌恶、接纳和疏远是相互的，别人对我们的态度很大程度上受我们对别人的态度的影响。你付出真诚总会得到别人的信任，你献出爱心总会得到别人的尊重，你给世界以微笑，世界就会把灿烂的阳光洒满你的心房。假若你以自私、冷淡、倦怠的心去对待别人，你所得到的也只能是一堵厚厚的心墙。一颗心与另一颗心碰撞，需要付出真诚才能发出清新悦耳的回声，就像一只碗与另一只碗的碰撞一样。这一例中，母亲教育、启发儿子，融入了真情，润物细无声，取得了很好的效果。

第五章

社会角色修辞艺术

人在人际关系中所处的地位、所具有的身份叫做角色，更准确地说，应该称为社会角色。社会关系归根结底都是人与人之间关系的综合表现。人际关系包含在社会关系体系之内，而社会关系只能通过各种复杂的人际关系表现出来。每个人都是社会的人，生活在各种各样现实的、具体的人际关系之中。任何角色都在社会关系中确定位置、发生变化、展开活动的。

交际语言从宽泛意义上来说，都是社会角色语言，只是由于考查的角度、重点、需要不同，我们将社会角色语言作为人际修辞学的一个重要组成部分来研究。社会角色语言研究的重要意义在于它是展开人际修辞研究的基础。研究时，我们不但要重视静态中的角色关系，更要重视动态中的角色混融、互换、错位、失落、平衡等复杂变化的情状。

社会角色语言的研究具有重要的意义。在社会交往活动中，良好人际关系的建立，交际目的的顺利达到，必然要求人际关系体系中各个成员都能清楚地认识自己所处的社会地位，明确自己的身份，使语言表达符合自己扮演的社会角色。语言交际过程中会碰到各种障碍、困难，甚至出现危机，其中的一个重要原因就是人们没有正确把握好社会角色。人际修辞学如果不注重社会角色语言的研究，就会使相当一部分人际关系的讨论显得根基不稳、不得要领，甚至陷入一种非自觉状态的思维误区。

社会角色语言的问题十分复杂，不是一个单质性的范畴，而是一个问题的丛集。社会角色语言修辞艺术的考察和研究应该从三重视界进行：角色对象视界、角色关系视界、语言实践视界。

第一节　社会角色语言的基本类型

社会角色语言根据不同的标准可以进行不同的分类。

一、根据人际关系类型标准区分

根据人际关系的类型标准来区分，社会角色语言可以分为四大类。

（一）亲缘关系角色语言

亲缘关系角色语言，是指具有血缘、姻缘关系的人们之间的交际语言。具体又包括：①人际第一关系交际语言。人际第一关系即父子（女）、母子（女）、兄弟姐妹、祖孙等关系。②夫妻关系交际语言。③代际关系交际语言。代际关系即两代人之间的关系。④婆媳、公媳关系交际语言。

有个名为"一英尺的母爱"的故事：

露茜十一岁那年，妈妈得了癌症。露茜知道后心里很难过，但妈妈却说她只需要去医院住一段时间，一切都会好起来的。

一天下午，妈妈把露茜叫进卧室说："请你为妈妈做一件事，好不好？"

"是准备去医院用的东西吗？"妈妈摇摇头，在露茜的额头上亲了一下，说："我想请你为我理发。"

露茜大吃一惊，哪有让小孩子理发的？况且，妈妈有一头美丽的金色长发，足有一英尺长，妈妈对头发非常爱惜，平时都去高级发廊打理的。

露茜拿起妈妈的一绺头发，放在剪刀中间："您确定吗？"

"确定，请动手吧。"妈妈调皮地一笑。

露茜有点儿兴奋，也有点儿紧张，虽然她平时最喜欢摆弄芭比娃娃的头发，但剪真人的头发，这可是头一回。只听"咔嚓"一声，一绺头发悄无声息地落在地上。

"哎呀，太短了！"

"没关系，很好看，哈哈。"

"糟糕，又剪短了……"卧室里充满了母女俩的欢声笑语，地上的头发也越来越多。等露茜完工的时候，妈妈的头发只剩下两三英寸了，而且长长短短，像是被人胡乱修剪的草坪。妈妈对着镜子哈哈大笑，搂着露茜说："谢谢宝贝，我太爱这个发型了，看起来就像一个有个性的摇滚明星。"母女俩抱在一起笑个不停。自从妈妈病了以后，家里已经很久没有这样欢乐的笑声了。

晚上，爸爸看到妈妈的样子吓了一跳，说："亲爱的，你的头发怎么了？"妈妈若无其事地说："哦，我让露茜剪的。反正化疗以后头发也会掉光的，不如先让孩子开心一下。"

（《故事会》，2008 年第 18 期）

妈妈有一头美丽的金色长发，平时对头发非常爱惜，却在特定的情景中对十一岁的女儿露茜说："我想请你为我理发。"露茜剪得"太短了"，乱七八糟，然而母亲说道："没关系，很好看，哈哈。"话语中表露出安慰、赞扬、高兴。"谢谢宝贝，我太爱这个发型了"，用亲昵的口气向女儿表达感谢。"我太爱这个发型了"，并非虚情假意，而是以女儿的快乐为快乐。这一例中，母女之间的对话是人际第一关系交际语言，随意、自然，充满了浓浓的亲情。面对病痛和死亡，母亲首先想到的是让女儿开心，为此，她毫不犹豫地献出了自己一头美丽的长发。

（二）地缘关系角色语言

地缘关系角色语言是指以地缘为纽带而结成的人与人之间关系的交际语言。地缘关系主要有邻里关系、老乡关系两种。

有首歌《老乡见老乡》：

老乡见老乡两眼泪汪汪/问一问老乡你过得怎么样/心情好不好啊做工忙不忙/其实我和你一样夜夜梦故乡

习不习惯漂泊的生活/想不想念自己的家乡

老乡见老乡两眼泪汪汪/问一问老乡你又要去何方/吃过多少苦啊受过几回伤/其实我和你一样总想闯一闯/他乡的话你你你会不会讲/他乡的歌你你你爱不爱唱

有没有钱寄给你的爹娘/想没想何时回故乡

这首歌的歌词，就是比较典型的老乡之间的语言。

（三）业缘关系角色语言

业缘关系角色语言，也叫工作关系角色语言，是人们从事共同的或有关联的社会工作中的交际语言。构成业缘关系的媒介是人们在社会群体中所从事的工作。在高度发达的现代社会中，社会化大生产所引起的社会变迁打破了原有的地域界限和单一的亲缘联系，亲缘关系和地缘关系被越来越多的业缘关系所替代，作为社会关系的一种具体表现形态，业缘关系是现实社会中人际关系的基本存在方式之一。因此，业缘关系角色语言越来越受到人们的重视。业缘关系类型很多，主要有上下级关系、师生关系、师徒关系、同事关系、同学关系等。

> 年初，方钢接到任命，负责一项工程。那一天，方钢把大家叫到一起说："咱们能一起做事都是缘分，在一起就是哥们儿，赚钱多少倒不要紧，主要是人要开心，我不会为难你们的，只要大家努力就行了！"结果快到年底时，眼看任务完不成，方钢着急了，和他们开会时，冷着脸说："你们也太不给我长脸了，这样下去，你们迟早要喝西北风！今年谁没完成指标，别怪我无情，该扣工资只好扣了。"结果，大家很是不满，在会场下议论纷纷："当初对我们那么好，说翻脸就翻脸。真是个笑面虎、伪君子、假善人！"结果，工作没做好，又得罪了同事。

（《演讲与口才》，2009 年第 6 期）

方钢的角色定位是项目主管，从他的话语中可以看出，他没有处理好上下级关系。大家是"哥们儿"，赚钱多少"不要紧"，"我不会为难你们的，只要大家努力就行了！"在职场中，利益关系至关重要，无论是老板还是一般员工，都不能逃脱利益的束缚，怎么能够轻描淡写地说"不要紧"呢？"只要大家努力就行了"——只要"努力"，不要考核，不讲绩效，必然会留下或大或小的后遗症。一旦矛盾暴露出来了，方钢又是另外一副面孔——"太不给我长脸了"，"迟早要喝西北风"，"别怪我无情"，形象倒挺形象，只是纯粹从私人交情角度出发进行责骂，不符合现代业缘关系角色。职场中，上级要与下级打成一片，感情上搞好关系，这是没错的，但上级有地位，同时也肩负特定责任，必须讲究领导艺术。职场人际交往，切莫"先宽后严"。比如同时有两种食物，先吃美味佳肴，后吃粗茶淡饭就难以下咽；反之，就觉得这顿饭吃得越来越香甜。上下级之间也是如此，一开始在态度上表现得宽厚仁义，以后却越来越严厉尖刻，怎能不招致人们怨恨呢？如果一开始方钢对大家说："我们工作是工作，感情是感情。虽然关系很好，但是完不成任务，我还是要按制度办事。"这样的话语就符合业缘角色关系，即使后来再严加要求，大家也就不会反应那么激烈了。

（四）其他关系角色语言

除了以上三种关系的角色语言，还有其他许多关系的角色语言。如帮助者和被帮助者、演出者和观众、作者和读者、司机和乘客、营业员和顾客、迫害者和受迫害者、行窃者和被偷者、房东和房客等，甚至双方很可能都是陌生人，因某些事件发生了某种关系。

2006 年 11 月 27 日《报刊文摘》上有篇文章《现实版：小偷与赞美诗》：

> 10 月的一天，吕奎文教授收到一个用报纸封好的小包裹。撕开用糨糊糊上的报纸，再扯开一层牛皮纸，一个黑色的钱包出现在吕教授面前。他大吃一惊：这不是自己一个多月前被偷的钱包吗？钱包里面，2000 元现金、身份证、老人优待证、医疗证全都在。
>
> 接下来的日子里，吕教授格外注意手机短信，但对方音信全无。
>
> 20 多天过去了，11 月 10 日，吕奎文收到一封信。信封上只写了收信人的邮编和地址，没有留下寄信人的任何信息，字体歪歪斜斜。信封里，是一张从作业本上撕下的纸片，短短几行字中有不少错别字："吕先生：我偷了你的钱包，看了你的名片，也听了别人对你名片的乙（议）论，我才知道自己的次（罪）恶……"
>
> 一张名片竟能让小偷产生罪恶感，这是怎样的一张名片？原来，吕教授有个习惯：乘坐公共汽车时，谁让座，他就会送人一张名片，名片后印有赞美让座者的诗，告诉大家"予人玫瑰，手有余香"，"付出是一种高层次的享受"。这种名片有两个版本，他已送出几百张。在这次被偷的钱包里就有这样 3 张写着赞美诗的名片。
>
> 钱包失而复得，吕教授惊讶之余，连连感叹"难得"。信中，这个小偷责骂自己"象（像）一只死老鼠"，声称为生活所迫，受人唆使，干了一段时间坏事，"一个多月来我都很难受"。信的落款是"一个没有面目的人"。
>
> 吕奎文已记不清钱包里有多少钱，但小偷在信中坦承："我用了你一百多块钱，以后我会想办法还你，但说不准时间。"

这一例中，小偷偷了吕教授的钱包，又将钱包寄回给了吕教授，信中写道："我偷了你的钱包"，责骂自己"象（像）一只死老鼠"，声称"为生活所迫，受人唆使"等等。尽管这个小偷已经有所悔悟，但在没有彻底改正之前还是小偷角色，语言打上了小偷的特殊印记。吕奎文教授是一个被窃者的角色，因为钱包里装有"赞美诗的名片"，无意中以一种特殊的方式帮助了小偷，促使他良心发现。

二、根据社会角色稳定程度标准区分

根据人际关系类型标准区分角色类型，是从静态的平面角度考查的结果。如果联系人们在社会生活中扮演角色的实际情况来考察，就会发现，有些角色是不可能改变的，有些角色可以维持相当长的时间，还有些则是短暂临时的，这就牵涉到社会角色的稳定性问题。根据社会角色稳定程度的标准来区分，社会角色语言可以区分为三种：

（一）永久性社会角色语言

永久性社会角色语言，是指具有高度稳定性角色的语言。这是就扮演角色的稳固性而言的，对角色语言具有深刻影响，但不能误解为角色语言总是存在一成不变的模式。亲缘关系、地缘关系一旦形成，就非常稳定。有的是永久不能改变的，例如父子、母子关系一旦形成，就是终身固定不变的。当然，这里所指的永久性也不能绝对化。例如，某些地缘关系在一定的条件下也有可能改变，邻居关系在人的一生中，就可能发生不止一次的变动。正因为角色的高度稳定，这一类语言具有较强的稳定性，打上了深刻的角色烙印，表现出某些明显的、持续的、公认的共性特点。以语言交际中的称谓来说，"爸爸"、"妈妈"、"哥哥"、"弟弟"、"叔叔"、"婶婶"、"公公"、"婆婆"等一般情况下都是固定不变的。

（二）可变性社会角色语言

可变性社会角色语言，是指相对稳定的角色的语言。人们扮演的这一类社会角色具有可变动性，但一般情况下能够维持相当长的时间。业缘关系——工作关系角色，既具有相对稳定性的一面，又具有变动性的一面。频繁跳槽，变动工作岗位，在现代社会中确实存在，也并非个例，但毕竟不是十分普遍的现象，总体而言，业缘关系并不是经常变动的。业缘关系的变动性主要表现在角色的具体位置、身份、地位以及面临的交际对象的变化，这对角色语言会产生不同程度的制约和影响，使之呈现缤纷的色调。

无论在什么工作岗位，总会有上司、下属。一个人开始是下属，而后可能升职为上司；由于特定的原因，原来的上司也可能成为下属。如果调离原来的岗位、单位，业缘角色关系也会随之发生变化。角色的变化必然带来语言表达的变化。

李刚在甲单位的顶头上司聪明、机敏，考虑问题瞻前顾后、面面俱到，能耐心听取来自各方面的意见，但"多谋而不善断"。因此，往往在一大堆忠告中理不出头绪，抓不住要领，下不了决心，使一些本来行之有效的忠告迟迟不能付诸实施。李刚进言，总是鲜明地摆出自己的倾向，并将各种方案逐一比较，力陈利弊得失。在语言使用上也力求硬朗坚定，如："当然这样做是最好"，"其余都是下策"，"再不实施就一定会失去机会"，"请您务必尽快决断"等等。有时还举出历史或现实中的例子，帮助上司下决心。

李刚后来调到了乙单位，发现顶头上司与原来的上司完全不一样，有些刚愎自用，过分自信、自尊，以致不允许这个世界上的其他人比自己高明。所以李刚一般情况下不做直接忠告，担心对方会出于一种逆反心理，排斥他人的意见，不管他人的忠告是正确还是不正确。他往往作些暗示，进行"移植"，把意见缩小为一颗不宜被人察觉的种子，不动声色地移植到上司的心中，使种子不知不觉地在他心中发育成活，完全变成他自己的东西。这时，上司早已忘记有人给他播下过种子，而且完全相信这意见本来就是属于他自己的。这样交流取得了良好的效果。

李刚角色语言的变化、调整就是源于业缘关系的变动。上司思想性格、文化素养、处事风格等不同，同样是提出建议，李刚对第一个上司进言，直截了当，干干脆脆。"当然"、"都是"、"一定"等措辞，态度硬朗，意见明确；对第二个上司则委婉曲折，"不做直接忠告"，"不动声色"暗示移植，不同的语言表达方式取得了同样良好的效果。

（三）临时性社会角色语言

临时性社会角色语言，是指很不稳定的角色的语言。人们生活在一个如此纷繁复杂的社会之中，常常临时扮演各种各样的角色。路见不平，有的"拔刀相助"，有的冷眼旁观；观看演出，有的充当狂热的"粉丝"，有的则是无动于衷……社会心理学将身兼多重角色的称为"角色丛"或"角色综合体"，其中大多是临时性的。临时性社会角色语言面广、量大，个例、特例比较多，不但要研究其共性的规律，而且要特别注意研究各种特殊的规律。

2009 年 7 月 24 日《环球时报》上有篇文章《秘密被发现之后》：

> 我是欧·亨利的忠实"粉丝"，他的小说我全都看过。我惊叹他为什么能写出那么多笔调幽默、构思巧妙，故事结局往往出人意料的小说。……
>
> 他曾经说过，你只要随便敲开一户人家的门，对开门的人说"快跑！全都被发现了"，你就不愁构思不出一篇情节跌宕起伏的小说。我不相信每个人都有不可告人的秘密，但是我太崇拜欧·亨利了，我想照他的建议试一试。……
>
> 我选择了邻近的一个村子，因为那里没有人认识我。第一户人家的门被敲开，我说："快跑！全都被发现了！""快跑？我吗？"开门的是一个五十多岁的

胖女人，"请问你是谁？""全都被发现了！"我没有回答她的问题，因为我不能解释，必须让她自己去联想。"哦，我知道了，你是推销跑鞋的，或者别的什么'全世界最好的东西'。""不，我是想……""可惜，我不相信你那一套！"胖女人说完将门一关，差点撞了我的鼻子。……

我走到另一户人家，敲了门，开门的是一个正在吃棒棒糖的小女孩。"快跑！"我满怀希望地说，"全都被发现了！""谁告诉你的？"她惊讶地问，"我只拿了一根棒棒糖。""哦。""如果棒棒糖放在橱柜里不吃，还有什么用呢？""有道理，"我说，"棒棒糖本来就是让人吃的，如果没有你们这些喜欢吃棒棒糖的孩子，生产棒棒糖的人就会失业，那么就该他们没有东西吃了。"……

很快我敲开了第五户人家的门，并神秘地低声说道："快跑！全都被发现了！"开门的是一个老奶奶，她用手拢住耳朵，朝前伸了伸脖子："对不起，我听力不好。你说什么？""快跑！全都被发现了！""再大声一点！""快跑！"我大声喊道，"全都被发现了！""哦，是找奎宝呀，她还没有回来。你刚才是说她的披肩被你找到了吗？""是这样，"我疲倦地应付道，"等会儿我把它送过来。"

去下一户人家时，经过一个果园，我看到远处有个人举着一根棍子又喊又叫地奔了过来。同时，一个年轻人在果园的树丛里拼命地跑，怀里抱着一个大布袋，几个苹果从里面掉了出来。他经过我身边时，肯定也把我当成准备偷苹果的人了，因为他从布袋里拿出几个苹果塞到我的手上，喊道："快跑！全都被发现了！"在果园的主人快到我面前时，我忽然感到不妙，撒开脚丫子，仓皇逃窜。

第一户是"一个五十多岁的胖女人"，"我"神秘地向她报信："快跑！全都被发现了！"胖女人认定"我"是"推销跑鞋"的角色。"可惜，我不相信你那一套！"凭借见多识广的经验以消费者的角色语言坚决拒绝；第二户是个正在吃棒棒糖的小女孩。"我只拿了一根棒棒糖。""如果棒棒糖放在橱柜里不吃，还有什么用呢？"小女孩是将"我"视作发现她偷吃了家里一根棒棒糖的陌生人，但由于年龄原因，并没有戒心；第五户的老奶奶"听力不好"，误将"我"当做找她家里人的访客。"哦，是找奎宝呀，她还没有回来。你刚才是说她的披肩被你找到了吗？"沿着错误的信息延伸，以为是找"奎宝"，继而谈论起完全不搭界的"披肩"来。再下一户，"我"被一个年轻人当成偷苹果的角色了。这一例中，"我"与"胖女人"、"小女孩"、"老奶奶"、"年轻人"之间的角色关系都是陌生的、临时的，"我"担当的是没有什么来由的报信者的角色，目的只是为了测试对方的反应。类似的陌生角色之间的交往在现实生活中是很多很多的。

三、根据社会角色关系复杂程度标准区分

社会角色的关系是很复杂的，有的比较单纯，有的犬牙交错。根据社会角色复杂

程度标准区分，其语言可以区分为两种类型。

（一）单一角色关系语言

单一角色语言是指对应某一特定角色的语言。一般情况下，人们进行语言交际，总是交际对象明确，双方关系单纯，因而角色语言把握的方向比较集中、清楚。例如，父子、邻居、上下级、师生之间的语言交流。

小桔上床的时候是晚上11点，外面下着小雪。小桔缩到被子里面，发现闹钟停了——忘买电池了。天这么冷，她不愿意再起来，就给妈妈打了个长途电话："妈，我闹钟没电池了，明天还要去公司开会，要赶早，你六点的时候给我个电话叫我起床吧。"妈妈的声音有点哑，可能已经睡了，说："好，乖。"电话响的时候小桔在做一个美梦，外面的天黑黑的。妈妈在那边说："小桔你快起床，今天要开会的。"小桔抬手看表，才五点四十，便不耐烦地叫起来："我不是叫你六点吗？我还想多睡一会儿呢，被你搅了！"妈妈在那头突然不说话了。起来梳洗好，出门。天气真冷啊，漫天的雪，天地间茫茫一片。公车站台上小桔不停地跺着脚。周围黑漆漆的，旁边却站着两个白发苍苍的老人。小桔听着老先生对老太太说："你看你一晚都没有睡好，早几个小时就开始催我了，现在等这么久。"是啊，第一趟班车还要五分钟才来呢。终于车来了，小桔上车。开车的是一位很年轻的小伙子，轰轰地把车开走了。小桔说："喂，司机，下面还有两位老人呢，天气这么冷，人家等了很久，你怎么不等他们上车就开车？"那个小伙子很神气地说："没关系的，那是我爸爸妈妈！今天是我第一天开公交，他们来看我的！"小桔突然就哭了，她看到爸爸发来的短消息："女儿，妈妈说，是她不好，她一直没有睡好，很早就醒了，担心你会迟到。"

（文章阅读网，http://www.duwenzhang.com）

这一例中，有两个片断的语言。一个是小桔与父母的对话，另一个是公交司机的话语。小桔因为闹钟没电了，居然打长途电话吩咐母亲叫醒她："你六点的时候给我个电话叫我起床吧。"随意得就像人在家里一样！当母亲一早打电话给她时，她还不耐烦地说道："我不是叫你六点吗？我还想多睡一会儿呢，被你搅了！"反问责怪母亲不守时，感叹号表示出对母亲"打搅"了她睡觉的强烈不满，而这仅仅是因为母亲提前了二十分钟叫醒她！妈妈还作了自我检讨：是她不好，她一直没有睡好，很早就醒了，担心你会迟到。真是可怜天下父母心！年轻司机的白发苍苍的父母，冒着严寒风雪，早早等候在公交站台，为的只是看看儿子第一次开车，而年轻人很神气地说："没关系的，那是我爸爸妈妈！"在年轻人眼中，"没关系"就是因为他们是爸妈，一切都是理所当然的。撇开两个儿女话语是否妥当、父母话语是否应该，就这些话语本身来说，只能存在于父母角色与子女角色之间，其他人无可代替。

必须指出，单一角色语言单纯、清楚（我们是从所扮演的角色情况考查的），但并不等于简单。人们在社会上，大多数情况下，处于特定的语境中，都是扮演单一角色。因此，社会角色关系的复杂程度与社会角色语言的复杂程度并非成正比。单一角色语言可能比较简单，也可能比较复杂；多重角色语言一般比较复杂，但也有简单清楚、容易分辨的。

> 1981 年，中国社会科学院语言文字应用研究所的陈建民，在北京外国语大学给外国留学生上汉语口语课。
> 有一次，有位美国留学生在课堂上突然发问："陈先生，请问大陆汉语与台湾汉语是一个方向还是两个方向？"
> 陈建民知道如果说是"一个方向"，对方肯定要自己接着拿出事实；如果说是"两个方向"，一些别有用心的人就会利用此事做文章。于是，他灵机一动，套用斯大林在《马克思主义与语言学问题》一书中说过的话，回答说："……根据斯大林先生的意见，如果台湾汉语和大陆汉语在基本词汇和语法构造方面百分之八十相同，那就应该说是一个方向；如果只有百分之二三十相同，那就可以算两个方向了。至于这里面的比例多大，我无法知道，因为贵国的舰队横在台湾海峡，使我们无法到我们神圣的领土台湾进行语言调查。"
> 美国留学生面红耳赤，张口结舌，再也说不出话来。
>
> （《演讲与口才》，2010 年第 5 期）

陈建民与美国留学生是师生，学生向老师提出问题是很正常的，两者之间是很清楚的单一角色关系。但由于交际对象、文化背景等的特殊性，这个学生提出的问题——"大陆汉语与台湾汉语是一个方向还是两个方向？"敏感而难答，稍不留心，"一些别有用心的人就会利用此事做文章"。陈建民针对那美国留学生"一个方向还是两个方向"的挑衅，没有直接从正面回应，而是采用了"借东风"的招数，巧借斯大林的观点，引经据典地加以论辩。继而又借题发挥，反唇相讥："我无法知道，因为贵国的舰队横在台湾海峡，使我们无法到我们神圣的领土台湾进行语言调查。"这样一番犀利睿智而又滴水不漏的回应，于冷静中尽显锋芒，使对方钻不到空子，彻底压制住了美国留学生的嚣张气焰，使其措手不及，无言辩驳，黯然败北。这一例中，虽然是单一角色语言，却并不简单。

（二）多重关系角色语言

多重关系角色语言是指对应多种关系的角色的语言。有的时候，语言交际中的人际关系并不单纯，而是复合型的，说写者面对的对象与自己存在着两种或两种以上的关系。例如，交际对象既是自己的亲属，又是工作伙伴，还可能是暗中的对手等。

　　王小姐是上海某化妆品公司的部门经理，丈夫中村在日本一家机器制造公司工作。化妆品公司有一次要向日本机器制造公司进口一台设备，双方各派出三名代表在上海进行谈判。王小姐是中方的首席代表，中村是日方的首席代表，谈判开始前，他们才知道双方的身份。中方事先通过其他途径已经知道了设备的成本价。谈判中，日方首席代表中村报价："12万美元，这是我们的最低价。"王小姐马上接口："6万5千美元，这是我们能够接受的最高价！"中村说："你们也太过分了，竟然砍掉了一半！"谈判一时陷入了僵局。日方在中村的带领下站立起来，看样子要退出谈判了。就在此时，王小姐从中村一个细微的眼神中，察觉到了其中的玄机，对方并不是真正要退出谈判，而是要挟！于是王小姐微笑着说道："你们是否要上洗手间？在那边。"日方顺水推舟，真的去了趟洗手间。回到谈判桌，王小姐讲了番道理："你们提供的设备，据我们了解，并不是最新的，在日本最多卖5万多美元吧，加上运费等费用，6万5千美元可以了，……"最后双方以6万8千美元的价格成交。

　　这一例中，谈判双方的首席代表角色关系就比较微妙，既是谈判的对手，又是生活中的夫妻。作为中方首席谈判代表的角色，王小姐必须从自己公司立场、利益出发，"6万5千美元，这是我们能够接受的最高价！"毫不含糊，干脆利落；"在日本最多卖5万多美元吧，加上运费等费用，6万5千美元可以了"，公事公办，计算清楚，符合实际，具有很强的说服力。作为妻子角色，王小姐利用谙熟丈夫生活中的习惯等细节优势，洞悉对方要挟的策略，"你们是否要上洗手间？在那边。"给予台阶下，最终促使谈判成功，避免自己公司蒙受损失。而作为日方首席代表，中村同样必须扮演好工作中的角色，所以他开始的报价也完全站在日本公司的立场上："12万美元，这是我们的最低价。"遭到拒绝后，严厉责问："你们也太过分了，竟然砍掉了一半！"并以退出谈判策略想迫使中方（妻子一方）让步。

　　从宽泛意义上来说，还有一种情况也可以看做是多重关系角色语言。即在同一场合下，各种不同的角色汇集在一起，交际主体几乎同时要与不同角色交谈，所扮演的角色转换的速度很快，频率很高，语言也相应不断变化着以适应扮演的角色。

　　陈兴与计俊是连襟，陈兴与体育局王新刚局长是大学同学。计俊的小孩想去体育局下属的一所体校读书，陈兴陪同计俊去王局长家咨询有关情况。
　　陈兴开口说："王新刚，这是我连襟，他的儿子非常喜欢体育，想要上体校。你是局长，你能够帮助解决就解决了吧！计俊，你说说。"计俊说："王局长，您好！不好意思，打扰了！我儿子自小就特别喜欢体育，您看，我带来了他在历次体育比赛中的获奖证书，请您过目，您看他上体校够不够格？……"王局长回答说："计师傅，今年报考体校的人特别多，有难度，有控制分数线，您儿子的文化成绩不知怎么样？能否录取，要等分数线出来后才能知道。具体的事情是局里某某在经办，明后天我询问了再告诉陈兴……"转身又说道："陈兴，你真是难得来，无事不登三宝殿，平时就不能来坐坐、喝喝茶？你连襟的事我在政策允许的范围里关心就是了……"

这一例中，三人的角色关系并不简单。王局长同时面对的角色，一个是老同学，一个是陌生的求助者。所以他的回答话语分别对应两种不同的角色关系。对计俊，他尊称"计师傅"、"您"，客气而有礼貌，说明"有难度"、"有控制分数线"，因为有老同学在场，表示肯定会对此事给予明确答复，"明后天我询问了再告诉陈兴"；对陈兴，因为是老同学，所以直呼其名，不用尊称，先叙同学情谊。"平时就不能来坐坐、喝喝茶？"含有责怪意味。对所托之事，避开具体细节，只是笼统表态，"在政策允许的范围里关心就是了"。陈兴对王局长，因为是老同学，所以也是直呼其名，不用尊称，就开门见山地将到他家里有什么事情告诉王局长；连襟的辈分也并不需要特别尊重，所以直接吩咐连襟具体谈谈情况和要求。计俊有求于王局长，对方地位高，又是陌生人，所以虽然有连襟陪同，还是尊敬有加，尊称"王局长"、"您"，将登门拜访的感受描述为"不好意思"，是"打扰"了对方，继而把儿子的情况一一作了具体介绍。

第二节　社会角色语言的合位性

合位性就是社会角色语言必须合乎社会角色的身份、地位以及所处环境。任何语言交际行为，一开始就包含了一个以什么社会角色说话和对什么样的社会角色说话的问题，同时必然存在于特定的语言环境之中。一个有效的语言交际行为，不但需要行为主体确立以什么社会角色说话和对什么样的社会角色说话，而且更重要的是，语言行为主体对交际双方的这种角色定位还应该获得交际对象的认同，同时与语言环境保持一致。

一、合乎角色的身份

合乎角色的身份，就是合乎人在家庭中、社会上或法律上的地位。角色的身份对其语言的约束力突出表现在辈分、层级的区分上。社会角色之间的对话意味着不同身份、地位的人之间传递信息、讨论问题、交换见解、规范对错等。我们很难悬置或撇开说写者对自己与客观存在的角色之间差异的伦理承诺，与他人进行顺畅得体的对话。语言合乎角色的身份，具有两方面的意思。一方面，对说写者而言，要求正确把握好自我，话语切合自身的扮演角色身份；另一方面，要求注意交际对象的身份地位，话语与对方的角色相吻合。应该力求做到两者的和谐统一。

（一）正确把握自我

正确把握自我，就是对自己扮演的角色有正确的定位和认识，话语与自己的身份保持一致性。一些永久性的角色，包含伦理秩序，其语言的合位要求比较高，稳定性较强，特别要注意得当地把握自我。中国社会深厚的伦理传统决定了对人与人之间关系的研究特别发达。在中国的传统文化中，"仁"是社会的轴心，"礼"是社会的规范，"义"是社会的导向，"孝"是社会的根基。《论语·颜渊第十二》："齐景公问政于孔子。孔子对曰：'君君，臣臣，父父，子子。'公曰：'善哉！信如君不君，臣不臣，父不父，子不子，虽有粟，吾得而食诸？'"孔子的观点正误另当别论，但足以看出在中国封建社会中角色文化的伦理性是何等的突出，同时对今天的社会角色语言仍然有着不能忽视的影响，所以汉民族的社会角色语言伦理色彩特别浓郁。其实，不同文化的角色语言同样具有伦理的印记，不过是其色彩浓淡、表现形式有异罢了。当然，其他社会角色同样需要正确把握自我，其中的情况多种多样，受到话题、场景等语境因素的不同程度的制约和影响。

2007 年 9 月 15 日《邢台日报》上有篇《训诫》：

> 以后回家的路上，见了认识的街坊邻居都打个招呼，不知道叫啥没关系，村上的人可都记着你呢！
>
> 二爷给你烟抽，你不抽就算了。干啥非抽你的，就你烟好？你让他老人家的脸往哪搁！
>
> 你到大姨家去，你姨父给你倒水。你喝一口能咋样，嫌不干净？就是不干净喝一口能咋样？
>
> 你舅爷和你喝酒，你咋不干？谁不知道喝了难受？你没看你舅爷几个今儿多高兴！你嫌酒不好？地瓜干酒，你城里买都买不到！
>
> 前街王婶问啥时回来的，你说"昨个"不就行了，还"昨天晚上"，撇啥腔？以后说话先想想村里人咋说，才出去几天，舌头就不会打弯了。
>
> ……
>
> 你和你娘到南坡谷地里锄草，你锄倒了多少谷子！你娘多心疼啊！这些苗长这么大容易吗？你嘻嘻哈哈还不当个事！
>
> 你四叔说让你帮着打听打听给柱子找个活，乡里乡亲的，啥不好办？不好办也得办！前些年不是你四叔帮衬着，咱家能有现在？
>
> ……
>
> 你娘给孙子买的零食，你咋又退了，啥假不假的！孙子高兴你娘不欢喜吗？农村里就这东西，平时就这也没人舍得买！
>
> ……

孙子挑食你得管管，肥肉不吃，鸡蛋不吃，吃那些个方便面有啥好处，能跟吃个馒头一样好？当着你媳妇的面我不好说，你也不管，你这是疼孩子？

还有你媳妇，她是外姓人，多干点少干点没啥，可也不能每天最后起来，等你娘盛好了饭叫她吃是吧！不舒服就不能挺挺？

家里来个人啥的，你媳妇就不能出来见个面，打个招呼？

下回你再别偷着给你娘钱，我估摸着你媳妇也不知道，我们老两口身子还硬朗，吃喝不愁，因为这事你俩再闹起来，还让俺俩咋活！

……

平时有空多打电话，让孙子跟你娘多说几句，少用手机打，那东西贵，记住了？

叹啥气？把烟掐了！

这一例中，父亲对回家的儿子多方面进行"训诫"，其中包括要求儿子注意自己担当的角色，对不同身份的人，如二爷、姨父、舅爷、王婶、娘、孙子、媳妇等人应该说什么，怎样说等。在"父亲"看来，这些要求都是天经地义、不容置辩的，在提出种种要求的同时，也表现出了他作为一个长期生活在农村的"父亲"角色的语言特点。例如，父亲说"见了认识的街坊邻居都打个招呼，不知道叫啥没关系"，农村的邻里角色关系有别于城市，比较亲近，应该见面打招呼，至于怎么称呼则是次要的，关键在于那份情。"前街王婶问啥时回来的，你说'昨个'不就行了，还'昨天晚上'，撇啥腔？以后说话先想想村里人咋说，才出去几天，舌头就不会打弯了。"则反映出一个老农民对交际语言的看法，教训儿子不能忘记农民的角色，"撇啥腔"、"才出去几天"等表现出父亲的角色定位观念的牢固。要儿子管管孙子的挑食时说："吃那些个方便面有啥好处，能跟吃个馒头一样好？当着你媳妇的面我不好说，你也不管，你这是疼孩子？"将方便面与馒头比较，责备儿子，但又顾及媳妇的面子，是长辈的身份，农民的眼光，却精于人情世故。

江苏卫视2011年2月27日的《非诚勿扰》节目中，有个男嘉宾代某这样表述他的爱情观："什么是爱情？我饿了，你给我一个包子，我吃了，很舒服；我渴了，你给我倒杯水，我感觉很舒服；我困了，你给我拿个枕头，我躺一会，我感觉很舒服。这就是爱。我追求的爱情是简简单单、朴朴实实，不追求奢华。"这位男嘉宾的话语，粗看起来，他追求的爱情确实简单、朴实、平凡，颇有道理，但细细想想，对自我角色的把握很有问题。我"饿了"、"渴了"、"困了"，妻子主动拿来"包子"、"水"、"枕头"，而"我"则"很舒服"，"我……你给我……我感觉……"的句式表达的都是对未来妻子的要求，自己只是接受对方的关爱，享受给予的服务，那么自己作为丈夫角色，难道不应该为对方付出些什么吗？不应该尽到自己的责任吗？最后灯全灭了，没有女嘉宾选他，自在情理之中。

教师的角色对于正确把握自我以及注意学生的身份地位都有比较严格的要求。教师的职责就是教书育人。有些调皮后进生，缺少对老师必要的礼貌，或者无理取闹，或者我行我素，或者欺负他人，再或者惯习难改，这种情况到处都有，没法回避。教师应该视作正常角色、正常现象，具有一颗包容之心，能够容忍、发掘其中的积极因素、可发展处、可引导点，加以鼓励，逐渐引导学生进步。

> W 是患有严重自我封闭症的一个同学。
>
> 军训时，有一次他想逃回家，结果被老师拉了回来。老师足足跟他讲了半小时，他却一言不发，最后厌烦了，喷了老师一脸的口水。老师却并没有对他发火，只对他说了一句："你终于开口了，虽说吐了我一脸，但我很高兴，你去休息一下吧。"据他母亲说，在家里，他常有这样的举动。但此后，他再也没有这样不可思议的行为了，为此，老师还私下里表扬了他这一惊人的进步。
>
> 写日记，是他的一块心病。第一篇日记只有一行："我从来没有写过日记，为什么要写日记呢？奇怪死了。"连同标点符号，不足 30 个字。而老师的评语是："下次能多写一行吗？"第二次交上来的日记写了三行。老师表扬了他，并在他下篇日记的页面上用红色的字迹标上了第四、第五行。果不其然，接下去的一篇日记写到了第五行。老师给了他这样的评语："微笑着，去唱生活的歌谣，把每次失败都归结为一次尝试，不去自卑。就这样，微笑着，弹奏从容的弦乐，去面对挫折，去品味孤独，去沐浴忧伤。而这一切如果用文字来表达，就成了日记。我想，你也能写出很长、很好的日记的。"就这样，写日记已不再是 W 同学的难题。

这一例中，W 对教师的冒犯恐怕是一般教师难以容忍的，但案例中的教师不愧身为人师，"宰相肚里能撑船"，因为学生患有严重的自我封闭症，教师不计较被喷了一脸的口水，反而为他开了口而高兴："你终于开口了，虽说吐了我一脸，但我很高兴。"一个"终于"，表达出期盼已久；"高兴"之前，还用"很"修饰，是由衷的高兴；而这个"开口"有两解，教师有意将说话的"开口"错解为张开了嘴巴。W 不愿写日记，还发表奇谈怪论，教师却没有责怪，而是以亲切、温和的问句与他商量："下次能多写一行吗？"表达对他的期望。当他有了微小的进步，即使在一般人看来实在是微不足道的，但例中的教师以诗一般动人的语言鼓励他将日记写好，"微笑着，去唱生活的歌谣"，同时也告诉了学生写好日记的奥秘。这位教师的语言在合乎角色身份的两个方面都做得很好。

（二）吻合对象角色

吻合对象角色，就是对交际对象扮演的角色有正确的定位和认识，话语与交际对象的身份保持一致性。这与角色的自我把握是一个问题的两个方面，两者紧密关联。

中国人很讲究称呼，称呼反映出对交际对象角色的认识、定位、认可，乃至带有特定的感情色彩。称呼不对，角色错位，常常惹得对方不愉快。而今社会上，一般说来，对年轻的，"姓"之前加"小"称之，如"小赵"、"小钱"；稍长一点，则以"大"称之，如"大赵"、"大钱"；又长者则以"老"称之，如"老赵"、"老钱"；再长者，则将姓氏前置，如"赵老"、"钱老"；如果年老而又德高望重者，则在姓氏与"老"之间再加名字的前一字：假如这人叫赵金林，往往称赵金老。不过这也不是绝对的，如果一辈子工作平平淡淡，那么即使寿届耄耋，也一般仍然称为"老赵"、"老钱"，你如果叫他"赵老"、"钱老"，对方或许会以为你在讽刺他，拿他寻开心。有职衔的，一般敬呼职衔，如"赵处"、"钱局"、"赵总"、"钱主任"等，还常常习惯把职衔叫高一点，如把副局长叫做局长，把副处长叫做处长，有意略去一个"副"字。

写信有一定的格式，传统书信的格式大致包括称谓、开头语、正文、结束语、落款和信封六个部分。根据写信对象的区别，每一部分有不同的格式和用词方面的讲究，有些已成客套，一般人完全不必恪守。但就写信封来说，则有一定的规范，不可乱用词语，以免搞错角色身份。如果在信封上写"某某先生/老师/教授敬启"肯定不妥当，因为这意思是让别人恭恭敬敬地打开你的信来拜读，岂不是太不礼貌？即便收信的是你的晚辈或者学生也不应该这样写，何况是他人。当然，其本意是表示自己的敬意，只是颠倒了身份。正确的写法应该是：对于父母或其他亲戚长辈当用"安启"，对于其他尊长一般用"钧启"，平辈可用"大启"、"台启"，晚辈可用"手启"、"收启"。如果是表示吊唁的信，则用"礼启"或"素启"。这些都是传统的写法，现在许多人并不注意和投入使用，以为是咬文嚼字。简便的写法，干脆写"某某启"、"某某收"就行，免得出错。倘若信件是托人面交，信封上就可以不写地址，而用"敬祈面呈"或"烦请面交"之类的措辞，以表示对托信人的礼貌。事情虽小却关乎角色语言合体与否，不可不慎。

二、合乎角色的修养

合乎角色的修养，就是合乎角色思想、理论、知识、艺术等方面的综合修养。任何社会角色的修养总是存在高低、厚薄的差别，合乎角色的修养并不是一定要求修养达到多么深厚、扎实的程度，主要是指不论扮演怎样的角色，其语言表达的态度、方式方法必须达到某种角色起码应该具备的修养，否则会在不同程度上影响交际双方的顺利沟通以及交际目的的圆满达成。语言交际中，有的人说话不中听，我们常常说："这哪里像这种人说的话！""真不像样！真不像腔！"其中就包含着角色修养不到位的意思。

（一）合乎角色的基本修养

语言合乎角色的基本修养，是指不论任何社会角色的语言都必须反映出其必备的修养。这是角色语言修养的底线和起码要求，如果不能做到，语言表达就与所扮演的角色不相符合，角色语言的合位性也就无从谈起。

日常生活中，小小的一个称呼有时也能反映出角色的修养。例如，"农民"是再熟悉、再普通不过的一个词语。"农民"一词曾经是淳朴劳动者的象征，但是，现在有些人——常常是受过较高教育的，却将"农民"当做骂人的贬义词语。嫌弃一个人土气，称之"农民"；鄙视一个人邋遢，称之"农民"；瞧不起一个人不通时务，称之"农民"；甚至骂一个人老实，也竟然蔑称之为"农民"。如果一个人以变味的"农民"称呼如此骂人，那么不但是角色的错位，而且可以断定其确实缺少起码的角色修养。又如，一次毕业十年同学聚会上，某个当了科长的学生当面称呼当年的班主任老师为"老王"，结果遭到出席聚会的其他同学纷纷指责，批评他连起码的礼貌都没有。一般来说，尽管学生已经毕业并走上社会，但按照中国人的习惯，老师角色的称谓却并不会改变。

临时性社会角色语言，面广量大，比较自由、宽松，但不等于没有修养的要求，反而更能体现出社会个体的真实修养、自觉程度。社会公德是全体公民在社会交往和公共生活中应该遵循的行为准则，涵盖了人与人、人与社会、人与自然之间的关系。在现代社会，公共生活领域不断扩大，人们相互交往日益频繁，社会公德在维护公众利益、公共秩序，保持社会稳定方面的作用更加突出，成为公民个人道德修养和社会文明程度的重要表现。社会角色语言在人际交往中必须体现出以文明礼貌、助人为乐、爱护公物、保护环境、遵纪守法等为主要内容的社会公德修养。

王飙有篇《小城最美的风景》，文章写到下面一件事：

第一次到小城旅游，出了车站，来到了大街上，我心里一片茫然，不知该往哪个方向走。正犹豫之际，看到一对母女从我身边走过，连忙拦住她们："听说有去金太祖陵墓的专线车，请问，我到哪里去坐呢？"年轻母亲挥手一指说："你顺着这条大路一直向前走，大路右边有一个儿童医院，专线车就停在医院的旁边。"车站前面停着几辆等活的三轮车，我说："我坐三轮车去，要多少钱？"她用充满疑惑的眼神看了我一下，说："这一点路，一会儿就走到了，还用坐三轮车？我觉得你没必要多花这两块钱吧！"她略带责备的口吻，让我心里很温暖。我知道，这是对一个素不相识的陌生人的关心。

我向母女俩真诚地道了谢，顺着大路向前走去。到了一个十字路口处，我瞅了一会儿，没看到"儿童医院"的标志。这时，有一个三轮车夫正缓缓地骑车从我身边经过，我挥手把他拦了下来。凭经验，我知道三轮车夫最讨厌有人只问路不坐车，为了防止自讨没趣，我说："我要到儿童医院那里坐车，你带我过去吧。"说着就往车上上，谁知车夫把手一伸拦住我说："你别上车了，儿童医院就在前边，也就是二百多米远吧，你一会儿就走到了。我哪能为这一点路收你两块钱啊。"

看着车夫一脸的诚恳，我心里又多了一份感动。我说："两块就两块吧，你还是带我过去吧。"车夫竟然一摆手说："你别上车了，你要是真不知道路，我带你去吧，我真不能为这一点路收你两块钱。你知道，我们这里上车费最低就是两元。"

从那个年轻母亲劝我不要为"这一点路"浪费两元钱，到这个车夫不愿意为了"这一点路"收我两元钱中，我看到了这座北方小城的一道最美丽的风景，那就是民风的纯朴和人心的善良——这才是一座城市的灵魂啊！

（《演讲与口才》，2009 年第 12 期）

这一例，事情虽小，却很感人。"我"先是向一位年轻母亲问路，后者热心指路，"我"表示要坐三轮车去，她说道："这一点路，一会儿就走到了，还用坐三轮车？我觉得你没必要多花这两块钱吧！"明确告知路很短，时间只需"一会儿"，反问、正说，强调"没有必要"坐车，含有责怪的意味。"我"因为找不到地方，也没讲价钱，直接去坐三轮车，而车夫却拦住了"我"说："你别上车了，儿童医院就在前边，也就是二百多米远吧，你一会儿就走到了。我哪能为这一点路收你两块钱啊。"劝阻"我"上车，竟然将到手的生意拒绝了！实话实说，仅仅"二百多米远"，还以反问的口吻坦诚而明确表示不能"收你两块钱"。"你要是真不知道路，我带你去吧，我真不能为这一点路收你两块钱。"两个"真"，前一个"真"引出自己的真心，表示愿意带路；后一个"真"，再次真诚强调不能收钱的理由。年轻母亲与车夫或许没有很高的学历，但真心实意为对方着想，热心帮助陌生人，不为金钱私利诱惑，道德修养何其高尚！

（二）合乎角色的特殊修养

合乎角色的特殊修养，是指社会角色的语言能够反映出自己扮演的特定角色必须具备的修养。社会角色类型众多，不同类型的角色语言反映出对修养的特殊要求。尤其是业缘角色的语言，有区别于其他角色的修养要求。人们在职场中扮演着各种职业角色，其语言应该体现出必须具备的职业道德修养、职业专业修养等。体现职业道德修养，也就是必须遵守职业道德的规范准则。职业道德是所有从业人员在职业活动中应该遵循的行为准则，涵盖了从业人员与服务对象、职业与职工、职业与职业之间的关系。随着现代社会分工的发展和专业化程度的增强，市场竞争日趋激烈，整个社会对从业人员职业观念、职业态度、职业技能、职业纪律和职业作风的要求越来越高。社会角色语言要求体现出以爱岗敬业、诚实守信、办事公道、服务群众、奉献社会为主要内容的职业道德。在职场中，人们又有不同的专业分工，有的是管理领导者，有的是科技工作者，有的是后勤服务者，其语言也都有相应的修养要求。

2007年3月21日的《报刊文摘》上有篇王建兰的文章《为何她奋不顾身救孩子》：

> 草长莺飞的季节，她带着6岁的男孩程程到公园放风筝。一眨眼，身边没了男孩。她慌乱起来。忽然，她听到有人喊：有个孩子掉进湖里了……
>
> 她奔向湖边，纵身跳入水中，抓住那个孩子，托出水面，拼命地往上蹿。幸好，渡船赶来了。许是极度的惊吓，许是耗尽了体力，她昏厥过去。一阵撕心裂肺的哭喊声把她惊醒，她看到一位母亲抱起了那个湿淋淋的生命。她惊呆了，那个孩子不是程程。她发疯似的扒开围观的人，哭喊着："程程——""我在这里。"她听清楚了，是他，安然无恙。
>
> 闻讯的记者赶来了，让她谈谈救人的感受。被救儿童的母亲更是感激涕零。她慌了，忙说："不是这样的，如果知道是你的儿子，我是不会跳下去的。水那么凉，我也不会水。我以为是程程呢……"
>
> 仿佛石破天惊。在场的人听了都议论纷纷。记者也大吃一惊，为她的真实坦诚。"那么是母爱让你奋不顾身，以致忘了自己不会游泳？""不，不是，是责任。"她说，"我只是个保姆。如果小孩出了事，我会愧疚一辈子。我要对得起孩子的家长。"

这一例中，主人公是位在有些人眼中地位低微的保姆，我们不能因为她的动机仅仅是为了救主人的小孩而贬低她的思想境界。我们可以深切感受到她的职业道德责任感是多么强！当她发现自己救出的孩子不是程程时，发疯似的哭喊："程程——"当记者让她谈谈救人的感受时，她说："如果小孩出了事，我会愧疚一辈子。我要对得起孩子的家长。"话语不多，却极为坦诚质朴，"愧疚一辈子"，"要对得起"震撼力特别强，保姆的爱岗敬业、诚实守信，着实令人感动、敬佩。

作为领导角色，位高权重，管理是其专业，其修养理应比一般人高出一筹。领导者在管理过程中，接触的人群广泛、复杂，为人处世尤其要注重自身的角色修养，否则难以服人、难以管理，还会影响自己的威信。作为演讲家，如果要取得良好的演讲效果，除了选题、内容等方面的要求，演讲者必须具备扎实的语言修养，善于将演讲内容说得通俗易懂。演讲是一种"一次性艺术"，因为演讲者"只能"说一次，听众也"只能"听一次，那种只要听一遍就能听明白的"说"，肯定是高明的"说"。通俗，不故弄玄虚，才能产生更大的亲和力；易懂，听起来不费劲儿，这才谈得上取得立竿见影的效果。

> 小陈在一家纯净水公司找到了一份送水的差事。

一天中午，营销部李主任叫他去给五楼的总经理办公室送桶水，并顺带把一个文件夹送给唐总。小陈爬到五楼时已满头大汗。到了唐总办公室门口，他右手扶着肩上的水桶，左手拎着文件夹，两手不空。他图省事没有放下水桶，用左手拎着的文件夹去敲门。门是虚掩着的，被他的文件夹不知轻重地一"敲"，门便大开了。唐总经理四十多岁，是个女的，正拿着小圆镜涂口红。两人都感到尴尬。"唐总，这……这是文件，李主任叫送的。"小陈边说边把文件夹放在写字台上，准备换水。唐总语气生硬地说："你是新来的?"小陈局促地"嗯"了一声。她白了小陈一眼，不再说什么。

返回后，李主任对他说："小陈，到会计室结账去，你明天不用来了。"小陈当然明白是怎么回事——就因为没有按礼节正式"敲门"，而不小心"敲"掉了自己难得的打工机会。

小陈有点不甘心，他返回到总经理室。唐总拉长了脸说："你来干什么?"小陈问："唐总，是您辞了我?"她用不屑的语气打发小陈："别问我，问营销部主任去!"随即将转椅一转，背对着小陈，说："连敲门的规矩都不懂，没素质。"小陈辩解说："唐总，我累了半天，又扛着个重水桶爬五楼，只因两手没空着，图省事没放下水桶敲门，是我不礼貌，我向您道歉! 但因为这点事情就辞退我，也未免太过分了吧? 我作为你们的送水工，每天送水都超任务一半以上……""送水工就不要礼貌啦? 与客户打交道同样需要高素质。而一个人的素质往往通过一些细节体现出来，正所谓'一叶便知天下秋'呀。"唐总带点嘲讽地说。

（《演讲与口才》，2006年第1期）

这一例，唐总不问事情原委，因为一个没有敲门的小小送水工看到了自己"涂口红"，"面子"上过不去，大动肝火，立马辞退了新来的送水工。当送水工找其询问理由时，唐总明知对方的目的，起因在自己，却不屑告知，"别问我，问营销部主任去!"省略了主语，一个"别"字将责任推得一干二净。送水工没敲门是有合情合理的原因的，但唐总却斥责其"连敲门的规矩都不懂，没素质"。更具讽刺意味的是，唐总说"一个人的素质往往通过一些细节体现出来"，表面冠冕堂皇，矛头指向送水工，但结合特定的语境来考查，纯粹是从个人的颜面出发，所以这句话用在批评唐总身上正好合适。一番话语与总经理的角色应该具备的修养相去甚远。虽然一句话就能决定下属的命运，但作为领导，却不应该不问青红皂白，随心所欲，滥用权力。

请看一位演讲家对"美"的解说：

在关于"美"的众多定义中，有一个定义既朴实又深刻，这个定义就是："适度即美"。什么意思? 说白了就是：美就是"不多不少"! 美就是"恰到好处"! 比如人们着装时，常将浅色衬衣的领子翻出来，使之与深色的外衣形成一种色调上的对比，这叫什么？借用一句古诗表达，这叫"满园春色关不住，一枝红杏出墙来"。只不过千万小心，这浅色的领子"只能"是一个，如若翻出来两三个或者更多，则只会使人感到俗不可耐！注意，这个"只能翻一个而不能翻多个"的道理，就叫做"适度为美"。

（《交际与口才》，2006 年第 3 期）

这就是一段成功的通俗易懂的演说，"美就是'不多不少'"，"美就是'恰到好处'"！举了衬衣领子和外衣色彩对比的例子，而且借用了大家熟知的古诗句"满园春色关不住，一枝红杏出墙来"。由于大多数人都熟知此句，听起来一点也不吃力，而且听一遍就记住了，理解了，类似这种把深奥的道理说得"平易近人"的"说"，才叫通俗易懂。这就反映出演讲者深厚的演讲语言艺术修养。

三、合乎角色的环境

合乎角色的环境，就是合乎角色进行语言交际活动时的语言环境。社会角色进行语言交际活动都处于特定的环境之中，并不是与外界隔绝的、单纯孤立的、双方的交流。从大处说，有社会大背景、自然大环境；从小处说，第三者的存在、时间、地点、话题、氛围等对社会角色语言都会产生或正或负的影响。在复杂多变的环境中，社会角色必须正确定位，不能随意改变，但又必须充分关注环境的影响和制约，利用积极因素，克服消极因素，在动态中保持和语言环境的协调、合拍。

（一）适应角色的常态环境

常态环境是指常规状态的环境。常态环境并非静态、简单环境，存在差异，会发生变化，也有可能是错综复杂的，不过种种状态都是在正常值的范围内。角色语言适应常态环境，一方面不能失却自我；另一方面，必须根据面临的环境诸因素，作出相应调整。

社会角色长期处于特定的文化背景中，养成了特定的为人处世方式，其角色语言必然打上某种文化烙印。当然，这里有正误、高下、优劣之分。处于文化语境中的角色，在语言交际活动中，彻底改变自我是难以做到的，但给予谅解，适度趋同则是必需的准则，否则很可能发生角色冲突，引发人际矛盾。

《演讲与口才》2009 年第 10 期上有篇牛学国的文章《我和洋房东打交道》，讲述了作者在瑞典的经历，节录如下：

> 去瑞典考察学习，我和同事租住在斯德哥尔摩郊区的斯文森太太家里。
> 斯文森太太 50 多岁，看上去非常慈祥和善。可等到实际接触时，对我们简直就如同瑞典漫长的冬季一样冷淡无比。为了和房东搞好关系，在租住当晚，我拿了几条从国内带来的丝绸刺绣送给她。我轻轻地敲门，很久她才开门。她站在

第五章　社会角色修辞艺术

门中间，尽量用身体挡住房间里的一切，疑惑地问我干什么。我笑着说："斯文森太太．这是我从中国捎来的刺绣。"她生硬地问："这与我有什么关系吗？"我继续赔着笑脸说："我想把它送给您。"谁知她只斜了一眼，就强硬地说："不要！"并"啪"的一声把门关上了。我不理解，我感到很委屈。

一天，我和同事去附近闲逛，一家饮料店摆放在外边的空的嘉士伯啤酒罐吸引了我们，那是一种非常精致的不锈钢罐，产自丹麦。我们很想要一个留作纪念。这时老板出来了，一看，竟是房东斯文森太太。我说："您在这里工作啊？"她点了点头。我本想让她送给我们几个，但转念一想，她对我们那么冷淡，别再自讨没趣了。我指了指空罐，怯生生地问："买几个可以吗？"谁知她拿出几罐同样品牌的啤酒，我连忙摆手说："我不买啤酒，只买几个空罐。"谁知她却认真地说："这里只卖啤酒，其他的一律不可以卖，这是政府的规定，我把空罐卖给你的话，是无法向政府交税的，不交税不就是违法了吗？不要让我做违法的事儿。这些空罐是刚才一些顾客喝剩下的，他们不要，我也不能要，我会把它们交给政府的。"她的回答令我面红耳赤，同样也让我百感交集，一个普通的老太太竟然有这么强的法律意识。

晚上，斯文森太太敲开我们的门，手里拿着四个空酒罐，微笑着说："我可以进来吗？""当然，"我们连忙请她进来。她显得有点不好意思，说："小伙子们，自从你们住进来以后，我在网上搜索了一下中国的风俗，知道中国人热情好客，喜欢交流，这和我们不大一样，在此，我对前几次的事表示道歉。今天知道你们喜欢这种空酒罐，我就自己花钱把酒买下了，然后把空酒罐送给你们。"那一刻我好感动，说："太谢谢您啦。"这时，她说："别谢我，我不是白送给你们的。您上次不是准备送给我丝绸刺绣吗？现在我想要了。"我赶忙把刺绣拿出来郑重地交给她。"哇，太漂亮了，我喜欢！"斯文森太太竟然乐得像个孩子一样。

这一例中，"我"与斯文森太太既是房客与房东的角色关系，又是顾客与营业员的角色关系，无论是哪种关系，由于文化背景的差异，都发生了冲突、矛盾。房客"我"热情笑着送礼，房东斯文森太太强硬地说"不要"，冷淡到难以理解，用她的话来解释，是因为"中国人热情好客，喜欢交流，这和我们不大一样"；顾客"我"要买几只空罐，谁知她却认真地说："这里只卖啤酒，其他的一律不可以卖，这是政府的规定。""只"、"一律"，该和不该表达得清清楚楚，毫不含糊，没有犹豫，没有例外；"这是政府的规定"，道出了原委，后边再跟上一句"不交税不就是违法了吗"的反问句，进一步强调了"政府的规定"，遵守是天经地义的，绝无松动、变通的余地。"我"被对方以"不要让我做违法的事儿"为由坚决拒绝，这就是角色文化的冲突。因为国度、民族的差异，人们的思维习惯和生活方式不尽相同，不能用一个标准苛求。最后，斯文森太太在了解了中国的风俗习惯后，自己花钱把酒买下了，然后把空酒罐送给他们，在不违法的前提下用变通的方式妥善解决了矛盾。

在一个具体的语言交际环境中，面对怎样的交际对象，是否有第三者存在，环境气氛的状态，表达者角色必须正确判别、恰当应对，在尽力适应语境的过程中，创造更高层次的特定角色语言。

中央电视台"挑战主持人"节目有次进行到十六选十环节的第七场比赛时，有四位选手参与了角逐。一轮比赛以后，一位女孩被淘汰出局。剩下的三位选手无论相貌、谈吐以及心理素质都难分伯仲。其中有位女孩的身材特别高，穿着平跟鞋还比同台的女孩高出许多，然而美中不足的是，她的站姿不是很舒展，给人一种非常拘谨的感觉。

第二轮的比赛选手要分别以央视的节目主持人阿丘为嘉宾制作一期访谈节目。前两位选手的从容发挥已赢得了观众阵阵热烈的掌声。最后一位出场的是那位高个子女孩。现场一片寂静。显而易见，如果她没有特别光彩照人的表现，出局或许已不可避免。高个子女孩努力平静了一下情绪后，出人意料地与个头不高的阿丘讨论起身高："谈论这个话题的时候，其实心中是很犹豫的。观众都能看得出来，我身材很高。但是观众不一定知道，这么高的一个主持人，特别还是一个女主持人，选搭档是一件挺难的事情。所以从参加比赛一直到现在，我养成了一个特别不好的习惯，就是一直含着腰，虽然我知道很难看，但是我觉得这样可能会让我降低一些身高，让我与同伴的合作更加和谐……"

节目录制现场忽然变得鸦雀无声。看得出那番话感动了观众与评委，为她深沉而细腻的责任感。接下来的比赛已不再重要，最终，高个子女孩成为胜利者。她的名字叫张宇，年仅 19 岁，身高 1.78 米。

（《报刊文摘》，2007 年 3 月 23 日）

这一例中，张宇是参赛选手的角色，比赛进行到最后一轮时，三位选手相互是竞争对手，这是不能改变的。但张宇面临着激烈的、近乎残酷的竞争环境，没有全力追逐甚至尽量淡化自己的优势，而是自觉降低"角色的高度"，"我身材很高。……这么高的一个主持人，特别还是一个女主持人，选搭档是一件挺难的事情。所以从参加比赛一直到现在，我养成了一个特别不好的习惯，就是一直含着腰，虽然我知道很难看，但是我觉得这样可能会让我降低一些身高，让我与同伴的合作更加和谐……"一方面为的是与被采访的嘉宾阿丘（阿丘的身材比较矮小）尽可能接近一些；另一方面，倾诉衷肠，"一直含着腰"，"虽然"明知难看，"但是我觉得……"因果关系复句中套用转折关系复句，一番曲折，内心实在是为搭档着想。平稳而真诚的叙说，赢得了评委、观众的理解和感动，力求与现场环境创造新颖的和谐一致，张宇以自己的主持艺术向我们诠释了成功的另一种哲学：平和与包容。

（二）适应角色的异态环境

异态环境是指异乎寻常状态的环境。角色所处的环境是动态的，当环境发生了明显、重大的变化，处于异常状态时，决不能忽视，角色语言理应随之作出较大的调整和转换。当然，尽管变换巨大，形式多样，乃至超越常规，但角色语言的基点必须牢牢把握好，不能错位、越位、缺位。

> 如果没有意外，他们会在一个月后的国庆节举行婚礼。正当他们在街上购买物品时，发生了车祸。
>
> 她躺在 ICU 病房里，整个头除了眼睛都被白纱布裹扎着。当她醒来时，急忙询问恋人的情况。医生耐心地解释："你们都无大碍，只是一点外伤而已。你的脸被护栏网划伤了，我们可以通过整容让疤痕非常轻微！"听到最后一句话时，她崩溃了，自己觉得已配不上英俊的男友，情绪混乱，不再配合医生治疗。任何劝说哪怕是他让人代告的承诺也无法将她安抚。也许这不再是简单的自卑。
>
> 拒绝医治，其结果是很严重的。医生和她的家人都束手无策，这时，他坐在轮椅上被推了进来，轻轻地唤了声"宝贝"。她的泪冲了出来，颤抖地问他："医生不是说你只是外伤吗？"他冷笑一下，低下头无奈地说："这辈子我再也不能站起来了！我再也不能和你……"他欲言又止，目光里有股悲凉。她看得懂他，俯下身子紧紧握他的手。
>
> 接下来她非常积极地配合治疗，很快便出了院，只是不再如从前美艳。而他坐在轮椅上被推回了家。他们依然举行了婚礼，依然有笑。新婚之夜，她俯下身体吻他时，他迎接着她的吻，慢慢地直起了身子。她被这一突如其来的情形惊呆了，不解地望着他，不敢相信眼前的事实。他微笑地捧起她疑惑的脸，说："我爱你，从来没有条件！"她忽然明白了一切，眼泪汩汩地流了下来。

（《现代交际》，2004 年第 9 期）

两人是热恋中的男女，女主角重伤毁容，丧失了对生活的信心，常规的劝说都无法奏效。男主角装作瘫痪来看她，女主角原来认定男友只是轻伤，大吃一惊，颤抖地问他："医生不是说你只是外伤吗？"表露出深深的担忧。男主角无奈地向恋人诉说悲情："这辈子我再也不能站起来了！我再也不能和你……""再也不能"两次反复，第一次是指"站起来"，第二次后面用了省略号，省略的是"结婚"两个字，实在难以吐出口，流露出无比的悲观情绪。容颜的损伤与终身瘫痪相比，毕竟要轻得多，男主角的这些欲言又止、伤心欲绝的话语激发起了女主角强烈的同情心，既然深爱男友，今后自己就要照料男友一辈子，生活的信心树立起来了，心理也趋向平衡了，于是开始积极配合治疗。这一例中，男主角根据意外的环境采用超越常规的修辞手段拯救女友，角色行为充满对恋人的真挚关爱，角色语言熠熠生辉。

第三节　社会角色语言的协调性

社会角色语言必须与角色之间的各种关系保持协调性。社会角色之间的关系错综复杂，有的比较清楚，有的相对模糊。理论上的清楚认识和实践中的正确把握并不是一回事，人们往往在理论上懂得相互之间的关系，但在具体的语言交际过程中，受到各种因素的干扰，不自觉地模糊了角色关系，例如被感情冲昏了头脑，意气用事，随情说话等。

语言交际的过程，也是社会角色价值观念整合、人际关系整合、语言结构整合的过程。在群体中，在各种社会组织中，在社会各种圈子中，人们不仅总是运用现有的规则进行交流、调控和协商，而且还在不断地制造着新的默契规则进行语言交际，追求协调、和谐，以取得理想交际效果。从深处大处来说，社会角色语言的交流，是通过文化价值的导向作用，以社会主体和谐化为追求，以社会功能健全化为保证，以社会发展协调化为目标所形成的系统工程。这种角色语言的协调性主要表现在三个方面。

一、对象关系的协调性

在语言交际活动中，交际双方都扮演着特定的角色，互为对象，构成角色关系。作为其中的任何一方，都必须清楚认识、正确把握交际对象与自己的角色关系，尽力使角色关系吻合、协调。如果违背了应然的角色关系，语言交际往往就不能正常进行。

对象关系的协调可以区分为常规协调和错位协调两种形式：

（一）常规协调

常规协调是指交际双方保持原来的角色关系进行语言交际活动，表现出自然状态的平衡协调。角色关系出现不协调，有各种各样的原因，有的是交际者的思想素养问题，达不到角色必须具备的要求；有的是思想个性问题，不能正确把握自我；有的是客观因素问题，难以有效排除干扰等等。正因为如此，做好角色的常规协调也不是轻而易举的事情，说写者必须牢记自己的角色定位，摆正与交际对象的关系，注意口吻和语言表达的分寸。

> 一位职员求领导办事，领导夫人热情招待，端果倒茶。职员办完事后，竟然与领导高谈阔论起来。眼看天色已晚，孩子还要早点休息，于是她走到客厅对丈夫说："人家这么晚来找你，你快点给人家想个办法，尽快把事情办了，别让人家总这样等着。"然后又给客人倒了杯茶，对客人说："您再喝杯茶吧，解解乏。"

职员听出了领导夫人的弦外之音，很识趣地抬腕看了下手表，以恍然大悟的口吻说："哎呀，光顾着聊天把时间给忘了，都这么晚了，我该告辞了。"说完，微笑着与领导握手言别，告辞离去。

（《演讲与口才》，2009 年第 10 期）

这一例中，职员与领导虽是上下级关系，而其对于领导夫人来说，是主客关系，客人久留并无去意，使得主人陷入尴尬境地：如果拉下脸下"逐客令"，客人面子上肯定挂不住；如果勉强陪着东扯西拉，"孩子还要早点休息"，又会使自己陷入被动的窘境。领导夫人明知客人的事情已经办完，却有意要求丈夫，"人家这么晚来找你，你快点给人家想个办法，尽快把事情办了"，点出时间已经不早了；接着说"别让人家总这样等着"，明在指责丈夫，为客人着想，实则旁敲侧击地暗示客人他可以离开了，随后请客人"再喝杯茶"，礼数周到。将"逐客令"说得曲折委婉而充满人情味，这就很符合正常的主客角色关系了。

> 小潘是刚从军校分来的新排长。一天，潘排长女朋友到部队玩，他找来几个战友陪女朋友一起玩扑克，女朋友想喝水，于是潘排长对在一旁观看的三级士官小宋说："小宋，命令你快到我房间里提一瓶开水过来。"小宋很不悦，但顾及潘排长女朋友在场，嘴里嘀咕着到潘排长房间拎了一瓶水，没好气地放到桌上，转身就走了。
>
> 后来有一次潘排长安排工作，对小宋说："小宋，这项工作你给我上。"小宋心里窝着火，反问潘排长："这么多人为什么单单要我上？""你的技术最好，你不上谁上？"潘排长仍是一副不容置疑的命令口吻。小宋也不甘示弱，说："技术好就该多干？我不上！"潘排长有些不耐烦地说："我命令你上，不想上也得上！"小宋大声顶撞道："你不就一个排长吗？多大点官，我不上，谁爱上谁上！"潘排长急得脸红脖子粗，但又无可奈何。
>
> 正在两人僵持不下时，连长走了进来。了解情况后，连长首先批评了潘排长的工作方式不对，然后，面带微笑温和地对小宋说："你是连队骨干，技术最过硬，做这项工作只有你最合适，也只有你来做我们才放心，这项任务你来完成可以吗？"小宋二话没说就爽快答应了。

（《演讲与口才》，2009 年第 5 期）

这一例中，排长下达命令，士兵服从排长，角色关系本来是顺理成章的。问题在于此前发生了排长命令小宋拿热水瓶的事情——这并非公事，"小宋，命令你快到我房间里提一瓶开水过来"——"命令"一词具有庄重色彩，即使在公务活动中也不是可随便用的；个人的琐事，即使不用"命令"，而用含有类似意味的"要"、"必须"

等词语也不恰当。排长在布置工作时又不注意说话的方式，不耐烦地说："我命令你上，不想上也得上！"小宋不服，排长又不好好说清楚其中的道理，反问："你的技术最好，你不上谁上？"为什么技术好就一定要上呢？排长没有说明，却用一个反问句死死堵塞了小宋的申辩余地，影响了官兵关系，导致士兵不服从上级，出现了难堪场面，产生了矛盾。而连长在布置任务时，态度很好，将道理说得明明白白，"你是连队骨干，技术最过硬"，虽然也说到技术问题，但口吻与排长大不一样，定位在"连队骨干"，"最过硬"要比"最好"程度更深，完全是在褒扬小宋；"做这项工作只有你最合适，也只有你来做我们才放心"，两个"只有"表示了对小宋的高度信任，最后征询对方意见："这项任务你来完成可以吗？"小宋二话没说就爽快答应了。这就很好地体现了平等和谐的上下级角色关系。

对常规协调的认识必须避免两种误解。第一，角色关系的常规协调并不是意味着一切迎合、赞同交际对象。在特定的场合，拒绝是协调，否定是协调，斗争也是协调。关键在于交际双方是否符合正常的角色关系。角色关系有的比较明显，具有鲜明的语言印记，有的则比较隐蔽，渗透在语言之中，具体判别的时候，不能被表面现象迷惑，特别要注意隐藏在语言背后的深层角色关系。第二，角色关系的常规协调并不意味着语言一定会平平常常。不同寻常的语言也是常规协调的一种形式。语言形式与众不同，有可能造成误解，似乎有悖常情常理，而实际上却是常规协调的创新形态。

> 维克托是位法国画家。他父亲与毕加索是好朋友。维克托从小喜欢画画，十四岁那年，做外交官的父亲带他去见毕加索。他想让这位大画家收儿子为徒。可是，毕加索看了维克托的画后，当即拒绝了。"你想让他做一个真正的画家，还是做一个毕加索第二？"毕加索问。"我想让他像您那样成为一个真正的画家。"外交官答。"假若是这样的话，你就把他立即领回去！"毕加索回答。四十年后，维克托的画第一次进入苏富比拍卖行，一幅画拍到 160 万英镑。
>
> （《解放日报》，2007 年 3 月 31 日）

据说，后来记者采访维克托时，后者感慨地说，毕加索不愧为真正的大艺术家，他知道收徒就是抹杀那个人的天性。他真庆幸毕加索拒绝了父亲的请求。毕加索与维克托父亲的对话，虽然很简短，但显示出高度的角色协调性。维克托父亲希望儿子能够成为一个真正的画家，于是拜毕加索为师，即使儿子与毕加索成为师徒关系。而毕加索先是要求对方作出选择："你想让他做一个真正的画家，还是做一个毕加索第二？"当得知对方选择要"成为一个真正的画家"后，毕加索干脆地要求"把他立即领回去"，实际上就是拒绝扮演"老师"角色。毕加索的话语很少，细细体味，虽然表面上回绝了做老师的请求，似乎不近人情，其实这才是真正尊重对方、理解对方，让维克托能够真正实现成为画家的梦想。

总体上讲，教师的角色在知识、能力等方面强于学生，这是毫无疑问的，也正因为如此，通常情况下，教师在教学过程中往往显露的是自己的强项，尽可能表现出高的知识、能力水平，而不太愿意将薄弱的一面展示给学生，有时候还会千方百计掩饰，以为这样就像一个教师角色，其实并不尽然。在语文教学中，老师酣畅淋漓的吟诵范读往往能让学生击节赞叹，回味无穷，加深理解，但并不是所有的语文老师都具有很高的朗读水平，因此，有的教师碰到朗读课文，或者以录音替代，或者请朗读水平较高的学生朗读，再或者就回避不读。可有位老师，虽然朗诵不是强项，但她对学生从不讳言这一点。

有次上《将进酒》一课，老师在指导学生疏通理解全诗字词的基础上，"声情并茂"地进行了范读。接着，播放了濮存昕朗诵的《将进酒》。之后，她让学生讨论比较："同学们，老师的朗诵与濮存昕的相比，差距在哪里？请大家当堂交流讨论。"有的学生说："老师之所以没有濮存昕读得好，是因为您没有把李白醉后、豪气纵横、狂放不羁的形态表现出来，可见您对这首诗的理解还没有到位。"有的说："这首诗中诗人的感情变化极快，老师表演的功力到底离濮存昕还差很远。"……学生们的发言尽管让老师有些许的"不自在"，但老师欣慰的是他们确实经过了思考，指出了问题的症结。

（《教书育人》，2009 年第 1 期）

这位老师明知朗读是自己的弱项，却不避短："老师的朗诵与濮存昕的相比，差距在哪里？请大家当堂交流讨论。"问题的指向竟然是让学生寻找自己的缺陷，异乎寻常！这岂不是让学生瞧不起自己吗？应该说，这么做是有风险的，可能会让教师难堪，可能会影响师道"尊严"，但我们觉得教师这样"示弱"，表明了对学生的尊重，既然学生在某些方面比自己强，为何不充分利用，激发学生发现与探究问题的欲望，加深学生进一步的理解呢？一个敢于"示弱"的人，一定是一个豁达大度、具有真理面前人人平等信念的人；一个善于向学生"示弱"的老师，一定是一个充满人情、充满智慧的老师。这一例中，教师角色与学生角色关系并未受到负面影响，两者达到了新的协调。

（二）错位协调

错位协调是指交际双方违背原来的角色关系进行语言交际活动，表现出超常规状态的平衡协调。一个人的社会角色和语言交际规则应该是一致的，这是社会交际中的一条至理名言，只有遵守它，才能达到成功交际的目的。但在实际生活当中也常常出现一些与社会角色不协调的交际言语，这种不协调有时反而会产生较好的交际效果。

对象关系的错位协调，很大程度上取决于角色的"心理弹性"。心理弹性是在弹性力学基础上提出的心理学命题，它被视为重要的人格特质及个体素质结构中的核心变量。通俗地理解，心理弹性就是说每一个人都拥有可变通的巨大的心理空间。就接受心理而言，不会只是一个点，一条线，而是存在一个区域，只要不超过这一区域，都有接受的可能；就表达心理而言，面临着多种选择的可能性，同样存在着一个心理范围。用心理弹性的理论观照对象关系的协调，在一定的条件下，非应然性的角色关系也符合心理活动的规律，且交际双方都能够接受新的角色关系。在某些特殊情况下，外部因素还可能对错位选择起决定性作用，尽管不一定被交际对象马上乐于接受，但有理可说，有情可原，有因可溯。

1. 临时角色关系的协调

错位协调最常见的形式是角色的临时性转换。本来人们在社会上扮演的角色是约定俗成的，一般情况下是不能随意改变的，但出于特定的需要，限于特定的语境，只要其中的一方改变了应然的角色，交际双方的关系也会随之发生变化。这种临时性角色转换语言协调别具一格。

杨吉春在《言语和角色不协调的效果》一文中曾经举过一例，内容是一位母亲与8岁的女儿之间这样一段对话：

> **母亲：**（下班回到家，躺倒在沙发上）吴洋，倒杯水给我。
> **女儿：**（正在看电视）自己倒。
> **母亲：**唉，小宝宝口渴啦！也没人倒点水来喝喝。
> **女儿：**（马上站起来拿杯子）噢！小宝宝，你口渴啦！妈妈马上倒水给你喝啊！
>
> （《语文建设》，2001年第5期）

上面这一段对话中的第一句完全符合母亲对女儿发话的口吻。"吴洋，倒杯水给我。"长辈直呼小辈名字，吩咐做事，是具有中国传统特色的家长式的说话方式，但没有取得发话者预期的效果，女儿不愿意，反而要母亲自己倒。后来母亲把自己的角色换成"小宝宝"的角色来说话："唉，小宝宝口渴啦！也没人倒点水来喝喝。"将玩具宝宝拟人化，赋予埋怨的感情色彩，却收到了意想不到的效果。"噢！小宝宝，你口渴啦！妈妈马上倒水给你喝啊！"女儿转换成了"妈妈"的角色，不但即刻起身，而且高高兴兴地倒水给母亲，体贴关怀备至。因为女儿把妈妈当做了自己喜爱的"小宝宝"。这说明，如果只从自然的、客观化的角色规范方面去考虑，有时反会妨碍语言交际中角色个性特点的积极发挥。

2. 反常角色关系的协调

反常角色关系的语言醒目、突出，比起正常关系的语言，更容易引起交际对象的注意。在特定的场合，由于客观因素干扰着语言交际活动的顺畅进行，发话者为了使受话者能顺利接收到自己发出的信息，也会违反常规，采用与自己角色不相符的表达方式。《言语和角色不协调的效果》一文中还举了下面的例子：

> 有一天，放学后，我和几个同事走在回家的路上，突然听到有人叫我的名字"杨吉春"。我回头一看，原来是我的女儿。等她走到我身边的时候，我对她说："你为什么叫我的名字？没大没小的！"她说："往次我叫你'妈妈'要叫好几次，你才回头看我。"从那以后我发现别人家的小孩在特定的场合也会这样叫。看来这是生活节奏感极强的时代所造就的特殊的、不协调的称呼方式。

女儿为什么不叫"妈妈"而直呼其名呢？细细想来，确有道理。大庭广众之下，"妈妈"是泛称，身份是"妈妈"的，肯定不在少数，女儿叫"妈妈"，未必会引起自己妈妈的注意，名字是专称，呼唤对方的名字更可能使其即刻作出反应。

3. 交融角色关系的协调

错位协调的另外一种形式是角色的交融。产生的原因主要有两个，一是本来具有很明确的角色关系，但由于在实践中角色跨越了本分工作，导致角色的混融；二是出于特定交际目的的需要——或者为了创造活跃的气氛，取得良好的交际效果，或者为了避免坚持原来角色关系可能带来的交际障碍和困难，顺利达到交际目的，使交际者身兼多种角色。

刘翔是奥运会冠军、世界田径锦标赛冠军、男子110米跨栏原世界纪录创造者，他的教练是孙海平。孙教练为了将刘翔打造成"世界飞人"，全身心扑在了训练和比赛中，为此，他甚至疏忽了自己的妻子和女儿。对此，刘翔铭记于心。在《杨澜访谈录》节目现场，他深情地说道：

> 我师父为我付出的真是太多了，多到有时候我都分不清他到底是我的教练还是父亲，真的，很多时候我就像是师父的儿子。有一段时间，我脸上长了许多青春痘，师父就为我寻找各种治疗偏方，后来听说仙人掌和芦荟磨碎敷在脸上有效，便天天亲自为我研磨。师父将全部心血倾注在了我身上……可以说，没有师父，就不会有我刘翔的今天！

俗话说："一日为师，终身为父。"刘翔将孙海平视为恩师，从生活细节说开，细细数来，有时候"都分不清他到底是我的教练还是父亲"，表达深深的感激之情："没有师父，就不会有我刘翔的今天！"刘翔与师父的关系，既是运动员与教练的关系，又像是儿子与父亲的关系，这是因为孙海平对刘翔"付出的真是太多了"，无微不至地关怀，做了许多本应是父亲所做的事情。

毛姆是英国著名作家，一生写过许多小说。但他在未成名时，读者对他并不了解，因此其作品的读者不多。怎样才能引起社会的注意，让社会了解自己及自己的作品，并使自己的作品进入大学生的书房、少女的闺房、艺术家的沙龙？经过一番精心思考，毛姆找到了一个推销自己的策略。

> 有一天，毛姆在报纸上刊登了一则征婚广告。广告上写着："本人喜欢运动和音乐，是个年轻而有教养的百万富翁，希望能找到一个像毛姆小说中的主人公那样的女子做终身伴侣。"启事果然引起了轰动，毛姆的小说马上成了畅销书，人们都想了解毛姆小说中的主人公是什么样的。接下来毛姆就一举成名了。
>
> （《现代交际》，2001 年第 8 期）

毛姆未成名之时，身份地位是不高的，缘此他的优秀作品无法得到读者的认同。这一例中，毛姆兼具作者和征婚者两种角色，在"征婚广告"上，他述说优越的自身条件："本人喜欢运动和音乐，是个年轻而有教养的百万富翁。"其中包含了年龄——"年轻"、爱好——"喜欢运动和音乐"、素养——"有教养"、物质条件——"百万富翁"等诱人的信息。"希望能找到一个像毛姆小说中的主人公那样的女子做终身伴侣"，一反征婚启事清楚表述征婚具体条件的惯例，信息模糊，只是与"毛姆小说中的主人公那样的女子"类似——小说作者即是毛姆自己。这样，毛姆制造了一个悬念，倘若想应征，必须与"毛姆小说中的主人公"作比较，那就必然会吸引应征者去买书，于是应征者都成了毛姆的读者，由此毛姆成功地提升了自己的知名度。这是出于特定的交际目的有意使角色交融、错位的例子。

必须指出，角色的错位并非都是协调的。从表面上看，似乎明确对象关系并非难事，但事实上往往会出现模糊、错觉现象。一种可能是角色在交际过程中的语言信息确实并不清晰，或者角色有意掩饰，或者存在种种假象；另一种可能是说写者主观判断出现失误，或者角色意识淡薄，或者自我角色膨胀，由此出现错位现象。这种角色错位是负面的，在语言交际中应该力求避免。

> 某人力资源部的经理自述遇到过不少离谱的求职者。有位求职者竟然要求看一看经理的简历，以确定对方是否有资格来判定他的水平；一位求职者直言不讳地告诉经理："我的目标就是取代你"；有位女士说："我有足够的资格胜任，如果得不到这份工作，就证明你们公司管理者都是无能之辈"；还有个求职者谈着谈着，竟然提出与经理掰手腕："咱们较量较量。"……
>
> （《演讲与口才》，2006 年第 12 期）

这些离谱的求职者，在面试中说话绝对，口气妄自尊大。"我的目标就是取代你"，似乎要表达的是雄心壮志，但求职者忘记了对方是考官，自己是应聘者角色，尚未进入大门，何谈"取代你"呢？"我有足够的资格胜任"，言之凿凿，如果不能被录用，竟然指称整个公司管理者"都是无能之辈"，无根无据，何以能够断定"都是"呢？无疑是个人不满情绪的宣泄。"咱们较量较量"，居然提出要跟经理掰手腕，大概是将经理当做朋友了。凡此种种，给人凌驾于经理之上的不良印象，模糊了自己和考官之间的角色关系，应聘者角色意识淡薄，自我角色膨胀，出现了错位现象，失败当然是不可避免的。

中央电视台的一档新闻节目里，北京一个著名的专科医院的院长在接受记者的采访时称："作为一名女院长，我感到……"女作家、女企业家、女市长、女歌手、女……社会上、媒体上称呼功成名就的女士，往往都有一个习惯性的性别前缀，使用者的本意可能是要突出说明女性成功的艰难，而动不动缀以一个"女"字，其实是对整个女性群体的一种善意的歧视。另一档综艺节目里，一位来自西部基层文化部门的青年选手，在镜头前自我介绍说："我是一个农民歌手……"公交车到了站，上来一群农民工装扮的年轻人，这时，司机按响了语音设备："请保管好你随身携带的钱物，以防扒窃。"是农民又怎么样？社会角色都是平等的，为什么要另眼相看呢？从如此习惯性的歧视与自我歧视中，可以看出角色的错位不协调，某些歧视已成为我们文化的一部分，我们已经熟视无睹，我们已经心安理得。

二、文化关系的协调性

文化关系的协调性是指社会角色语言包含的文化价值观念应该保持协调性。不同的社会角色文化背景不可能完全相同，反映到语言上必然发生各种各样的矛盾、冲突，协调并非一定消灭矛盾差异，而是将矛盾差异控制在适度范围内。

（一）原色文化的保持

原色文化保持，是指角色语言的文化关系保持原来的状态，不作变动。协调角色语言，文化是纽带。一般情况下，只要不影响沟通、交流，交际双方可以负载自己的文化价值观念进行语言交际活动，以保持方式取得协调，双方不必刻意作出让步、调整、改变，这样显得正常、自然、稳定。应该保持原色的文化关系，倘若交际者的角色关系被破坏、被干扰、被丢弃，那么语言交际就会失败，遭受损害。请看下面的文章《温暖只源于一声简单的问候》。

> 1971 年的一天，一位年近八旬的老人，独自坐在路边的石凳上晒太阳。这时，一个路过的青年亲切地喊了声"吴老师"。老人使劲睁大昏花的眼睛，问："你在叫我吗？"青年回答说："对呀，吴老师，您好吗？"此时，老人禁不住热泪盈眶，摸索着从口袋里掏出 10 元钱，递给青年。青年连忙摆手，说："吴老师，您这是干吗？"老人说："小伙子，已经有很多年没人这么称呼我了，今天你是第一个。我听了心里真暖和啊。这钱你一定要收下，否则我心里会很不安。"青年推辞不过，只好收下。

这个老人就是一代宗师吴宓。"文革"时，他受尽凌辱折磨，无人再称他"吴老师"，有人甚至当面喊他"吴老狗"。在那段孤独落寞的日子里，这个青年的一声问候，如同一束阳光照射过来，使其倍感温暖与欣慰。所以，他一定要感谢青年一下，而在当时，这10元钱顶得上一个月的伙食费。

（《演讲与口才》，2010年第3期）

吴宓的身份本来就是老师，只是在"文革"那个特定的时代背景里，角色之间的关系受到了严重破坏，吴宓欲求正常而不得，所以青年的一个普通的"老师"的称谓，一声不经意的"您好吗"的问候，激起吴宓心底的巨澜，要给青年10元钱。青年不肯收，吴宓说道："小伙子，已经有很多年没人这么称呼我了，今天你是第一个。我听了心里真暖和啊。这钱你一定要收下，否则我心里会很不安。""很多年"了，足见原色文化关系破坏之严重；"真暖和啊"，期盼甚久；一定要青年收下10元钱，"否则我心里会很不安"的，从反面表述，用了一个"很"，更是激动心理的真实写照。一代宗师吴宓在炎凉世态中，找回了做人的尊严，增强了生活的信心和勇气。

（二）异色文化的趋近

异色文化趋近，是指角色语言的文化关系打破原本状态，交际者作出接近、同化的改变。原色文化关系的保持虽然广泛运用，但还是有条件的，当构成的文化关系业已影响到语言交际的顺利进行，且可能对生活、工作带来负面作用时，不能不引起高度重视，并作出相应的努力进行化解。

《读者》2010年第19期上有篇萨苏的《一套西装引发的管理难题》，梗概如下：

一家美国公司收购了一家日本企业，收购后却渐渐显露出不同文化背景带来的尴尬。

这家日本企业每天早上都要举行"朝礼"。上班后大家先去会议室，全体肃静。一名雇员走上台中央，与台下相互鞠躬之后，板起面孔大声朗诵两句类似"不成功便成仁"之类的口号。底下全体则立正回应道："一定努力啊！"鼓掌……

新任命的分部总监、德国后裔巴赫，对这种朝礼颇为不解，觉得这像是在浪费工作时间，于是指示取消朝礼。第二天，这个形式主义的朝礼就此寿终正寝。

但几天以后，各小部门每天早上开始开"晨会"了。形式也是大家围一圈。一人低声说口号，大家回应："一定努力啊！"鼓掌……日本员工说习惯了，不开晨会，像是没开始上班。

美国公司有一个很得人心的传统，就是上班时大家都穿休闲服。看到公司职员身着颜色庄重的深色西装时，巴赫觉得他们就像一片压抑的蓝灰黑色蚂蚁。于是巴赫指示把穿休闲服的好处落实，让员工能更自由，上班更舒服。

谁知，指令下达后，日本员工除了"哈伊"以外没任何表示。

第二天上班一看，还是蓝灰黑色蚂蚁，第三天照旧，只不过日本员工一致把领带摘了。于是巴赫再发电邮给大家，好心好意地解释："Casual（不拘束、随意）不是穿西服不打领带，是大家可以穿各种休闲服，比如牛仔服啦，T恤啦，夹克啦。"

第四天，日本员工终于穿得多种多样地来上班了，不过，那表情绝对和"自由"、"舒服"不搭界，反而士气低落，连来公司谈业务的客户都少了很多。

原来，日本是个等级分明的国家，穿不穿西装反映的是工作属于白领还是蓝领。无论政府工作人员还是公司职员，都以穿西装、头发理成"三七头"为标准装束。但是地位和收入都比较低的售货员、产业工人等，就不必如此穿着。这家日本公司的员工都属于白领，你让他们不穿西服而改穿便服，日本人不会以为你是要让他们更舒服、更自由，反而认为你是要降低他们的地位。很多日本员工甚至出门时穿西服打领带，到了公司找厕所换成便装，下班时再换回来，就是为了让家里人放心。

但着装的指令已经发出，不能变更。于是聪明的巴赫在第二天的邮件中，补充了一句话："如果您愿意，也可以把西服作为休闲装的一种来穿。"于是皆大欢喜，公司又恢复了黑色、蓝色、灰色蚂蚁的热闹场面，只是蚂蚁们看起来个个精神抖擞。

这一例中，巴赫与日本员工是上下级关系，各自扮演不同的社会角色。日本员工每天早上有举行"朝礼"的习惯，上班后板起面孔大声朗诵两句类似"不成功便成仁"的口号。底下全体则立正回应道："一定努力啊！"不这样就觉得没劲。巴赫认为是浪费时间，指示"取消"，但只是使"朝礼"形式起了变化，却未能阻绝这种行动。巴赫又指示，为了身体自由舒服，上班时大家都穿休闲服，好心好意地解释："大家可以穿各种休闲服，比如牛仔服啦，T恤啦，夹克啦。"解释具体到位。但是日本员工就是不愿意服从。出现这些现象的原因，在于日本员工属于白领角色，按照他们对这种角色的理解，应该每天"朝礼"，应该西装革履。下级服从上级理所当然，而且巴赫发出的两个指令本意也是为了工作，为了维护员工的利益，但双方不仅仅是身份地位的差异，文化价值观念反差也很大，所以导致了不和谐局面的出现，影响到了公司的效益。聪明的巴赫对指令作出了巧妙的修正，"如果您愿意，也可以把西服作为休闲装的一种来穿"一句话，口吻温和，以"愿意"为标尺，有意模糊了西服和休闲装的界限，给对方台阶下，也给自己台阶下，实际上是不露痕迹地让步，将日本文化也纳入许可范围，文化上的趋近消解了矛盾冲突，日本员工又恢复了原来"个个精神抖擞"的状态。

（三）异色文化的趋异

异色文化趋异，是指角色语言的文化关系在原本的基础上，突出、拉大差异。按照常理常情来说，似乎在语言交际中只有缩小、拉近乃至同化文化背景才能做到关系协调，为什么异色文化趋异能够取得协调效果呢？原因在于协调的复杂性。正如色彩的布局，色彩的美妙在于协调，有时候，色彩的鲜明反差，如冷暖色、明暗色的搭配，也是一种取得协调的方式。在特定的场合，强化、突出文化关系的相异性，能够有力证明表达者话语行为的合理合情性，作为一种修辞手段，有时还能成为战胜交际对象的锐利武器。

《演讲与口才》2010 年第 3 期上有篇《唐骏：创新是进步的灵魂》，摘录如下：

北京大学的一个女同学移民美国，把她的老妈妈也接到了美国，替母亲办理了很多移民的手续，最后需要面试。然而，要让老太太用英语来面试是很难的，所以这个女同学给她准备了很多的问题让她去答，结果面试官问了很多很多的问题，面试未能通过。

老太太就从兜里拿出了 300 美金给了这位美国面试官，面试官吓坏了，认为这一行为触犯了美国的法律，所以就把钱退给了老太太。老太太以为他客气，趁他去复印文件时，又把这 300 美金放在他的本子下面。当面试官回到自己的座位上，看到这 300 美金后，一下子愤怒了，马上把门口的保安叫进来，让他作证有人现场行贿。于是，老太太遭到法庭起诉，将面临坐三年的监狱，罚款 5 万美金的处罚。

母女两人找到了我，我就说："不要找律师，律师帮不了，唯一能帮助你的只有你自己。如果到了法庭，你按照我的方式做，就会有机会。"

到了法庭，法官将行贿的过程跟老太太说了，然后问她："同意吗？有什么反驳的吗？"老太太说："没有。"最后法官给了老太太陈述的机会，老太太按照我教她的说道："我在中国生活了 50 多年，中国的文化深深地影响、感染着我。我来美国后，我的女儿告诉我，美国是一个资本主义社会，在美国做任何事，别人只要付出了，你就要给别人回报，无论是出租车司机，还是理发师，就是别人帮你拎个行李，也要给人家小费。因为我有着 50 多年的中国文化积淀，所以我做任何事都要以给小费的形式来回报那些帮助过我的人。在面试时，我觉得面试官给我提供了帮助，对任何给我提供帮助的人，按照我的女儿的说法，按照美国的价值观，我都要给他小费，所以我拿了 300 美金给他当小费。"（掌声）

美国法官说："这个不成立。在美国给小费，三五块钱就足够了，为什么要给 300 美金？"老太太说："因为面试官代表了美国这个国家，如果我钱多一点，我还想给他更多的钱！"法官就问她："为什么他拒绝了一次，你还要给他第二次呢？"老太太说："这就是中国文化的遗产，因为中国人说，收人钱的时候，要低调、含蓄。如果他第二次不接受，我还会给他第三次，直到他收下为止。"这么纯情的老太太，几乎是用她的眼泪告诉周围的人说，我做这件事，不是我想行贿，我只是表达一种感谢的心情。结果七个陪审团成员加一个法官宣布：中国老太太无罪释放。

老妈妈为了顺利通过烦琐的移民面试，万般无奈之下，想通过送钱的形式达到目的，按照美国的法律，构成了犯罪，面临的是难以想象的严厉处罚。在"我"的帮助下，老妈妈在法庭上，着重强调是中美角色的文化差异导致自己的行为失当。她说："我的女儿告诉我，美国是一个资本主义社会，在美国做任何事，别人只要付出了，你就要给别人回报。"这是讲述她对美国文化的认识。因为是女儿转告她的，为了强调获得的信息确凿无误，自己印象的深刻，选用了"只要……就要……"的句式，表示必须如此。"在面试时，我觉得面试官给我提供了帮助，对任何给我提供帮助的人，按照我的女儿的说法，按照美国的价值观，我都要给他小费，所以我拿了300美金给他当小费。"有了前面陈述文化价值观的铺垫，用两个"按照"紧密照应、关联，所做的事情就变得顺理成章了。对为什么付得多的解释，老太太说是"因为面试官代表了美国这个国家"，言下之意要根据馈赠对象的具体身份等因素确定数额，这是中国人的习惯。至于遭拒绝了再送，乃是因为汉文化的传统是"收人钱的时候，要低调、含蓄"，给予者则要真诚，反复赠送则是诚心诚意的表现。老妈妈的一番真情告白，赢得了掌声，赢得了同情，最后被无罪释放。这一例中，中西文化是老太太用来辩护的武器，角色文化关系的协调主要是通过突出交际双方的差异性达到的。

三、情感关系的协调性

情感关系的协调性，是指社会角色语言包含的情感应该符合交际双方的角色关系。社会角色语言不可避免渗透进说写者的各种感情因素，感情是十分丰富、复杂、微妙的，虽然不同的对象角色可以赋予的情感并不是那么单一的，但也有度和质的限制，错位的情感往往带来错位的语言，造成人际关系的紧张失和，影响交际目的的达到。

（一）角色性别关系的情感协调性

男性与女性之间的感情比较敏感、复杂，受到文化传统等因素的深刻影响，夫妻之间是这样，其他男性与女性之间也是这样。夫妻之外的男性与女性之间，特别要注意语言表达分寸的把握，开玩笑要看对象，不能过度，不能超越对方承受能力的底线。

三八节前夕，某单位的男士们给女同胞送了点小礼祝贺节日，接着大家在办公室里闲聊起关于男人和女人的种种比喻来：男人是山，女人是水；男人是太阳，女人是月亮……外号叫"神侃王"的老周神秘地说："诸位，我这里有一个极妙的比喻（边做动作）：男人就像大拇指，女人就像小拇指！"话音刚落，全场哗然，女同胞们嘘声四起，齐声反对。老周愣了一会，一本正经地伸出手，边演示边说："大家不要激动，听我往下解释嘛。女士们，人们的大拇指，粗壮结实，笨拙而有力；小拇指却纤细苗条，灵巧而可爱！不知诸位女士之中，哪一位愿意颠倒过来呢？你们当了大拇指，就得减肥喽！"老周的精妙解释一下子赢得了满堂喝彩。

（《演讲与口才》，2006 年第 11 期）

适逢妇女节，理应对女士表示祝贺、赞美，而这一例中的"神侃王"却用了个不恰当的比喻："男人就像大拇指，女人就像小拇指！"而且用的是感叹句形式，显现情感的力度，致使全场哗然。"男强女弱"是传统的思维习惯，女士的反感自在情理之中。不过"神侃王"接着对两个喻体作了别致、形象的解读，既不贬损男性，又突出地褒扬了女性，"大拇指，粗壮结实，笨拙而有力；小拇指却纤细苗条，灵巧而可爱"，符合现代女性的审美心态。"哪一位愿意颠倒过来呢？你们当了大拇指，就得减肥喽！"抓住女性的爱美之心，反问表示这个原因简单清楚，一点也不难理解，把话说到她们的心坎上去，"你们当了大拇指，就得减肥喽"，还透出了对女士的关心、警示之情，巧妙扭转了尴尬局面，赢得了"满堂喝彩"。

（二）角色亲疏关系的情感协调性

角色之间的关系越是亲近，语言的情感便越是不必刻意装饰、隐藏，可以随意溢露；越是疏远，往往就越注意情感的外显形式，讲究礼貌、礼仪，有时还有意蕴藏真实感情。

某著名记者在《我的电视生涯》中曾经讲到这样一个片断：

被访者：张某某

问：您曾经有个朋友生活比较困难，每到年节的时候，你都邮钱给他，可他在这一辈子都没对你说过一个"谢"字，但您仍把他当成生平最好的朋友？

答：能交到两个永远不说谢的朋友很不容易，人生能够交这样几个朋友最好，你得到人家的关照不说谢，人家得到你的关照也不说谢，心里边想就应该是这样子……

当张某某老先生在我的对面如此回答的时候，我的思绪在感动中开始走神，第一反应就是反思自己的身边，究竟有没有如张先生交上的这种不用说谢的朋友。

采访结束之后，在回来的路上，我又在想：今天还可以不对你说谢的朋友，明天会不会让"谢谢"脱口而出呢？

台湾歌者罗大佑在多年前就已经幽幽地唱出：朋友之间越来越有礼貌，只因大家见面越来越少……

现在的朋友间，忙的已是手机和呼机沟通的缘分。从小到大一路相守相伴的朋友越来越少，大家天各一方，音容笑貌都慢慢开始有些陌生，难怪诗人舒婷会在散文中感叹：人到中年，友情之树也日渐凋零。

因此便多少有些不甘，但挣扎着也往往在最后感受到一种无奈，再深的友情由于年久失修，多年后重逢也如初次相识一般生涩，为某些事情让"谢谢"随口而出已是再正常不过的事。对张先生来说，好的朋友间一生无谢字出现，已被几十年的人生岁月所检验，想赶上新形势重新开口来个"谢谢"，怕也难。可对于我们，过去朋友间虽没什么礼仪之需，但今后怎样，却需要几十年去检验，世道人心，我盼着好友间永无谢字出现，但实在不敢乐观。

受访者张某某说："能交到两个永远不说谢的朋友很不容易，人生能够交这样几个朋友最好，你得到人家的关照不说谢，人家得到你的关照也不说谢，心里边想就应该是这样子。"确实如此，能交到不说谢的朋友不容易，能交到永远不说谢的朋友更不容易。同样为朋友，是有亲疏之分的。关系十分密切、友情十分深厚的朋友，尽管一方给了另一方很大的帮助，受惠者内心充满感激之情，却当做自家人，未必一定要道出感激、客气的言辞。反之，关系疏远的一般朋友，受到帮助时往往讲究礼貌，说声"谢谢"是常事，更有超量溢美言辞应答。记者感叹道：而今"为某些事情让'谢谢'随口而出已是再正常不过的事"。感叹中掺杂着伤感。其实，也不必如此，现代社会人与人之间关系有种陌生化的趋势，重视、讲究礼貌语言并非坏事，应该努力做到"谢谢"不离口，以上不说谢的对象，毕竟范围有限。

（三）角色地位关系的情感协调性

身份、地位的高低，有可能导致感情上的障碍，影响顺利沟通，降低表达效果。一般情况下，如果交际双方身份、地位存在较大差异，感情的协调必须遵循就低不就高的原则，即身份、地位高的一方尽可能向低的一方靠拢、倾斜、融合。

1865 年，美国内战结束后，有两位退伍军人竞选国会议员。一位是曾任过两届国会议员的陶克将军，一位是当年他手下的士兵，名叫约翰·海伦。前者是功勋卓著的将军，后者是普普通通的士兵，几乎所有的人都认为，胜利一定属于陶克将军。竞选演讲开始了，陶克将军站在高高的讲台上，演讲慷慨激昂：

选民们，你们还记得 17 年前那个激战的夜晚吗？嗯，那是我率领士兵到茶座山狙击敌人。那是多么艰苦的战斗呀！但我从没想过退却，因为我知道，为了我们的国家，为了正义和自由，我愿意付出所有，包括生命！我三天三夜没合眼，血战之后，我竟躺在树林里睡着了。如果大家没有忘记那次艰苦卓绝的战斗，请在选举中，也不要忘记那个吃尽苦头、风餐露宿、造就伟大战功的将军，那就是我啊！

比起陶克将军，海伦的演讲要朴实得多。他没上讲台，就在听众当中谈家常似的从容地说：

> 亲爱的同胞们，陶克将军说得不错，他确实在那次战斗中立下了汗马功劳。我当时只不过是他手下的一名普通士兵，和他一起出生入死。那次，他在树林里入睡时，我就站在他的身旁守护他。当时我携带着武器，饱尝寒冷的滋味，还时刻准备着用我的身躯为他挡住随时会射来的子弹。我在心中说，我是一名士兵，我要保护将军的安全……

（《演讲与口才》，2007 年第 1 期）

海伦的演讲赢得了民众热烈的掌声，他出人意料地赢得了竞选的胜利。陶克将军与海伦之间身份、地位的差异是非常明显的，两人的成败很大程度上取决于他们与听讲者感情的接近程度。海伦在演讲中与听众亲切交流，开头的称呼是"亲爱的同胞们"，表示自己是在场听众中的一员；"我当时只不过是他手下的一名普通士兵"，"只不过"，坦诚自己是一名普通的士兵；和陶克将军"一起出生入死"，既不贬低将军，又如实表露了自己的勇敢无畏；"时刻准备着用我的身躯为他挡住随时会射来的子弹。我在心中说，我是一名士兵，我要保护将军的安全"。"时刻准备"挡住敌人射来的子弹，表现出忠于职责、勇于牺牲的精神；"我在心中说"，朴实无华，是发乎内心的真情实感。这样就拉近了与广大民众之间的距离，作为一名普通士兵，在恶劣的战争环境中仍能坚守自己的岗位，兢兢业业、尽忠职守，让人觉得他更值得信赖。陶克将军在竞选演讲中，开始称呼"选民们"，将自己与民众安置于对立面。他列举了自己的赫赫战功，"我率领士兵到茶座山狙击敌人。那是多么艰苦的战斗呀！""我从没想过退却"，"那个吃尽苦头、风餐露宿、造就伟大战功的将军，那就是我啊！"多次反复、突出"我"，言辞慷慨激昂，直截了当地呼吁选民支持。但是他的演讲始终保持着一种对民众居高临下的姿态，无形之中使人产生一种高不可攀的感觉，距离拉开了，就不能给人以亲切、真诚的感觉，因此，陶克将军的失利也在情理之中。

第四节　社会角色语言的演进性

演进，是演变进化。社会角色语言在传承的基础上不断演进，处于迁流转徙之中，朝着进步、丰富、多元的方向发展、进化，整个过程是漫长的，但在某些特定的社会历史阶段也可能发展变化较快，并且表现出阶段性整合的特点。这种演进不是抽象的发展，而是随着时代的发展、社会生活的变化，不断注入新的历史性、现实性元素，保持着一种开放性的品格。

一、走向多元

在这个充满生机活力而人际关系又错综复杂的现代社会，社会角色语言越来越趋向多元化。现代信息社会，各种角色的社会定位、自我价值遭到很大挑战，面临着新的发展机遇，社会角色语言也随之发生嬗变。我们不能简单地认为，这种发展是单线进化的。它既有与传统保持一致的一面，又有丰富多样的一面。"和而不同"并非角色文化的保守，而是演进的一种正常自然形态。不同的社会角色，在互相遭遇时，会产生相互激荡的态势，发展成为相互对话、达成共识、互证互补的多元视角下的杂语共生态，并进一步催生新的角色话语，保持各自的差异性而又和平共处。走向多元主要表现在多样化、时尚化两个方面。

（一）角色语言的多样化

角色语言必须符合相应的规定，有的是明文规范，大多数则是约定俗成的，无论哪一种情况，一般都不能违反，但规定不是一成不变的，群众的力量是强大的，实践往往走在理论的前边，角色语言常常冲破规定，呈现出丰富多彩的景观。

妻子与丈夫之间相互的称谓而今就有多样化趋势。"爱人"曾经是夫妻之间使用非常普遍的一个称呼，特别是新中国成立以后相当长的一段时间里。现在虽然仍然袭用，但使用的面逐渐趋小，被更多的称呼替代。

丈夫称呼妻子，轻松一点的叫"家里的"，随便一点的叫"老婆"，来了客人叫"媳妇"，想把家务活赖掉时叫"贤内助"，庄重一点的称"太太"，开玩笑时就呼"娘子"……花样还真不少。妻子称呼丈夫，向人介绍时使用"丈夫"，普通而有些文气；称丈夫为"先生"，这是由对成年男性的泛称演变而来，比较正式严肃。由于其来源是西方文化，所以这个称呼在宴会厅、咖啡馆、酒吧等比较高雅的场所显得特别合适。而将丈夫称为"先生"，也有一定的条件，通常丈夫要有一定身份，最好是一个知识文化人，具有一定的内在精神气质。很难想象，把穿着背心短裤，踢着拖鞋的邋遢丈夫唤作"先生"是得体的。另外，由于"先生"是一个带有尊敬意味的称呼，所以不适宜在家里叫。如果妻子在家里对丈夫一口一个"先生"，别人听见了说不定会产生误会，将妻子当成打扫卫生的钟点女工呢。"男人"、"老倌"等称呼，与"先生"的内涵正好处于两个极端，在菜场、小巷、工厂里常常可以听到，这种称呼，是随便的、家常的。

"老公"是"后起之秀"，适用场合广泛，可以他称又可以面称，不失亲热又有时代气息。"老公"原来是方言词汇，只在比较小的地域范围里使用。随着大量香港、台湾电视剧在内地登陆，这个称呼逐渐在内地流行起来。"老公"给人的最初印象和

"男人"差不多，也是市井中普通百姓的称呼语。不过，那些铺天盖地的影视作品逐渐消解了"老公"的世俗味。在电视、电影中，娇滴滴的小姐叫丈夫"老公"，半老徐娘也叫丈夫"老公"；俗妇们固然把自己的丈夫叫做"老公"，那些受过良好教育的新女性也常常称呼"老公"；邋邋遢遢的男人是"老公"，西装革履的才俊也是"老公"；大腹便便的糟老头子是"老公"，丰神俊朗的小生也是"老公"；摆地摊的无业游民是"老公"，家财万贯的商界巨子也是"老公"……在这种强大的影视文化力量的影响下，"老公"成了无往不利、无所不能的称呼。一时间，老公长，老公短，老公胖，老公瘦，老公前，老公后，老公好，老公坏……"老公"似乎成了语言交际中妻子对丈夫最常用的称谓。

不知什么时候能有一个更好的称呼来"一统江山"。不过，也许这样的情况永远不会出现，因为语言的魅力本来就在于千变万化，总是存在着适合不同人群、不同场合的各种变体，重要的是，每个人都要搞清自己的社会定位，不要在称呼上错位就可以了。

见面寒暄，是社会角色交往的必要的礼貌表现，也有约定俗成的规矩。但寒暄语言也不是一成不变的，而是打上了不同时期的生活印记，既有传承，又有发展，趋向丰富多样。《读者》2001 年第 21 期上有则趣文《寒暄口诀》：

邮政时代：见信如面。此致敬礼！
电话时代：你是哪位？他人不在！
呼机时代：速回电话！生日快乐！
手机时代：你在哪？打错了！
网络时代：你是谁？男的还是女的？
后网络时代：有人吗？你是人吗？

虽然这是一则带有调侃性质的幽默小品，但手机时代、网络时代不但保留了以前时代寒暄的惯用语，而且确实新增加了许多新鲜用语。网络语言给角色礼貌语言带来的变化是巨大的，由此可见一斑。

（二）角色语言的时尚化

时尚语言是负载一定文化含量的语言新形式，它的价值就在于"新"，以新的词语组合、新的句子结构表达形式，引起人们的注意与重视。从 BP 机、手机的普及到网络的广泛使用，时尚语言随之迅速发展，它们是时尚而新颖的语言表达形式的重要来源。

手机普遍使用之前，许多人用的是 BP 机。恋爱中的男女角色常常用特定的数字来表达特定的含义，成为一种时髦而有效的方法。例如："765：去跳舞"；"740：气死你"；"095：你找我"；"360：想念你"；"282：饿不饿"；"7998：去走走吧"；"1573：一往情深"；"1920：永久爱你"；"8050：抱你吻你"；"8206：不爱你了"；

"5376：我生气了"；"3456：相思无用"；"9950：久久吻你"；"25184：爱我一辈子"；"52406：我爱死你啦"；"70345：请你相信我"；"20100：爱你一万年"；"59420：我就是爱你"；"82475：被爱是幸福"；"08056：你不理我啦"；"51020：我依然爱你"；"53719：我深情依旧"；"53770：我想亲亲你"；"20999：爱你久久久"；"04551：你是我唯一"；"732016：今生爱你一人"；"584520：我发誓我爱你"；"259695：爱我就了解我"；"3344520：生生世世我爱你"；"1392010：一生就爱你一人"；"7758258：亲亲我吧爱我吧"；"246437：爱是如此神奇"；"1314925：一生一世就爱我"；"0594184：你我就是一辈子"。这些处于恋爱中的言语交际角色的独特的语言表达方式，换了在五六十年代，简直是不可想象的。

许多青少年把网络用语作为时尚用语来使用，并且把其中一些特别富于表现力的网络流行用语扩展到了日常社交场合和媒介载体，如"美眉"一词最初是网上指称长相漂亮的女网友的，由于"美眉"不仅与"妹妹"谐音，字面也给人一种美好别致的遐想，于是突破了网络社交语境，进入了日常社交场合和媒体，凡是漂亮的女孩子都是"美眉"。又如"养眼"一词最初也是出现在网络上，如"养眼画廊"、"养眼贴图"等板块，专指网络上那些美丽漂亮的画廊贴图、美女图片等，由于这些图片让人看后得到一种视觉上的满足，网民们就用"养眼"一词来指代长得漂亮、让人看着舒服的女性。"内存"一词也是电脑中的专业术语，现在也移用到现实生活中来了，如果一个男性很胖就说他长得"很占内存"等，充分表现了现代人对时尚文化的追逐与活用。

网络热词"给力"登上 2010 年 11 月 10 日《人民日报》头版头条，标题"江苏给力'文化强省'"让不少人有些"意外"。一向以严肃严谨著称的《人民日报》采用如此新潮的标题，立刻引发如潮热议。"给力"，原本属于网络语言，最早出现于日本搞笑动漫《西游记：旅程的终点》的中文配音版，属于东北方言和日语的混合产物，意思类似于"牛"、"很棒"、"酷"，常作感叹词用。另外，在实际使用中也可加一个否定前缀，如"不给力"，表示某个事件或某个人带给自己一种很失望的感觉。《钱江晚报》2010 年 12 月初开始，推出了年度时尚词汇的征集活动，经过近一个月的推荐和评选，"给力"成为 2010 年最"拉风"的词语。

2010 年 12 月的一天，杭州市的春风家政服务部门口，一张椅子上挂着一块显眼的招牌——急聘保姆，薪水给力。杨老板说，往年 1 月 15 日左右才开始的"保姆荒"今年早来了一个月，他店里的保姆只有两三人，可来找保姆的东家却有上百人，杨老板心急如焚。为了招揽保姆，增加新鲜感，五十多岁的"潮人"老杨想出了"急聘保姆，薪水给力"这样的时髦招牌广告语。在一家 IT 企业做人事工作的网友说："商品价格上涨，工资却没涨。同样的钱，购买力越来越不给力，难道不表示拿到的钱在减少吗？"……老板这样用，老百姓这样用，可见"给力"一词已经成为社会角色的新潮语言。

二、体现平等

过去，在封建皇权意识支配下，社会角色语言不可避免地被打上社会角色等级的烙印。社会角色等级层次结构分明，十分严格，而且这种等级是不平等的。但在现代社会，虽然社会角色仍然存在等级的差异，也不可能完全消除，但其内涵和形式都发生了巨大的变化。社会角色的等级观念大大淡化了，等级的差异并不等同于人格的尊卑，平等意识深入人心，人性得到强化，民主认同程度大大提高。现代社会更多地关注社会角色人格的尊严、被赋予的权利、享有的民主。这种变化也会在社会角色语言中反映出来。

（一）维护人格的尊严

人格尊严是一般人格权的最重要内容，是指一个人所应有的最起码的社会地位并且受到他人和社会尊重的最基本的权利。现代社会人们从事的职业不同，社会地位不同，扮演的角色不同，但人格应该是平等的，所以待人接物、评说世事，必须牢牢把握好维护交际角色人格尊严的底线。语言反映的角色位置应该符合平等观念、正常次序，特别要防止言辞不逊、粗暴无礼，大凡此类语言，总是轻视或蔑视对方，有损人格尊严，是旧有等级观念有意、无意的流露。

> 一次，高晓松现身北京 FM87.6 电台，宣传新专辑《万物生长》。作为节目嘉宾，高晓松聊到自己的新专辑时，主持人问他："您创作歌曲一般是在家中还是在录音棚？"高晓松回答："不，都不是，是来源于灵感，这种灵感不是随便在某个地点就能有的，如果都能有这种灵感的话，那出租车司机和妓女都能有了。"话完后，主持人马上圆场，先向广大出租车司机道歉，表示自己不同意高晓松的观点，高晓松则说："咱们在这个话题上有分歧，还是换个话题吧！"节目播出后，不少乘客和出租车司机都很愤怒，要求高晓松必须向广大的出租车司机道歉。
>
> （《演讲与口才》，2010 年第 7 期）

这一例中，高晓松的话语有两个问题：一是言语态度高高在上，将创作视为一般人高不可攀的活动。"灵感"不是随便哪个人"随便在某个地点就能有的"，一概否定他人就是唯其独尊；二是明显将出租车司机看做低微的"下人"，且与"妓女"相提并论，严重损害了出租车司机的人格尊严。主持人打圆场，而高晓松还是不依不饶，坚持"分歧"意见。这不激起广大出租车司机和网友的强烈反对才怪呢！事后，尽管高晓松迫于压力做了解释和道歉，但"话出难收，衣破难补"，他的话语给出租车司机带来的精神伤害已经无法挽回。

社会角色不可能是十全十美的，或多或少存在个性、心理、素养、身体等方面的缺陷。一般情况下，这些缺陷未必会对人格尊严造成伤害，但有时候，由于交际对象、语言环境等因素影响，如若处置不当，就有可能打击人们的自尊心，导致人际矛盾的出现。学生群体是很复杂的，有些学生由于自身的某些缺点、缺陷，具有自卑心理，往往得不到应有的尊重，虽然有的是教师的原因，有的或许不一定是教师的因素产生的，但无论哪种情况，教师都不能歧视、嘲笑，也不能冷淡漠然、坐视不管、听之任之，而应该充分理解、尊重和保护这类学生，并热情、诚恳地给予其帮助。

　　每接一个班，魏老师首先要做的就是举行一次交友会，让老师了解孩子们，让孩子们亲近老师。一次交友会上出现了一件非常尴尬的事：当轮到马同学到讲台前介绍自己时，他竟坐在座位上迟迟不敢上台，只是用一种饱含恐惧的目光望着老师。有些同学在悄悄议论着什么。"丑小鸭！"不知谁喊了一声，同学们议论的声音更大了，他终于忍不住"哇"的一声哭了："他们都笑我，我不敢去。呜呜呜……"老师向同学们了解情况后发现，原来他的头先天性有些偏，同学们给他起了个绰号"十四的月亮"。老师抓住时机对同学们进行教育："同学们，一个人的先天生理缺陷是不能改变的，这难道是马同学的错吗？起绰号，随意议论，这是对一个人人格的侮辱，我们应该尊重马同学，尊重每一个同学！我建议每人向马同学说一句道歉的话。"句句话儿如春风，温暖得马同学的心里热乎乎的，马同学脸上渐渐有了笑容，他勇敢地走上了讲台。老师又抓住这一时机，布置作业："请大家课后以'我祝愿马同学……'为话题，开展说话练习，在班会上比赛。"

（《河南教育》基教版，2009 年第 9 期）

　　这一例中，马同学因为有"头先天性有些偏"的生理缺陷，遭到同学的嘲笑、讥讽。"丑小鸭"、"十四的月亮"这些绰号明显含有贬义。马同学"饱含恐惧"，哭着说："他们都笑我，我不敢去。呜呜呜……"可见自尊心受到损害之深。教师发现了问题，及时进行严肃的批评教育。"一个人的先天生理缺陷是不能改变的，这难道是马同学的错吗？"用反问句指出马同学丝毫没有被人嘲笑的理由；"起绰号，随意议论，这是对一个人人格的侮辱"，明确定性，予以严厉批评；"我建议每人向马同学说一句道歉的话"，一个独特的建议，将尊重付诸语言行为，马同学的自尊心、自信心得到了极大的提升；"请大家课后以'我祝愿马同学……'为话题，开展说话练习，在班会上比赛"，一个说话的练习作业，更是深化了学生对错误的认识，从而取得了育人和教学双赢的效果，建立起和谐的人际关系。

（二）尊重被赋予的权利

权利是被道德、法律或习俗认定为正当的利益、主张、资格、力量或自由。通俗地说，只要是合理、正当的需求，就可以称为"权利"。现代社会要求语言行为能够保护人们正当的利益和主张，确认应有的资格，尊重拥有的权威和能力，承认享有的自由权。尊重被赋予的权利，语言形式可以不同，情态的表露也因人因事而异，但是非、正误、有无的表述应该清楚明白。

> 丘吉尔在战争期间依靠民众浴血奋战，受到人民的爱戴。然而，随着反法西斯战争胜利的接近，丘吉尔不再贴近民心，骄傲武断与日俱增，连他的妻子都对人说："他一点也不了解普通百姓的生活。他从来没有坐过公共汽车，只坐过一次地铁。"他以为他有拯救英国的丰功伟绩，据此即可打败一切竞争对手。英国1945年大选，工党在下院得到393席，而丘吉尔的保守党及其追随者一共才得到213席。面对结果，丘吉尔呆若木鸡。但丘吉尔毕竟是一个有民主素质的人，半晌无语之后，他说了一句："英国人民成熟了。他们学会了选择，他们不需要一个英雄领导他们重建家园。"据说，后来斯大林遇到丘吉尔，幸灾乐祸地说道："丘吉尔，你打赢了仗，人民却罢免了你。你看我，谁敢罢免我！"丘吉尔却不以为然地回应："我打仗就是保卫人民有罢免我的权利。"
>
> （《新民晚报》，2007年4月7日）

丘吉尔面对大选失败，虽然呆若木鸡，吃惊、懊丧至极，但毕竟时代、社会不同了，虽然他是位高权重的总统，却具有很强的民主意识，最终平静地接受了结果。"英国人民成熟了。他们学会了选择，他们不需要一个英雄领导他们重建家园。"所言"成熟"是指政治上的成熟；"学会了选择"，通俗地表达了人民重视社会赋予自身的权利的运用；"不需要"的是昔日的英雄，并非表明英国人民不尊重个人的历史功绩，而是他们需要称职的领导人。丘吉尔的感悟从反面印证了选民们对享有的自由权的尊重，"我打仗就是保卫人民有罢免我的权利"，言简意赅，"打仗"保卫的是罢免的"权利"，似乎有悖常理，却一语道出了真谛，民主、平等也成全了丘吉尔的美名。

在真理面前人人平等。人微，不等于言轻；伟人、名人、资格老的人，所说之话未必正确。每个人对于错误都应该有批评、纠正的权利。教师作为教育者、知识传授者，一般来说在思想水平、知识修养等方面要高于学生，学生就是要从教师那里受到良好的影响，获得新鲜的知识，提高自身的能力，这是毫无疑问的。但师生之间的这种差异，并不等于在教育、教学的过程中，教师的话语都正确无误，真理永远都在教师一边。教师的知识修养再全面，也难免有不足、出错的时候。从总体上看，教学所涉及的知识范围极其广泛、极其细微，而教师学有所专，一旦超越了专长，就会出现知识盲点，即使在教师本专业范围之内，也可能存在不足、疏略之处。其实，教师大可不必以此为耻，这是完全正常的现象，关键在于不足、错误一旦在教学中暴露出来，绝对不能明知不足、有问题，却为了维护自己的权威形象而强词夺理，以讹传讹，贻误子弟，而是应该给予学生纠错的权利，为他们能够发现问题而高兴。最佳的选择是从善如流，承认不足、错误。至于怎样承认，可以采用不同的语言形式，或者直截了当地表明自己确实错了，或者采用艺术的方法，不露痕迹地解决问题，纠正错误。

有一诗词鉴赏题，词是王观的《卜算子·送鲍浩然之浙东》下："水是眼波横，山是眉峰聚。欲问行人去哪边？眉眼盈盈处。才使送春归，又送君归去。若到江南赶上春，千万和春住。"出题："这首词写了什么时节的一件什么事？"它的参考答案是："词中写的是作者暮春三月送鲍浩然至浙东一事。"一位教师断定答案有误，暮春怎么会是三月呢，明显是低级错误。在课堂讲授时，当学生回答是三月时，老师批评学生道："大家要动脑筋，不能只顾抄答案，仔细想想看，'暮春'是什么意思呢？"有学生回答："是晚春。"老师将答案立即判了死刑："晚春怎么会是'三月'呢？"一时学生的思维混乱起来。这时有个学生捧着字典激动地说："老师，词典上'暮春'解释是'春季的末期；农历的三月'。"教师这才恍然大悟，原来答案说的是农历的三月，于是他马上承认自己的失误："同学们，是老师错把阴历当成阳历了，阴历和阳历对一年四季的划分是不一样的，课后我们可以查找资料，进一步把问题搞清楚。"

（《时代教育》教育教学版，2009 年第 10 期）

课后这位教师查了资料，在气象部门，通常以阳历 3—5 月、6—8 月、9—11 月、12 月—来年 2 月分出四个季节，并且常常把 1、4、7、10 月作为冬、春、夏、秋季的代表月份。我国民间习惯上是用农历月份来划分四季的，以每年阴历的 1—3 月、4—6 月、7—9 月、10—12 月为四个季节。李白《送孟浩然之广陵》一诗中的"烟花三月下扬州"，这里的"三月"是"农历的三月"，那"烟花"是指暮春浓艳的景色。所以诗中的"三月"也是"农历的三月"。至此，这位教师才彻彻底底地弄清楚了这个问题。由此例可见，学生未必不如老师，教学相长，教师应该充分尊重学生，不能主观臆断。好在这位教师转变较快。"晚春怎么会是'三月'呢？"开始是不容置疑的反问句，将学生的回答判了"死刑"；学生以字典解释为据与教师争辩，教师立即转用肯定自己错误的陈述句，承认是自己"错把阴历当成阳历了"，从善如流，毫不含糊，还进一步诚恳表示课后要"查找资料，进一步把问题搞清楚"。

（三）渗透民主的意识

民主意识包括许多方面，例如，尊重不同的信仰、不同的思想、不同的文化；尊重他人，对于意见、主张与自己相左的人，应该让其有表达自己见解和主张的途径，不应压制；尊重民意诉求；尊重社会公共道德；尊重个人隐私等。对具体的社会角色来说，在人际交往中，尤为重要的是不能唯我独尊，唯我正确，唯我有发言权，必须平等待人，注意言辞的刚柔适度、张弛适度、轻重适度，不强加于人，积极鼓励，真诚商讨，循循善诱，互动合作。这样有利于创设和谐的氛围，调动个体的积极性和创造性。

　　身为校长的特级教师华应龙来到了一年级，开门见山地和孩子们聊上了："小朋友们，我姓华。现在呀，你们每个人都可以向我提问，想了解我一些什么？"教室里小手如林，谁肯放过这种机会呢。"华老师，你为什么姓华？""他爸爸姓华呗。""小东西"们纷纷抢嘴了。"你多大了？""猜猜看？""20。""猜年轻了，再猜！""40。""老了。""那就35吧。""这还差不多。""华老师，你结婚了吗？"全班哈哈大笑。"我儿子在上五年级了。""哈哈哈，肯定结婚了，要不然怎么会有儿子啊。""聪明，推想得到答案。"

　　平常人看来傻得好笑的问题，华校却还饶有兴致地陪着这帮稚气的"小东西"尽兴地聊着。最前面一桌的李某某，满脸严肃地站起来："华老师，你是不是下岗了？"华校愣了一下："为什么你觉得华老师下岗了？""我听别的老师叫你华校长，你不待在校长办公室里，是不是你下岗了，所以到我们这边来上课了？""噢，原来如此。那华老师得好好做好校长的工作，也要教好课，免得真的下岗，哈哈。"

　　　　　　　　　　　　　　　　　　　　　　　（《教育家》，2009年第4期）

　　在传统的师生关系中，师生地位实际上并不平等，师与生缺少民主意识，总是学生必须听从老师的意见，不能随意和老师开玩笑，否则就会被看做不尊重老师，没大没小。但是现代社会这种传统观念正在逐步改变。上例中，华应龙与一年级孩子是真正平等意义上的闲聊。"你们每个人都可以向我提问，想了解我一些什么？"指向每一个交际对象和他们的任何问题。学生问老师："你为什么姓华？""你结婚了吗？""你是不是下岗了？"这些问题虽然普通，但按照传统观念，学生是不必问、不能问的。面对这些童言无忌的问题，华老师"饶有兴致地陪着这帮稚气的'小东西'尽兴地聊着"，认真地回答着。回答"是不是下岗了"的问题时，起先华校长觉得很突然、奇怪，因为这是个不同寻常的严肃话题。一般人遇到这样的问题，可能就会马上给予否定答案，作出解释说明，但华应龙却询问学生为什么提出这样的问题，得知原委后，不但没有责怪，而且向学生表态："那华老师得好好做好校长的工作，也要教好课，免得真的下岗，哈哈。""哈哈"声将严肃的氛围轻松化了。整个对话宽松随意，民主得到了淋漓尽致的体现，这在有些人看来是不可思议的。正是由于这样，华应龙老师与学生打成一片，结下了深厚的感情，教学效果出奇的好。

三、凸显个性

　　随着社会的日益进步和开放，人们观念发生了深刻转变，综合修养不断提高，角色语言的个性印记也愈加鲜明。社会角色语言虽然在很大程度上受到各种社会关系的制约和影响，但是社会角色语言着重研究的是个体之间的交际语言，既强调角色的受制性、被动性、统一性的一面，又强调表达主体与接受主体各自的自制性、主动性、个别性，强调角色有意调控语言交际行为的各种要素，使接受主体作出表达主体所期待的反应，共同完成特定的交际任务。作为社会个体，在语言交际进程中，其角色语言必然显示出自身鲜明的个性特质，这种特质制约和影响着语言交际的进程和质量。

（一）真实性

凸显语言的个性，绝不是意味着刻意雕琢语言的独特性。随着社会的进步，思想的解放，人们身上的精神枷锁得以解除，社会角色敢于说出心里话、实在话、不同的话，只要做到这一点，其鲜明的个性就自然而然显现了出来。

> 2010 年的冬奥会上，周洋成为中国首位短道速滑 1 500 米金牌得主。赛后有记者问她："奥运会冠军对你意味着什么？"周洋说："获得这枚金牌以后，可能会改变很多，以后会更有信心，也会让我爸妈生活得更好。"
>
> （《演讲与口才》，2010 年第 6 期）

感言就是发自内心的真实话。运动员拼搏夺冠已是为祖国争光，胜利后将感谢给予谁完全不必苛求，也不必用统一的感言模板。周洋没有说出感谢国家培养和感谢教练之类的程式化语言，抛却了以往的宏大角度和统一口径，显得亲切和真实，备受好评自在情理之中。"可能会改变很多"，肯定有改变，但难以确定究竟在哪些方面，表示不确定的"可能"，比较模糊的"很多"，显得实实在在。"以后会更有信心"则是可以断定的，所以表达是肯定的、清晰的。"会让我爸妈生活得更好"，真诚朴质，有情有义，是发自真心的表达。一句话打动了亿万国人，这就是凸显了语言的个性。然而，某领导曾对此提出批评："小孩儿有些心里话没表达出来，运动员得奖感言说孝敬父母感谢父母都对，心里面也要有国家，要把国家放在前面，别光说父母就完了，这个要把它提出来。"这种意见受到网友的热议、批评，说明模式化的感言已经过时了。

必须指出的是，真实性的语言并非都是正确的，个中的情况很复杂。网络语言良莠并存，现实生活交际语言同样如此。具体情况要具体分析。有个教师讲述了他在不同年代开过的三次班会：

> 十二年前，我开了个精彩的主题班会。
> "有个孩子到饭店，用父母的血汗钱点了一大桌子菜，可他守着不吃不喝。服务员劝，父母劝，谁劝也不吃！他饿着肚子离开。请评议。""傻瓜——"学生们哄笑。我不动声色："这孩子买了车票，却不上车，跟着跑。""傻瓜——"学生们大笑。我也笑了："他买了新衣，却撕成一条条扔掉。""傻瓜——"学生大

乐。一切尽在掌握之中，我作出沉痛状："有个孩子，将父母辛辛苦苦挣来的钱交了学费，买来书本，却整天胡打乱闹，不好好学习，浪费时间。""傻——瓜！"同学们回答得很沉重。我脸上"苦大仇深"，心里却乐开了花。

六年前，我踌躇满志地将这个主题班会搬进了三年级四班。

"有个孩子点了一桌子菜，可守着不吃不喝，饿着肚子离开。请评议。""减肥呗——"学生们不感兴趣。我扶扶眼镜："他买了车票，却不上车，跟着跑。""锻炼呗——"懒洋洋地回答。我勉强笑笑："他买了新衣，却撕成一条条扔掉。""烦呗——"有气无力地回答。我不再迂回，直奔主题："交了学费，买来书本，不好好学习，整天胡打乱闹。请评议。""……"似是而非的回答。"什么意思？"我指着经常不交作业的张朋作答。"可能想当大款，或歌手，嘿嘿。"张朋挠着头皮说。

今天，我怀着异样的心情，在三年级六班开了这个班会。

"有个孩子点了一桌子菜，可守着不吃不喝，饿着肚子离开。请评议。""派儿——"学生们兴奋起来。我扶扶眼镜："他买了车票，却不上车，跟着跑。""帅呆——"学生们手舞足蹈。"他买了名牌服装，却撕成一条条扔掉。""哇噻——酷毙啦！"学生拍桌子擂凳子。我干脆直接点题："交了学费，买来书本，不好好学习，整天胡打乱闹……""耶——新新人类！"异口同声地回答。

我的眼镜跌了下来。

（《重庆晚报》，2009 年 6 月 25 日）

教师在不同时期举行的三次班会，所提的四个问题都是相同的，但学生的回答迥然有异。十二年前，学生的回答均是："傻瓜——"前三个伴随着的笑声是不解，嘲讽"他"的不懂事，最后一个问题回答得很沉痛，态度明显是不满、反对。六年前的班会，回答有了变化。"减肥呗——""锻炼呗——""烦呗——""可能想当大款，或歌手，嘿嘿。"社会发展了，家庭富裕了，不缺吃穿、不缺钱，成人的思想、行为对孩子产生了影响，拖着语气助词"呗"，一切似乎理所当然。今天开的班会，回答的变化更大了。"派儿——""帅呆——""哇噻——酷毙啦！""耶——新新人类！"学生都用流行语异口同声作答，时尚得很，但轻浮飘忽，与我们心目中的"标准答案"相距很远。这些说明同为学生角色，他们的思想受到社会上各种正负因素的影响，随着时代的变迁而变化，话语出现了许多新的特点。这是真实的，但并非都是正确的，需要我们认真分析，科学鉴别，分清是非，用新方法来解决产生的新问题。

（二）创造性

现代社会给人们提供了许多新的发展机遇，也向人们发出了严峻挑战，创新是时代发展的主旋律，社会各领域的创新必然在语言形式上面反映出来，因此凸现个性的语言还集中表现出不同程度的创造性。有时是自然的流露，有时则可能是刻意的营造。

广告公司人力资源部的王经理接到了一个奇怪的电话。

"王经理吗？您好！我是上周来公司面试的刘某。刚才收到了您的短信，知道自己落选了，但是，仍然很感谢您百忙之中抽出时间，安排了我的面试，谢谢您！"王某作为人事经理，很少碰见落选者主动打电话过来表示感谢。"没什么，这是我们应该做的。我没记错的话，你应聘的是文案部副经理的职位吧？"见对方如此礼貌，王经理的话也很客气。"是的。我给您打电话，除了表示感谢外，还想听听您的意见，看看我在下次求职中，哪些地方需要提高。"

原来如此，他想了解落聘的原因，话又说得很委婉。根据王经理的经验，许多求职者在被拒绝后，有时也会打电话过来，大多是一副质问的语气："我是个难得的人才，不用我是你们公司巨大的损失！"刘某看起来倒是诚心诚意，那么也不妨指点他几句。王找出自己的记录本，翻到记有刘某资料的那页，同时努力回忆他那天的面试表现："其实，你的表现还是不错的，主要是经验不足。我们的文案部副经理要求较高，至少要有三年的工作经验，但是你才在这个行业工作了1年，相比其他几个人不具优势。此外，你在面试时还要注意答问时的针对性，比如，当我问你……"聊到面试，王经理多少有点"职业性兴奋"，越说越多，几乎都刹不住闸了。王经理能感觉到，电话那端的刘某一直在认真地倾听着，还不时询问几个问题，王也一一作了解答。末了，他说："您的指点让我受益匪浅，下次面试，我的表现一定会上一个台阶的。顺便问您一句，不知您是否有其他工作机会，方便介绍给我吗？"

工作机会倒真有，王经理的一个同学是一家猎头公司的副总，让王留心给他推荐几个合适的助手。这小伙子给王经理的印象不错，不如让他去试试："你愿意不愿意去猎头公司当咨询顾问？你比较善于与人沟通，这个行业可能更适合你。""当然愿意了！"电话那头，刘某爽快地答应了。

一周后，刘某给王经理打来了报喜电话。电话里他兴奋地说，下周一就要去那家猎头公司上班了。"王经理，真是太谢谢您的指点和推荐了！"王经理笑着说："这一切靠的都是你自己的努力，你是个聪明的求职者！"

（《演讲与口才》，2010年第3期）

在求职越来越困难的今天，竞聘犹如上战场，对每一个应聘者角色来说，无疑都是一大挑战，必须发挥创造性，胜人一筹，才有获胜的可能。这一例中，落聘者刘某主动打电话给王经理，他所用的修辞策略可以分为三步：第一步，拉近与对方的心理距离。开始说道："很感谢您百忙之中抽出时间，安排了我的面试，谢谢您！"面试是王经理应尽的职责，刘某却有意说成是"百忙之中抽出时间"，两次礼貌地表示感谢，与众不同，所以王经理觉得奇怪。这就为打开下面的话题作了很好的铺垫；第二步，虚心、诚恳地请教落聘的原因，以利再战。"想听听您的意见，看看我在下次求职中，哪些地方需要提高。""听听"、"看看",前者是听取意见,后者落实意见,采用叠字形式,显得态度诚恳真切;第三步,委婉提出要求。表示"受益匪浅","顺便问您一句,不知您是否有其他工作机会,方便介绍给我吗?"是"顺便",并非强求;询问"不知您是否有其他工作机会","不知",有礼貌,含有冒昧的意味;"方便",给对方留有回绝的余地。以退为进,更见出刘某用心良苦,独特的个性化语言帮助刘某获得了求职的成功。

　　演讲比赛进入了高潮,一位演讲者上场:"我给大家演讲的题目是'论坚守岗位'。……"演讲者嗓音甜润,吐字清晰。可在演讲进行中,她突然走下讲台,径直朝场外走去。台下听众面面相觑,先是小声议论,彼此猜测,继而喧声四起。

　　喧闹的两分钟过去了,演讲者镇静地回到了讲台上,面对激怒的观众满怀激情地说:"如果我在演讲的时候离开了讲台大家不能容忍的话,那么工作时间纪律松弛,玩忽职守,擅自离开工作岗位,难道就不应该受谴责吗?我的演讲完了。"人们沉默片刻,随即爆发出雷鸣般的掌声。

(《交际与口才》,2006 年第 10 期)

　　口才也是财富,演讲艺术在今天的社会受到广泛的重视,如何促使演讲取得最佳效果呢?很重要的一个因素是要求演讲角色在创新上面努力。这一例中,演讲者在演讲时未加说明便突然离开演讲台,对于听众而言,这当然是一件不能容忍的事,这就难怪台下喧声四起,场面差点失控。而这一环节是演讲者精心设计的,是他故意去激怒台下的听众。"如果我在演讲的时候离开了讲台大家不能容忍的话,那么工作时间纪律松弛,玩忽职守,擅自离开工作岗位,难道就不应该受谴责吗?我的演讲完了。"这是假设关系复句的一种特殊用法,偏句说的是已然的事实,但故意当做假设提出来,以此强调正句意思的确凿无误,正句又采用反问形式,不是用"批评",而是"谴责"——这个分量很重的词语,更是加强了抨击"玩忽职守,擅自离开工作岗位"的力度。这位演讲者的个性独特,最后的结束语因为有了行动的铺垫,不但新奇有趣,还让听众更好地领悟到演讲者的演讲意图,给听众留下了深刻的印象,最终获得了热烈的掌声。

第五章　社会角色修辞艺术

第六章

人际沟通修辞艺术

第一节　人际沟通修辞概述

人际交往的沟通十分重要，沟通的障碍、困难各种各样，情况十分复杂。沟通的主要媒介是语言，掌握人际沟通的修辞艺术，首先要对人际关系的沟通有个比较全面的认识。

一、沟通的重要性

现代世界是沟通的社会。沟通是实现有效对话的要素，在对话中，只有通过构筑彼此相通的渠道、维系彼此信任的纽带，才能实现世界不同文明间相互认同、相互谅解、相互接纳的目的。每个正常人都需要沟通，沟通关系到事业的成败，是解决纷繁人际矛盾的十分重要的基础。

（一）沟通是社会上每个正常人的需要

生活在现实世界里，每个正常人都需要构建丰富多彩的人际关系。可是，很多人的这种需要并没有得到满足，于是，他们往往慨叹世界上缺少真情，缺少温暖，缺少帮助，不同程度的孤独感困扰着他们，折磨着他们。其实，很多人之所以与他人不能建立良好的人际关系，仅仅是因为他们缺乏与人沟通，或没有掌握沟通的艺术。建立良好的人际关系，必须学会与人沟通，并讲究沟通的艺术。没有沟通，世界将成为一片荒凉的沙漠。当你穿梭在茫茫人海里，置身于市场经济的大潮中，每天都不可避免地与他人交往，正常的、良好的交往能给人带来欢乐和幸福。一个人的婚姻、职业和人际关系状态如何，在很大程度上取决于与他人沟通的能力。转向不同的两个齿轮，如何让它们转向同一方向呢？作出答案其实并不难，只要在这两个齿轮上加一条皮带即可。人心同此理，只要在彼此的心上加上润滑带即可，这就是沟通的魅力。

世界积极思想之父诺曼·文生·皮尔博士，是20世纪全球积极思想运动的带动者，也是世界顶尖演说家——金克拉的老师。牟郸的《沟通的艺术》一文中讲到这样一件关于皮尔博的事情：

> 一次，皮尔博士遇上一个沮丧的朋友，这个朋友正颓丧地说着一些消极的废话。皮尔博士立刻走过去，拍着他的肩膀，兴奋地对他说："嗨！你是怎么了？何不让我们一起来想一些令人高兴的事情？"那位颓废的朋友望了皮尔博士一眼，哀怨地说："拜托，诺曼，你那套我了如指掌。此刻对我而言，任何积极思想都派不上用场。你根本不了解我的问题有多严重。"皮尔博士仍兴趣盎然地说："嗨！是吗？那么，可不可以谈谈你的问题？"那位朋友又瞪了皮尔博士一眼，"别跟我玩心理咨询那套老把戏，我一点儿都不想谈我的问题。我已经快被它们

烦死了。唉，真希望我能成为一个没有问题的人，那该有多好。"他停了停，叹息道，"唉，可我知道，没有问题的人根本不存在。""怎么会没有呢？我就知道一大堆没有问题的人，来，上车，我带你去找他们，也许会帮你解决问题。"说着，皮尔博士带着他的朋友来到一处安静的墓园，他伸手指向墓碑，对他的朋友说："你看，躺在这下面的，每一个都没有问题，你喜欢当哪个？"皮尔博士的朋友沉思了许久，重新挺起胸膛，笑着说："看来，还能够好好活着去处理问题，也是一件幸福的事！"

　　这一例中，皮尔博士的朋友消极、沮丧至极，拒绝与他人沟通。"此刻对我而言，任何积极思想都派不上用场。你根本不了解我的问题有多严重。""任何"、"根本"可见其消极、沮丧情绪的严重程度，而且表示出没有什么"灵丹妙药"可以医治自己的心病。但皮尔博士没有就事论事，而是抓住他思想上的症结，借助于墓园特殊的场景，巧妙与朋友沟通，化解了对方消极颓废的情绪，使之焕发了积极、乐观的心情。"你看，躺在这下面的，每一个都没有问题，你喜欢当哪个？"表面上是提出了一个选择性的问题，没有丝毫勉强的意思，但这样的问题答案实际上是非常明确、无需选择的，谁想当墓园里的死者呢？皮尔博士借此传递了人只要活着，就必须去面对、处理人际矛盾的信息。朋友笑着说："能够好好活着去处理问题，也是一件幸福的事！"将"处理问题"视作"幸福"，真正想通了，精神振作了，从此改变了对待人生的态度。

　　学生是受教育者，但并不是一味接受教师单向的灌输，他们需要与教师沟通，表达自己真实的思想、看法、意见。而教师在长期的教育实践中，往往形成了一种潜在的思维定式，喜作判断，好下结论，以自己的看法、意见、主张为语言流程的终端，不给学生回答、解释、争辩的机会和权利。这样，沟通渠道就会阻塞，往往挫伤了学生的自尊心、积极性。所以，教师应该尽量少用命令式的祈使句、诘难式的反问句、斩钉截铁的判断句，给予学生说明事情真相的机会、发表不同意见的权利，开辟顺畅的沟通渠道。

　　正在上课的时候，张同学举手向老师报告："老师，林同学用粉笔砸我。"坐在这个张同学身后的林同学是一个小调皮，学习成绩还可以，就是比较争强好胜，好狡辩，喜欢在课堂上做一些小动作。听到张同学的报告，老师还没有说话，林同学就大声争辩起来："我没有砸，是石同学砸的。"老师说："那人家怎么不说是胡同学砸的呢？"胡同学是坐在林同学边上的一个比较好的女同学。老师继续说道："不许狡辩！你做了错事还不承认，像一个男子汉吗？"这句话引来了其他同学对他的讥笑，林同学非常气愤，他气呼呼地看看石同学又愤愤不平地看看老师，于是在那又是拍书又是砸笔。课后老师很快了解到，今天确实不是他惹事去砸人家的，而是石同学砸的。由于前面说的一番话使老师陷入了尴尬的境地，也使老师和林同学之间产生了不愉快。

（"心海扬帆"中小学心理辅导论坛，http：//www. xhyf. com）

这一例中，事情的真相其实并不是复杂到难以弄清楚，但教师不作深入调查研究，由于这个林同学给老师的印象是调皮，争强好胜，好狡辩，在这种思维定式影响下，所以当听到他说话时就认定他在狡辩了，就决定给他点"颜色"看。"人家怎么不说是胡同学砸的呢？"以反问句断定林同学砸粉笔之事确凿无疑——其实并没有必然性；接着用命令的口气严厉责问："不许狡辩！你做了错事还不承认，像一个男子汉吗？"一个"不许"，一个反问，死死堵塞了信息反馈的通道，致使林同学被剥夺了话语权，无法申辩。教师错怪了学生，造成了尴尬局面，导致了师生关系的失和。

（二）沟通是化解人际矛盾的基础

在现代社会，由于各人的思想个性、身份地位、综合修养等因素不同，致使他们的看法主张不同，利益需求也不同，相互之间出现矛盾是不可避免的。回避矛盾是没有出路的，必须正视，进而化解矛盾。化解人际矛盾，需要根据交际主体、矛盾性质、语言环境等实际情况作具体分析和研究，采用恰当的对策。但无论怎样，语言的沟通是基础，必须在沟通的基础上采用各种方法，相互体谅，彼此理解，求同存异，这样才会消除误解，避免冲突，达成谅解，建立起良好的人际关系，没有沟通，任何方法、手段都是起不了作用的。

> 艾玛是一家公司的接待员。一天，一位颇为自命不凡的人打来电话说："要你们的经理说话！"电话中是不容置喙的口气。可经理交代过艾玛：来电话的话一定要告诉他对方的姓名。于是艾玛谨慎客气地问道："我能告诉我们经理是谁来的电话吗？"而那个人竟毫无礼貌地嚷道："快给我叫你们经理，我要立即和他说话！"艾玛如果不能将对方的姓名告诉经理，经理肯定要责备她的。怎么办？她略思索后，依旧用温和的口气说："很抱歉，我看我们经理真不该花钱来雇我接电话，因为十次电话有九次都是直接要找他的，而我还无法告诉他找他的人是谁。"对方感到有失礼节，便只好把自己的姓名和电话号码告诉了艾玛。

（《公关世界》，2002 年第 8 期）

一个自命不凡的人要求马上与经理直接通电话："要你们的经理说话！"没有称呼，不讲礼貌，简略至极，似乎在下达命令。而经理交代过艾玛来电话的话一定要告诉他对方的姓名，艾玛不能违背经理交代的原则，这就产生了人际交往的矛盾。艾玛表示"很抱歉"，矛头不是指向对方，而是责怪自己："经理真不该花钱来雇我接电话，因为十次电话有九次都是直接要找他的。"貌似自怨自艾，实际上是将自己的两难处境委婉地传递给了对方。"我还无法告诉他找他的人是谁。"一句话中又蕴含着批评对方无理的意思。艾玛通过温和的“自责”和“自怨”的语言形式和口吻，与来电者沟通，陈述为难之处，得到了对方的谅解，进而解决了进退两难的问题。

误解是指说话者意欲表达的内容与听话人认为已经表达的内容存在差异而导致交际失败的情况。人际交往中的许多矛盾是由于误会、误解引起的，不了解事情的真相，不懂得内心深处的想法，就很容易产生隔阂。误解通常在语言交际过程中得到修正，需要从话语建构与话语理解的互动中进行调整和磋商，达到理想的语用效果。误解的性质比较复杂，它牵涉交际者社会、文化、心理等多方面的根源。消除误会、误解的有效的方法就是沟通，再沟通。巧妙的沟通更能奏奇效。只要对上海东方电视台《新老娘舅》节目稍加留心，在“老娘舅”口中，“沟通”一词期期节目都用，每个“老娘舅”都用，而且是使用频率最高的一个词语。

2007年3月18日的《劳动报》上有篇任歉的《公车奇遇》：

> 那天，我和女友坐公交车去我家。公交车上人特别多，我俩只能站着。过了几站，女友才得以落座。
>
> 这时，一个漂亮女孩冲我走了过来：“嗨，帅哥！做什么去啊？”可是我怎么也想不起来这个漂亮女孩是谁。
>
> 我想她肯定是认错人了。但我不能让那个漂亮女孩太尴尬，更怕引起女友的误会。出于礼貌，我还是和她打了声招呼。我想，事后再和女友解释也来得及。
>
> 女友听见了我和别人说话，抬起了头，见是一位漂亮女孩，很有醋意地问我：“这是谁啊？”那个漂亮女孩好像明白了是怎么回事，倒是很大方，抢过了话：“嗨，你好呀，认识一下，我叫小云，我们过去是老邻居。很高兴认识你啊。”
>
> 可是我无论如何也想不起我过去的邻居中有个叫小云的。我正在发愁怎么和女友解释，那个漂亮女孩却又向我要起了手机号：“留个电话号码呗，以后可以常联系。”到了这一步，我只有给她了。
>
> 又一站到了，漂亮女孩下车了。
>
> 过了一会儿，我的手机响了起来，我收到一条陌生的短信。女友一把抢过我的手机，是那个女孩发过来的：“刚才有两个小偷准备掏你们的钱包，我只有假装认识你们，和你们打招呼。本来我前一站就到站了，那两个小偷也在那一站下，所以我晚下一站。我想通过短信解释一下，我们都不会太尴尬，祝你们幸福！”

这一例中，漂亮女孩为了提醒两位陌生乘客防止小偷偷他们的钱包，特意装作与“我”亲热的样子。“嗨，帅哥！做什么去啊？”不知道陌生青年男子的姓名，以“帅哥”称呼，显示出关系很亲近。自报姓名，虚设关系，“我们过去是老邻居”。再讨要手机号码，目的是为了"以后可以常联系"。这自然会引起"我"女友的怀疑，致使女友产生了浓烈的醋意。漂亮女孩目的达到以后，发短信，作了必要的解释，"假装认识你们，和你们打招呼"，消除了尴尬，避免了误会。漂亮女孩通过补充、修正，巧妙的沟通艺术在化解一对恋人的矛盾中起了决定性作用。

（三）沟通是事业成败的关键

人们追求事业的成功，特别是在现代社会，必须与广泛的人群打交道，只有合作才能顺利、胜利、获利。个人的职业生涯中，面临上下左右各种复杂的人际关系，必须正确、妥善处理，沟通便是处理各种关系的金钥匙。如果把握不当，人际关系就会失和，难免会遭受挫折。事关经济利益的人际交往中，沟通的顺利与否，则直接影响着信息传递的准确与否，生意的成败得失。

> 30 岁出头的傅先生，聪明伶俐，研究生毕业后入职某民营集团担任战略发展部副总经理，年薪 50 万元。入职快三个月了一直没有机会与老板对话。
>
> 有一天，机会来了。集团李董事长主持一次会议，其中一项议题是要听取关于企业战略发展的下一步计划。集团王副总裁和战略发展部郭总经理商议，让新来的傅副总经理做汇报。轮到傅先生发言时，他进行了如下超乎寻常、"别开生面"的 5 分钟开场白："尊敬的李董事长、尊敬的王副总裁、尊敬的刘副总裁、尊敬的张副总裁"——把到场的所有集团高管都"尊敬"了一遍；"尊敬的郭总经理（企划部总经理）、高总经理、刘总经理、李总经理、姜总经理、杨总经理"——把到场的所有部门正职总经理也"尊敬"了一遍；"以及各位志士同仁，今天我很荣幸向各位领导和同事们汇报企业战略发展的计划问题。我们李董事长雄才大略、高瞻远瞩，以超凡脱俗的智慧，构建起了我们企业战略发展的核心和地位，从而才有了我们今天举世瞩目的独特的集团战略发展蓝图。我们应该为此感到骄傲和自豪，也使我们对未来企业发展战略充满了信心和希望。我们的王副总裁可谓是铁肩挑四担，战略发展是其一非同寻常的重担。王副总裁虽然日理万机，但还是非常关注战略发展工作，经常亲临战略发展部，亲自指导我们战略发展部工作，从而使我们的战略发展工作有了长足的发展。尤其最近三个月来，为了企业战略发展工作，可谓是披肝沥胆、呕心沥血……"大家在忍耐了一通马屁后，等他开正题。没想到他又开始"拍"其他两位副总裁，"拍"战略发展部的郭总经理。把郭总经理"拍"完后又挨着把到场的十多位总经理一人用了一个成语"拍"了一下，"拍"完一轮下来共用时 5 分钟。包括李董事长在内，几乎所有的人都忍耐不住了。郭总经理在旁一个劲使眼色，但傅先生正在兴头上，以为是在鼓励，更加神采飞扬，"妙语连珠"。
>
> "啪"一声，忍无可忍的李董事长拍了一下会议桌，大家都感觉到了来自李董事长的愤怒，会议室陡然鸦雀无声……

会后，李董事长立即指示主管战略部的王副总裁和主管人事的张副总裁，让傅先生立即走人！公司绝不能助长此风！

（《中外管理》，2007 年第 9 期）

按理说，在市场化的企业里，经理人根本用不着拍马屁，需要的是实实在在的沟通。老板雇用经理人图什么？就是干活的，出绩效的，这是经理人的首要职责。赞美未尝不是种沟通方式，沟通，往往就是从适度的赞美开始的，但这与拍马屁是完全不同的。与老板沟通，可以从赞美和欣赏开始，真心地发现老板的优点，老板之所以成为老板，必然有其过人之处，应该欣赏老板的过人之处，但要看具体的场合、交流的主题，把握好尺度，不能随意模糊、冲淡主题。上例中，会议的议题很明确：关于企业战略发展的下一步计划。傅先生本应该"作汇报"，讲情况，但他却大拍马屁，对到场的所有集团高管都"尊敬"了一遍，对到场的所有部门正职总经理也"尊敬"了一遍，反复的"尊敬"已经超出了必要的礼貌限度，令人作呕。"雄才大略"、"高瞻远瞩"、"超凡脱俗"、"日理万机"、"披肝沥胆"、"呕心沥血"之类的溢美之词比比皆是，脱离主题，言不由衷，且自我感觉良好，"神采飞扬"，"妙语连珠"，滔滔不绝。如此向上司汇报，导致李董事长愤怒拍案，作出辞退决定，沟通完全失败，傅先生葬送了大好前程。

跨国商务沟通中，不同的商务文化有时甚至会截然相反，有些代表坚持的原则和礼俗在另外一方看来可能是不可思议的。千万不要妄加评论对方的文化准则，同样也不要让对方来评判自己的价值观，这样很容易引发尖锐的矛盾。所以当不同文化在谈判场上碰撞时，要学会尊重对方，加强交流沟通，哪怕在极其微小的环节之处都不能掉以轻心，否则往往会导致失败。

有一次中日两家公司进行合资谈判，日方代表在陈述自己的意见后谦虚地说："我很想听听你们的意见，我刚才讲的这些，不过是小虾引乌龟出洞而已。"话音未落，中方代表皱起眉头很是不悦。日本人莫名其妙，会谈后经中方翻译提示才弄明白，"乌龟"在汉文化中多为贬义，例如"缩头乌龟"、"乌龟王八"等，自己本想给对方送顶"大帽子"讨个好，却自讨没趣，影响了生意。还有一次，一位美国商人在与一位中国商人谈一笔生意时不禁称道中国人的老练："You are old dog."直译就是"你是一只老狗"。在西方，狗被看成人类的朋友，所以很多与狗相关的词都是褒义的，但这个中国谈判代表听了心里十分反感。因为在汉文化中，与"狗"相关的词语也多为贬义，例如"狗腿子"、"狗东西"等。这样进行沟通，忽视了不同民族之间的文化差异，必然不能得到对方的认同，给谈判人为制造了障碍。

二、沟通的层次性

人际关系的沟通状况大体上可以区分为三个层次：沟而不通、沟而能通、沟而心通。三个层次的情况各不相同。

（一）沟而不通

沟通的第一个层次是沟而不通。这是指交际双方虽然有言语来往，但仅仅是停留在表面上的应对，传递的信息缺乏针对性，模模糊糊；或者赘余超量，传递的大多是无效信息；或者苟简不明，信息量不足，含糊片面，没有达到相互沟通的目的。

某电视台一次娱乐参与活动中，主持人与参与者有下面一段对话：

> **主持人：**您点这首《相思风雨中》是要送给自己的男友吗？
> **参与者：**不是。
> **主持人：**那您想把这首歌送给哪位朋友呢？
> **参与者：**不送给谁。
> **主持人：**那是您非常喜欢这首歌吗？
> **参与者：**不，导演告诉我，只有这首歌了。

主持人在对参与者一无所知的情况下凭主观猜想，话语指向表面上明确，是不是"送"给"男友"，送给哪位"朋友"，是不是"非常喜欢这首歌"，实际上心中无数，问题模糊随意，既限制了自己的问题范围，又限制了对方的回答空间。参与者实话实说，否定了主持人的所有猜想，回答道："导演告诉我，只有这首歌了。"这个被迫无奈的选择原因，大出主持人意料，沟而未通，实在煞风景，双方陷入尴尬之中。

尚未决定购买任何商品的顾客，进入商店后对于店员的态度和行为通常会较为敏感、胆怯，因此当顾客还在挑选商品时，如果受到店员过分热情的推销，常常会如同惊弓之鸟般逃离商店，到其他商店购买商品。当顾客一进门，营业员就紧跟着喋喋不休地询问、介绍："你需要些什么？""买衣服吗？""这件挺好，式样最新潮，价格不要太便宜哦！""不是？你再看看这件，正宗名牌货，买的人可多了！""嫌价钱贵？找遍全市，恐怕都没有这样的价格！""你不要衣服？那还准备买什么？皮鞋？帽子？围巾？……"其实有些顾客并没有明确的购买目标，只是随意逛逛，碰到合适的才会产生购买的念头，给营业员不着边际啰里啰唆一番，好心情没了，自由感失去了，碍于情面，敷衍几句："嗯，是不错。""好吧，下次我一定来买。""对不起，颜色我不太喜欢。"……急匆匆逃离也就在情理之中了。表面上双方是在交流，其实是沟而不通，并非是真正的沟通。

沟通得是否通畅，还必须顾及交际过程中接受一方获取信息的状况，而不能只是单纯地根据信息传递状况作出论断。只有交际对象真正明白无误地了解了说写者发出的信息，才能达到沟通的目的；反之，如果对方连必要的、起码的信息都未能弄清楚、搞明白，那就谈不上沟通成功。语言交际是复杂的，主客观因素的障碍、干扰，都会影响沟通的顺利与否，在特定的场合还可能会产生误会。

1933 年，18 岁的英格丽·褒曼参加了斯德哥尔摩皇家剧院的考试。她全神贯注、一丝不苟地表演着精心准备的小品。其间，她情不自禁地朝评委席上瞥了一眼，这一眼使她大失所望，灰心丧气。因为她看到评委们正在漫不经心地聊天，有说有笑地比划着，一点儿也没有关注她的表演。恰在此时，她听到评委会主席说："好了好了，谢谢你，小姐！下一个……"此刻的英格丽·褒曼绝望了，脑海里一片空白，连后面的台词也忘得一干二净了。因为她判断，自己绝对没有被录取的希望了。

英格丽·褒曼离开考场后，想用投河的方式结束自己的生命，但因为河水太脏，臭气熏天，最后她动摇了。

她无论如何没有想到，第二天她收到了录取通知书。此后英格丽·褒曼不到一年便跃身为瑞典影坛上一颗明亮的新星。1944 年，她主演的《煤气灯下》使她首次获奥斯卡最佳女演员奖。1956 年，她主演的好莱坞影片《阿娜斯塔西娅》使她第二次获奥斯卡最佳女演员奖。

无巧不成书。若干年后，英格丽·褒曼与那位评委会主席邂逅，自然而然地说起当年参加了斯德哥尔摩皇家剧院考试后准备自杀的情景。那位评委会主席立刻瞪大了眼睛无比吃惊地说："真是天大的误会！那天你一上台，我们就一致认为你应当被录取。你是那么自信，我们都很欣赏你的台风。我是在对另外几个评委说：'好了，别浪费时间了，赶快叫下一个吧。'"

（《现代交际》，2004 年第 10 期）

在评委会主席看来，自己已经传递了赞赏有加的信息。"好了好了，谢谢你，小姐！下一个……"确实也是可以看做高度赞赏的一种特殊的语言表达形式。但这一形式本身具有两解性，也可以看做传递了考试很差，不必再浪费时间的信息，这全靠在语境中领悟。而由于应试者过度紧张的心理因素以及对语境因素把握的失当，导致了沟通的误解，差一点闹出了人命！那位评委会主席后来多次提到他们之间的对话，并以此告诫大家："在每个人的生命旅途中，都会碰到或大或小的误会。除了少数必须及时解除的误会之外，对于更多的误会则完全不必太在意，因为很多误会就像乌云一样，不会永远地遮住太阳。如果过于在意误会，反倒会事与愿违，欲速则不达，使自己受到不必要的伤害。"

（二）沟而能通

沟通的第二个层次是沟而能通。这是指交际者注意态度、语言表达方法，努力克服、消除交往中的困难、障碍，能够顺利传递信息，并被交际对象所吸收，基本上达到了相互沟通的目的。沟而能通并不一定具有多高的要求，但这种沟通通常比较顺利、和谐。我们比较以下两个例子：

例一：

一次甲上班迟到被经理逮到了，甲辩解说："没办法，道路整修，堵车嘛。"经理："知道堵车为什么不早点走？"甲："早晨起来要洗漱吃饭，怎么可能走得早？"经理："那为什么不早点起床？"甲："晚上在公司加班到那么晚怎么可能早起床？"经理："那为什么不提高工作效率，还非要加班浪费公司的电费？"甲有点恼怒，说："不就迟到了五分钟吗？有什么大不了的？"经理的嗓门更大，说："这不是迟到几分钟的事，而是严重违反劳动纪律。"争论的结果是甲丢掉了当月的奖金。

例二：

一次乙上班迟到被经理逮到了，乙诚恳地道歉："对不起，我迟到了。"经理很大度地笑笑，说："路上堵车是不是啊？"乙说："堵车不是借口，如果我能早点起来就好了。"经理说："也不怪你，听说你昨天晚上加班回家挺晚的，早晨当然起不来了。"乙说："其实工作时间抓紧点，完全不用加班的。"经理笑嘻嘻地说："其实你在工作时间里已经干得很好了。"

例一中甲为迟到辩解时，只是强调客观原因——"没办法"，还——列举"道路整修"、"堵车"、"加班"等困难，到了无理反驳时，索性横竖不管地反诘经理，近乎要赖皮地说："不就迟到了五分钟吗？有什么大不了的？"连用反问句，强调时间很短，事情很小，结果是沟而不通，且受到了经济上的处罚。例二中，乙因同样的原因迟到，但乙的话语偏重于检查主观方面的问题，先表示真诚的歉意："对不起，我迟到了。"接着自己一个一个推倒客观原因，"堵车不是借口"，"工作时间抓紧点，完全不用加班的"，顺顺利利沟通，得到了经理的谅解。许多事情都是"横看成岭侧成峰"的，如一枚硬币有两面，把有图案的一面贴在额头上，别人就只能看见带字的那面。同样的道理，我们如果能够主动看到自己的缺点，坦荡地把不足之处说出来，那别人看到的，就可能是宽容和赞赏。

在这一层面上，由于说写者必须面对并尽力化解各种困难和障碍，所以比较讲究语言沟通艺术。

1996 年，时任联合国秘书长的加利访华，水均益进行了专访。中央电视台节目播出后，有报纸称这是"一次绝妙的名人采访"。水均益是这样开始采访的：

水均益：秘书长先生，请允许我告诉您，今天在这里采访您的除了我本人以外，还有许许多多关心联合国、关心您个人的中国人，因为我也带来了一些我们的观众的问题。现在我想先从一位北京的小学生给您的问题开始我们今天的采访。这个小女孩让我问问您，联合国有多大？您的官有多大？

加利：（笑了，用中文先说了一句）我们都是老朋友。（英文）联合国就像是一个大家庭。就像这位小姑娘的家有父亲母亲、兄弟姐妹一样，联合国这个大家庭一共有一百八十五个成员。联合国就是这一百八十五个成员的家。联合国秘书长的权力并不是很大，他不过是这个大家庭的仆人。他就像一个大管家，负责保护这个家，每天早晨开门、打扫卫生……而且他要努力让这个家的每一个成员彼此和睦相处如同亲兄弟一般。因为这个家里经常会出现一些争论，秘书长的作用就好像是个调解人，他的角色是解决争论，平息争吵……

采访结束时，又出现了戏剧性的场面。当水均益起身道谢的时候，加利忽然想起了什么，问道："我要问你一个问题：你问了我好多问题，一会儿是一个小女孩的问题，一会儿又是一个小男孩的问题，一会儿是一个老人的问题，可是你的问题在哪儿呢？"水均益的回答很艺术："我把我的问题都藏在了这些人的问题中间了。"

这一例中，水均益顺利、成功地完成了对加利的采访，得益于他的沟通艺术。他把自己的问题藏在了小女孩、小男孩、老人的问题中间，这样巧妙的提问使采访一下子生动起来，让对方感到亲切、无法抗拒，愉快畅谈。"这个小女孩让我问问您，联合国有多大？您的官有多大？"问题似乎稚嫩，却充满童趣，也容易回答，由此顺畅地展开了采访。采访国际政要是很困难的工作，要撬开对方的嘴巴，必须十分注意消除身份地位以及文化、心理等方面沟通的障碍。在20世纪八九十年代涌现出的电视新闻节目主持人中，水均益可以称得上是一位既特殊又特别的人物。说其特殊，是因为他的采访领域，曾经被人戏称为"采访国际政要专业户"的他，迄今为止采访过的国际政要不下数十位，从美国第42任总统克林顿，到俄罗斯总统普京；从老资格外交家基辛格博士，到已故的前以色列总理拉宾等等；说其特别，是因为大人物通常都乐于接受他的采访，而水均益能够使他们展现出镜头外的一面，比如，在水均益的节目访谈中，深沉不露的基辛格一反常态，在镜头前笑逐颜开，卡斯特罗则随着歌声翩翩起舞……

（三）沟而心通

沟通的第三个层次是沟而心通。这里说的沟而心通，并不是指无须借助于语言沟通，而是指以下两种情况：一种是交际双方相交相知甚深，不必刻意讲究沟通的艺术，随心表达，任情显露，就能够达到和谐交流的目的；另一种是沟通艺术高超，几乎不露痕迹，这种无痕的交往、心灵的映照，是沟通的至高境界。

《读者》2001年第1期上有篇来新夏的《学人逸闻》，记述启功先生的一件生活小事。作者和启功先生有着半个多世纪的师生情谊。1996年秋天，作者因公访日回到北京后，专程到红六楼去看望启先生：

启先生一见是我，非常高兴，在门道拱手出迎，连声说："有缘！有缘！"随手拉我一起挤进沙发，聊了些闲白儿，大都是忆旧性的陈芝麻烂谷子。忽然，启先生一本正经地问我："你多大啦？"我茫然不知所措，启先生是知道我年龄的，但也未敢反问，毕恭毕敬地答道："七十三。"不料启先生拊掌大笑，直笑得他摘下眼镜用手巾擦泪，我则更摸不着头脑。良久，启先生喘匀了气说："你知道我比你大十一岁，你七十三，我八十四，一个孔子，一个孟子。咱俩这么一挤，不就挤过坎，又能活下去了吗？怎么能不大笑呢？"人们都说启先生爱开玩笑，挺幽默的。我对启先生说："您真逗。"启先生又说："启功就是起哄。"彼此又大笑一番。

上例中，因为交际双方有着半个多世纪的师生情谊，所以启功先生与作者之间的沟通无拘无束。启功明知却故作"一本正经"地询问作者的年龄，然后将两人的年龄与孔子、孟子的年龄相比，正是巧合，"咱俩这么一挤，不就挤过坎，又能活下去了吗？""咱俩"，显出关系分外亲密，一个"挤"字，形象生动，又是活生生的口头语言。即使一时不解也无碍，幽默风趣，两人谈笑风生，可谓心灵的沟通。

三年级的教室里，同学们正在紧张地进行期中测验。一个小男孩的脸一阵红一阵白，这并不是因为试题太难，而是他太想上厕所。可是漫长的考试一直没有结束，最尴尬的事发生了——他尿了裤子。小男孩羞愧得不知所措，眼中盈满了泪水。

细心的老师轻轻地走到小男孩身边，立刻就明白了一切。随后，老师不动声色地来到窗边，端着窗台上的金鱼缸走过来，经过小男孩身边时，他"一不小心"打翻了鱼缸，小男孩身上溅满了水。这突如其来的事故惊扰了其他同学，大家都回过头来看着老师和小男孩。老师示意其他同学继续考试，连忙向男孩道歉："对不起，水溅到你了！请你跟我来。"接着，他领着小男孩，来到自己的办公室，擦干男孩身上的水，并给他一条干净的裤子换上。

小男孩回到教室的时候，穿着一条极不合身的裤子。考试结束了，小男孩最后一个走到老师身边，怯生生地说："谢谢您，老师。"老师拍拍男孩的头，微笑着说："不要紧，我小时候也弄湿过裤子。"

（《青年参考》，2006 年 10 月 1 日）

这一例中的老师凭借敏锐的观察力，不用询问就发现了小男孩羞愧不堪的内情，丝毫不声张，故意"一不小心"打翻鱼缸，连忙向学生道歉："对不起，水溅到你了！请你跟我来。""水溅到你了！"这话表面上是说给男孩听的，实际上是说给第三者——其他同学听的，陈述了男孩离开教室的理由，自然地将小男孩引出教室，更换裤子，并微笑着安慰学生，"不要紧，我小时候也弄湿过裤子。"前句直接劝慰，后句述说亲身经历，言下之意尿湿裤子是无所谓的小事。一件尴尬的事情，处理得如此巧妙，不露印痕，不能不佩服这位老师的沟通艺术。

三、沟通的方向性

沟通，按信息流动的方向来分，可以分为向上沟通、向下沟通和平行沟通三种。不同方向的沟通具有不同的要求。

（一）向上沟通

向上沟通，就是与上级、长辈、德高望重者等之间的沟通。例如下属向上级汇报、请示、建议，犯错误以后向上级说明、辩解；小辈问候长辈、与长辈交谈等，都属于向上沟通。在汉文化中，"上下"观念是很受强调的，处于"下"位者通常需要明确自己的身份，既不可以下犯上，当然也不必奴颜婢膝，应该尊重居于"上"位者，认真聆听，辨别真实意图，讲究方式方法，有礼貌、有针对性地回答。

> 王某去应聘一个采编岗位。他对考官说自己已发表了 30 万字的文章和书稿。考官问："前面你一直在强调你发表了 30 万字的文章，但是我们认为，这仅仅能反映你的写作能力。作为一名采编人员，非常需要采访人与人沟通的能力以及敏锐的观察力，你能不能更多地展示一下你这方面的能力？"王某回答道："平常，在与人沟通中，我讲究的是不要说太多，而要做得多，关键不是要看你说什么，而看你做了什么。理论是灰色的，生命之树常青！我父亲也常常对我说，在与人交往过程中一定要少说多做。作为一名采编人员，可能要接触很多人，敏锐的观察力是任何一个创作者必须具备的，我写了 30 万字的文章，这本身就反映了我的观察力。我没有过分地突出我说的能力，是因为我的强项是在写作，可能因此削弱了说这方面，但实际上我具备这方面的能力。"
>
> （《演讲与口才》，2006 年第 12 期）

这件事的结果是王某被淘汰了，原因何在呢？在应聘中，考官明显居于"上"位，作为应聘者就必须高度重视考官发出的信息，认真对待，仔细分析，应对具有针对性，让对方明确获知所需的信息。王某在自述中不断强调自己的文字处理能力，却没有表现出沟通能力。一而再，再而三地突出自己能"做"，"我讲究的是不要说太多，而要做得多，关键不是要看你说什么，而看你做了什么。理论是灰色的，生命之树常青！"用"是"、"不是"对比句式否定"说"的能力，突出"做"的能力，并以"关键"一词强调。翻来覆去论说创作者"敏锐的观察力"的重要性——而现实生活中的观察力与创作中的观察力并不是等同的，将自己定位在"创造者"角色，以"写了 30 万字的文章"作为佐证。不仅啰唆，而且文不对题，让考官感觉到此人不擅长沟通，只适合做文字性的工作。这个问题回答的重点应该放在如何与人沟通上，但王某却未能把握好"采编"角色，蜻蜓点水，没有切中要害，结果自然可想而知。

（二）向下沟通

向下沟通，就是与下级、小辈、学养资历诸方面不及自己者之间的沟通。处于"上"位者，拥有较高的身份、地位，手握一定的权力，在向下沟通时，需要注意不能过分突出自己，也应该尊重交际对象，避免给人高高在上的感觉，理解对方的处境，宽容大度，积极消除障碍，多采用积极鼓励、正确引导的方式方法。

> 一天，一位年轻记者采访著名企业家松下幸之助，记者做了充分的准备，双方谈得很愉快。采访结束时，松下亲切地问年轻人："小伙子，你一个月的薪水是多少？""薪水很少，每月才一万日元。"年轻人不好意思地答道。"很好！虽然你现在的薪水只有一万日元，但你知道吗？其实你的薪水远远不止这一万日元！"松下微笑着说。年轻人一脸疑惑。松下接着说："小伙子，你要知道，今天能够争取到采访我的机会，明天也就同样能争取到采访其他名人的机会，这就证明你在采访方面有一定的潜力。如果你能多多积累这方面的才能和经验，这就像你在银行里存钱一样。钱存进了银行是会生利息的，而你的才能也会在社会银行里生利息，将来能连本带利返还给你。"松下的一番话，使年轻人茅塞顿开，眼前为之一亮。

> （《演讲与口才》，2006 年第 11 期）

松下幸之助作为著名企业家，年轻人与他的差距是显而易见的。按照常理来说，采访结束，受访者即应离席。但松下并不因为身份地位的差异而藐视年轻人，而是选择了一个日常话题与年轻记者继续交流，由"月薪一万日元"断定他"不止一万日元薪水"；从"今天争取到采访我的机会"想到"明天也会争取到采访其他名人的机会"，得出他"有这方面的潜力"的结论；从"将钱存到银行会生利息"想到将才能存到社会银行也会"生利息"，并作出"连本带利返还给你"的预言。这样别开生面的断言和形象比喻鼓励，使记者深感振奋与鼓舞。果然如松下所预言的，多年以后，这位记者做了报社社长，成了出版界的巨头。

在教学过程中，教师明显处于"上位"，学生处于"下位"，教师与学生沟通，应该贯彻教育改革新理念，讲究尊重、民主、平等，特别要注意沟通艺术。请看下面的文章《"懒"老师教出了勤学生》。

> 有一次，魏书生老师到台湾去讲观摩课，事先没来得及做任何准备。走进教室，他对学生们说："大家知道我是从哪里来的吗？"学生们说："不知道。"他说："我是祖国内地来的。咱们内地的教材啊，和你们这儿教材不太一样，但是也有完全一样的地方，大伙儿能不能猜着？"学生们猜来猜去，谁也没猜着。他

解释说："《元曲二首》这篇文章，在两地的语文课本中就一模一样。咱们这堂课就讲《元曲二首》，怎么样？"学生们齐声回答："好！"他问："以前学一篇古文或古诗词都要学哪些内容啊？"学生们说："要学习生字、作者介绍、背景介绍，再熟读背诵，个别解释。"他让学生把要学习的内容一项一项地写在黑板上，然后跟同学们商量："生字，老师还用讲吗？这两个生字没有太多可讲的呀，大家看一看，只给大家50秒的时间，一定都能记住。预备，开始！"没到50秒，就有同学举手了。他说："停！"然后请几位同学上来写，结果都写对了。同样，生词解释，也是学生在很短时间内自己就掌握了。到该翻译课文时，有的学生说："老师，现在您得讲啦。"他说："我看还是可以同学们自己学。我这人有一个特点，就一个字，谁能猜得着？"有个男同学站起来说："老师，我知道，'懒'！"他笑了，说："你怎么知道我懒？"男学生说："我们请你讲，你不给讲，还说自己有一个字的特点，这不就是懒吗？"他说："你们想一想，自己可以做的事，为什么要靠老师教啊？大家可以先讨论如何翻译，不会了，可以查资料，查注解；实在不会时再举手，由我来解答。"结果问题基本都解决了，只剩下两三个难点，魏老师一指点学生们就都明白了。

（《思维与智慧》，2008 年第 23 期）

下课后，一些老师、家长和同学讲评这节课，都给予了很高的评价。一个家长兴奋地说："魏老师啊，我儿子以前上课经常'溜号'，可上你这堂课，我发现他一分钟也没来得及'溜号'，高高兴兴在那儿学。他还敢说你'懒'，说你懒的那个就是我儿子。"几位老师和家长说："这样的'懒'是好事，因为这样的'懒'老师可以教出勤学生。"一些老师和家长问："究竟是什么秘密武器让这节课收到了生动活泼的教学效果？"魏老师说："其实，我真没有什么秘密武器。如果非要说有，那就是两个字：商量。如果凡事多和学生们商量，就能调动起他们学习的积极性，就能使教学过程更加生动活泼，更容易获得成功。"魏老师说得确实很对，这一例中，就是因为他充分尊重学生，平等对待学生，所以取得了高效率。"生字，老师还用讲吗？这两个生字没有太多可讲的呀。"前一句反问，并没有反问句通常具有的诘问的力度，反而显得柔和，这与问题的内容、性质有关，也与特定的轻松和谐的语境有关，后一句的句末语气助词"呀"增添了亲切感。既是信任，又是鼓动；"你们想一想，自己可以做的事，为什么要靠老师教啊？大家可以先讨论如何翻译，不会了，可以查资料，查注解；实在不会时再举手，由我来解答。""想一想"，节奏和缓；"自己可以做的事，为什么要靠老师教啊？"因为前边说明了这是"自己可以做的事"，所以后边"为什么要靠老师教"的道理明明白白，语气助词"啊"同样蕴含了亲切随和的意味。貌似简单的问题，却包含着深刻的教育理念——指导学生如何学习，"先讨论"找出问题，再通过"查"自己解决，"实在不会"的，老师帮助，合情合理。老师与学生的沟通体现出了新颖的师生关系。

（三）平行沟通

平行沟通，就是与平级、平辈、学养资历诸方面基本相当者之间的沟通。平行沟通，因为交际双方身份、地位等相当，尤其需要相互理解、体谅和包容。例如，对手、同事、夫妻、邻居之间的沟通就是属于平行沟通。

> 美国钢铁大王卡耐基为竞标太平洋铁路公司的卧车合约，与商场老手布尔门的铁路公司掰手腕了，双方为投标成功不断削价比拼，结果已跌到无利可图的地步，彼此还咽不下这口气。"冤家路窄"，卡耐基在旅馆门口邂逅布尔门，他微笑着伸出手，主动向布尔门招呼说："我们两家如此恶性竞争，真是两败俱伤啊！"卡耐基接着坦诚地表示：尽释前嫌，合作奋进。布尔门被卡耐基的诚挚所感动，不过对合作奋进缺乏兴趣。卡耐基感到纳闷，一再追问原因，布尔门沉默片刻，狡黠地问："合作的新公司叫什么名字？"哦，布尔门为"谁是老大"处心积虑！卡耐基脱口而出："当然叫'布尔门卧车公司'啦！"布尔门简直不敢相信自己的耳朵，而卡耐基又准确无误地确认了一遍。于是，两者冰释前嫌，签约成功，强强联手，双方从中大赚了一笔。

> （《好同学》，2005 年第 12 期）

这一例中，卡耐基与布尔门之间是竞争对手的关系，开始时为了投标成功，激烈比拼，结果已跌到无利可图的地步。卡耐基走出了沟通的第一步，指出已经酿成的严重后果："我们两家如此恶性竞争，真是两败俱伤啊！"这是由衷的感叹。"真是"表示确确凿凿，"两败俱伤"，兼及双方，坦诚、客观、公正。希望双方合作，但布尔门还是心存顾虑。"合作的新公司叫什么名字？"虽然只是询问口气，但联系"削价比拼"的语境体味，其间的潜台词就是在新公司里"谁是老大"。而卡耐基爽快地将名字送给对方，"当然叫'布尔门卧车公司'啦！"偏向对方，理所当然，毫不含糊，凸显出高度的诚意。最后，二者沟通成功，消除了所有障碍。下面是篇满溢温情的文章《"终身老公"任命书》。

> 他是一家公司的经理助理，每天都为业务而奔波……
> 有一天，公司经理因病住院了，风传怕是不能来上班了，经理的位子将由他这个多年的助理顶而替之。就在他暂时打理全盘工作的一个月里，他忙得像只充足气的皮球，终日上蹿下跳，连星期日都泡在办公室里。而她，一句抱怨的话都没有。
> 终于，他期待已久的那一天来到了：董事长将亲临公司宣布新经理的任命书。他在电话里得意忘形地对她说："我晚上下班回来，一定给你带回一本大红

烫金聘书，让你为嫁给一个金领丈夫而自豪。"然而，话筒那端的她依旧平淡如水："我相信……"

可是，命运往往对人开残酷的玩笑：新经理不是只知苦干、不懂策略的他。更惨的是，新经理——那个他一直以来的竞争对手上任后的第一个决定，就是取消他经理助理的职务。

那一天，他破例准时下班回家。可他根本不知道自己是怎么回家的，他只感到多年的梦想，连同她为他所做的牺牲都付诸东流了。而她，似乎早就从他沮丧的脸色得到了答案。她淡淡地说："愁什么呢，跌倒了大不了从头来过。"她又说，"难得你回来这么早，吃饭吧。"

他坐到桌前，惊诧地看到了大盆百合花艳放在餐桌前。30 支蜡烛，就火红地亮在桌上。

"今天是你第一次在家过生日。"她微微一笑，递给他一个大红信封，里面是一封祝福卡："聘书：兹聘任 30 岁的你为我终身老公，聘期无限。"

就在那一刻，他的眼泪夺眶而出。手捧着祝福卡，看着她那信任和理解的目光，他终于体会到了什么是温情，什么才叫"家"……

（《交际与口才》，2006 年第 11 期）

这一例中，起先，丈夫异常自信："一定给你带回一本大红烫金聘书，让你为嫁给一个金领丈夫而自豪。"但丈夫失算了，为事业上的挫折而沮丧不已。而妻子知道后，一切看得淡淡的，安慰丈夫："愁什么呢，跌倒了大不了从头来过。"语气助词"呢"，增添了无所谓的感情色彩；"大不了"显露出轻描淡写的口吻。妻子体谅、深爱丈夫，完全不介意丈夫的失败。"聘书：兹聘任 30 岁的你为我终身老公，聘期无限。"地道的公文语言，似乎将生活问题公事化了，反而更见出夫妻之间的信任、亲密关系。"聘期无限"，相爱一生。一切的烦恼在真情的沟通中烟消云散。

第二节 沟通语言的清通度

人际沟通语言必须具有必要的清通度。这里所言的"清通"，是指语言表达清楚、通畅。语言交际中，所传递的信息只有清楚明了，才能够比较容易被交际对象顺利接收，发挥沟通的作用。提高传递信息的清通度，必须力求语言表达准确、简洁和顺畅。

一、信息的准确性

信息的准确性，就是努力做到所传递的信息正确无误，尽可能接近所要表达的思想实际、客观实际。准确性，是信息清晰的一个重要标志，模棱两可的语言常常会导致交际对象产生误解，乃至错解、别解，难以达到沟通的目的。

（一）信息要清楚

在语言沟通中，说写主体应该尽量把自己所要表达的意思述说清楚。提出要求，作出指示，发布命令等，特别要讲究信息表述清晰无误，否则有可能因信息的模糊而影响工作的方向和进程，贻误"战机"，造成损失。

主持会议，进行评估，作报告，有时候成败的关键就在于沟通信息的清楚、准确程度。有些话听起来似乎正确，但细想却是模糊不清的。例如，经理对下属说："我们必须尽力提高所有员工的出勤率。""永远给顾客更高一等的服务。"类似这样的表达，效果却并不一定理想。什么叫做"尽力提高出勤率"？要达到多少个百分比才够要求？由于经理对"尽力"、"出勤率"等词语没有确切界定，其结果很可能是大家不大清楚如何尽力，对所要达成的提高出勤率的目标心中无数。假如这位经理能用准确的话表述，例如定义为"我们必须在出勤率上向上增进三个百分点"，结果就会相当不一样。永远向顾客提供"更高一等的服务"是个很好的意见，但同样并没有清楚传递出说话者希望规范出的行为和达成的效果。每个员工可能对"更高一等的服务"各有一套自己的理解，并可能按照自己的认识付诸行动。"更高一等的服务"这类抽象的要求，优秀的管理人员不仅会给他们提出的要求下定义，立规矩，作诠释，同时还会举出具体的实例来说明这些抽象的思想、观念。

1996年11月9日晚21时55分56秒，长江口以东海域发生6.1级地震，上海、浙江、江苏受波及，普遍震感强烈。当时，上海地震局进入紧急状态，先后发出了第一、第二号震情通报。当晚23时05分，上海市地震局有关部门领导和专家向临时指挥部递交了草拟的第三号震情通报《原震区不太可能发生更大地震》。面对夹着的一个"太"字，正在现场督战的时任上海市副市长夏克强神情严峻。"太"字的内涵毕竟过于宽泛，怎么能向拥挤在街头旷地的市民以及来沪参加首届亚太地区特奥会的各国运动员交代？此时此刻，人民群众最关心的莫过于接下来是否还有更大的地震。一字之差，责任重于泰山。后来，上海地震局领导与地震专家又经过慎重研究，并征得国家地震局分析预报中心同意，去掉了一个"太"字。随后发出了更名为《不可能发生更大地震》的第三号震情通报。有无一个"太"字，信息量、清晰度是不一样的，有了"太"字，包含的信息量大而多，且比较模糊；去掉一个"太"字，信息量缩减了，但表述明白清楚。此种场合，可谓一字千钧，事关社会秩序、人心安定与否，千万马虎不得。

（二）信息应无误

在语言沟通中，说写主体又应该注意话语信息是否符合客观实际。该确切表达的信息必须正确无误，以免引起他人的错解或误解。切不能自以为是，主观臆断。知之为知之，不知为不知。倘若交际对象是宽宏大量的人，说了不客观的话，或许不会计较；但是如果交际对象是斤斤计较的人，或者是无法、无力与之计较的人，就常常会产生人际矛盾。另外，需要指出的是，在许多场合，信息的准确与否必须以是否合乎语言环境来考察，话题、上下文、交际对象等都是需要重视、考虑的因素。

> 有一位女大学生去一家中外合资公司应聘求职。她通过了一道道关卡，最后的竞争对手只剩下另一位男性求职者。
>
> 经理是外国人，他在与这两位求职者的闲聊中，极为随便地问了三句话："会打球吗？"男的说："会。"女的答道："打得不好。"（其实她在大学校园里是个不错的羽毛球选手）经理又问："给你俩一部小轿车，限一星期的时间，有没有把握学会驾驶这辆小汽车？"男的说："有。"女的说："不敢保证。"（其实她曾经学过开汽车）经理再问："厨房里有的是蔬菜，你俩能不能给我做几样拿手好菜，我这人不挑剔。"男的说："没问题。"而她却腼腆地说："做得不好。"（其实她的烹调技术不亚于一个三级厨师）
>
> （兼职地带，http：//www.jzdd.net）

最后的结果是男性求职者被录用了。分析两人的应答话语，姑且不论男性求职者是否确实会打球、能否学会开车、会不会烧菜，但他传递的肯定信息是明白无误的。"会。""有。""没问题。"省略了其他成分，突出了最能表现个人能力的谓语部分。而反观那位女性求职者，明明打球打得不错，却回答"打得不好"；明明学过开汽车，却回答"不敢保证"；明明烧菜水平很好，却回答"做得不好"。每句都有否定副词，仅剩一点"会"的意味。女大学生墨守"谦虚是最大美德"的古训，不敢直截了当地表白自己的工作能力，因为经理是外国人，产生了误解，沟通失败，导致了落聘，责任当然在自身。

> 有一次，一位在小学教语文的女教师批改学生的作业时，看到一个学生是这么描述他家的宠物猫的："我家猫猫的眼睛非常大，我拿馒头一比，它的眼睛比馒头还要大，真是太大了。"女教师看了，笑得直不起腰，她在那篇作文后加了这样的批语："猫眼大过馒头，太夸张了，观察动物要细致，请改正。"
>
> 过了几天，那学生的母亲来到了女教师的家，她说："老师，您错了，我家孩子说的馒头，指的是旺仔小馒头，您的评语让他难过了好几天呢。"
>
> （江西教师网，http：//www.jxteacher.com）

这一例中，尽管学生的表达并不是十全十美，但老师的作文评语显然有片面之处。馒头的种类很多，应该了解清楚才能下定论，一句"猫眼大过馒头，太夸张了"完全否定了学生来自现实生活的比喻。小学生碍于年龄、身份等因素，不敢与老师说明，不会沟通，只是心里"难过了好几天"。成熟未必正确，稚嫩未必谬误，思维定式往往会让我们作出错误的判断。

（三）信息需应变

信息的准确性还需要把握人际矛盾发展的轨迹，及时沟通。此一时彼一时，随着事情的发展，人和事都会有变化；同时，因种种原因，当事双方对事情的真相未必一时就能够透彻了解，对对方真正的意图也未必清楚明白，产生疑虑和不信任感是正常的。这时，就需要及时捕捉、分析相关迹象，把新的变化说清楚，把内幕道明白，解开当事人的心结，达到沟通的目的。

　　一天，陆军部长斯坦顿来到林肯那里，气呼呼地对他说一位少将用侮辱的话指责他偏袒一些人。林肯建议斯坦顿写一封内容尖刻的信回敬那家伙。"可以狠狠地骂他一顿。"林肯说。斯坦顿立刻写了一封措辞语气强烈的信，然后拿给总统看。"对了，对了！"林肯高声叫好，"要的就是这个！好好训他一顿，真写绝了，斯坦顿。"但是当斯坦顿把信叠好装进信封里时，林肯却叫住他，问道："你干什么？""寄出去呀。"斯坦顿有些摸不着头脑了。"不要胡闹。"林肯大声说："这封信不能发，快把它扔到炉子里去。凡是生气时写的信，我都是这么处理的。这封信写得好，写的时候你已经解了气，现在感觉好多了吧，那么就请你把它烧掉，再写第二封信吧。"

（《中国电力企业管理》，2009 年第 2 期）

这一例中，一位少将侮辱斯坦顿，林肯建议斯坦顿写封措辞语气强烈的信"狠狠地骂他一顿"，并对信的内容大为赞赏，"对了，对了"，反复表示肯定；"要的就是这个！""真写绝了"，赞赏的调子拉得极高，表示完全、坚决支持，态度非常鲜明。但当斯坦顿即将将信寄出去时，林肯却坚决阻止了他，而且竟然称其为"胡闹"。粗看似乎是林肯出尔反尔，而实际上，在林肯看来，写这样的信是为了宣泄情绪，既然已经解了气，情况发生了变化，就没有必要再斤斤计较了。

有这样一个故事：

　　一对年轻夫妇和对门的婆婆是要好的邻居。一日，婆婆上门对年轻的女主人说："你家先生向我借了100元钱至今未还，我近来经济很困难，希望能把这100元还给我。"以家庭的富裕状况来看，女主人觉得她家先生不可能向别人借钱，所以回答要等先生回来再说。婆婆一脸不高兴地走了。先生回来，听了妻子的叙述后，先是一副茫然不解的样子，随后对妻子说："哦，是有这回事，我忘了，你去把钱还给婆婆吧。"哪知没过几日，婆婆又把钱还回来了，并抱歉地说是自己弄错了，真正借钱的人来还钱了。女主人大感不解：婆婆年岁大了记性不好，难道自家先生也这般糊涂？两人之间发生了争执。然而，先生的一番解释却令妻子释怀。他说："这只是一场误会，不用太过于较真。第一，婆婆家经济很困难，别人借了钱又不还，对婆婆来说肯定是一件伤心的事，就算我们替那个人还钱给她，换老人家一个舒心，也是值得的，或者说，就算我们资助她家 100 元钱，也是应该的。第二，此事很难解释得清楚，并非大是大非的原则问题，多担待点不会吃多大亏，况且，俗话说，吃亏是福，吃得亏才能在一堆，如果因小失大，伤了和气，那么，赢了理也不会开心的。"

（《班主任之友》，2004 年第 6 期）

这一例中，年轻夫妻之间因误解造成了矛盾，先生针对问题的症结，作了入情入理的一番解释，"第一，婆婆家经济很困难"，"换老人家一个舒心"，一个"换"字，体现出是为婆婆着想；"第二，此事很难解释得清楚，并非大是大非的原则问题"，因小失大，会"伤了和气"，这是就事情本身而言的，"很难"、"并非"排除了斤斤计较的必要性。女主人明白了丈夫的心意，相互谅解，矛盾也随之顺利化解。如果说开始时丈夫将错就错，把 100 元钱认作是自己向婆婆借的，那可以看做是体现了宽宏大量的心态，但事情的发展出现了矛盾，倘若先生还是一口咬定确实是自己所借的话，遮遮瞒瞒、藏藏掖掖，明显不合情理，不但得不到谅解，而且女主人的怀疑会进一步加深。

二、信息的简洁性

信息的简洁性，就是要求沟通语言干净利落，不拖泥带水。简洁与简练的含义并不相同，简练是在简洁基础上更高的要求，要求以少胜多，言简意赅。沟通是具有特定目的的语言行为，并非是话语说得越多，沟通效果越好。假设一个人话说得很多，语句很长，却忽略了主要信息，包含了很多次要信息，或充满多余信息，那就必然会模糊必须传递的主要信息，达不到沟通的目的。如果交际对象接受能力比较强，那么说写者在简洁的基础上进一步讲究简练，交际效果则会更好。

（一）少说废话、套话、官话

少讲废话是简洁最起码的要求。不懂得、不善于与人沟通的人，有两个相反的共同特点，要么语言苟简，不愿或不敢与他人交谈，显而易见，这样自然没法传递必要的信息，难以沟通。要么语言啰唆，常常用复杂的解释来回答简单的问题，或者套话、官话连篇，不着边际，这样，不但真实意思表达不清楚，而且有可能会引起交际对象的不快。比如，在公共汽车上你不小心踩了别人的脚，那么，一句"对不起"就足以表达你的歉意，如果你还继续滔滔不绝地进一步解释："对不起！我实在不是有意的，刚才那个人挤了我一下，我站不住了，我想抓立柱但没抓住……"这样，对方肯定会感到厌烦，听不进去。又如某人与女儿的以下对话：

　　女儿："爸爸，咱这个星期天究竟去不去公园啊？"

　　爸爸："原则上、实际上，爸爸是同意带你去的，因为公园是个公共文娱活动的好地方，风景是不错的，爸爸是去过的。不过，近来气候变化很大，缺乏稳定性，等自然条件好转了，爸爸一定满足你的这个愿望。"

　　这个"爸爸"是个"书呆子"，女儿问他一个极简单问题，一句话就可以回答完，他却"原则上"、"实际上"连篇，讲了一通废话、套话，"因为"、"不过"转来转去，至于究竟去不去，反而没有明确表达意见。类似的话，一般人恐怕不愿听、不爱听，人们想要接收的信息，应该为直接的"实际上"的事实吧。

　　（二）扩大语言信息容量

　　语言信息容量是指语言信道能传输信息的最大能力。衡量语言信息容量的大小，主要是考查一定篇幅中的语言负载的理性、情感等信息的多少。包含的信息越多，容量就越大；反之，包含的信息越少，容量就越小。一般可以在直观判断的基础上作理性分析，在具体操作时，将相同或相近的篇幅作比较分析更为科学有效。简洁的语言包含的语言信息量通常比较大。

　　冯大鸣有篇文章《沟通的艺术　亲和的力量》，其中讲到一个例子：

　　在美国的一所中学里，七年级英语教师丹尼尔因故离职，学校决定由伊丽莎白接任他的工作。寒假期间，在与丹尼尔老师完成工作交接之后，伊丽莎白给班里每位学生的家长发了如下一封信——

　　亲爱的家长：

　　或许你已经知道，从下学期开始，你孩子的英语课堂上将会出现一个新的面孔。请允许我向你作自我介绍：我叫伊丽莎白，在本学年余下的日子里，丹尼尔老师将离职，由我来接替他的工作。我渴望着开始我在新班级的工作，期待着与你的孩子一起成长。

　　我的目标是尽可能平稳地完成这一过渡，我打算维持丹尼尔先生在9月份所列出的教学进度和目标，阅读和写作仍将是学生课内及课后学习的十分重要的部分。

　　如果你有任何问题，在我上班时请无须犹豫地与我联系（电话：814－733－2606）。通过坦诚的沟通，我们大家可以共同合作，以使本学年成为一个既有意义而又成功的学年。

　　致礼

　　　　　　　　　　　　　　　　　七年级英语教师伊丽莎白

　　伊丽莎白老师的这封信虽不过300字左右，但清清楚楚，以简洁而恰当的语言实现了多重目的，所包含的信息量一点不少：第一，向家长通报了丹尼尔老师离职并由伊丽莎白老师接任他的工作这一事实；第二，打消了学生及家长可能因教师的人事变动而产生的担心与不安，维持丹尼尔先生既定的"教学进度和目标"，阅读和写作仍将是教学的"十分重要的部分"；第三，以"我渴望着开始……"和"期待着与你的孩子……"来表达新任教师的工作热情；第四，通过"请无须犹豫地与我联系……"来拉近家长与新任教师的距离，随时欢迎教师与家长及时沟通。一封短信，却能达到以上四个目的，并且处处充满亲和力，就沟通本身而言，真可谓低投入而高产出了。有效的沟通未必万语千言，短信一封亦有无限真情。

（三）发挥共知信息作用

充分发挥共知信息的作用，是达到沟通语言简洁的重要修辞手段。共知是交际双方共有的知识或者说是背景知识。从语用学的角度来说，共知是语境的一个重要构成部分，在交际的过程中，双方共有的知识会不断扩大，不断积累，原来不为双方共知的事物可以通过语言交际变为双方共知的事情。沟通要把话说清楚、说明白，就要遵循信息需求的中和、平衡原则，也就是说，双方都知道的信息可以尽量省略、舍弃，力求传递新信息或着重于必须传递的信息。这一尺度的把握，取决于交际对象的共知情况和实际需求，沟通语言一般来说不宜包含超出需要的信息，该简则简，该详则详。请看短文《克里克的谢绝》。

> 美国化学家弗朗西斯·克里克在获得诺贝尔奖后，就为自己拟定了一份通用的谢绝书："对您的来函表示感谢，但十分遗憾，他不能应您的盛情邀请而给您签名，赠送相片，接受采访，发表广播讲话，在电视中露面，赴宴和讲话，充当证人，阅读您的文稿，作一次报告，参加会议，担任主席，充当编辑，接受名誉学位等等。"
>
> （《报刊文摘》，2004 年 11 月 26 日）

克里克拟定的这份通用的谢绝书，先对可能的来函"表示感谢"，继而觉得"十分遗憾"，不能"给您签名，赠送相片……"明确列举了 14 项谢绝的内容，后边还有"等等"，把自己的态度表述得十分详尽清楚、明白，不作任何具体解释、说明。作为"盛情邀请"的一方，一般只会选择其中的某些项目，而克里克却以同一谢绝书回复，一概谢绝，似乎少了"人情味"，但其中的缘由大家都应该知道——即共知信息：一个人出了名之后，受到大家的追捧，周旋于众多不必要的社交和应酬，会耗费好多的时间。

> 邓小平的女儿毛毛着手写《我的父亲邓小平》传记时，曾问父亲："长征的时候你都干了些什么工作？"邓小平回答三个字："跟着走。"当孩子们问起他在

太行山时期都做了些什么事时，邓小平只回答了两个字："吃苦。"在评价刘邓大军的辉煌战史时，他也只用了两个字："合格。"1973年2月，邓小平从江西下放地回北京，毛泽东第一次召见他，开口就问："你在江西这么多年做什么？"邓小平只用了两个字回答："等待。"1979年，加拿大总理特鲁多访华，在会谈时，他问邓小平能三落三起、重返政坛的秘诀是什么，邓小平的回答还是两个字："忍耐。"1992年，邓小平到南方视察，发表了著名的"南巡讲话"，在谈到自己的作用时，邓小平的话语依然短促有力——"我的作用就是不动摇！"

（《演讲与口才》，2010年第5期）

邓小平从不喜欢滔滔不绝地高谈阔论。在他看来，话不在多，管用就行。他的语言简洁精辟，善于抓住问题核心，一语中的。简洁明确的语言，传达着耐人寻味的思想，每一句都可以写成一篇大文章。引例中邓小平的答问语言，虽然极为简练，但交际对象都能够懂得、理解、品味，甚至大为赞赏，这是因为邓小平作为党的杰出领导人，人们对于他的生平经历都熟悉，共知信息起着十分重要的作用。

三、信息的顺畅性

信息的顺畅性，就是要求在沟通过程中，创造良好的交际氛围，努力排除各种因素的干扰，保证信息顺利传递。语言沟通并非是在真空中进行的，也不一定只是交际双方个体之间的行为，常常遇到各种人为的或其他客观因素的障碍、困难。这些障碍、困难如果不恰当排除、消解，就有可能模糊主要信息，分散注意力，不同程度地阻塞信息通道，导致沟通目的不能顺利达到。

先看一个小例子：

那年冬天，我随经贸团考察纽约市场，有幸观摩了华尔道夫饭店。过后，我们又到该饭店下设的一个餐厅用餐。

席间喝到尽兴时，大家相互开起了玩笑，不时发出阵阵笑声。这显然有悖于酒店的规定，站在一旁的一个侍者微笑着一遍遍地劝我们小声点儿，可是我们根本听不进去，依旧大声地谈笑，他无奈地叹了口气，最终皱着眉头离开了。用餐到一半时，我的电话突然响起来，为了不影响同桌其他人交谈，便起身离开，绕到餐厅外去接。几分钟后，我再回到餐桌，难以置信的是，我的杯盘竟然全不见了。我气急败坏地叫来侍者，指着空无一物的桌面质问起来："我还没吃饱呢，你怎么把东西都收了？"侍者愣愣地看着我，隔了许久才愧歉地笑起来："对不起，我看到您将餐巾放在桌上，以为是提前离席了，便将餐具收走了。"

听着这种解释，想起喝酒聊天时发生的事，心想他一定是有意报复，便生气地数落起来："我只是暂时离开去接电话，顺手将餐巾往桌上一放，你怎么就以

《演讲与口才》,2010年第6期)

“我”“顺手将餐巾往桌上一放”,离席去接电话了,侍者便“收走餐具”,招致“我”的一番严词数落。由于前边发生了侍者“一遍遍地劝我们小声点儿”聊天,“我”就误以为这是报复,“华道尔夫号称世界顶级酒店,你们服务生怎么做事的……”已不是就事论事,而是提高到顶级酒店的服务水平这一高度来训斥,“号称”一词明显含有名不副实的贬义感情色彩;“怎么”,直指服务态度,扩大了斥责的范围。而侍者礼貌、歉疚地解释缘由:“对不起,我看到您将餐巾放在桌上,以为是提前离席了,便将餐具收走了。”面对“喋喋不休地训斥”着的“我”,不再辩解。这一例中,“我”与服务生之间的沟通不畅,出现了问题。原因何在呢?从主观上来看,“我”不懂国际通用礼仪,素养有欠缺之处;从客观上来看,双方存在中西文化差异,前边发生的聊天事件对双方的沟通也产生了一定影响。

(一) 选择得体称呼语

称呼语主要是指说写者在语言交际中称呼对方的语言。称呼语是语言交际的“先锋官”,是传递给交际对象的第一个信息,得体的称呼语是开启人际沟通大门的一把钥匙,直接影响到交际双方能否顺利沟通;称呼语是人际关系的“晴雨表”,能够反映出人际关系的亲疏远近及其关系的微妙变化;也是人际关系的“润滑剂”,可以缓解紧张的人际关系或在一定程度上克服交际中的困难和障碍。考查称呼语的使用是否得体,必须联系特定的语境与说写者的交际宗旨。说写者需要根据交际对象的地位、身份、年龄、辈分,考虑与自己的亲疏关系、情感深浅、说话场合等因素来选择恰当的称呼语。许多人际交往沟通的微妙意义,能够通过称呼透露出来。

王金昌因为私事擅离工作岗位,将工作暂时托给徒弟做,结果造成了不是很

人际修辞学

严重的生产事故。车间薛主任找王金昌个别谈话，说道："老王啊，你是老师傅了，怎么能够擅自离开工作岗位呢？"王金昌急忙辩解，事情很急，必须马上去办。厂长继续说道："我已经了解了，我知道，但是，金昌，你应该懂得厂里的规章制度，事先要请假啊！再说，王师傅，你的徒弟还没有独立工作的能力，你比谁都清楚，……"随后薛主任主持车间会议，讨论、处理这一事件，说道："王金昌同志，这次擅离工作岗位，犯了错误……"

这一例，车间主任在与犯错误者个别交谈时，因为是老同事、老熟人，所以称呼"老王"、"金昌"、"王师傅"，表现出关系亲近，力求消除对立情绪，随之指出、分析错误的原因、性质，对方就比较容易听取自己的意见了，也促使对方做好进一步在会议上接受批评的思想准备。在正式会议上，主任的称呼就改成"王金昌同志"，显得严肃、正规，是场合的转变使然。

对于有些陌生人，直接称呼他们的职业即可。例如"医生"、"老师"、"解放军"、"经理"、"服务员"、"列车员"、"司机"、"邮递员"等，这是约定俗成的习惯。但从现在使用的情况来看，对于职业性称呼人们往往只选择在大众心目中有一定地位的职业名称，比如"老师"、"医生"、"经理"等，而不会选择一些社会地位较低的，例如"厨师"、"理发师"、"清洁工"等。如果以此作为称呼语，会让对方以为表达者瞧不起自己，彼此可能不欢而散，无法顺利沟通。还有一些陌生人，表达者如果不知道对方的职业，那么可以选择通用的表示尊重的称呼，不过也应该注意文化习俗等因素的制约和影响。有个上海男子去河北承德出差，因不熟悉路，碰到一个中年妇女，便上前问路："师傅，请问到某某去怎么走？"对方面露不快，不理睬，只管继续走路。男子以为对方没有听清楚，追上去再次询问，不料对方恼怒地回答道："不知道！不知道！"后来上海人才知道，承德那里的风俗习惯，"师傅"一般是指出家人，难怪那位中年妇女不愿指路。

当然，在语言交际中，不是任何时候、在任何地方都使用称呼语的，有时说话人往往不用称呼，但是这实际上也是一种称呼，即零称呼。表达者不知道或不敢肯定应该用什么称呼或不便称呼时常常用零称呼，因为冒昧加上称呼语，有可能导致对方误解和不快。表达者与接受者之间的关系相当密切，而且仅仅两个人在场时，表达者也可以不使用任何称呼，这并不影响语言交际的顺利进行，如果特地加上表示尊重的称呼语，反而会显得生分。身份地位比较高、拥有权势者，对下级说话也可能不用任何称呼，由于文化习惯因素，一般下级也不会表示反感、不满。需要指出的是，应该使用某种称呼而故意不用称呼，则是对接受者的一种不友好或不尊重的表现。称呼语使用有个最低标准，那就是称呼语的使用至少不应让交际双方产生误解或误会。

（二）引导主体信息

引导主体信息，即说写者不是简单地将信息灌输、强加给对方，而是注重引导艺术，从而使交际对象顺利地接受说写主体发出的信息。沟通中的障碍、困难有的有形，有的无形，其中，当交际对象与表达者持有不同意见，且认知屏障相当坚固时，沟通就难以顺利进行，容易形成僵持状态。在这种场合，如果表达者确认自己的意见是正确的，那么就应该既要尊重对方，以礼待人，又要着意寻找突破口，注重引导，艺术地坚持自己的主张，这样才能达到沟通的顺畅。

　　有位推销员向一位订货商推销一批货物，双方谈了很久，始终谈不下来。订货商认为，货物质量确实不错，但价钱太高，难以成交。推销员说道："我们的产品质量好，所以价格相对高一点，请您考虑考虑。"但订货商根本听不进去。推销员觉得已经无法沟通，正想放弃时，看到订货商脚上穿的那双靴子，忽然灵机一动，对他说："你穿的这双靴子可真漂亮！"订货商摸不着头脑，顺口说了声"谢谢"，又情不自禁地把自己的靴子夸耀了一番，说是真牛皮做的，如何如何不寻常，穿在脚上既漂亮又舒适。待他讲述完毕，推销员出其不意地问他："你为什么要买这样昂贵的真皮靴子，而不到处理商店去买那些便宜货呢？"订货商愣了一下，随即大笑起来。他不再坚持原来的想法，同推销员热情握手，并在订货单上签了字。

（《现代交际》，1996 年第 8 期）

　　这一例中，推销员与订货商之间沟通的障碍在于货物的价格问题，推销员正面讲道理，但订货商拒绝接受价格信息，所以双方迟迟达不成共识，致使推销员几乎要放弃生意。后来，推销员灵机一动，中断了正面商谈，转入赞美订货商的靴子："你穿的这双靴子可真漂亮！"似乎与正题无关，是日常交流，气氛即刻松弛了，但接着推销员问对方："你为什么要买这样昂贵的真皮靴子，而不到处理商店去买那些便宜货呢？"同一问题，一正一反询问，加强了启发性、诱导力，出其不意，暗中将话题拉回了谈判。通俗易懂的类比，一个表面上很随意的问句，使订货商明白了其中蕴含的质量与价格关系的道理，愉快地接受了订货价格。

　　沟通中的障碍、困难有许多是可以预料到的，特别是有求于人的语言交际活动，碰钉子、遇挫折、乃至被嘲笑、挖苦也是常见现象。为了做到沟通的顺畅，事先精心设计、抓住对方的心理特征，从感兴趣、可接受点说起，曲线行进，逐步进入交谈主题，常常能够取得良好的沟通效果。

　　黄宏年轻时，有一次，他带着自己创作的作品《招聘》参加东北三省故事大奖赛，顺利进入复赛。但按组委会的要求，进入复赛的作者，必须要拉一点赞助，否则进不了决赛。黄宏来到沈阳自行车厂，直奔厂长办公室。当然，他没有直接提出拉赞助的要求，而是"胸有成竹"地和厂长兜起圈子来。

　　黄宏对厂长说:"您好,我是前进文工团的演员。我有个故事准备参加东北三省的大赛,想说给您听听,征求一下意见。"免费听故事,若没有特殊理由谁会拒绝呢?厂长还找来几个工人和他一道听。黄宏便使出浑身解数,十分起劲地讲起来。听完故事,厂长对黄宏说:"太好了!你这段故事肯定能得奖。"黄宏便试探性地对厂长说:"可是,这个节目恐怕进不了决赛!""为什么?""因为如果想进决赛的话,我必须为大赛拉到一笔赞助。可是……"厂长明白了:"小伙子,闹了半天,你是来拉赞助的!"黄宏听了,很难为情,就对厂长说:"厂长,如果你们为难,能不能按出厂价把自行车卖给我?"厂长认真地盯着黄宏看了好一会儿,说:"小伙子,冲你这个劲儿,这个赞助我们拿了。"

(《现代交际》,2003 年第 5 期)

　　黄宏是一个"兜圈子"的行家。可以设想,如果黄宏一开头就提出拉赞助的要求,恐怕未及把话说完就被对方打发走了。黄宏在这里兜了一个圈子,先"免费"让对方听故事,目的仅仅是"征求一下意见"。得到厂长"太好了"的肯定后,恳切地说出了自己的苦衷:"可是,这个节目恐怕进不了决赛!"突然急转,先扬后抑,先喜后忧,赢得了厂长的同情和理解。而且,为了避免出现僵局,黄宏用协商口气提出了最低的、可行的要求:"如果你们为难,能不能按出厂价把自行车卖给我?""如果你们为难",假设表示体谅;用"能不能",而不是"可以",给对方选择的余地,绝不勉强。这样提出要求,厂长就难以拒绝了,结果黄宏很顺利地达到了拉赞助的交际目的。

(三) 把握客体感受

　　交际对象也就是沟通的对象,能否顺畅沟通,很大程度上取决于交际对象的心理状态,是接纳,还是排斥?是热情,还是抵触?是高兴,还是委屈?凡此种种,都会对沟通形成有利或不利的影响。人们通常认为,只有能说会道的人是善于沟通的,其实,能耐心倾听,注重对方心理感受的人有时更会获得交际成功。在人际交往过程中,表达者的尊重、耐心和关爱,接受者会给予相应的"回报"。反之,倘若表达者高高在上,唯我独尊,心不在焉,接受者的印象就要大打折扣,难以顺利沟通,进而影响人际关系。

　　某教师和一位神交已久的学者会谈后心中颇多不爽。这位学者每说一句话,都要以"换句话说,也就是……"的句式解释上一句。大概此人自恃才高,出语不凡,不换句通俗的话,恐常人难懂其中深意吧。课堂上莘莘学子因求知而提问,久而久之让他形成了这个口头禅。当然有学生求教时,"换句话说"体现了老师的平易、细心,但这种潜在的好为人师的优越感却极易招来同等级别的人不快。明明是双方的对等的交流,学术水平相差无几,交际对象完全能够听得懂,何必多此一举呢？岂非把交际对象看低了？岂非不尊重学术上的朋友？久而久之，形成习惯也会把自己陷入尴尬的境地。据说，此人在一次发言时，打开讲稿、清清嗓子，第一句话就来了一句"换句话说……"，引来了哄堂大笑。

（《演讲与口才》，2009 年第 6 期）

这位学者的口头禅"换句话说，也就是……"是对同一意思换一种表达方式，进行通俗或细致一些的解释、说明，对学生或水平、学识上存在较大差异的交际对象是管用的、有益的，但不是对于任何交际对象都适用，在同级别的人面前就碰了壁。有这类口头禅的人通常是在社交中掌握着某一领域话语权的核心人物。倘若因为厌烦而不听他们说话那就会无法与之交流沟通，负面影响明显。克服这种缺点首先要从主观方面寻找原因，应该根据交际对象的不同来选择恰当的语言表达形式，注重客体的感受，"阳春白雪"、"下里巴人"，自由灵活地变换，既能赢得交际对象的尊重，又能让交际过程顺顺畅畅。当然，并非只有身居高位、掌握某一领域话语权的核心人物才必须注意交际客体的感受，处于弱势地位的非核心表达者同样应该注重交际对象的感受。

秘书不无兴奋地对经理说："刚才一个人找你，我让他半小时以后再来。"经理神色不悦，斥责道："你是经理，还是我是经理？"秘书无话可说，接受了一顿训斥。

有人找经理，秘书回绝："我让他半小时以后再来。"似乎并非什么大事，可能秘书也是出于为经理考虑，但是口吻表现出自作主张，见不见经理由秘书说了算。交往中诸如此类事例不胜枚举。彼此之间仅仅一句话，就会导致不应有的误解、猜忌、隔阂，影响语言交际的进程。如果秘书稍加留心加上一句"考虑你正在休息"，其结果兴许完全相反，甚至会得到上司的赏识与关爱。

在某些场合，中止、转移话题也是保证语言交际顺畅的一种修辞艺术。有些话题很敏感，有的人在交谈中不愿涉及、不便展开，实际上已经传递了必要的信息，作为交际的另外一方，应该具备领悟能力，不能穷追不舍，而要适时、恰当"刹车"，转移话题，促使语言交际继续顺畅前进。

一对昔日的恋人分别多年，失去了联系。一日突然邂逅，彼此又惊又喜。
男：你好吗？
女：好，好，你呢？
男：我，很好。你还是从前那个模样，没有变！成家了吧？爱人在哪工作？孩子多大啦？
女：（笑容消失，低头不语。）

男：啊呀，忘了告诉你，你还记得教我们汉语的杨老师吗？他从政啦，现在是本地的父母官——市长！走，让我们去拜见这位当年最赏识你的语言大师！

女：（惊喜）真的吗？我就是要到市政府去办事呢，这下可好了，你带路，咱们马上去！

（《现代交际》，1994 年第 2 期）

这一例中，男方问及女方家庭情况，"成家了吧？爱人在哪工作？孩子多大啦？"三个问题，都与家庭有关，而且问得颇为具体，女方笑容消失，不置可否，以致交际受阻。实际上女方已经传递了不如意的信息。好在男方随机应变，及时调整了话语。"啊呀"一声，故作突然想起，避免了调整话语的生硬。"你还记得教我们汉语的杨老师吗？"视角虽然还是指向"你"，但问句的内容改变了，适时转换了话题，以新的交谈内容与方式引导对方，确保了交际的顺畅进行。

第三节　沟通语言的委婉度

委婉是表达者为达到一定的目的而采取的语用修辞。委婉的最重要的特征是利用语言的间接性、模糊性、距离感，运用比喻、褒义化等手段，使交际双方能够用一种比较婉转的方式来沟通。在人际交往中，为了回避禁忌、顾及情面、疏通渠道、消解矛盾，人们常常运用委婉修辞手段。委婉修辞在社会交往中被广泛地使用，是积极沟通、协调人际关系的一个重要手段。

一、换位沟通

换位沟通，就是在语言交际中，表达者顾及对方的利益、文化、心理等因素，着意表现出为对方着想的意向，从而使对方比较容易或乐于接受自己的意见。沟通中的换位，实际上就是角色语言的转换，将交际对象的角色糅合在本位角色语言之中，可能立场相异、意见相左，却尽力做到没有明显对立的语言痕迹，还能使对方感受到自己得到了尊重、关注、爱护，进而达到委婉沟通的目的。

（一）转换语言表达的立场

立场是指说写者认识和处理问题时所处的地位。由于在语言交际中，交际者的立场不同，主张、意见就有可能对立，容易发生冲突，产生矛盾，难以顺利沟通。辩论比赛设正方反方，因为所站立场完全相反，所以唇枪舌剑，互不相让，通常不可能以委婉的形式沟通。如果在语言交际中，说写者站在对方的立场考虑问题，沿着对方的思路说理道情，将话说到对方的心坎上，使自己的意思变成对方的意思，甚至是对方可能未曾想及的意见，而且这些话语往往是有利于对方的，那么语言交流遇到的阻力必然要小，更容易显露出真情实意，沟通的效果肯定要好得多。

> 卡耐基有一次租用某饭店的大礼堂来讲课。没过多久，他突然接到通知，租金要增加三倍。卡耐基与经理交涉，他说："我听说租金要涨三倍，如果我是你，我也会那样做，因为你是饭店经理，你的职责是尽可能使饭店获利。"紧接着，卡耐基为他算了一笔账："将礼堂用于办舞会、晚会，短时间内可能会获更大利。但是你要知道，听我课的人是成千上万的中层管理人员，他们正是你们饭店的潜在顾客，这可是你花五千美元也买不到的活广告。那么，先生，哪样更有利呢？"经理一听．马上取消了增加租金的要求。
>
> （《演讲与口才》，2009 年第 12 期）

饭店突然要将租金增加三倍，卡耐基并没就租金与经理激烈争辩，讨价还价，而是站在对方立场，表示充分理解。"如果我是你，我也会那样做"，用假设关系复句将自己的立场转换到对方的立场，还入情入理地述说了理由，因为经理的"职责是尽可能使饭店获利"，表明所言并非虚言假语，"尽可能"包含着"租金要涨三倍"的要求，这就说到了经理的心坎上。接着从经理的职责、饭店的长远赢利说起，成千上万的"饭店的潜在顾客"，这是"花五千美元也买不到的活广告"，同样是站在对方的立场上考虑、说话。"先生，哪样更有利呢？"用提问显示了卡耐基并不强求饭店收回加租要求，而是让交际对象自行选择。这个道理是明明白白的，一番话大大减轻了谈判对方的敌对情绪，成功促使经理"马上取消了增加租金的要求"。

> 一个22岁的年轻人在订婚大喜那天，他的女朋友却牵着另一位年轻小伙儿的手对他说："对不起，我觉得，我们在一起不会幸福。"正沉浸在幸福中的他呆若木鸡。
>
> 年轻人决定逃离这个让他觉得生活在羞辱中的小镇，发誓将来一定要风风光光地回到家乡，找回自己丢失的尊严。
>
> 果然，30年后，他已经成为伟大的文学家和思想家。他的著作《忏悔录》、《社会契约论》、《爱弥儿》在欧洲引起了巨大的反响，他的名字——卢梭，享誉欧洲。在回到家乡的第二天，有位老朋友问他："你还记得艾丽尔吗？"卢梭笑着说："当然记得，她差一点儿做了我的新娘。""当初她带给了你莫大的羞辱，自己也没有好下场，这些年来，一直生活在贫困潦倒之中，靠着亲戚们的救济艰难度日。上帝惩罚了她对你的背叛。"朋友对卢梭说。朋友本以为卢梭听到后会感到高兴，然而卢梭却对他说："我很难过，上帝不应该惩罚她。我这里有一些钱，请你转交给她，不要告诉她是我给的，以免她以为我在羞辱她而拒绝。""你真的对艾丽尔没有丝毫的怨恨吗？当初，她可是让你丢尽了脸。"朋友用质疑的语气

问。"如果有怨恨，那也是 30 年以前的事儿，如果这些年我一直对她怀有怨恨，那我自己岂不是在怨恨中生活了 30 年，那对我有什么好处呢？就像我提着一袋死老鼠去见你，那一路上闻着臭味的岂不是我？"

（《故事家·微型经典故事》，2008 年第 11 期）

这一例中，卢梭成名发达了，面对曾经负心、给他带来莫大羞辱的未婚妻，不是幸灾乐祸、怨天怨地，而是为对方着想，真诚表露自己"很难过"的心情，认为"上帝不应该惩罚她"，托朋友转赠一笔钱救助对方，还嘱咐"不要告诉她是我给的，以免她以为我在羞辱她而拒绝"。"以免"表明是为了"她以为我在羞辱她而拒绝"的情形发生，并非必然产生这样的结果，预先的考虑十分周到。如此设身处地，委婉待人，如果那个负心未婚妻知道了真相，恐怕会感动不已。

（二）转换语言表达角度

角度，是看问题的出发点。与他人沟通，总是存在着一个表达角度的问题。从对待人的标准划分，主要有两种：一种是以自我为中心，另一种是以他人为中心。顺利的沟通，不能"无我"，也不能"无他"，但却不可唯有自我。如果只有自我，交谈时一切以"我"为中心，很容易挫伤对方的自尊心，明明是正确的意见，却不能为对方接受，还有可能产生负面的影响。一旦心中有他人，角色交融，必然淡化自我意识，带来措辞、语气、口吻的变化，语言温婉，使接受方感受到表达方的诚意，乐于接纳、认同。

以人称代词来说，在交谈中，凡是以"我"为先，不断地强调"我"的、突出个人话语的，在社会上见多不怪，是一种常态。除非事关大是大非原则问题等特殊场合，观察人际交往的各式各样的僵持不下现象，不难发现，对立的双方常常紧咬着"我主张"、"我要"、"我认为"、"我必须"、"我要求"、"我命令"等。许多情况下，越少使用"我"这个字，对方反而越觉得你很体贴，合乎情理。善于沟通的高手，他们的谈话方式，常用的是"你"，而不是"我"的称呼，或者也可以使用包括式的人称代词"咱们"、"我们"等。

促销员的基本身份是销售人员，但如果仅仅以卖方的身份出现，那么跟顾客之间的语言交流就会局限在向顾客推荐、劝说购买商品以及讨价还价的角度，许多时间是在被动地回答顾客有关商品的各种问题，有时还会明显带有"教训"人的口吻标记。有的企业不用"导购"称谓，改用"销售顾问"。既为顾问，常常用"你"、"您"称呼对方，摆出替顾客着想、从顾客角度说话的姿态，有时还会对自己所售商品作消极性评价以及劝说顾客不要买贵的商品等。另外，在交谈中还常用第 人称包括式"咱们"、"我们"来指称自己的商品、商店或厂家，也是站在顾客角度说话的一种表现。例如"销售顾问"向顾客说道：

例1：您买那种，价格贵一些，建议您看看这一种，这个跟某某名牌价位差不多，属于中等价位，质量一点也不差。

例2：不不不，哈哈，这种18K金不可能出现那种效果。你要是外边装饰的，那种装饰品可能是，咱们18K金终身免费维修不可能发乌的。

例3：咱们这个就是八折，您是买的名牌地砖，全市都是统一价位，要买杂牌砖就说不定了，咱们那个公司最低限价、批发价、市场保护价，都是统一的。

例1建议顾客"您"别买价格高的商品，而购买同类相对便宜的另外一种商品。"中等价位，质量一点也不差。"价格贵，往往意味着利润高，"销售顾问"建议购买性价比高的商品，似乎是从顾客的角度帮助他们作出明智的选择。例2、例3里的"咱们"其实都是指促销员一方的商品或企业，根本不是与顾客共同拥有的事物，但是销售顾问却都用包括式的"咱们"，表示与顾客是一家，显得亲切。相信这样改换角度委婉表述，要比直截了当地推销商品效果要好得多。

当然，少用或不用人称代词，也可以转换表达的角度。关键在于话语思路的改变，设身处地，多从对方的角度考虑问题。同样的客观事实，表达的思路不同，给人的感觉就不一样，效果也会不相同。

几位大学时的同学相约去探望老师。多年不见，老师依然风趣诙谐。他逐个询问完每个人近几年来家庭、生活、工作等方面的情况后，笑盈盈地对正在帮他沏茶的女学生说："瞧你，都快满三十了吧，已经成家了吧？你丈夫还好吗？"霎时，谈笑风生的气氛一下凝固了，女同学尴尬得脸像一块红布，她嗫嚅地说："老师，不好意思，我还没有结婚哩……"老师也为自己的问话感到唐突，但转瞬就一边摸着自己的头一边恍然大悟地自言自语道："噢，我明白了，你的丈夫还是个光棍哩！"

（《秘书之友》，2007年第7期）

久未见面，询问下对方生活情况，沟通沟通，是人之常情，但没料想学生是个大龄女青年，老师的提问造成了尴尬局面。老师随即改变了话语的角度，装作恍然大悟地自言自语道："噢，我明白了，你的丈夫还是个光棍哩！"从"丈夫"角度重复同一话题，还装出恍然大悟的样子，幽默而巧妙地消除了沟通中的障碍和困难。

2007年3月30日《报刊文摘》上有篇《委婉是一道善意的门缝》，讲述了下面一件事情：

"在我们寝室里，开始住着五个南方来的女生，一周后，我们班一个来自北方的同学见我上面的铺位还空着，就想搬到我们寝室来，因为她发现我这人'好说话'。"从北京回来度寒假的女儿,跟我聊天时说。

"那你同意了吧?"我问。

"我说我得征求一下其他人的意见。其实我是不愿意的,结果大家都让我拒绝,说再多一个人就显得太挤了。但结果呢,我们一连拒绝了几次,都没有把她拒绝掉。我们都是南方人,南方人说话都是比较委婉的,明明是拒绝的话,却总是说得像欢迎人家似的。我说我们寝室的人都是欢迎你来的,只是我们的东西实在太多了,寝室里已经很拥挤了。没想到她回短信说:'没关系,我来了帮你们把东西顺一顺。'另一个同学连忙又给她回短信,说寝室里有一个人爱打呼噜,怕影响她休息。结果她回短信说:'不怕,我小时候跟奶奶睡,听惯了呼噜。'另一个同学又连忙发短信说:'我们寝室里都是南方人,怕她来了找不到同类项,挺孤单的。'但她说:'没事,我这人走到哪里都是乐呵呵的,不会孤单的。'"

"她搬来了,你们相处得怎么样?"我又问。

"很好啊,她的那种热情直爽,那种北方人的幽默,给我们带来了很多意想不到的快乐,仅仅一个月之后,我们就跟她相处得非常好了。"女儿说。

五个南方女生明明不同意北方女生搬到她们宿舍住,但用善意的委婉语言一再与对方协商。先是推说"我们的东西实在太多了,寝室里已经很拥挤了"。"实在太多了"、"已经很拥挤了"——"多"和"拥挤"之前分别叠加了两个副词,从程度、已然存在状况进行强调,没有直截了当地拒绝,委婉传递的是"你要是来了,住得肯定不舒服"的信息。接着说"寝室里有一个人爱打呼噜,怕影响她休息"。明里是为对方着想,担心"影响她休息",实际上是委婉地传递"你别睡在这里"的信息。最后的借口是一个北方人在南方人的寝室里"挺孤单的",言下之意是"你住在这里不合适,应该去别的宿舍"。而那位北方女生并不明白南方女生的真实意思,结果,南方女生同意了搬进的要求。这一例,表面上看起来沟通是失败的,因为南方女生传递的真实信息并没有被北方女生理解,但实际上,南方女生也并不是绝对拒绝对方搬进来,北方女生——化解问题、铲除障碍,顺利换了寝室。像这类生活中的小事,只要具有足够的诚意,那扇关闭的心灵大门总是能够打开的。

(三) 转换语言表达方式

法国作家拉封丹写过一篇寓言:北风和南风比威力,看谁能把行人身上的大衣脱掉。北风先来,它用刺骨的冷风狂吹,结果行人为了抵御寒风,把大衣裹得更紧了。而南风则温暖地徐徐吹拂,行人觉得浑身暖和起来,始而解开衣扣,既而脱掉外衣。南风取得了胜利。这就是心理学上的"南风效应"的出处。它给人的启示是:在处理人与人之间的关系时,要特别讲究方式方法。同样的意思,表达方式不同,直刚曲柔有别,其效果是不同的。

一位丈夫请妻子到餐馆吃生日餐，有道菜是"蚂蚁上树"，可端来的菜盘里只有粉丝不见肉末。妻子故作不知，问服务小姐："服务员，这道菜叫什么？"服务小姐仔细一看，不好意思地回答："蚂蚁上树。""怪了，怎么只见树不见蚂蚁？"妻子有些得理不饶人，开始诘问起来。面对一声高过一声的诘问，服务小姐十分窘迫。丈夫见状，马上接过话来："老婆，大概蚂蚁太累了，还没爬上来。服务员，麻烦你给老板说一声，赶紧给我们换一盘爬得快的蚂蚁，要知道时间就是生命呀。"服务小姐如释重负，赶紧为他们换了一盘名副其实的"蚂蚁上树"。

（《交际与口才》，2006 年第 12 期）

菜的质量存在问题，丈夫与妻子与服务员交涉时的态度、方式、措辞大不相同。妻子明知菜名，却故作不知，询问服务员："这道菜叫什么？"就是为了从服务员口中引出"蚂蚁上树"几个字，然后可以顺理成章地诘问："怪了，怎么只见树不见蚂蚁？"咄咄逼人，连续紧逼，虽然情有可原，但有可能造成交际双方之间的沟通障碍。丈夫既提出了意见，又不失礼貌。话语委婉、幽默、大度，归咎于"蚂蚁太累了"，而且并未直接要求换菜，而是要服务员"换一盘爬得快的蚂蚁"，拟人的修辞方法，不但缓解了紧张的气氛，而且让双方都找到了体面下台的契机。正是由于丈夫委婉的语言方式，服务小姐带着感激的心情，尽快想办法补偿了过失。这样机智处理问题的人，才是沟通的高手。

如果是一个善良的人，当他在别人遇到困难时肯定会给予同情或相应的帮助，但交际对象也应该注意说话的方式，除非特别亲密者、知心者，通常需要说明事情的原委以及希望得到怎样的帮助，而且要避免过于直接提出，以便对方万一无法给予帮助，也能有个台阶下。

宗福先的《来借房子的陌生人》中有这样一个故事：

两年前，好不容易单位给我增加了一间 15 平方米的住房。我和妻子正兴高采烈地计划着怎么布置那间房时，他出现了。来得真不是时候。

事情是我的一个朋友惹出来的。此人一向积极热情，什么事他都当自己的事来办。这回，他把他带到我家，一坐，手一指："能不能把你们的新房子借他几个月？"

我顿时愣住了，又好气又好笑。

"你们反正空着也没用，家具他自己带去，你们什么时候要他搬就什么时候搬。"

我当然是不同意。……

夫妻俩后来才得知，要借房的夫妻结婚 4 年还没有孩子，身体并没有毛病，原因是家里房子紧张，与老人共处一室，所以托"他"帮忙暂借房子。而"他"

自以为与"我"家关系好，不打招呼，就将朋友带到"我"家，直截了当地替旁人开口借房子。"能不能把你们的新房子借他几个月？"好像是征求对方意见，但紧跟着的一句"你们反正空着也没用"，没有说明任何原因，语气副词"反正"表示虽然情况不同而结果并无区别，口气中透出理所当然、非借不可的意思，忽略了刚刚分配到房子的夫妻俩的感受，导致本来可能办成的事情遭到了拒绝。

沟通的过程，并不是意味着一味同意、赞成，拒绝也是顺利沟通的不可缺少的方式。在有些场合是必须干脆明确拒绝的，免得留下后遗症，或者造成误会，但在许多场合，直截了当的拒绝很可能有伤感情，有碍面子，所以改换成委婉的说法，既能够传达必要的信息，起到沟通作用，又给予对方台阶，不致破坏良好的氛围，表现出自己人格的独特性。当别人向你提出要求时，你不愿意或不能满足他，可以婉转拒绝："哦，是这样，我知道了，不过可能有事真走不开。"可以幽默拒绝："啊！真对不起，今天我还有事，只好当逃兵了。"可以缓冲拒绝："哦，我和朋友商量一下，你也再想想，过几天再决定好吗？"可以回避拒绝："今天咱们先不谈这个，还是说说你关心的另一件事吧……"还可以补偿拒绝："真对不起，这件事我实在爱莫能助了，不过，我可以帮你做另一件事！"

二、间接沟通

从宽泛意义上说，委婉语言都带有间接性，但这里说的间接沟通，主要是指在语言交际中，借物、借事、借人、借境进行沟通。在有些场合，如因意见、主张不同的争论、纠纷中，"直接表达"容易致使交际没有回旋、没有遮挡、没有商量的余地，往往弥漫着一种战火硝烟或彻骨风霜的气氛，让接受者感到语言的"呛人"和"寒气"。像"你是茅坑里的石头，又臭又硬，改不了了！""你真缺德！""你这是血口喷人！""你太不聪明！""我就是不愿意！"等话语，所透露出的信息矛头直指对方，而且否定对方的品行人格，让对方感到似乎一句话就让人"撞到了南墙上"。而间接沟通，由于借助于中介事物、人物，将所要表达的真实意思渗透进去，或者一步一步逐渐显露，所以往往委婉程度比较高，效果比较好。人物、事物、环境是紧密联系、相互交织在一起的，究竟借助于哪一个因素，原则上只要求突出重点而已。

（一）借事沟通

借事沟通是围绕着特定的事件展开话题，以其中的寓意启发、引导对方明白其中相类似的事理。借事沟通，贵在顺理成章，来自现实生活，虽然有时候叮以精心设置、安排，但不能牵强附会，刻意雕琢。2004 年 1 月 2 日《报刊文摘》上有篇《卖菜的哲学》，讲述的是这样一件事：

　　复读一年，我仍名落孙山。母亲不善言辞，每天清早起床，购菜、洗菜、卖菜……每天中午，我去市场给母亲送饭，都看到她面带微笑，用温和的语气与顾客谈价，认真地称秤，既快又好地装包捆扎。因此，母亲的菜总是第一个卖完。

　　有天中午，母亲说她有点重要的事，要我帮助料理一下菜摊。太阳快落山的时候，母亲回来了看到菜摊上仍是一大堆菜，母亲的脸色沉了下来："儿啊，你不是一个卖菜的，妈妈也不愿让你做一个卖菜的。可这地上的菜，到明天就不再新鲜了，有些甚至会烂掉，应该随着行情，把菜尽快卖出去。做人也一样，要想有出息，就要乘着年轻多努力……"菜卖新鲜，人乘年轻！我的心猛然一颤。

　　一年后，我考上了大学。后来我才知道，其实母亲那天根本就没有什么重要的事。自那以后，卖菜的哲学便植根于我心中。

　　这一例中，母亲有意让儿子代为卖菜，借卖菜失败为题教育儿子。菜如果不及时卖出，"到明天就不再新鲜了，有些甚至会烂掉"，后果显而易见；正确的做法是"应该随着行情，把菜尽快卖出去"，语重心长的批评，包含着抓住时机、尽快尽早的哲学思想。然后引申到做人的道理上面，"做人也一样，要想有出息，就要乘着年轻多努力"。由于儿子亲历了卖菜的事件，体会就真切。两者道理是一样的，母亲用心良苦的委婉表述，促使儿子不但受到了教育，而且将之植根于心中，深刻难忘，并付诸行动。

（二）借物沟通

　　借物沟通指围绕着特定物件展开话题，以其中的寓意启发、引导对方明白其中相类似的事理。"物"是不能孤立存在的，通常是和事件联系在一起，区分借事还是借物，主要是考察其寓意的侧重点。借物沟通有时表现为展开的比喻，有时蕴含着比较，有时则是作为一个引发点。借物沟通一般并不直接陈述道理，有的可能在最后加上画龙点睛的一笔；有的则是完全不加主观评判，由交际对象自行体会、领悟，委婉程度较高。借物沟通的关键在于选择的物件力求典型，具有启发性、引导力。

　　年轻的他虽然加盟了一家音乐公司，实际上干的却是些七零八碎的事情，他渐渐感到自己的音乐梦想越来越遥远，情绪也一天比一天低落。

　　终于有一天，情绪低落到极点的他逃回家里，在父亲面前失声痛哭……

　　父亲并没有过多的劝慰，只是对他讲道："孩子啊，人要学会让自己沸腾。有位铁匠的女儿因生活不如意想自杀，她父亲知道后，并没有劝说女儿，只是把一块烧得通红的铁块放在铁砧上狠狠地锤了几下，随手丢入身边的冷水中。'哧'的一声，水沸腾了，一缕缕白烟向空中飘散……父亲说：'你看，水是冷的，铁却是热的。热铁遇到冷水，两边就展开了较量——水想使铁冷却，铁却使水沸腾。现实也是如此而已，生活好比冷水，你就是热铁，如果你不想冷却，就要让水沸腾。'"

父亲的话让他感动不已，他失落的心又充满了奋斗的勇气。他要让自己沸腾！几年后，经过一番艰辛的打拼，他终于迎来了事业的曙光，在歌坛打下了自己的一片天地。他就是台湾著名的歌星，被誉为"情歌王子"的张信哲。

（《聪明泉·情商》，2011 年第 2 期）

这一例，按照常理，父亲可以先摸清楚儿子的工作情况，讲讲为人处世之道，说一番勉励的话语。可是儿子的情绪低落到了极点，这样做，恐怕儿子未必能够听得进去，而且情绪处于极端情况下，大道理往往难以奏效。父亲以烧红的热铁使水沸腾作比喻，并展开描述，"水是冷的，铁却是热的。热铁遇到冷水，两边就展开了较量——水想使铁冷却，铁却使水沸腾"，最后将比喻拉向现实，轻轻点出："生活好比冷水，你就是热铁，如果你不想冷却，就要让水沸腾。"父亲选用的这一比喻很贴切，"热"和"冷"正好用来喻写儿子的情绪心态，"较量"使比喻充满动势，具有张力，儿子不但被深深感动，而且思想上一下子就得以疏通了。

一次上课时，老师注意到有个同学老是走神。下课后，老师问她怎么了，她说她想买一双漂亮的新鞋，就找父母要钱，没想到父母不给，她气得连饭都没吃就来到了学校。老师沉思片刻，说："我给你布置一道家庭作业，回家后仔细数一数你和父母的鞋子，明天把结果告诉我。"

第二天，老师见到这个同学就问："昨晚数鞋子了没有？"她说："数了。"老师追问："你爸爸有多少双鞋？"这个同学说："4 双。""你妈妈呢？""6 双。"老师停了停，问："你有多少双鞋？"她脸上红彤彤的，好一会儿才小声说："12 双。""那你还生气吗？"这时，这个同学的眼里已满是泪水，她哽咽着说："老师，我错了。可是，老师，您又没去过我家，怎么知道我父母的鞋没我的多呢？"老师感叹说："父母的鞋总是比儿女的少，家家户户都一样，只是做儿女的常常忘了数一数。"

（恒言故事网，http：//gushi. hengyan. com）

这一例中，老师明知女同学上课时走神源于对生活的不满足、对父母的不理解，却不正面做思想工作，而是要女同学回家"数鞋子"，借助于父母、女儿鞋子数量的对比——女儿的鞋子三倍于父亲，两倍于母亲，传递了必要的信息。老师感叹说："父母的鞋总是比儿女的少，家家户户都一样，只是做儿女的常常忘了数一数。""常常忘了数一数"，话语所指仅是数鞋问题，没有批评的词语，信息传递委婉到甚至丝毫没有涉及究竟该不该买新鞋。平淡地询问了一句："那你还生气吗？"问的是对方的情绪状态，但女孩子自己却明白了个中的缘由，哽咽着承认"我错了"。这比通常的大道理思想教育效果要好得多。

（三）借人沟通

借人沟通，是指借助于第三者传递信息。这个第三者，可以是确实存在的，也可以是虚指的；可以由说写者通过他人之口转述，也可以只是形式上的托辞。借人沟通的好处在于将自己不方便说的话转借他人的口吻表达出来；或者制造理由，委婉迫使对方明确表示态度；再或者增添个第三者中间人，建立起缓冲地带，减少或避免可能出现的尴尬。

> 朱军和谭梅是一个团里的演员，经过一段时间的交往，两人相互之间都有了好感。没想到，有一天谭梅见到朱军，却冷冷地对他说："朱军，以后你再也不要来找我了，不然，你的女朋友会生气的！"谭梅的话吓了朱军一跳，逼得他鼓起勇气说："谭梅，难道你看不出我的心思吗？我心里爱的是你呀！"听了朱军的话，谭梅双手不停地捶着朱军的胸脯："你真坏，这话为什么不早说啊！"
>
> （《演讲与口才》，2009 年第 6 期）

谭梅已经喜欢上了朱军，心里却不好意思直接向男方表述，于是故意增添个第三者——朱军的"女朋友"，还说"她"会生气的，你以后"再也不要来找我"，一方面试探对方的感情虚实，究竟有没有女朋友，是否对自己有真情；另一方面，委婉表明自己的关切，逼得朱军鼓起勇气说出心里话，"我心里爱的是你呀！"双方的心思也就得以沟通了。这一例中的第三者就是虚拟的。

三、替代沟通

替代沟通，是指在语言交际中，不直接表明自己的态度、观点、意见，而是提出替代方案，或者提出几种方案供交际对象选择。之所以需要替代沟通，常常是因为碍于交际对象的各种因素，例如对方非常看重权威和面子，直截了当地表达可能会使对方的面子受损；再如对方的个性倔强，缺少民主观念，难以听进他人意见；还可能是对方的思想方法存在局限性、片面性，素养有限，决策容易失误。也有其他因素的制约和影响，例如事情本身比较复杂，存在多种方向变化的可能性等等。替代沟通，不将自己的意见、主张强加于别人，给予对方回旋的余地、选择的可能，在沟通的同时往往表达了对对方的尊重。

这种沟通有两种情况，一种是拒绝性替代，本意是回绝对方，但不直截了当，而是提出另外的解决办法；另一种是选择性替代，就是摆出几种方案，其中有一种是自己明确或倾向性的意见，供对方选择、替代。

> 有一次，V 的一位好朋友的孩子——4 岁的毛毛，一手拿苹果，一手拿橘子，

得意洋洋地跑到 V 的面前炫耀。V 想逗逗他，便故意说："毛毛，伯伯的嘴好馋。你看，你是愿意把苹果给伯伯吃呢，还是愿意把橘子给伯伯吃呢？" V 想这下子毛毛可能要吃亏了，不想，他听了 V 的话，很快就出人意料地说："伯伯你快去，妈妈那里还有！"

这小家伙的回答真是绝了！V 给他出了个"两难推理"，他居然能还 V 一个"别开生面"。"伯伯你快去，妈妈那里还有！"他没有直截了当地拒绝 V，可 V 却无法从他那里"捞到一点油水"，将难题推到了妈妈那里。上面这个拒绝性替代的例子，显示了替代方案的妙用。对方不正面表示拒绝，只是另外提出了一个方案，表达者也没有得到任何东西，彼此既不伤和气，也不会丢什么面子。

《公关世界》1997 年第 2 期上有篇讲述华西里也夫斯基如何向斯大林进言的文章，大致如下：

在整个第二次世界大战期间，斯大林在军事上最倚重两个人：一个是军事天才朱可夫，另一个就是华西里也夫斯基。有人甚至说，军事天才朱可夫之所以被斯大林倚重，从某种意义上看，正好与斯大林倚重大智若愚的华西里也夫斯基有关，因为倚重朱可夫，也是华西里也夫斯基的主意之一。

华西里也夫斯基在军事会议上进言的方式方法令人啼笑皆非。他首先讲三条正确的意见，但口齿不清，用词不当，前后重复，没有条理，声音含混，因为他的座位通常靠近斯大林，所以只要使斯大林一个人明白他的意见就行了。接着他又画蛇添足地讲两条错误的意见。这会儿，他来了精神，条理清楚，声音洪亮，振振有词，必使这两条错误意见的全部荒谬性都昭然若揭才肯罢休，往往使在场的人目瞪口呆，悬心在口。

等到斯大林定夺时，自然首先批判华西里也夫斯基那两条错误意见。斯大林往往批判得他体无完肤，自己痛快淋漓，心情舒畅。接着，斯大林逐条逐条、清晰明白地阐述他的决策。华西里也夫斯基心里明白，斯大林正在阐述他刚刚表达的意见，当然是经过加工、修饰了的。不过，这时谁也不再追究斯大林的意见从哪里来的，谁也不会想到这是没有华西里也夫斯基参与的华西里也夫斯基的意见。这样一来，华西里也夫斯基的意见，也就移植到斯大林心里，变成斯大林的东西，而付诸实践。事后，曾有人嘲讽华西里也夫斯基精神有毛病，是个"受虐狂"，每次不让斯大林痛骂一顿心里就不好受。华西里也夫斯基往往是笑而不答。只是有一次，他对过分嘲讽他的人回敬道："我如果也像你一样聪明，一样正常，一样期望受到最高统帅的当面赞赏，那我的意见也就会像你的意见一样，被丢到茅坑里去了。我只想我的进言被采纳，我只想前线将士少流血，我只想我军打胜仗，我认为这比讨斯大林当面赞赏要重要得多。"

史学家评论华西里也夫斯基绝顶聪明，达到了大智若愚的境界。他其实是有自己的定见的，有意摆出几种方案，表达三条正确意见，"口齿不清，用词不当，前后重复，没有条理，声音含混"，在公众场合突出错误意见，"条理清楚，声音洪亮，振振有词"，貌似傻里傻气，实际上是以委婉的策略，巧妙满足斯大林的"自我尊严"的需要，使对方乐于接受自己的意见、主张。当他自己被骂得狗血淋头，而斯大林心情舒畅的时候，也正是他的好计划被采纳的时候。更妙的是，骂过之后，被骂者更受骂人者的器重。这一例可以看做是选择性替代。

第四节　沟通语言的真诚度

"修辞立其诚"，人际沟通要想取得理想的效果，沟通语言必须真诚，真诚是破除沟通中障碍和困难的利器。保持和提高语言的真诚度，以真实的自我同别人交往，言辞恳切，往往能够得到对方的谅解，弥补各种不足，较好地化解沟通中的矛盾，提高信息的有效度。这里所说的信息有效度，是指人际沟通中信息传递的有效程度。信息的有效度，通常根据信息接纳、信息认同、信息感染三个指标衡量。沟通语言的真诚度内涵丰富，主要包括信息的真实性、情感的程度性、言辞的恳切性等方面。

一、信息的真实性

一般来说，与他人沟通交往，传递的信息应该是真实的。传递真实信息表现出自己的诚实和诚意，体现了对他人的尊重和信任，所以，严格地说，良好的沟通应该以相互诚实为前提，真正的友谊应该建立在互相信任的基础之上。虚假信息如果当场被识破，沟通往往会失败；即使在当时他人信以为真，过后如被戳穿谎言，人际关系仍然会遭到破坏。

（一）发自内心的真心话

大凡在人际交往中说心里话、老实话的人，比较容易赢得对方的谅解和认同。特别是传递说写者自身遇到的困难、遭受的挫折、缠绕心头的矛盾和苦闷等信息，希望对方能够吸纳，进而博取同情，或者给予帮助，那就不能不说真心话。真心话有理有据，实实在在，去除了浮华，革除了修饰。越是能够使对方感觉到确实是发自肺腑的话语，沟通的效果越是好。

有位历史系副教授写了一本《中国近代文化简史》，出版社让他推销500册。这对于他来说，远比讲课要难得多。为了把书推销出去，他上公共课时给学生作了一次旨在推销他的书的演讲，他说："……当老师的在这里推销自己写的书，总不免有些尴尬。不过，如今作者也很难，写了书，还得卖书。出版社一下压给我 500 册，稿费一文没有，所以我不推销不行。这本书写得怎样，我自己不好评说。不过有两点我可以保证：第一，这本书是我用三年时间完成的，是我心血的结晶；第二，书的内容绝不是东拼西凑抄下来的，而是我自己长期思考的见解。前不久，这本书还被省里评为社科类图书二等奖，这是获奖证书。有三所大学已经把它作为专业课和公共课的教材。说实话，对于我们这些教书匠来说，搞推销比写书还觉得难，我只是硬着头皮来找大家帮忙。不过，买不买完全自愿，决不强迫。如果觉得这本书对你有用，你又有财力，就买一本，算是帮我一个忙。谢谢大家了。"他的这次演讲立即产生了效果，一个上午就卖掉了 300 多册。

（《现代交际》，2004 年第 7 期）

这位老师不是专职推销员，但是他却获得了意外的成功。从某种意义上说，他的成功就在于他讲的是老实话。先是感叹如今出书之难，"当老师的在这里推销自己写的书"，本是不应该的，道出自己处境的尴尬；接着用"第一"、"第二"引出两个保证，一是该书是"我心血的结晶"，用了"三年时间完成"，绝非粗制滥造之作；二是质量保证，有"省里评为社科类图书二等奖"获奖证书，已经被三所大学"作为专业课和公共课的教材"；最后表示"买不买完全自愿"，以"完全"强调决不强迫，"买一本，算是帮我一个忙"，即使是数量极少的"一本"也是对自己的帮助。言之有据，发乎内心，恰到好处地表达了自己的诚意，赢得了听众的信赖。这说明，有时候，表达真诚要比滔滔不绝地单纯追求流畅、精彩更重要。

（二）关键时刻的老实话

传递真实的信息，在关键场合特别能够显示出表达者的诚意。表达者所要传递的信息，如果如实奉告，有可能损害到自身的利益、需求；或者存在某种外在压力，难以告知真相真情等。在这些场合下，表达者还能够坚持说老实话，不为利益诱惑，不为外力屈服，不为其他因素干扰，越是这样，其真实的品格越高，真诚的力量越强，沟通的效果越好。

在 2000 年，中国的一家刚创办的网络公司迎来了一个非常难得的大客户，经理亲自接待了这个重量级的客户。对方拿着策划书，问那位刚刚创业的经理："请问这个项目要多久可以完成？"经理回答说："6 个月。"客户脸上露出了为难的表情，接着问道："4 个月行吗？我们给你加 50% 的报酬。"经理不假思索地摇头拒绝道："对不起，我们做不到。"

的确，按照当时的技术水平，4 个月是很难完美地完成这个任务的，所以这位经理忍痛舍弃了唾手可得的巨大利益，诚实地拒绝了这桩大业务。

结果，客户听后开怀大笑，马上在合同书上签下了名字。他对经理说："对您诚实的拒绝，我感到非常满意，因为这反映出您是一个很真诚和重德的人，在您领导下的产品的质量一定是有保证的。"

(《文山日报》，2009 年 3 月 22 日)

这一例中，经理的话虽然不多，但传递给客户的信息十分真实。重量级的客户询问完成项目的时间，经理回答需要"6 个月"。在客户追加 50% 报酬的优厚条件下，仍然坦率而礼貌地拒绝，不假思索、明确而老实地承认"我们做不到"。要知道，这家网络公司刚创办，这笔生意对他们来说无疑是至关重要的。本来似乎必定要脱手的一笔大生意，却起死回生地做成了，其中不能不说是经理的真实信息、真诚态度起了决定性作用。两年后，这个小网络公司诚实的经理一跃成为"中国十大创业新锐"，一年后他又荣获了首届"IT 十大风云人物"称号，而他的公司在短短的三年之内，从一个小网络公司成为全球最大的中文搜索引擎公司。这个经理的名字叫李彦宏，而他的企业早已为世人所熟知，它的名字叫百度。

（三）排除干扰的有效话

信息的真实性确实影响着沟通的真诚度，但也并不意味着凡是真实的信息，都能够使交际对象切身感受到表达者的真心实意，其中条件的制约起着重要作用。说写者自以为自己的态度是真诚的，给予对方的信息是无误的，但由于文化背景等各种因素的影响、制约，交际对象未必一定会认为信息是真诚、真实的。另外，交际对象已知的信息，虽然真实，但如果不断重复，反而会引起厌烦，视作累赘；不必要的、不感兴趣的信息，尽管真实，但接受者往往心不在焉，难以入耳入心；不分场合、不看心境、不分话题的信息，例如对方正沉浸在极度悲伤之中，说写者却大谈高兴的事情，真实信息打击了接受者的情绪，就有可能产生严重的负面影响。

布鲁斯是 C 在悉尼居住时的房东。一次布鲁斯在生日派对上闲聊起中国饺子。布鲁斯特别感兴趣，他问："我可以尝尝中国饺子吗？"C 说："当然可以。"布鲁斯爽快地答应了。

星期五，C 打电话给布鲁斯："请您明天中午来我家吃饺子。"第二天，布鲁斯却没有来。布鲁斯在电话中用无可奈何的语气说："我和家人出门旅游，现在回不来，非常抱歉！"C 有些懊恼，他想："这一来我不是白忙乎了吗？"

布鲁斯回来后，解释说当时以为 C 只是随便说说，所以没有安排到周末的行程中。C 感到很惊讶，告诉布鲁斯："周六的饺子宴我是特意为您准备的，您不来，我感到真遗憾！"布鲁斯一再表示歉意，并说："向上帝保证，下次再也不会出现这种情况了！"看着他认真的样子，C 气消了，便对他说："我家里准备好了饺子料，有空欢迎随时过来。"布鲁斯笑了笑。C 傻等了两周，布鲁斯还是没有来，便放弃了请他吃饺子的念头。

半个月后，C 又接到去布鲁斯家聚会的邀请函，不知道他是出于歉疚还是什么原因，这次的邀请函写得特别客气。出于礼貌，C 还是准时赴约。

餐桌上，布鲁斯又一次提起了中国饺子，他说："我一直在等你请我吃中国饺子呢。"布鲁斯眼神清澈明亮，一点也不像撒谎。C 觉得这其间可能存在着误会。

回家的路上，C 想起布鲁斯每次请他赴约时，都会事先写一个邀请函。眼前突然一亮，难道……问题出在这里吗？

第二天，C 特意写了一张邀请函寄给布鲁斯，邀请他和他的太太周末中午十二点钟准时来做客。这次，距离邀请函上约定时间还有两分钟时，C 家的门铃便响了起来。

（《演讲与口才》，2010 年第 7 期）

这一例中，一方真心实意一再邀请，另一方真心实意一再等待，可是却经历了一番曲折，最后布鲁斯才吃到了饺子。其间，沟通的障碍就在于文化背景的差异。事后 C 才明白，悉尼人认为随随便便地上门是一件不礼貌的事情。布鲁斯一直渴望 C 约请他吃中国饺子，而 C 第一次电话约请："请您明天中午来我家吃饺子。"时间、地点、事件交代清楚，但是用电话约请，没有邀请函，布鲁斯觉得不过是随便说说，所以才会失约。第二次，C 约请的时间含含糊糊，只是告诉对方"有空欢迎随时过来"，在汉民族看来，这是充分显示诚意，给予对方极大的选择余地，而对方则误认为 C 生气了，"笑了笑"，并未有回音。第三次，C 用书面语言约请，"邀请他和他的太太周末中午十二点钟准时来做客。"时间更清楚，邀请对象更明确，布鲁斯终于吃上了饺子。原来，在澳大利亚，朋友之间的约请都会事先安排一个确定的时间，还要发个邀请函以示重视。

二、情感的程度性

真诚是情感的术语。真诚的语言，必然融入了交际者的情感。当情感的性质和方向确定之后，一般说来，语言的真诚度越高，情感越是强烈，渴求心理越是迫切，其沟通的效果也会越好。当然，情感是有程度性的，语言形式也是多种多样的。有的使用感情色彩鲜明的词语直接鲜明地表露；有的通过反复、排比等修辞方法吁请、诉求；有的则较多运用祈使句、感叹句来宣泄、强化等等。

（一）色彩鲜明，直接溢露

真诚常常以具有鲜明感情色彩的语言形式直接表达出来。有的是词语，有的是句子，有的是修辞格。言为心声，发诸内心，毫不掩饰，完全可以从语言看到其心灵深处的起伏波澜，深刻体会其喜怒哀乐。

年仅三岁的小黄冠身患白血病，家境破落的父亲想方设法筹钱，终究是杯水车薪，根本填不满医疗费的天文数字。眼看孩子病情加重，万般无奈的父亲把孩子送到医院，以交住院手续费为由悄悄溜走，期待孩子能得到社会救助。当天，孩子躺在病床上惊慌失措，大哭大闹，吵着要找父亲。

有一个护士说："你爸爸太狠心了，把你扔下走了，不管你啦！"黄冠大哭，说："我不信！"天黑了，爸爸还没出现，孩子突然安静了下来。医生问："你知道爸爸住在哪里吗？"他居然咬紧牙齿大吼一声："滚！"随之泪水滚滚而下。之后 10 天，谁也不能提"爸爸"二字，一提他就发火，痛哭。

在各路记者的帮助下，那位父亲终于再次出现在孩子眼前。父亲瘦了很多，流泪不止，小黄冠一看见他，马上闭上了眼睛和嘴巴。父亲一把握住儿子的小手，哽咽道："儿子，求求你，看看我啊。爸爸对不起你，爸爸来看你了。"小黄冠仍然双眼紧闭，但泪水满脸纵横。父亲道歉、哀求了半个小时，旁人也纷纷相劝，孩子才睁开眼睛，哭着说出第一句话："你不许再悄悄走掉！"从此，父亲就是离开他几分钟去上个厕所，他也要陪同；晚上孩子常常惊醒，看见爸爸就在身边，才含着泪水重新睡去。

(《青年博览》，2007 年第 7 期)

这一例中，父亲与儿子之间因为父亲的一念之错而产生了尖锐的矛盾，实际上，两人的亲情是何等的真挚、强烈！医生问："你知道爸爸住在哪里吗？"触发了孩子郁积的父子之情，孩子大吼一个"滚"字，貌似无礼，却显露出对父亲的强烈思念。父亲再次出现，黄冠坚决拒绝沟通，父亲的话语几近哀求，哽咽呼唤"儿子"，"求求你，看看我啊"、"爸爸对不起你"、"爸爸来看你了"，话语错位反常，他是多么希望得到儿子的原谅！儿子的一句："你不许再悄悄走掉！""命令"中可说爱恨交加，渴望、依赖之情表露无遗。正是这种强烈的亲情，父子很快就顺利沟通并和好了。

（二）层层提升，反复陈述

反复是表达强烈感情的一种重要的修辞形式。在表达请求、愿望、申诉、渴望等交际场合，反复特别能够表达出真诚、强烈的感情色彩。表达强烈感情的反复不是简单的叠加词句，而是让感情沿着同一方向提升、强化，"精诚所至，金石为开"，敞开沟通的大门。

乔伊遭遇裁员，失去了工作。他向一家公司寄去了求职信，信中只简单地写了一句话："请给我一份工作。"

老板收到信后，让手下人回信："公司目前没有空缺。"但乔伊不死心，又给老板写了第二封求职信，只在第一封信的基础上多加了一个"请"字："请请给我一份工作。"此后，乔伊一天给公司写两封求职信，每封信都比前一封多加一个"请"字。

三年间，乔伊总共写了 2 500 封信。见到第 2 500 封求职信时，老板再也沉不住气了，他亲自打电话告诉乔伊，公司可以给他一份处理邮件的工作，因为他"最有写信的耐心"。

有记者听说了这事，就问乔伊，为什么每封信都只比上一封信多增加一个"请"字。乔伊平静地回答："因为信是用打字机打的，我每次多加一个字，是想让他们知道，这些信没有一封是复制的。"

（《文苑》，2009 年第 7 期）

这一例中，乔伊向某公司求职，老板收到信后，让手下人回信："公司目前没有空缺。"丝毫没有录用的意思，以后乔伊写信，都石沉大海。但乔伊并不灰心，三年间总共写了 2 500 封求职信，内容基本上相同，只是每次多加了个"请"字。不要小看这个"请"字，反复叠加，强烈并持之以恒地表达了求职者的诚意和心愿，最终打动了老板的心，求职获得了成功。只要心里的灯火不曾熄灭，不断添薪加炭，即便道路再曲折，却总能沟通成功，保证前途一片光明！

（三）加大力度，诘问感叹

反问修辞方法，能够加大感情的力度；感叹句用来表达情感，感染力更强。并非所有的反问句、感叹句都能够表达出说写者的诚意，当反问句、感叹句运用于表示感谢、消除误解、澄清事实、倾诉衷情等场合，并且建立在客观事实的基础之上时，才能充分、有力地表达出诚意。在生活、工作中，得到他人的帮助、恩惠，通常都要表示感谢。有颗感恩之心，这是起码的礼节和道德。真诚感谢，交往的亲密度自然会加深，沟通自然会顺畅。感谢语可以分为直接感谢与间接感谢两种。汉文化决定了中国人在语言表达上比较含蓄委婉，常常使用间接感谢的形式。这种感谢语言，常常运用反问、感叹形式，渗透进强烈的感情色彩，沟通的效果特别好。

老妈妈板起了脸："你这话怎么说的！我们家跟你家可不是外人。当初我老伴生重病，要不是你们帮助，我们家能有今天？我报不了你们的恩德，尽心尽力也是应该的啊！"

这一例通过对具体施惠行为所避免的后果的描述，来表达受惠人的感激之情。虽然假设是对事不对人，但这种假设往往蕴含着对双方关系、地位的一种肯定。"要不是你们帮助，我们家能有今天？我报不了你们的恩德，尽心尽力也是应该的啊！""要不是"表示假设关系，反问凸显出恩德之大；"尽心尽力"，以示完全应该，而且即使这样，也"报不了你们的恩德"，加上了语气助词"啊"的感叹句倾注了强烈的感谢之情，并将感情推向顶端。

老秦大声说道："我们俩都是几十年的老朋友了，还用得着这样客气吗？"

这是一种很典型的传统中国礼貌方式。"还用得着这样客气吗？"受惠方的话语似乎是无礼的，但在特定的场合下，依据双方特定的关系，这种质问能成功地间接表达谢意。责备反问之所以能间接地表达感谢之意，主要是因为它们往往隐含着一种强烈的关怀，有一种"舍不得"动怒的含义，因此真诚的感情是很强烈的。

三、言辞的恳切性

真诚的语言总是恳切的。恳切是诚恳而殷切。恳切的言辞，是发自内心的真诚质朴的语言行为，必须以事实为依据，具有较强的确定性。如果缺乏依据，语言就会显得浮于表面，有可能成为乞求、哀求，反而被人瞧不起。语言还应该具有鲜明的针对性、得体的分寸性和辩证的复合性等特点，力求避免模糊性、片面性、强制性。在有些场合，恳切言辞沟通的效用特别明显，例如有求于人，批评他人等。

（一）努力而不强求

言辞恳切，意味着不能强人所难，即使确实有所求，而且非常迫切，要达到交际目的，必须按照规定或常理常情实施言语行为。一旦语言中渗透进强迫的意味，就不能说是恳切的了。

一家著名企业向社会招聘，M 去面试那天，背了一包的资料、证书、剪贴本，考官边翻看他的简历、资料，边问："请问您有什么优势？"M 说："我参加了自学考试，获得了两个大学文凭……"考官摇头："我们集团 20% 的员工拥有硕士学位或博士学位，您的学历称不上优势。""我曾当过兵，参加过抗洪救灾，比较能吃苦……"考官说："现在我们的保安已经满了。"M 又说："我过去在一家民营企业的基层干过，后来当了车间主任、办公室副主任，我既有基层工作经验，又有机关的工作经验。"考官又摇摇头说："本公司各个部门的管理层干部都是从基层员工中选拔的。你这也算不上优势。"M 有些急了："我还自学了日语，口语已达到能够比较熟练地和日本人直接交谈的程度……"考官笑一笑："在我们这样知名的外贸业务的公司里，已经从外国语学院招了许多专业人才。"M 拿出曾发表过的文章剪贴本，说："我还喜欢写作，业余时间先后发表过近百篇文章。可以说有一定的文字功底。"考官翻着 M 在报纸杂志上发表的文章，露出了一些笑容，但他还是说："我们前不久已经聘请了一位省作家协会的作家和两名报社的记者加盟我们企业。"M 额头上已经冒汗了，情急之中，说道："过去我们企业出现过一次资金周转困难，我拿出我结婚的 2 万元钱帮助公司渡过难关，这是过去我们企业报对我的报道。"主管看着 M 递过去的报纸，说："就这个吗？""还有，"M 说，"一次一位同事晚上说肚子痛，已经是凌晨两点钟了，我立即找车、背人，很快将他送到医院，后来诊断为阑尾炎，医生说再晚一点儿就有生命危险。"主管微笑着点点头，M更激动了，继续说道："我还曾被市里评为'见义勇为先进个人'。一次，我们公司的门店里有很多顾客，我看到一个小偷在掏一位顾客的皮包，我上前抓小偷，结果他们是一个团伙，我被歹徒刺伤，我死死拖住一个小偷……最后公安局破了案。这是我的获奖证书。"主管露出一丝感动，他凝神片刻，说："你们企业后来……""因为那是国有企业，体制问题，后来倒闭了，我也下岗了。"M解释道。"你的优势还挺多嘛，这真是无与伦比的啊，你正是我们最需要的人才。"就这样，M被这家公司录取了，而且还被委以总裁办稽核专员的大任。

（《北方人》，2008 年第 9 期）

这一例中，M去应聘，能否被录取，关键在于自身有没有胜过他人的优势。考官一次又一次地追问，M虽然有些紧张，但并没有产生抵触、逆反心理，而是一次又一次地尽力寻找、述说自己的优势："我参加了自学考试，获得了两个大学文凭……""比较能吃苦……""我既有基层工作经验，又有机关的工作经验。""我还自学了日语……""我还喜欢写作……"但连续五次被考官否定了。最后一次，M讲述到热爱企业、帮助同事、见义勇为的事情时，情绪愈加激动，言辞愈加恳切，"我拿出我结婚的 2 万元钱帮助公司渡过难关"，能够拿出准备结婚的钱来支持企业渡过难关的人并不多见。"立即找车、背人，很快将他送到医院"，时间是凌晨两点钟，没有丝毫犹豫，"立即"投入抢救，连串的动词表现出了关爱同事之情。"我被歹徒刺伤，我死死拖住一个小偷"等并非自我"贴金"，有报道、获奖证书为证。最后终于感动了考官，考官给予了"无与伦比"的高度评价，M被录用了，而且"还被委以总裁办稽核专员的大任"。

（二）坚持而不僵持

遇到不同意见、主张，说写者如果认定自己的观点是正确的，尤其在事关重大的场合，一定要求按照自己的意见、主张做，当然必须坚持不动摇。但坚持并非僵持，坚持并非无情，真正要赢得他人的认同，不妨作出灵活变通，适度后退，或者承认某些不足——事实上十全十美是不可能的，这样更能表现出解决问题、困难的诚意。

独立战争结束后，美国政府在费城召开了历史上著名的制宪会议。当宪法草案即将付诸表决的关键时刻，大家在条文上产生了争论。这场争论逐渐发展到与会代表间进行人身攻击的白热化地步，如果搞得不好的话，第一部宪法就很可能流产。富兰克林，作为独立战争时期的卓越领导人之一，看到这种状况心里非常焦急。为了早日通过这第一部宪法，他站起身来，用平静的声音说道：

老实说，我也不完全赞同这部宪法，我想出席这次会议的各位也都和我一样，在一些细节问题上还有争议，但我认为这是正常的。正如我富兰克林活了这么大还有许多缺点一样，我们怎么要求刚诞生的宪法就完美无缺呢？假如不完善就不能签署，那么我得认真考虑一下，我是否应该在草案上签名，因为我本身就不是一位完人。

（《修辞学习》，1995 年第 1 期）

　　这个平静的讲演终于促使与会代表在宪法上签了名，促成了被称为"民主宪法之祖"的美国宪法的诞生。富兰克林的讲话获得成功的主要原因之一就在于他的言辞非常恳切。他没有仗势压人，而是开门见山，坦诚地亮出自己的真实观点，把自己摆在与代表平等的朋友的地位，承认对宪法的"一些细节"有分歧、有争议，使与会者对富兰克林产生认同感，把他看成可以真正代表自己利益的代言人，从而在心理上解除防线，缩小距离，打下顺利沟通的基础。接着富兰克林从正面提出自己对这些分歧的看法，用"我富兰克林活了这么大还有许多缺点"与要求刚制定的宪法完美无缺相类比，反问句"我们怎么要求刚诞生的宪法就完美无缺呢？"鲜明表达出要求完美是不可能，乃至荒谬的观点。最后委婉而坚定地表明自己的态度。"假如不完善就不能签署，那么我得认真考虑一下，我是否应该在草案上签名，因为我本身就不是一位完人。"假设关系复句，表面上矛头指向自己，反躬自问，而实际上却是真诚劝导、说服他人。很明显，一位卓越的领导人尚且承认问题，容忍分歧，肯定成绩，这对与会者求大同、存小异产生了举足轻重的影响力。"老实说"、"不完全赞同"、"各位也和我一样"、"细节问题上还有争议"、"是正常的"、"要求刚诞生的宪法就完美无缺"、"不是一位完人"等，都恰如其分地表现出了富兰克林的恳切。

（三）辩证而不片面

　　语言避免片面性，力求表述全面，兼及不同方面，这是恳切言辞的又一种表现形式。辩证的复合性语言常常包含几种意思，相比单一性的语言，显得实事求是，情真意切，而不是主观武断，虚情假意。

　　假如做错了一件事情，张某确实要负主要责任，而由同事于某向上级汇报，试比较下面几种表达方式：

　　①这次办错事，要怪我，不能怪张某，处分我好了！
　　②这次办错事，要怪我，也要怪张某，大家都处分好了！
　　③这次办错事，全怪张某，我没有责任，要处分就应该处分张某！
　　④这次办错事，不能全怪张某，我确实也有责任，大家都该接受教训。

　　例①：于某把责任全部揽到自己身上，"要怪我，不能怪张某"，并非实事求是的做法，在一定的条件下，反而让人觉得于某并非真情实意。例②：于某的话似乎全面，"要怪我，也要怪张某"，但同样不符合实际，似乎还掺杂着怨气在里面。例③：于某把责任全部归咎于张某，"全怪张某，我没有责任"，"应该处分张某"，特别是一个"全"，一个"应该"，给人推卸责任、落井下石的不良印象。例④的表述就是辩证复合性的，既实事求是，说明张某负主要责任，但自己也有一定责任。"不能全怪"，是张某负主要责任的否定表达方式，用否定显得委婉一些；"确实"，强调自己应负的责任，并非敷衍的套话。重要的是"都该接受教训"，而不是仅仅接受处分，显得比较客观、恳切。

第七章

需要关系修辞艺术

第一节　需要关系修辞概述

需要，从一般意义上来理解，是人对某种目标的要求和欲望，具有客观性、主观性、社会历史性等特征。需要是贯穿人际关系的基本主题，人际交往不可能回避人们的需要和意愿问题。人们的需要和意愿主要通过语言来表达，是否得到满足也会在语言上反映出来。

需要关系语言是指人际交往中关涉人们需要的语言，以下简称需要语言。满足人们的各种需要是人际交往重要的内容，但必须指出的是，这里所说的需要语言并非一定是无条件应承、全盘给予，而是包含着不同程度的满足层次，甚至也可是否定、拒绝。关涉需要的语言似乎是形式，但语言的物质外壳包裹着深层的利益需求内涵。"一诺千金"是形容人们的话语信用极高，其中当然包括了利益需要方面的内容。

一、需要语言的重要性

"需要"虽为普普通通的词语，但与交际者的切身利益息息相关，关涉人们工作、学习、生活的方方面面乃至人的生存和发展。人与人之间的许多矛盾、冲突是由于需要得不到满足而引起的，重大利害关系的需要还可能触发尖锐、激烈的矛盾和冲突。因此，语言交际中必须充分关注人们的各种需要，互谅互解，协调平衡，以构建良好的人际关系。

经济领域的利益需要关涉企业单位的成败兴衰。谈判是达到需要目的常用的形式，集中反映出各方对利益需要的高度重视和努力追求。商务谈判对其中的任何一方，都是在利益需要驱动下进行的。价格，对一宗商务谈判的成功与否起着至关重要的作用，它的谈判是商务谈判中最为敏感、艰苦的部分，各种需求最终都要汇集到价格上。所以，价格谈判是商务谈判的核心。有谈判经验的人对价格谈判的语言提出了如下意见：

> 当谈判进行到一定程度后，卖方可能首先出价，而买方不是马上还价，却向卖方提出一连串的问题，买方在卖方的回答中寻找可能出现的机会，为讨价还价做准备。这就是所谓的反向提问。一般来说，买方的反向提问大多数是为了降低价格。例如：①如果我方提供一些你方急需的原料、工具或其他机器设备呢？②如果我为加大订货量或减少订货量呢？③如果对你方这几种产品我方都订货呢？上述任何一个问题都可能使卖方暴露意图或查清卖方对价格的态度。所以，针对要价后的反问，卖方在回答时一般应遵守下述原则：①不要对对方的设问立刻作出估价。②分析对方设问的真正原因，不要被其大批量或小批量的声称而诱

惑。③以对方先确定订货量为条件再行报价。④回避问题，拖延时间，为报价做好准备。⑤以其人之道，还治其人之身，将"球"再踢回去，提出种种附加条件请对方考虑。

为防止买方大力杀价，卖方常常力图使买方相信所报出的价格确实低廉合理。例如：①以最小或较小的计价单位报价。不管洽谈的交易数量有多大，卖方都应尽量以小的计价单位报价，这样对方容易接受。以一件产品的单位价格报价要比以一打为单位的价格更能促成交易，其原因在于这种报价可以使对方产生错觉。②价格比较。用较高的产品价格与所谈的产品价格作比较，所谈的产品价格就显得低了些。③采用示范方法。如果对方觉得产品的价格高，难以接受，谈判者应该把所推销产品与一些劣质的竞争产品放在一起比较，借以强调所推销产品的优点。示范中所表现出的产品差异，会弱化对方的反对意见。④抵消法。对方认为价格有些高，卖方可以强调其他所有能够抵消价格高的因素。将产品的优点全部列出，有助于补救高价格的欠缺。⑤从其他角度讨论价格。把产品的价格与产品的使用寿命周期结合起来，是讨论价格的一种有效方法。这种方法是把价格分解到使用周期内的每一个月或每一天中去，从而使价格数目变得很小，对对方会极富吸引力。

以上意见，都是从谈判实践中总结出来的行之有效的表达方式，关系到谈判的成败、谈判者的切身利益、企业的盈亏发展。

在日常生活中，有时候虽然是一些小事，但如果事关个人的需要（包括物质、精神各方面）诉求，处理、应对不当，那也很容易引发矛盾、冲突，影响和谐、团结。

一天早晨，陈某在临街的小食店吃着一碗热腾腾的米粉。可米粉里一根鱼刺和一块发臭的皮蛋让他倒足了胃口，他甩手走了。可是，肚子开始隐隐作痛，而且越来越厉害。到医院一检查，确诊为"食物中毒"，还要住院。

满腹委屈！陈某出院后，找到米粉店老板要求赔偿，连医疗费、住院费、误工费等一共6 000元。店主当然不干了："我店的食品一向卫生，你有什么证据说就是吃我店里的米粉中毒的呢？"

陈某去了消费者委员会，消委会要求他出示在该店吃过米粉以及中毒的证据。他犯难了，转向法院递了一纸诉状。米粉店老板也来硬的，说陈某分明是敲诈。

（《羊城晚报》，2005年10月24日）

这一例中，陈某因食物中毒与粉店老板产生了矛盾，矛盾集中在赔偿问题上，发展到剑拔弩张的地步，要上消费者委员会反映，去法院告状。陈某一口咬定食物中毒是变质食物引起的，老板则以无证据反驳："你有什么证据说就是吃我店里的米粉中毒的呢？"并给对方扣上"敲诈"的帽子。这是由于陈某的物质需求得不到满足而促使人际矛盾急剧尖锐化的典型例子。

D在某机关做办公室文员，性格内向，不太爱说话。可每当同事就某件事情征求D的意见时，D说出来的话总是很"刺"人，而且总是在揭别人的"短儿"。

有一回，一位同事穿了件新衣服，别人都称赞"漂亮"、"合适"，可D却直接回答说："你身材太胖，不适合。"甚至还说："这颜色你穿有点艳，根本不合适。"这话一出口，便搞得当事人很生气，而且周围大赞衣服如何如何好的人也很尴尬。

很多时候，D照样说这种特让人接受不了的话。久而久之，同事们都把D排除在集体之外，很少就某件事儿去征求他的意见，几乎没有人主动搭理D。

（《现代交际》，2006年第12期）

这一例，讲的是生活中的一件很小的事情，尽管各人的审美观念不同，但一般情况下，遇到例中类似的事情，人们在精神上需要得到慰藉、肯定、赞扬，哪怕与事实稍有出入，但既无关原则，也不应该直截了当揭短。D由同事"身材太胖"而断言新衣服"不合适"，现代社会人们往往以减肥为时尚，还加上了一个"太"来突出"胖"的程度，这话一定会引起对方反感。由颜色仅仅"有点艳"断言"根本不合适"，进一步加大了否定的分量，言过其实了。D的语言深深伤害了同事的自尊心，产生了久久解决不了的人际矛盾，僵化了同事之间的关系，长此以往，岂能不影响工作？

二、需要语言的广泛性

需要语言是广泛的，涉及人们工作、生活的方方面面。大体可以分以下几类：

（一）与物质相关的需要语言

中国古代唯物主义哲学家荀子说："凡人有所一同：饥而欲食，寒而欲暖，劳而欲息，好利而恶害，是人之所生而有也，是无待而然者也，是禹、桀之所同也。"（《荀子·荣辱第四》）有些人将物质利益看得比较重，有些则比较轻，但无论轻重，物质利益与人们的生活息息相关，能否满足以及满足程度的状况，对人际关系会产生或正或负的影响，因此我们不必讳言物质需要的重要性。

一天，小张高高兴兴地给老尹送去一大包味道香美的腌制香椿，并且说："我刚从老家回来，把以前答应送您的家乡特产捎来给您。"经小张这么一说，老尹才恍然想起，半年前两人一起喝酒时，小张曾说过"我们家乡特产腌香椿，味道棒极了"，而老尹当时开玩笑说："既然这样，等你回老家探亲的时候也给我捎一包吧！"说完也就忘了。现在，小张郑重其事地把腌制香椿送来了，老尹便感动得不得了。

（《现代交际》，2007 年第 1 期）

这是生活中几乎微不足道的一件事情，小张因为老尹的一句"给我捎一包"腌制香椿的玩笑话，就特地带回并郑重其事地送上了家乡特产："把以前答应送您的家乡特产捎来给您。"信守一个小小的承诺，"老尹便感动得不得了"。这不但满足了老尹的物质需要，而且使两人的人际距离随即大大缩短了，彼此的友情加深了。

（二）与精神相关的需要语言

精神需要指爱的需要、受尊重的需要、享受自由的需要以及自我实现的需要等。中国自古就重视人的精神需要，子曰："今之孝者，是谓能养。至于犬马，皆能有养。不敬，何以别乎？"（《论语·为政》）孔子重视精神需要，并且把它看做人的本质。现代社会物质极大丰富，口腹之欲给人带来了无限快乐，但是如果没有孔子所说的诗书礼乐，人和动物还有区别吗？在人的常态情况下，精神需要不一定比物质需要弱。从反面看，裴多菲说，"生命诚可贵，爱情价更高。若为自由故，二者皆可抛"，也足以说明精神需要的重要性。

陈绍龙有篇文章《情爱如丝》，其中有这样一个片断：

> 我知道她喜欢逛街，想着自己要到邮局去买几份周刊，不无讨好地说："我下午陪你上街好么？""呵，好啊，我正想去呢。"果然爱人显得十分高兴，顺手又为我泡了杯茶。
>
> 爱人今天并没逛多少商店，陪我买了几份杂志后，她在一家理发店门口站住了脚。她指着店面外面的广告牌问我："你看这样的发型好看么？"广告牌很大，画面上的女孩留一头"王小丫"式的短发。"好看呀。""真的好看么？"爱人认真起来："那我就剪这样的发型了。""行。"我漫不经心地回答。
>
> 我并没有多留心她的理发过程，经过近一个小时的折腾，爱人头发剪好了。
>
> 从理发店出来，爱人拉我的手，一脸阳光。她对自己的新形象很满意。
>
> 我问爱人："剪得怎么样？""你说呢？"爱人反问我。"好啊。"我答："你自己喜欢吗？""当然喜欢，我几年前就想剪这样的发型了。""你喜欢为什么不自己来剪呢？""你不是说长发好，我适合留长发么……"爱人靠向我的肩，近乎撒起娇来。
>
> 我什么时候说过的呢？天！我依稀记得几年前，我写过一篇文章，说过女人留长发更显女性特征，脾气暴躁的女孩更适合留长发之类的话。我心里一阵愧

疚，莫非爱人今天就是让我陪她上街理发？她还是这么在意我的感受？想想这么些年，我除了上班，业余时间就是看书写作，不用说，爱的感觉在岁月的打磨中变得麻木而粗糙。而妻子为家默默奉献的背后毫无怨言，却仍是情如发，爱如丝！与她相比，我这做丈夫的能不愧疚么?!

（《爱情·婚姻·家庭》生活纪实，2007年第3期）

这一例中，爱人指着广告牌上的发型询问丈夫："你看这样的发型好看么？"丈夫漫不经心地敷衍，爱人却分外认真："真的好看么？""那我就剪这样的发型了。"先求证，再肯定陈述，要求丈夫说出对发型的真实感觉。而妻子因为以前丈夫说过的一句留长发好的话，一直没有剪短发，"你不是说长发好，我适合留长发么……"反问中溢露出妻子对丈夫的一片深情，唯丈夫的意见是从，这也正是爱人迫切希望得到丈夫喜欢、关爱的精神需要。

（三）与审美相关的需要语言

从广义上来看，审美也可以说是精神需要的一个门类，但它具有特殊性，有别于其他精神需要。"爱美之心，人皆有之。"人的审美本性是根深蒂固的，生命本来就是爱美的。随着社会的进步和发展，人们的审美要求也不断提高。如果理解了人审美需要的客观必然性，就能够理解"生命的冲动"了。审美需要是非常复杂、丰富的，它并不是孤立的活动，由于审美观念、审美情趣、审美对象、审美环境的不同，人们也会发生各种各样的矛盾冲突。

周杰伦高中毕业后，曾在一家餐馆做琴师，专门为客人现场弹奏钢琴。

一天，餐厅里格外热闹，一位客人包了半个场子举办生日party。突然，一个人用酒杯使劲敲打周杰伦的琴盖："小伙子，今天我过生日，你能弹奏一首欢快的曲子助兴吗？就《月光下的夜晚》吧。"一股酒气扑面而来，周杰伦不好拒绝，他调整了一下情绪，准备演奏《月光下的夜晚》。可还没等他敲响第一个音符，另一个客人又东倒西歪地走了上来，大声嚷道："我今天喝多了，心里很烦躁，你给我弹个刺激点儿的行吗？"见周杰伦有点儿犹豫，他迅速从口袋里掏出一沓钞票"啪"地甩了过来，说："弹个刺激的，钱就归你了。"过生日的客人见状勃然大怒，也从包里掏出一大沓钞票，挥舞着对周杰伦说："凭什么呀，不就是钱嘛，你要是按我说的做，多少钱都行！"周杰伦左右为难，哭笑不得，两位客人却剑拔弩张，争执不下，一场"武斗"似乎不可避免。

年轻的周杰伦反应非常灵敏，马上微笑着说："两位老板都想听我的演奏，我非常荣幸，但这钱是绝对不能收的。"说着他拿起钱分别装回了两人的口袋。见两个人的情绪略微缓和了一些，周杰伦灵机一动，接着说："今天难得大家都很开心，不如我们做个游戏吧。现在我来弹奏几首乐曲，由你们来猜曲目，谁猜对得多，我就听谁的，怎么样？"两人一听这主意还比较公平，更重要的是都有了台阶下，于是欣然同意。游戏开始，聪明的周杰伦先弹了一首柔和的轻音乐，有意让过生日的客人猜中了，接着又弹了一首高亢的交响乐，另一位喝醉的客人也轻易猜中了。几曲下来，双方你来我往，早忘记了到底谁猜中的多，反而在台下阵阵掌声的刺激下，伴着音乐相互对唱起来，餐厅里紧张的气氛顿时变得舒缓下来，一场点唱风波就这样平息了。

（《可乐》，2009年第2期）

这一例中，两位客人为了让周杰伦演奏自己喜欢的乐曲发生了激烈的争执。一个客人因为"今天我过生日"，希望"弹奏一首欢快的曲子助兴"，并指明曲目《月光下的夜晚》；另一个客人则因为"心里很烦躁"，希望"弹个刺激点儿的"。两人动用钱财，甚至准备用武力手段来达到目的。这在某种意义上来说，可以看做彼时彼景下不同审美观念的冲突。而周杰伦机智灵敏，来了个"猜曲目"游戏。"我来弹奏几首乐曲，由你们来猜曲目，谁猜对得多，我就听谁的，怎么样？"设定前提"谁猜对得多"，询问双方意见，装作不偏不倚，实际上将不同的曲目轮流演奏，分别满足不同交际对象的需要，巧妙化解了行将爆发的尖锐矛盾。

（四）与安全相关的需要语言

人是无价的，和物质需要相比，安全需要也关乎人的生存或人的存在。安全问题是生存方面的事情，因此是第一性的、前提性的需要。大而言之，安全不但包括人身的安全，而且包括物质、精神等方面的安全。在现代社会，随着经济的繁荣和发展，由于各方面的原因，同时伴随着各种不安全因素，安全问题已经成为全社会关注的热点之一。

随着人际交往范围的日趋广泛，人们与陌生人之间的交往越来越多，其中就存在着诸多隐患。这是因为陌生人鱼龙混杂，交际目的有正有负，交际方式各式各样。因此，语言诈骗屡屡有所见、有所闻。

每到幼儿离园时，有的家庭今天爸爸或妈妈接，明天爷爷或奶奶接，后天又是叔叔或阿姨接。众多家长陌生的面孔，给教师做好离园工作带来了极大的挑战，在离园环节中必然存在着安全隐患。下面是一则幼儿园"不跟陌生人走"的教学案例：

老师采取了情景演练法，将孩子们整队完毕后，带到大门口，以"陌生人"的身份逐一和幼儿进行谈话。

实验一：老师手里拿着一包精美的巧克力对王某某说："宝贝，你长得真漂亮，你不是喜欢吃巧克力吗？阿姨这里有好吃的巧克力，我接你回家吧！"王某某没有看老师，只是眼睛紧紧盯着老师手里的巧克力，把手递给了老师。

实验二：老师把赵某某拉到自己身边，笑眯眯地说："宝贝，你的衣服真漂亮！你叫什么名字啊?""赵某某""你家在哪里啊?""桃花园。""你妈妈叫什么名字啊?""某某某。""你带我去你家好不好?""好!"说着便跟着老师走出大门。

实验三：老师表现出着急的神色，拉住史某某的手，边往外拽边说："我是你妈妈的朋友，她在那儿等你呢，让阿姨过来接你，咱们去找你妈妈吧!"史某某使劲地甩开老师的手，嘴里叫着"付老师付老师"，慌慌张张地躲在孩子们中间，任老师问什么都不说话。

从这几个情景演示可以看出，在"陌生人"的甜言蜜语下，多数孩子不具备辨别真假的经验和能力。王某某"眼睛紧紧盯着老师手里的巧克力，把手递给了老师"，表示愿意跟着"阿姨"走；赵某某有问必答，如实告诉自己名字、妈妈名字、家庭住址，毫不犹豫地跟着"阿姨"走；史某某只是叫着"付老师"，却不知所措。从类似的严峻的人际交往现实中可见孩子的安全保育的重要性，加强孩子的自我保护能力工作迫在眉睫。

（五）与活动相关的需要语言

人的活动包括身体运动和心理活动。首先人需要运动，"生命在于运动"，讲运动是生命自身的需要。人体器官需要休息，也需要适度的运动，这样才会保持健康，得到发展，否则就会损害健康，"用进废退"讲的就是这个道理。好动和好奇乃是人的两种宝贵的心理资源。"少有所养，壮有所用，老有所乐。"所谓老有所乐，包括了活动的需要。人们需要心理活动，这样才能保持心理健康，并且使心理得到发展。

一位老鳏夫的老伴去世多年，想再续弦，但羞于提出，只能找机会间接暗示儿子："晚上独自一人睡觉真冷。"孝顺的儿子第二天就为他买了只热水袋。老人又抱怨："当我的背痒时，没人帮我搔痒。"儿子又很快为他买了一把搔背耙。不久，得知孙子要结婚，他叹道："给他买只热水袋和一个搔背耙得了。"

这一例中，父亲想再婚，找一个老伴，以解心灵的寂寞，但受传统旧观念影响，不愿意直截了当明说，几次借题暗示。先是借口"晚上独自一人睡觉真冷"，再推说"当我的背痒时，没人帮我搔痒"，希望得到儿子的理解。可是，儿子对父亲的心理情感却一点体会不到，物质上的"要求"——都予以实现，就是没有办到点子上。得知孙子要结婚，老人叹道："给他买只热水袋和一个搔背耙得了。"无奈而无助，可见老人深藏的心理需要是何等微妙和急切。

三、需要语言的复杂性

需要语言的复杂性，源于人们需要的丰富多样性。

（一）需要语言的广泛性

需要语言涉及人际交往的各个方面。在发展的层次上，人的各种需要更加全面，相互之间的关系更加平等。物质需要、精神需要、审美需要、安全需要和活动需要等在发展的层次上是完全平等的。比如物质需要无疑是第一性的，但是，在发展的层次上，不能说一碗饭任何时候都比一场足球比赛、一场音乐会重要。在发展的层次上，需要之间的关系越来越广泛、平等。

对需要的基本分类不是最终的，对它们可以继续细分。在更细的分类中，不同需要仍然有同等的地位，互相不可分割。每一个层次的需要都具有全面性，或者说，每一个层次的各种具体需要对人的价值都不能忽视。就广义上来说，人的精神需要就是多层次的，很丰富的。主要有三个基本层次：第一个层次是人际关系的需要，即尊重、友谊、爱情、信任等。人是社会性的存在物，尊重、友谊、爱情、信任作为维系人际关系的重要纽带，是每一个人都强烈追求的，其满足程度，直接关系到人的精神生活；第二个层次是愉悦、快乐的需要，即审美的需要。例如欣赏美术、电影、电视、戏剧作品等，能够从中得到休息、审美享受。人是按照美的规律来生活、来创造的，通过自然美、艺术美、社会美等的享受，获得愉快的精神生活；第三个层次是学习创造的需要，即获得知识、体现才干、实现理想等，这实际上是"自我实现"的需要，即通过人的实践活动把自身的本质力量在外界实现出来。

这堂课的主题是探讨人与人之间的关系。老师奥尔格先生问学生："什么才是真正的信任？"大家给出的答案五花八门。奥尔格没有发表自己的见解，突然解释起物理学上著名的"钟摆原理"："钟摆自最高点往下运动，它来回摆动达到的高度点绝不会高于最高点。由于摩擦力和重力的作用，它的摆动幅度会越来越小，直至最后完全静止。"他用一根 3 英寸长的细线绑了一把钥匙，再用图钉将线的一头固定在黑板上。然后他将钥匙拨到一定的高度，放手让它左右自由摆动。奥尔格在每次钥匙摆动达到的高度点，用粉笔在黑板上做出记号。黑板上的记号完全印证了钟摆原理。

做了这个实验之后，奥尔格先生问大家："你们是否信任我？是否相信钟摆原理？"所有的同学都举起手来表示相信。然后他叫人抬进一口硕大的钟，把它悬挂在钢筋横梁上。他请一位同学坐到桌子上的一把椅子上。这位同学坐下后后脑勺恰好贴着水泥墙壁。奥尔格先生将钟推到距离这位同学鼻子只有一英寸的地方。一切就绪后，奥尔格先生再一次为大家解释了钟摆原理，接着说道："这口钟有 270 磅重，我在距他鼻子一英寸处放开钟，钟再次摆回时，离他鼻子的距离只会多于一英寸，绝不会碰到他的鼻子，更不会撞上他。"然后，奥尔格先生看着这位同学的眼睛，问："你相信这个物理原理吗？我向你保证，你不会受伤，你信任我吗？"这位同学脸上汗珠直冒，最后才点了点头。"谢谢。"奥尔格先生说着放开了那口钟。伴随着"呼呼"的声音，这个庞然大物从最高点往斜下方坠下，又迅速摆向另一端。在到达另一端的最高点后，突然转向往回摆动，朝着这位同学坐着的地方逼近。就在几十双眼睛的注视之下，这位同学大叫一声，在钟还未靠近自己之前，几乎是从桌子上一跃而起，避开了似乎要把他撞得头破血流的重物。随后，大家看见这口钟在离椅子不远的点停住了，接着又摆回去。根据钟到墙壁的距离判断，钟绝对不会撞到那位同学——如果他还坐在那里的话。

屋子里鸦雀无声。奥尔格先生微笑着问大家："他相信钟摆原理吗？他信任我吗？"同学们异口同声："不！"

（《创作》，2004 年第 12 期）

教师先讲述钟摆原理，做了个演示，证明原理无误，后询问参与演示的学生："你相信这个物理原理吗？我向你保证，你不会受伤，你信任我吗？"先问"你相信这个物理原理吗"，再问"你信任我吗"，两者不能颠倒，表明这是以科学原理为信任的依据，询问中含有保证，加强了话语的说服力。学生最终表示信任。但结果是学生临"危"逃避，并没有信任教师。教师最后微笑着问大家："他相信钟摆原理吗？他信任我吗？"不再是局限于事情本身，发人深省。这一例，给我们颇多启示。人际交往确实需要信任，什么是信任？信任就是在任何情况下，甚至在紧急、危急情况下，都能够相信别人，这是何等宝贵的需要！而真正做到完全信任却并不容易，这取决于各种因素，而且还必须经过实践的检验。

学习创造的需要，追求实现"自我价值"的需要，在现代社会中越来越突出，越来越受到人们的重视。竞聘工作岗位就是其中的一个重要领域，以致有形成竞聘语言艺术分支的趋势。在"文革"之前，中国几乎不存在竞聘一说，大学毕业，计划分配，统包就业，"党的需要就是我的志愿"，"到祖国最需要的地方去，到祖国最艰苦的地方去"，类似口号记忆犹新。而今时代不同了，特别是年轻人，许多人不仅仅只是希望得到一份工作，而且期望能够寻找适合自己的岗位，更好地体现自我价值。

某大公司招聘人才，应者云集。经过三轮淘汰，还剩下 11 个应聘者，最终将留用 6 个，第四轮面试将由总裁亲自主持。奇怪的是，面试考场出现了 12 个考生。总裁问："谁不是应聘的？"一个男子起身："先生，我第一轮就被淘汰了，但我想参加面试。"在场的人都笑了，包括站在门口闲看的那个老头子。总裁饶有兴趣地问："你第一关都过不了，来这儿有什么意义？"男子说："我掌握了很多财富，因此，我本人即是财富。"

大家又一次大笑。男子说："我只有一个本科学历，一个中级职称，但我有 11 年工作经验，曾在 18 家公司任过职……"总裁打断他："你 11 年的工作经验倒很不错，但跳槽 18 家公司，我不欣赏。"男子站起身："先生，我没有跳槽，而是那 18 家公司先后倒闭了。"在场的人第三次笑了,一个考生说:"你真倒霉!"男子也笑了:"我不倒霉,相反,这是我的财富!"这时,站在门口的老头子走进来,给总裁倒茶。男子说:"我很了解那 18 家公司,我曾与大伙努力挽救它们,虽不成功,但我从中学到许多东西。很多人只是追求成功的经验,而我,更有避免错误与失败的经验!"

男子就要出门了,忽又回过头:"这 11 年经历的 18 家公司,锻炼了我对事物敏锐的洞察力,举个小例子吧——真正的考官,是这位倒茶的老人……"全场 11 位考生哗然,惊愕地盯着倒茶的老头。老头笑了:"很好!你第一个被录取了,因为我急于知道——我的表演为何失败?"

(《交际与口才》,2006 年第 5 期)

这一例中,应聘的男子第一轮就被淘汰了,但却毫无怯色,以"我掌握了很多财富"为由参加第四轮面试,面对阵阵嘲笑,振振有词地作了一番宣讲。"11 年工作经验,曾在 18 家公司任过职",总裁"不欣赏",一般人恐怕也不会有好感,会揣测他是因不安心工作,才会频繁跳槽。谁敢用这种人?"很多人只是追求成功的经验,而我,更有避免错误与失败的经验!"男子的思考角度与众不同,先述说一般的思维定式——"很多人只是追求成功的经验",紧接着用"而我"一转,且略作停顿,加以突出;"更有"表现出胜人一筹,能够将失败化为宝贵财富。最终他获得了应聘的成功。其追求实现自我价值的迫切情感溢于言表,其竞聘的语言艺术值得赞赏。

(二) 需要语言的复杂性

人际交往中有关需要语言的复杂性主要表现在两个方面:一是具体的人各自有具体需要,语言必须切合个人的实际;二是满足个体的需要,牵涉到复杂的人际关系,受制于各种各样的主客观条件。

1. 需要语言的具体性

个人实际情况不一样,所以需要是具体的,不是抽象的。具体的人的需要体现出个性的特点。每个人都有独特的生理条件、心理素质以及经济条件,共同影响需要的产生。比如豪华轿车,一方面可以作为奢侈品,从抽象愿望来说,一般人对其都是渴望的;另一方面,它作为生活工具、生产工具或者谋生的工具,就不见得全是这样了。对于一个蛰居书斋的年老学者,轿车可能是累赘。如果他没有时间熟练掌握驾车技术,那么再豪华的汽车对于他来说不但无益,而且很可能是一个不安全因素、隐形的杀手。语言表达主体就应该了解具体需要,分清哪些是真实需要,哪些是虚假需要,这样才能有针对性地满足人的需要。

在儿女眼里,她是天下最温柔、最慈爱的母亲。但是,她在得知自己的病无法医治后,脾气突然变得暴躁起来,不是指责这个,就是责骂那个。大女儿给她捶背，她不是嫌轻了就是嫌重了；二女儿还要照顾瘫痪的婆婆，医院婆家两头跑，辛苦不已，她却破口大骂："你只要婆婆不要亲娘了！真是没良心！"三儿子服侍她时打了个盹，她哭着大骂他："没有孝心，白养了你！"一向最疼惜的小女儿来看她，也被她轰走："滚远些，不要让我看到你，你这个只要工作不要娘的白眼狼！"

没过多久她就离开了人世，丈夫号啕大哭，几个儿女却没有流一滴泪，他们的心已经让母亲折磨得麻木了。料理完后事，她丈夫对儿女们说："你们不要恨妈妈，她是故意这样对你们的，她怕她走了后你们太想她，她不想让你们留念想！"刹那间，几个儿女全都泪如雨下！

（故事大全网，http：//www.telnote.cn）

母亲身患重病，发火是可以理解的，但这一例中，母亲的发火似乎太不近人情。大女儿给她捶背，她不是"嫌轻了就是嫌重了"，令大女儿无所适从；二女儿辛苦不已，她却破口大骂："你只要婆婆不要亲娘了！真是没良心！""只要……不要……"不顾事实，妄加责骂；轰走小女儿："滚远些，不要让我看到你，你这个只要工作不要娘的白眼狼！"不但不领情，而且以"白眼狼"辱骂，又叠加了贬义修饰成分，分量极重。谜底最后才揭开，母亲用莫名其妙的责怪、破口大骂使儿女们不留念想，这是一个伟大母亲的情怀，她临终前的精神需求。如果没有丈夫的解释，或许对儿女们来说，将成为一个永远解不开的谜。

2. 需要语言的关联性

满足个人需要并不是简单的主体给予客体，还关涉主体与主体之间的关系，即人与人之间各种复杂的关系。利益需要可以区分为：个别利益、特殊利益、共同利益和一般利益；当前利益和长远利益；正当利益和不正当利益；个人利益、集体利益和国家利益；根本利益和非根本利益等，人们在追求各自利益需要的过程中，会不可避免地发生冲突与矛盾。社会人都是利益人，人的社会行为归根结底都是利益行为，所以语言倘若要促进人际关系和谐，必须调整好不同利益需求主体间的关系，取舍得失，慎重抉择，巧妙平衡。但这常常是十分困难、棘手的事情。

一天快下班时，百事总裁卡尔·威勒欧普接到市长邀请他参加晚宴的电话。他毫不犹豫地谢绝道："很抱歉，我已经说好今晚陪女儿过生日，我不想做一个失约的父亲。"

卡尔给女儿买了生日礼物，驱车直奔游乐园，去那里与妻子一道为女儿过生日。正当他兴致勃勃地看着女儿切蛋糕时，他的助理急匆匆赶来，向他小声地汇报说有一个非常重要的客户，现在很想与他见一面。"可是，我已答应女儿，整晚都陪在她身边。"卡尔面露难色。怎么办？一边是正玩得开心的女儿，而另一边是等待约见的重要客户。卡尔略加考虑，转身告诉助理："我觉得我还是应该留下来陪女儿。你去接待一下客户，并替我转达真诚的歉意，跟他约好时间。届时我会亲自登门拜访。"

"卡尔先生，您……"助理提醒总裁这个客户实在太重要了，是丝毫不能得罪的。

"我已说过，我不想做一个失约的父亲。今天晚上，市长的宴请和客户的约见，确实都很重要，但我一个月前向女儿许下的承诺更重要，谁都不能改变我作出的承诺。"卡尔一脸的坚定，让助理打消了继续劝说的念头。

第二天，卡尔上班后做的第一件事，就是打电话向那位客户道歉，客户非但没有生气，反而由衷地称赞他一诺千金。此后，卡尔和这位客户竟成了非常好的朋友。

（《演讲与口才》，2009年第6期）

这一例中，百事总裁卡尔面临着三种选择：陪同女儿过生日，出席市长的晚宴，会见重要的客户。每种都有满足需要的理由，但他选择了陪同女儿过生日，因为这是在一个月前向女儿许下的承诺。他对承诺看得很重。市长邀请他参加晚宴，他毫不犹豫地谢绝道："我已经说好今晚陪女儿过生日，我不想做一个失约的父亲。"时间有早晚，必须遵守约定在先的承诺，"我不想"是否定的表达方式，婉转一些，正面肯定的说法就是"我想做一个守约的人"，婉转但态度坚决。当然，这样做势必不能满足其他人的要求，卡尔有他自己选择的标准，而且事后作了弥补，得到了客户的理解、赞赏。

晚上，杨某父亲给张老师打电话："我是杨某的爸爸，我今晚很高兴，就多喝了几杯。今天我儿子给我长脸了，这么多年了，他考试一直在最后几名，弄得我在众人面前抬不起头来。张老师你真是名师呀，开学才一个月，就彻底改变了我的孩子，我儿子开天辟地第一次全考A等。我真不知道该怎么感谢你才好……"放下电话，张老师出了一身冷汗。由于一时冲动，弄巧成拙，竟然捅出这么大的篓子来。

原来，月考之前，张老师一再强调任何同学都必须杜绝舞弊，否则，一科作弊，所有的学科都要被判作零分处理。尽管监考很严，杨某还是作弊了。张老师本想把他所有的学科都判作E等。但转念一想，学生作弊的目的不就是想考高分吗，那就助你一臂之力，让你都得A等算了，省得你以后还想入非非。张老师就把杨某的八科全都改成了A等。但没料到杨某的爸爸竟然信以为真！如何处理这棘手的问题呢？张老师不知想了多少方法，但都觉得不妥当。

早上刚到办公室，杨某就哭着找张老师："老师，你快救救我吧，我再也不敢了。如果让我爸爸知道实情，他非揍死我不可。"从杨某的哭诉中得知，他爸爸一晚上高兴得觉也没睡，叮嘱他晚上回家时把所有的考试卷子都带回来，要亲自感受儿子的进步。

张老师眉头一皱，计上心来，微微一笑，说："老师承认自己做事太欠考虑，本想惩罚你一下，让你改正考试作弊的毛病，没想到把你爸爸也牵扯进来。你有什么打算？"杨某又一次落下眼泪："老师，我知道自己错了，对不起您和爸爸，如果让他知道实情，他不仅会伤心，而且也饶不了我。你得帮我想个好办法让我渡过今晚的难关呀！""既然你知道自己错了，就要改正错误，今后想不想学好、考好？""老师，我保证以后一定不再让你和爸爸伤心的，我一定会学好的。"杨某信誓旦旦地说。"既然这样，我就帮你一次，但永远没有第二次。"张老师找出月考剩下的各科试卷，说："回去找同学和老师帮忙，把试卷上的题目全部弄明白，重新写在上面，剩下的事情由我处理。"

下午杨某送来试卷后，张老师请任课老师帮忙重新批阅一番，确保无误后，在所有试卷上都工工整整地写下了"等级：A"。

这件事以后，杨某的确变了许多。期末考试时，杨某已经有好几科成绩达到了 A 等，其余科目也是 B 等或者 C 等，他实现了自己的诺言。

（《班主任之友》，2009 年第 1 期）

教师处理学生作弊问题的方式不妥当，导致了杨父的误解，捅出了大纰漏。杨父高兴得喝醉了酒："我儿子给我长脸了"，"张老师你真是名师呀"，"我真不知道该怎么感谢你才好"，溢美之词滔滔不绝。很明显，杨某的"全考 A 等"，大大满足了杨父的面子需求，不过这种满足是建立在杨某的成绩虚假基础上的。该怎么办？立即纠正，说明实情是种办法，但这样的话，对杨父打击之沉重自不必说，也会对杨某造成更严重的伤害。老师看到杨某已经对自己的错误有了较为深刻的认识，于是"铤而走险"，与学生协商解决的方式。先征询杨某意见："你有什么打算？"再求证杨某今后的想法："今后想不想学好、考好？"然后道出解决的办法。"回去找同学和老师帮忙，把试卷上的题目全部弄明白，重新写在上面，剩下的事情由我处理。"以"全部弄明白"为基础，假中有真，真中有假。这一例中，虽然只有三个人，但需要关系却颇复杂，老师的补救措施、表达方式颇为独特，兼顾了杨家父子以及教师的不同需要。当然，这是特例，我们并不赞同教师对学生作弊采用"各科全优"的惩处方法。

（三）需要语言的限制性

关涉需要的语言又必须把握度的限制。既不能超越特定的高度，又应该顾及是合达到必要的底线。人们都生活在一定社会关系之中，人们获取需要的行为无不带有社会关系的痕迹。所以，人们要获取一定的可满足生理需要和心理需要的利益，必须在特定社会关系中通过必要的社会实践活动取得。人们可以超越一定的时空限制描绘自己的需要蓝图，但却不能超越既定的社会关系获得相关利益。利益需要的和谐不等于承认所有利益要求的正当性、合理性。社会中不同的人、不同的群体和阶层，有着不同的利益要求。语言表达主体在协调各种需求、追求利益和谐的过程中，承认利益差别是必要的，但是，这并不等于承认各种相互差别的利益都具有正当性。利益和谐并不意味着尊重和保护所有的利益要求，相反，利益和谐有时候不能回避需求冲突和利益斗争，不能回避对一些不正当的利益要求加以限制和剥夺。

下班高峰时段，前方堵车，一辆警车一拐，驶进了人行道。前面闪出一名年轻的交警，他一挥手，车被迫紧急停下。

小交警给司机敬了一个礼："同志，你违反交通规则，必须接受处罚。"司机哼了一声，向后摆头："王局长在车里。局长要到局里开个紧急会议，赶时间，所以才……行了你，放行吧！"小交警站到车前："不行，不管是谁，违反交通规则都要接受处罚。""你……我说你怎么这么不给面子呢？"小交警："执行法律是我的职责。""你是哪个队的，叫什么名字？"司机大声问。"我是三大队的，名叫王小鹏。""你们大队长的电话号码是多少？""你是问他办公室的电话，还是他家的电话，还是他的手机？""好好好，"司机没法，只好说："你罚吧。"小交警开出了罚款单，又在驾驶证上扣了两分，然后说道："同志，作为司机，要严格遵守交通规则，尤其作为警察更应模范遵守交通规则，不能因为你是局里的甚至是局长的司机就可以违反交通规则；我们交警也不能因为你是局里的甚至是局长的司机而不处罚你违反交通规则的行为。法律是给所有的人定的，没有特殊公民。为了您和他人的安全，希望您这是最后一次违规。"

王局长到了局里，直奔会议室，会议室里开会的人员都已到齐。

"同志们，"王局长坐下后严肃地说，"我今天来晚了，为什么呢？因为我被一名小交警截住了。因为赶时间，我要司机违反交通规则驾车上了人行道，这名小交警知道我是局长，我要开会，可没给我面子，坚持进行处罚。"局长一拍桌子，"他懂得法律法规面前人人平等，他知道自己的职责所在。他不畏官、不怕权，好样的。我担任局长四年来，曾多次违反交通规则，可都没有受到处罚，有些交警看到是我的车反而还给我敬礼。只有这次我受到了处罚，罚得好。如果我们的交警都能像这名小交警，他叫……噢，他是三大队的，叫王小鹏。要是我们的交警都像他那样严格执法，我市的交通秩序一定会有很大的变化，如果我们的干部都像他那样，我们的交警队伍就会出现一大批严格执法的榜样。我们就要用这样的干部，三大队尚缺一名副大队长，我们提议，把这位小交警破格提拔为副大队长。"说着王局长第一个举起了右手，环顾四座，所有的人都举起了右手。

晚上，王局长回家，开门的正是白天拦截他车的那名小交警王小鹏。"怎么样？"王小鹏有些紧张地问。"通过了！"王局长笑着把公文包递给王小鹏。王小鹏一下抱住了王局长："三叔，你这招实在是高呀。"

（《晚报文萃》，2006 年第 1 期）

这一例中，王局长为了提拔侄子当上副大队长，精心策划了一幕严格执法的戏。警车故意违反交通规则，司机故意说明这是局长的车子，且有重要会议，可小交警坚决不让步："不行，不管是谁，违反交通规则都要接受处罚。""不管……都要……"引领的无条件的条件关系复句，将话说得死死的，以示原则性极强。王局长的话语冠冕堂皇，"这名小交警知道我是局长，我要开会，可没给我面子，坚持进行处罚"，"要是我们的交警都像他那样严格执法，我市的交通秩序一定会有很大的变化，如果我们的干部都像他那样，我们的交警队伍就会出现一大批严格执法的榜样"，"没给我面子"、"坚持"、"严格执法"等词语，评价很高，还用"假如"开头，述说任用这样的干部会带来怎么样的变化，为下面的提议铺垫。"把这位小交警破格提拔为副大队长"，似乎无懈可击，顺理成章，但问题在于这些话语不符合事实，隐瞒亲属关系，编造虚假信息，语言行为的背后隐藏的是追逐私利的动机，必须完全否定。

第二节　需要语言的公平公正

满足需要的语言的第一个要求是公平公正。公平公正，就是合法、合理、合情，不偏袒、不徇私。由于需要语言涉及个人的切身利益关系，影响其需求是否能够得到满足，所以公平公正显得十分重要。以公平公正的语言处理好人际交往的利益关系，满足人们的需求，对人际关系的和谐至关重要。

一、合法性

语言的合法性，这里是指合乎法律法规的规定。因利益需要产生的纠纷、矛盾，许多场合是由于当事人缺乏法律意识，不了解、不懂得法规导致的。化解这一类纠纷、矛盾，如果以有关规定为准绳，就比较容易说服当事人，取得理想的效果。合法语言最主要的特征是比照性，说写者往往将事实、问题、矛盾与法律、法规条文对照，以找出症结所在。话语与规定之间对接准确无误，说服力就强；反之，理解或表达有误，说服力就不够强，或没有说服力。

张先生花 5 万元买下了朋友冯某的两间私房，双方订立了书面合同，但未办理登记过户手续。张先生搬入此房后不久，两家因琐事发生矛盾，冯某对张先生说："房子不卖了，你给我马上搬走。"张先生说："房子我已经住上了，钱我也不欠你的，也有合同，你想不卖，那不行！"张先生对冯某的话置之不理。不久，冯某以 5.5 万元将此房卖给了孙某,并迅速到房管部门办理了过户手续,并告诉张先生请他尽快搬出,退还他 5 万元房钱,如果不搬出就起诉他。张先生非常生气,认为房子虽然没有过户,但是合同已经履行,自已应该是房子的合法所有人。双方发生了激烈的争吵。

镇司法所的工作人员王某把三人召集在一起劝说道:"根据《民法通则》、《城市私有房屋管理条例》及相关法规对'不动产的物权变动,以登记生效为要件'的解释:房屋所有权转移须到房屋所在地房屋管理机关办理所有权登记手续,房屋所有权转移的必要程序是所有权登记手续,而不是以买卖合同为生效条件。冯某与张先生、孙某所订立的房屋买卖合同均为有效合同,但孙某已办理了房屋所有权过户变更登记,因而取得了房屋所有权。不过,完全履行合同义务的张先生其合法权益也应该受到法律的保护。由于冯某的过错已构成违约,双方应当解除合同。张先生可以要求冯某承担违约责任,赔偿经济损失。"

（《人民调解》，2004 年第 6 期）

张先生花 5 万元买下冯某的私房,订立了书面合同,但未办理登记过户手续。冯某反悔,要求张先生搬走,张认为"钱我也不欠","也有合同",从而拒绝搬走。而冯某又将房子卖给了孙某,办理了过户手续。三人之间都存在切身利害关系,矛盾越演越烈。最终的结果是三方达成一致意见:孙某拥有房屋所有权,张先生在三个月内搬出,冯某退还张先生 5 万元房款并赔偿其所受损失 3 000 元。矛盾消除了,三方非常满意这一结果。这一例中的王某按照法律的规定作了说明和解释,将发生的矛盾纠纷与法规比照,"根据《民法通则》、《城市私有房屋管理条例》及相关法规对'不动产的物权变动,以登记生效为要件'的解释:房屋所有权转移须到房屋所在地房屋管理机关办理所有权登记手续,房屋所有权转移的必要程序是所有权登记手续,而不是以买卖合同为生效条件。"是非曲直一目了然,当事人三方的权益都得到了保障,大家口服心服。

语言的合法性貌似有据可查,只要对照条例,对号入座就行了。实际上事情并不这样简单。上述事件的合法与不合法比较明显,但法规是个严密的、细致的系统,矛盾纠纷是错综复杂的,说写者必须十分熟悉法律规定,凭借敏锐眼光,依仗严谨的思维,高度重视细节,一丝不苟地按照法规实施语言行为,同时融情于法,才能顺利圆满解决矛盾纠纷。稍有差错,往往有可能导致交际失败,人际关系失和。

《人民调解》2005 年第 1 期上有个催人泪下的关于调解的故事,梗概如下:

村民王明海老汉的独生子王志强与刘玉凤结婚三年,刘玉凤因确诊没有生育能力,便主动提出离婚,王志强说死也不同意,公婆则逼迫儿媳离婚。经刘玉凤三番五次地诉至法院,终于取得了一纸离婚判决书。就在收到判决书的第五天,王志强借酒消愁驾驶摩托车撞树身亡。刘玉凤的哥哥、弟弟招集亲友到王家把应属于刘玉凤所有的财物全部拉了回来，由此而引起了离婚的媳妇回来争遗产的纠纷。

调解中，双方各执己见，展开了唇枪舌剑的辩论。刘玉凤的代理人说："刘玉凤虽然和王志强领了离婚判决书，但不是真离婚，而是迫于男方父母一时之偏见，他们是为暂时回避一下矛盾而办的假离婚（刘的代理人就这一主张向调解员提供了证人证言）。依据双方当事人办的是'假离婚'这一事实，刘玉凤对王志强留下的价值20万元的遗产应有继承权。"

王明海的代理人答辩："法律文书不是儿戏，不能凭你说是假离婚就无效。离婚判决书发到你手，你表示不上诉就发生法律效力，离婚已成事实，双方就无任何关系了。离了婚的儿媳妇还想回来分割丈夫留下的遗产，可以说前无古人，后无来者，于法不容，于理不合。"

镇调委会李主任发表调解意见了："……这是一起特殊的继承纠纷，他特殊就特殊在不仅适合继承法，而且最主要的还涉及民事诉讼法的相关规定。本纠纷所争议的焦点就是王志强死亡前与刘玉凤的夫妻关系是否存在，你们说是不是这么个理？"待双方当事人及代理人均表示认同后，李主任问王家代理人："依据《民事诉讼法》之规定，不服一审判决的上诉期限是多长时间？""我知道是十五天，但是双方当事人在宣判笔录上明确表示不上诉，依此应当认定他们自宣判之日起就已解除了夫妻关系。"王家代理人胸有成竹地答道。李主任继续问道："王家代理人是否能告诉大家哪条法律及法律解释规定：一审判决只要双方当事人在宣判时明确表示不上诉，判决书即发生法律效力？""这……"王家代理人有点手忙脚乱了。李主任确切地告诉大家："民事诉讼法第一百三十四条第四款明确指出：宣告离婚判决，必须告知当事人在判决书发生法律效力前不得另行结婚。一审判决书发生法律效力的时间是双方当事人收到判决书的十五日之后，这就证明十五日之内判决书未能发生法律效力，被判决离婚的双方当事人在这十五日内夫妻关系并未依法解除。就今日算起，刘玉凤与王志强的离婚判决书距发生法律效力之日还剩两天时间，如果王志强还健在的话，刘玉凤现在仍然和他是夫妻关系，因为判决书还未到发生法律效力之日。……就刘玉凤与王志强感情至深而言，如果不是刘玉凤在王志强坟前哭得死去活来，刘家人也不会因气愤而领玉凤回来争遗产。请代理人把刘玉凤拜祭王志强那悲悲切切催人泪下的情景对你大伯讲一讲。"

王老汉再也坐不住了，他老泪纵横地颤抖着身子站了起来，踉踉跄跄地走到刘玉凤面前失声地哭道："孩子，我糊涂啊，对不起你呀！……""爹——！"玉凤也扑到王老汉的身上，爷儿俩哭作一团，旁听席上的群众没有一个不掉泪的。

这一例的情况很复杂，表面上看，双方已经判决离婚，女方提出的"假离婚"证据也并不是令人信服的理由，而李主任敏锐地发现了矛盾纠纷的症结所在，注意到了一个双方都忽视了的判决的时效问题，"民事诉讼法第一百三十四条第四款明确指出"："一审判决书发生法律效力的时间是双方当事人收到判决书的十五日之后"。先提出问题请有关方面思考、回答，"本纠纷所争议的焦点就是王志强死亡前与刘玉凤的夫妻关系是否存在，你们说是不是这么个理？"双方当事人及代理人均表示认同，这就为下面解决问题集中了方向，做好了铺垫，避免横生枝节，岔开话题。再明确援引法律规定解释，"就今日算起，刘玉凤与王志强的离婚判决书距发生法律效力之日还剩两天时间"，结合案例，清楚明白表述。由于前边已经一字不漏地陈述了法律规定，作出这样的判断无可争辩。最后以情触发对法规的认可，"刘玉凤在王志强坟前哭得死去活来"、"刘玉凤拜祭王志强那悲悲切切催人泪下"的场景，感情色彩极为鲜明。一起疑难的纠纷、一幕警世的悲剧，在正确引用法律条款、引发人间真情的调解中画上了一个令人心酸的句号。

二、合理性

语言的合理性，就是合乎是非得失的依据。合法的语言当然是合理的，但世上的事情是极其复杂的，并非所有的事情都能够有法律规定可循，法律只是其中一种比较特殊的规则。这里所说的合理性，主要是指除了法律规定之外其他的人和事的处理方法，要求有根有据。这种是非得失的依据，大多是在人们的社会实践中逐渐形成，存在于人们的心中的，是一定的社会价值或共同体所沿袭的先例，得到了公众的普遍认可。

（一）语言合理准则的公认性

语言合理准则虽然一般没有明确的文本规定，但得到社会上人们的普遍认可，因而具有普适性。"天地之间有杆秤，那秤砣是老百姓"，人们心中自有一杆秤，用以简便而快捷地判断是非正误。

一天，因商品存放占用房间，赵某和公公发生矛盾。公公在没有得到赵某的同意的情况下，把她存放在房间里的鱼缸全部搬到外边了。赵某见状就和公公吵了起来，公公一气之下要砸鱼缸，赵某跑过去，推了公公一下，老人摔了一跤，坐在地上一动不动。婆婆看到儿媳把老头推倒了，对儿媳破口大骂："你这个不孝的女人，敢动手打人，给我滚出去！"儿子回家一看父亲卧床不起，于是把父亲送到医院。

老人一见调解员，悲伤地说："这样的儿媳我们无法接受！这次我非得把她赶出去，再也别想进我这个门。"调解员和气地说："李大爷，您这话就不对了，这次儿媳推你虽有不对，但以往儿子和儿媳一直都对您很好，让儿媳给您道个歉，您老消消气。"李大爷气愤地说："不行，绝对不行，她现在就敢打我，如这次饶了她，以后更由着她撒泼了。你们真想帮我，就让她搬出去。"

调解员又做赵某的工作："小赵，你应尊重老人，存放物品应征得老人同意后再放，而且，与公公发生矛盾后，还动手推老人，这是非常错误的，应该给老人赔礼道歉。万一有个好歹，问题就严重了。"

经过对双方的劝说，儿媳认识到自己的错误，向老人道歉："爸，我保证今后好好照顾公婆，如果需存放东西占用房间，一定先向你说明，征得您老同意，由您统一安排。"见儿媳主动过来道歉，李大爷紧缩的双眉也打开了，说："我也不是那种不讲理的人，看在你们调解员的面上，我原谅她了。"

这一例中，公公和媳妇吵架，媳妇没征得公公同意，把东西放进他的房间，还推了公公，使他摔了一跤；而公公不够大度，未征得媳妇同意便将东西扔出房间，由此爆发了激烈的冲突。婆婆对儿媳破口大骂："你这个不孝的女人，敢动手打人，给我滚出去！"扣上"不孝"罪名，责令其"滚"。公公说："这样的儿媳我们无法接受！这次我非得把她赶出去，再也别想进我这个门。"从"无法接受"、"赶出去"、"别想"等词语可以看出双方已经闹到水火不相容的地步。不过，仔细想想，由于事情不大，后果也不严重，两人的矛盾还够不上用法律来解决。尽管这样，但其中的是非自可公断，主要责任在于媳妇。调解员批评了小赵的错误，用递进的句式，"非常"等修饰语突出了推人错误的严重性，点明按理"应该给老人赔礼道歉"，这样，一场家庭矛盾及时化解了，公公赔礼道歉的要求得到满足，相信公公今后也会允许媳妇存放东西了。

（二）语言合理准则的灵活性

语言合理准则是很灵活的，在不同的需要领域有不同的准则。事关经济利益需要的交往，而今提倡和追求的应该是双赢或多赢的结果。双赢或多赢意味着满足经济利益需要的合理性。如果只是贪求己方的利益，压迫、抑制对方，变着各种花样骗取，不但不能满足自己的需要，而且必然有损自己的人格，破坏自己的形象，难以维持良好的人际关系。

一个不会喝酒的人，偏偏在酒厂销售部门供职，而且多年来业绩在全厂一直是最好的。

一次在酒桌上，任朋友们怎么劝，他也只是浅浅地端起酒杯抿了一小口。大家对此都不太满意，朋友问他："你不喝酒，这些年的酒又是怎么卖掉的？"他笑笑："就这么卖啊，谁买就卖给谁。"朋友开玩笑指责他玩文字游戏，又问他："假如你出去遇上跟今天一样的情况，而且面对着的是一批客户，你能拒绝喝酒吗？"他依然笑笑："不能喝肯定就是不会喝的。""你不怕客户生气？顾客可是上帝呀!"他平静地说:"我心中没有上帝。"他的话让朋友一震。

(《企业管理》,2002 年第 7 期)

"我心中没有上帝。"这位推销员说得多好!心中没有上帝,你就不必心存顾忌,患得患失,因为只有上帝的施予是无偿的,而买卖双方是平等的、互惠的,谁都没有必要去刻意迎合对方。在生意上,如果想讨好客户而一味迁就,结果说不定要失去客户。心中没有上帝,就能做得不偏不倚,公平合理,在表现一个人自信的同时,也能展示一个人的人格力量。

日常生活领域里的需要语言,其合理性有时较难判断,俗话说:"公说公有理,婆说婆有理。"这是因为合理性的规则有些是弱性的,甚至具有两重性,角度转换,是非标准也随之转换。

我准备外出办事。刚走出宾馆,发现下雨了,便向总台服务员借挂在门口被锁起来的伞,服务员说:"请交出房卡。"我解释房卡被同住的同事带走了。她说:"那你交出证件,不然我怎么相信你?"我说:"和你下午换班的同事认识我,她可以证明啊。我没有随身带证件的习惯,我保证一个小时后把伞还给你。"她很怀疑地上下打量,紧接着问:"你没带证件,我怎么相信你呢?如果你把伞带走了,不还给我们,那不就我个人赔了?"我说:"凭我的真诚人格和对你的信任。"她说:"你信任我,我还不敢信任你呢。"她冷冷的眼神和表情让我的心比外面的雨还凉。最终她拒绝了我借伞的请求。我失望地走出宾馆,到附近的超市买了一把伞。

这时,我想起大学里从国外讲学回来的老师讲的故事。有一次,他从国外的驻地宾馆外出,出门时天气看样子要下雨,宾馆服务员提醒他带上放在门口的伞。他说:"不用带,不会下雨的。"服务员劝他:"你最好带上,这里的天气变化反复无常,防止下雨淋着你。"最后,在服务员的再三提醒下,他带了伞。走到半路上果然下起了大雨。那个宾馆里的伞显眼地放在门口供顾客用,根本不要缴纳押金或者出示证件什么的。回去后那个服务员已经换班了,他将伞交给另一个服务员,并开玩笑地说:"你们不怕我把伞带走不还给你们吗?"出乎意料的是,服务员说了这样一段话:"我们相信你不会的,对你的不信任就是对你的不尊重,在你们做出入住我们宾馆的决定时,你已经给我们投出了尊贵信任的一票。正因为你们信任我们才住到这里,这是我们的荣耀。我们没有任何理由不信任你,在这里,如果一个人有一次不诚信的行为,那以后就没有人会相信他,给他方便了。你没有淋雨就是我们最好的消息。"

(乌国福著:《我很重要》,华中师范大学出版社,2009 年。文字略有改动)

"我"和老师的两次经历，都需要借伞，一个服务员要求"交出房卡"，或者"交出证件"，怀疑对方："不然我怎么相信你？"表示担忧："如果你把伞带走了，不还给我们，那不就我个人赔了？"断然拒绝借伞；一个服务员主动借伞，再三提醒："你最好带上，这里的天气变化反复无常，防止下雨淋着你。"并表示绝对信任，"对你的不信任就是对你的不尊重"，"这是我们的荣耀"。将"信任"与"尊重"等同，提高到"荣耀"的高度。服务员究竟该不该满足客人借伞的要求呢？我们觉得很难完全责怪前面那位服务员态度蛮横，站在她的立场、角度考虑，或许有规定，或许发生过多次借而不还的事情，无卡无证拒绝借伞自有理由。第二个服务员基于对客人的高度信任，热情的关心，主动借伞，当然值得赞赏，值得提倡。所以，在这种场合，不必苛求，合理的标准可以制定得宽松一些。不过，需要指出的是，不肯借伞的服务员的语言比较生硬，很不妥当。

（三）语言合理准则的尺度性

语言合理是有尺度的，超出了合理的界限，合理就会向不尽合理，乃至不合理转化。需要语言的合理、不合理，有时候比较明显，不难区分，但在有些场合，合理的和不合理的因素是相互交织、动态变化的，合理与否，主要考查其是否超越了合理的度。所以全部满足、部分满足、不能满足需要，具体情况要具体分析，语言的分寸感、条件性、完整性常常起着重要的作用。

> 技师在退休时反复告诫自己的小徒弟："不管在何时，你都要少说话，多做事，得有一手过硬的本领。"小徒弟听了连连点头。
>
> 10年后，小徒弟也成了技师。他找到师傅，苦着脸说："师傅，我一直都是按照您说的方法做的，不管做什么事，从不多说一句话，只知道埋头苦干，不但为工厂干了许多实事，也学得了一身好本领。可是，令我不明白的是，那些比我技术差的，比我资历浅的都升职加薪了，而我还是拿着过去的工资。"师傅说："你确信你在工厂的位置已经无人替代了吗？"他点了点头。师傅说："你是该到请一天假的时候了。"他不懂，问："请一天假？"师傅说："是的，不管你以什么理由都行，你一定得请一天假。因为一盏灯如果一直亮着，那么就没人会注意到它，只有熄上一次，才会引起别人的注意……"
>
> 他明白了师傅的意思，请了一天假。没想到，第二天上班时，厂长找到他，说要让他当全厂的总技师，还要给他加薪。原来，在他请假的那一天，厂长才发现，工厂是离不开他的，因为平时很多故障都是他去处理的，别人根本不会处理。
>
> 他很高兴，也暗暗在心里佩服师傅的高明。薪水提高了，他的日子也好过了，买车买房，娶妻生子。从此，只要经济发生了危机，他便要请上一天假，每次请假后，厂长都会给他加薪。就在他最后一次请假后准备去上班时，厂长说：

"你不用来上班了!"

　　他苦恼地去找师傅:"师傅,我都是按您说的去做的啊。"师傅说:"那天,我的话还没有说完,你就迫不及待地去请了假。要知道,一盏灯如果一直亮着,确实没人会注意到它,只有熄灭一次才会引起别人的注意;可是如果它总是熄灭,那么就会有被取代的危险,谁会需要一盏时亮时熄的灯呢?"

（《故事家》,2008 年第 10 期）

　　这个故事颇有启发性。本来,徒弟因为上级处事不公,心情苦闷。师傅在证实了徒弟在工厂的位置已经无人替代后,建议徒弟"请一天假","因为一盏灯如果一直亮着,那么就没人会注意到它,只有熄上一次,才会引起别人的注意",这个比喻很是贴切。听从了师傅的话,徒弟请了次假,让上级意识到了自己的水平和地位,随之给予升职、加薪,这是合理的。但徒弟却不就此满足,进而将请假作为要挟上级的一种手段,"只要经济发生了危机,他便要请上一天假",超出了度的限制,这样一来,徒弟的话语就转化成不合理的了。厂长说:"你不用来上班了!"于是徒弟被辞退了。师傅具有辩证的眼光,"一盏灯如果一直亮着,确实没人会注意到它,只有熄灭一次才会引起别人的注意;可是如果它总是熄灭,那么就会有被取代的危险",他的一番生动、形象的话,其实本来是完整的,有特定条件的,"请一天假"、"只有熄上一次"。可惜徒弟没有听完整,为一时的得利冲昏了头脑,心态偏离正确的位置,最后导致被辞退的结局。

三、合情性

　　合情性,就是语言合乎人们的感情需要。合情,换句话说,就是交际双方感情的平衡、心理的平衡。人们的感情需要是很微妙、很复杂的,所以合情的语言也呈现出多样的色调。在特定场合下,迫切的感情需要还会超越其他因素,对人际关系起着决定性作用。迫切不是强迫,强迫导致的后果往往不但不能满足感情的需要,反而使亲情、友情丧失,人际关系遭到严重的破坏。语言的合情性也是公平、公正的重要表现,一旦失衡,常常会导致矛盾、冲突的产生,乃至出现激化的形式。合情的语言可以是合法、合理的,但在有的情况下,合情的语言不一定合法、合理。

（一）具有独特说服力的合情语言

　　合情语言常常用来劝导、说服他人改变态度、意见、行为。有时候,或者因为是很小的事情无需上纲上线,或者因为固执的个性难以使交际对方转变态度等。讲法律,说道理并不见得能够奏效,而以情感化的语言往往能够软化相互阻隔的屏障,顺利达到劝服的目的。

　　一位中年妇女找某社区居委会的民调主任老张告状:"我们家住在 5 号楼某

单元四层，楼对面两家挂了两面镜子，从他们挂上镜子后，我们家就没消停，我爱人开车出车祸，我儿子生病住院，我也总头痛，看见那镜子就更闹心，你们要不解决，我今天人就不走了。"大家这才明白是镜子惹的祸。老张说："这样吧，您先回去，3 天之内帮您解决。"这位中年妇女边走边说："如果你们不管，我就自己把它砸了。"

老张来到 5 号楼下，往对面一看，果然在 2 单元 4 层两户阳台外有两面镜子，在太阳照射下闪闪发光。老张来到挂镜子的一户门外。开门的老太太很不高兴地说："挂个镜子碍着谁了，还用告到你们居委会，再说了，镜子也不是我们先挂上去的，要摘也得让对面楼上的先摘，是他们先挂上的，他们摘我就摘，要不我小孙子闹个病了、灾了的找谁去？"碰上位既固执又迷信的老太太，老张没有办法只好出来，又敲响了对面的门，一位中年男士打开了门，老张说明来意后，这位男士有点不好意思，他说听对面的老太太跟他爱人说，对面楼上有镜子总照着咱们，把晦气、邪气都照过来了，咱一家挂一个，再给他反照过去就没事了。我没在意，谁知我爱人真在阳台外挂了一个，既然你们不让挂，我就摘下来。这家男主人很爽快地把镜子摘了下来，老张连忙道谢。

老张赶紧联系 5 号楼有镜子那户人家，房主是新结婚的小两口，阳台上的镜子是女方娘家陪送的，放在卧室的窗台上，没挂在外面。老张说："你们对面楼上的老太太咬定你家的镜子反光对她家不好，还引起了别的矛盾，你是年轻人，回来把镜子挪个地方，就算是支持我们工作了。"经过反复劝说，这对新婚夫妇终于同意把镜子拿到其他地方去。看到对面楼上的镜子没有了，老太太很不情愿地摘下了阳台外的镜子。

（《人民调解》，2008 年第 8 期）

这一例中，解决镜子纠纷无法可据，中年妇女提出的要求也是无理的，责怪、埋怨楼对面两家挂了两面镜子后，"我们家就没消停，我爱人开车出车祸，我儿子生病住院，我也总头疼"，将三人的"车祸"、"住院"、"头疼"全部归咎于镜子，是迷信思想在作怪。而老张的调解语言，并没有以没有法律依据而拒绝做工作，也没有用科学大道理教育当事人——事实上，如果那样做，未必会取得预期效果，而老张主要是以邻里之情、工作之情打动新结婚的小两口，讲明事情的原委，夸奖"你是年轻人"，言下之意是不要跟"既固执又迷信"的年长者较劲。"把镜子挪个地方，就算是支持我们工作了。"简简单单动一动，就是做了一件大好事，将其行为提到"支持我们工作"的高度。经过反复劝说，老张最后顺利达到了交际目的。

（二）具有巨大包容性的合情语言

合情的语言具有巨大的包容性。这类语言并非没有是非之分，但人们常说情义无价、情爱无私，感情的力量是强大而奇妙的。所以，有的时候并不需要多讲大道理，没有必要辨别清楚是是非非，语言一旦融入了真挚的情感，奇迹就会发生。下面是一个发生在芬兰的动人故事：

> 有个叫彼得的孩子，是一个商人的儿子。有时他顺便到他爸爸做生意的商店里去瞧瞧。店里每天都有一些收款和付款的账单要经办。彼得往往受遣把这些账单送往邮局寄走。他渐渐觉着自己似乎也已成了一个小商人。
>
> 10 岁那年，有一天，彼得忽然想出了一个主意：也开一张收款账单寄给他妈妈，索取他每天帮妈妈做点事的报酬。妈妈发现了在她的餐盘旁边放着一份账单，上面写着："母亲欠她儿子彼得如下款项：取回生活用品 20 芬尼；把信件送往邮局 10 芬尼；在花园帮助大人干活 20 芬尼；他一直是个听话的好孩子 10 芬尼。共计：60 芬尼。"彼得的母亲在餐桌上看到这份账单，无声无息地在账单旁放了 60 芬尼。
>
> 正当小彼得如愿以偿、为自己的小聪明欣喜不已的时候，他发现了母亲留下的一份账单，上面写着："彼得欠他的母亲如下款项：在她家里过的十年幸福生活 0 芬尼；他十年中的吃喝 0 芬尼；在他生病时的护理 0 芬尼；他一直有个慈爱的母亲 0 芬尼；共计：0 芬尼。"
>
> 小彼得读着读着，感到羞愧万分！过了一会儿，他怀着一颗怦怦直跳的心蹑手蹑脚地走近母亲，将小脸蛋藏进了妈妈的怀里，小心翼翼地把那 60 芬尼塞进了她的围裙。

（《现代交际》，2009 年第 5 期）

这个精美的故事，切入角度独特，把母爱的无私、无价表现得极为动人，意蕴深长。彼得要求满足他"劳动所得"，分别列出"取回生活用品"、"把信件送往邮局"、"帮助大人干活"等应该取得报酬的缘由，也许儿子是看到了其他人做这些事父亲确实给予了报酬，表面上合理合情，但母亲的回应只是简单的账单，列举的都是重大的事情，而报酬的数字都是"0"，与儿子的要求形成极其鲜明的对照。儿子羞愧地认识到了自己的要求实际上是无理无情的，母子之间的关系更加亲密了。如果我们设想母亲的另两种方式的应对话语。A：母亲自豪地说："孩子，你真行，竟然想出这么好的主意动心眼算账，这么小就会讨价还价，长大了一定有出息！"B：母亲愤愤地说："你这个孩子，怎么回事？干一点事情开口就是钱。你也不想想，你父母养你供你上学不知道花了多少心思，算算，你应该给我们多少钱？"两者都是基于经济利益的考虑，A 表面上未涉及算清楚经济账，但母亲着眼今后长远的经济账；B 算的是现实经济账，情感的因素则显得十分淡薄。

（三）具有相对平衡性的合情语言

合情语言具有相对的平衡性。合情既要合乎说写者的感情，也要合乎听读者的感情，两者兼顾，才会达到相对平衡。如果只是一味强调其中的一个方面，忽略了另一方面，感情就有可能失衡，甚至会适得其反，损害、破坏人际关系。

老师号召大家去于小黑家参观。于小黑虽然家境贫寒，可他的学习成绩最好。老师说："于小黑是异乡人的孩子，他家比谁家都穷，你们去他家看看，就知道该怎么努力学习了。"

每当老师这么说的时候，于小黑总是低下头，一张小脸又红又黑。几个同学却在悄悄扮着鬼脸，他们不爱听老师的话。老师总是用表扬于小黑来打击他们，用于小黑的贫穷来教育他们。没人去于小黑家参观，一个人都没有。谁都不愿意去。一个异乡人的破家，又穷又脏，去看什么？……

老师却不死心，还在动员大家去于小黑家参观。于小黑这个典型太好了，太难得了。美就在身边，我们缺少的是发现美的眼睛。老师一定要把于小黑这个典型发掘出来，让他成为照耀全班同学进步的灯塔。可是，没有人去于小黑家参观。这怎么办呢？老师想到了学生家长。对，就让家长们了解于小黑的事迹，让家长们去于小黑家参观。

老师召开了家长会，并声情并茂地讲述了异乡人的孩子于小黑的故事，老师说："一个异乡人的孩子，家境那么贫寒，可学习成绩却很拔尖，难道不值得我们学习吗？天将降大任于斯人也，必先苦其心志，劳其筋骨，饿其体肤！"

家长们点着头，深有体会地点着头。老师说得太对了。现在的孩子，就是缺乏吃苦精神．就是需要清贫！"梅花香自苦寒来"，不吃苦中苦，怎做人上人？与其花钱送孩子去参加拓展训练，倒不如带孩子去于小黑家参观！

于是，家长们围住了于小黑，提出要去他家。家长 A 说："小黑同学，你应该欢迎我们，我们是到你家学习的！"家长 B 说："小黑同学，贫穷也是财富。我希望我的孩子能和你共同拥有这笔财富！"家长 C 说："小黑同学，我真心希望我家孩子能和你成为最好的朋友，一帮一，一对红！"家长 D 说："小黑同学，就算是有偿参观吧，付给你参观费，行不行？"

于小黑低头不语，晶莹的泪珠在眼眶里打转转。于小黑很想大哭一场，痛痛快快地大哭一场。……于小黑大声地说了"不"。丁小黑不想让自己家的贫穷成为别人的反面教材。

老师很遗憾。家长们很遗憾。同学们却不遗憾。因为，同学们获得了解脱。于小黑不同意让他们去他家参观，不就是让每个同学都解脱了吗？不然的话，于小黑这个反面教材，会成为他们心中永远的阴影．

第二天，异乡人的孩子于小黑没来上课。听老师说，于小黑转学了。

（《青年博览》，2007 年第 9 期）

老师对于小黑赞赏有加，号召大家去于小黑家参观："你们去他家看看，就知道该怎么努力学习了。"学生一个都不肯去。老师不死心，一定要把于小黑这个典型发掘出来，让他成为引航全班同学进步的灯塔，转而动员家长去参观。"难道不值得我们学习吗？天将降大任于斯人也，必先苦其心志，劳其筋骨，饿其体肤！"用古人的名言将于小黑拔高到"天将降大任于斯人"的高度。家长们使出各种招数，有的认为理所当然："你应该欢迎我们，我们是到你家学习的！"颇有居高临下的气势；有的说得冠冕堂皇："贫穷也是财富。我希望我的孩子能和你共同拥有这笔财富！"强调的是自我；更有甚者，提出了"有偿参观"，愿意付"参观费"。或许老师和家长的语言是出乎真心的，但他们却忽略了于小黑的感受。于小黑不想让自己家的贫穷成为别人的反面教材，他人的话语深深刺痛了孩子的心灵，他坚决说了"不"拒绝，最后不堪精神重负，转学了。这一例中，导致于小黑转学逃避的主要原因就是感情的失衡，老师和家长只顾自身感情的倾泻，而不合乎交际对象的感情需求，赞扬本身没错，但也应该注意赞扬什么、赞扬的方式、赞扬的程度，赞扬虽是法宝，但过犹不及。

第三节　需要语言的谦和退让

满足需要的语言的第二个要求是力求言语的谦和退让。谦和退让是道德的自我约束的表现，宁愿自己吃亏、利益受损，也不肯接受、占有。公平、公正是相对的，在现实生活中，事实上不可能做到绝对的公平、公正。在许多场合下，加强道德自律，使用谦让语言是解决人际矛盾的一帖良药。

一、弱化物质需求

物质需求虽然是重要的，关涉人们的切身利益，但许多物质需求并非必不可少，而是可多可少的，有时候即使不能得到也不会影响人们的正常生活。所谓弱化物质需求，就是取得、给予或舍弃的语言行为。将他人的利益需求放在第一位，设身处地，从他人的视角出发；对自己的利益有所求而不强求，有所得而不夺得，甚至宁愿自己倒贴赔本，"你向左，我就向右"。弱化物质需求的语言，一般有承诺，且信守承诺；取得、给予或舍弃的语言形式标记比较明确；语态诚恳、和善。空口说白话，高高在上，可能是许诺舍弃一些物质利益，但或者限于表面，或者是种施舍，并不是真正意义上的弱化物质需求。

（一）语言的标准偏差

语言的标准偏差，就是语言表述的事关物质需要的标准有意偏向交际对象一方。人际交往，涉及人们的物质利益需要问题时，常常免不了要制定得失取舍的标准，即使没有明确的文本，也有约定俗成的无形标准。这个标准通常是力求公平、公正，但如果说写者制定的标准有意偏向交际对象，那就意味着削弱、淡化自身的物质利益。《晚报文萃》（B）2006 年 第 1 期上有篇文章《让人感动的瑞典商家》：

> 在瑞典时，我们常去"老头店"买小电器，店里店外就一位老人。店小，生意却很兴隆。记得我第一次去那儿，就碰到一桩奇事：一位意大利旅行者正向老头讲述丢相机的事。原来这位顾客头天在这儿买了个"小傻瓜"相机，游一画廊时，忘在了石凳上，再去找时相机已不见了。按该店规定，凡一年内在瑞典丢失的相机，店里负责赔偿。因此，老头儿又给了那顾客一架。我问老头儿："这么干，不赔本吗？"他笑答："不会的。再说，丢相机的只是极少数。顾客丢了相机很心疼，就算我送他一个吧！"此事若不是亲眼见，决不会有人相信。
>
> 为了促销，商家经常运用各种广告手段。位于市中心的一家大皮货店门口贴出了广告："本星期日上午9时起减价出售皮大衣15件，每件30克朗，售完为止。"一位朋友拿着星期六的晚报来找我，约我一块去买，但报上登的时间是下星期一。于是，我告诉他："今天有人见到店门口贴的广告了，可能是明天卖，你去碰碰运气，我有事儿不去了。"第二天一大早，他就赶去了。9时整，店门开了，人们一拥而上。售货员高声道："对不起，门口的广告牌写错时间了，请大家星期一来买。"一位顾客不悦地说："我们在门口等了两个多小时，难道白等了吗？"另一位也同售货员交涉："应该赔偿损失，这是你们工作上的失误。我若去打工，两小时也能挣100克朗。"售货员便去找经理。经理忙出来向大家致歉："由于我们工作马虎，害得大家白等了两小时，为补偿顾客们的损失，每位发赔偿费100克朗。"

上述两例，商家明摆着是贴钱、赔钱给顾客。第一例，按"老头店"规定："凡一年内在瑞典丢失的相机，店里负责赔偿。"一般商家，能够确实做到规定期限内包换、包退、包修就是非常好的了。商店不是保险公司，哪里有赔偿的责任呢？这个承诺在一般人看来简直是傻得可以，但老板是笑着作出回答的："丢相机的只是极少数。顾客丢了相机很心疼，就算我送他一个吧！"信任顾客，体谅顾客"丢了相机很心疼"，心甘情愿自己赔一个相机给对方，该店之所以生意兴隆也就不奇怪了。第二例，皮货店的广告写错了时间，"星期一"写成了"星期天"，经理不但急忙诚恳地向排队的顾客道歉，"对不起，门口的广告牌写错时间了"，而且承诺"为补偿顾客们的损失，每位发赔偿费100克朗"，同样自觉地承担了额外损失。商家如此处理与顾客的矛盾，商家与顾客的关系哪里会不好呢？

（二）语言的约束倾向

语言的约束倾向，就是语言表述事关物质需要的尺度，防止片面追求物质利益的倾向。在语言交际中，涉及物质利益的话题是不可避免的，也是很正常的，问题在于把握好尺度。正当的利益需求应该提出，直截了当地表白完全可以，必要时据理力争也无可厚非，但必须避免表现出追逐物质利益的倾向，即要进行必要的限制。这种追逐物质利益的不良倾向往往表现在使话题集中在并非利益攸关的问题上，不顾场合、不择时机，过分专注热衷、斤斤计较，其结果是破坏了人际关系，给人留下负面印象。

　　慧慧是一家广告公司部门经理，收入不菲，对于另一半的要求也颇高。一次，姨妈给她介绍了在高校当讲师的王晋。

　　见面后，慧慧对王晋的相貌、谈吐都比较满意，于是便旁敲侧击地问起他的具体情况："我真羡慕你，事业单位多稳定啊。对了，你们学校这么出名，收入一定不错吧！"王晋没法回避，只好报了自己的工资。慧慧听后，有些不相信："怎么还没我们高啊！不过你们福利好，加起来就比我们强了，对吗？"王晋说挺一般的。然后慧慧又问起王晋："你是不是'月光族'啊？现在有多少存款？你能进这所学校一定有关系吧？还有，你曾经谈过几个女朋友？为什么分手？"听着慧慧故作聪明的打探，王晋对慧慧一点好感都没了，于是含糊地说："这些以后再告诉给你吧！"后来，王晋拒绝了与慧慧的再次约会。

（《演讲与口才》，2009 年第 9 期）

　　初次约会时，许多女孩因为对男方的印象不错，就想多了解一些，涉及经济收入的问题也可以理解，但不能过分。这一例中，女方先问道："收入一定不错吧！"虽然用的措辞是"不错"，但基于前边设定了"事业单位多稳定啊"、"你们学校这么出名"两个前提条件，疑问形式表达的是肯定的判断。男方的收入并没达到女方的期望值，女方颇是失望，大呼"怎么还没我们高啊"，继而求证福利待遇："不过你们福利好，加起来就比我们强了，对吗？"一个"了"，一个"对吗"，关心之切、渴望之极被表露无遗。接着又盘问："你是不是'月光族'啊？现在有多少存款？你能进这所学校一定有关系吧？……"一连串的问题，期望值很高，丝毫不顾及男方的感受。男方可能以此推断：女方过于势利，看重钱财背景。从而对她的印象大打折扣，最终拒绝与她进一步交往。

（三）语言的情感伴随

　　语言的情感伴随，就是在弱化物质需求的语言中渗透进真诚的情感。弱化物质需求的语言，谦和退让，指向虽然主要是物质利益，但通常也会渗透进真诚的感情元素，使对方愿意接受、乐于接受，即使拒绝，也会表示感激之情。一旦违背了真诚的准则，所谓的弱化就会变味，或者变成居高临下的施舍恩惠，或者变成故作大方的虚情假意，这样，常常会遭到对方的抗拒。

在美国的一家大公司，有一位高级负责人因工作失误而损失了 1 000 万美元的巨款。沉重的压力使他精神紧张，终日萎靡不振。

几天后，这位负责人接到了董事长接见的通知。在办公室里，他被告知调任同等重要的一个新职务。这一结果大大地出乎意料，他十分惊讶地问道："董事长，我犯了如此重大的错误，您为何不把我开除或降职？""先生，如果我那样处理的话，岂不是在您的身上白白地花费了 1 000 万美元的'学费'？"董事长回答说。

谈话还不到 10 分钟，但却给了这位高级负责人以深刻的教育和极大的鼓励，成为激发其前进的内在巨大动力。他在新的起点上奋发拼搏，以惊人的毅力和智慧为公司的发展立下了汗马功劳。

后来有人询问董事长为什么这样处理，董事长答道："在这个世界上，还没有不犯错误的人，谁都希望自己犯了错误之后能得到别人的原谅。原谅别人就是信任别人，把他能够做的事交给他继续做下去。不信任的原谅，其实还算不上真正的原谅。信任是最美的原谅，信任才能让人变得更加美好。只有一个方法可以使过去成为有价值和建设性的经历，那就是镇静地分析我们过去的错误。因错误而获益，然后忘记错误。我们允许下属出错，如果哪个人在经过几次犯错误之后变得'茁壮'了，在公司看来是很有价值的。"

（《现代青年》，2007 年第 2 期）

这一例中，一位高级负责人因工作失误损失了 1 000 万美元巨款，错误不能说不大。董事长却没有严厉斥责、处罚，要求赔偿，而是告知他"调任同等重要的一个新职务"，在常人的眼里，简直不可思议，连他本人也"十分惊讶"，董事长将金钱确实是弱化、淡化了。董事长很平静地解释了这样做的原因："如果我那样处理的话，岂不是在您的身上白白地花费了 1 000 万美元的'学费'？"假设关系复句指出了重罚的不利后果，正句用反问句式断定出现这种后果的必然性，鲜明地表达了自己的观点。董事长并非是对 1 000 万美元的巨款真的无所谓，而是从长远的角度，以发展的眼光考虑得失，其中融入了对犯错误者的高度信任。董事长的话语深深感动了犯错误者，且发人深省。对于企业的管理者来说，他们才能的一个重要方面表现为识人、用人和容人的水平。在激烈的竞争中，提高企业的后劲在于人才，企业无法估量的资本是人才，知识可以称为企业的无形财富。董事长是深谙其中的道理的。

二、强化情感因素

人们不但需要物质利益，而且具有情感的需求。情感的需求人人都有，在有些人的眼中，或者在特定的场合，它们往往超越物质利益。重视情感需求的满足，既是传统文明的弘扬，也是现代社会文明的标志之一。强化情感因素，语言表达的重点、指向与物质需求语言明显有所不同；语言要求着重表达真挚的情感，具有不同程度的感情色彩，但不一定都要取鲜明的外显形式，可以直接倾诉，也可以娓娓道来；又由于情感是无形的、感性的，所以常常通过具体的事物表露出来。强化情感因素的语言，发乎内心，体现的是一种谦和、退让的人生境界，是淡化物质利益的自觉行为，并非装腔作势的情感游戏。

（一）语言的情感诉求

诉求是带有情感的陈述要求的。诉求的重点往往侧重在情感的抒发、宣泄、引起共鸣上面，而不是物质利益的追求或回报。诉求常用第二人称的视角，面对面陈述快乐、苦难、坎坷、曲折，以"应该"、"相信"、"情愿"、"宁愿"等带有情态的词语强化，以排比、对比等修辞方式抒写。

下面的文章《有些爱无法偿还》是一位母亲写给女儿的一封信：

亲爱的孩子，今晨你在桌上留了张极简短的纸条，便奔向你想要的幸福去了。我在隔壁卧室里听见你哭了很长时间，又低声给男友打电话，默默地收拾好自己的东西，准备像昨晚吵架时说的那样，彻底与这个家断绝来往，过自由自在的生活。你在纸条上告诉妈妈，你会还清22年来你欠父母的一切——以金钱的方式。

你是商学院的学生，应该比妈妈更能准确地算出你22年来所花掉的父母的工资，甚至利息。以你的能力，妈妈也相信，你会连本带利地一并还清。可是，亲爱的孩子，你的老师忘了告诉你，任何看起来和真理一样的公式，都有它适用的范围。而在爱这一个领域，迄今还没有一个人，能够准确地计算出它的价值。……因为，有些爱，你看不到，也摸不到，甚至不知道，更无法偿还。……

你的出生，并没有在我们的计划之内。那时你爸爸远在他乡，而我，又在化学实验室工作，时常会与有毒物质打交道。再加上我那时心脏有点儿毛病，医生很坚决地要求我们放弃你，先休养几年。我们在痛苦地挣扎一番后，还是决定无论如何，也要将你留下来，哪怕要冒一辈子的风险。

你爸爸因此辞去了待遇优厚的工作，专心地回来照顾我，只因为曾有个医生说过，如果这10个月很精心地调理，或许没有什么大的问题。我们都是极热爱自己工作的人，我那时又是个有些小资的女子，对自己的形体和衣着很是在意，可是为了你能健康平安地来到人世间，且在以后的人生路上，不因身体上的缺陷而耽误你的生活，我们情愿放弃一切。

……你无数次地让父母伤心，你逃课、早恋、与人打架，你在愤怒时会说恨我们一生，你漠视我们的关心和期望，你在昨天又义无反顾地要与并不让父母放心的男友同居，我都觉得可以原谅。因为我是拿了一生的幸福作为赌注，还有什么不能够让我去宽容？这样的付出，与你记事以来看得见的关爱与操劳，是一样不能算清且偿还的。那 10 个月的煎熬，或许现在的你还无法深刻体会。如今你所能认识到的爱，只是你男友的海誓山盟、蜜语甜言，只是他一句"我带你走"的虚空豪言。或许他会慢慢成熟，切切实实在今后细碎的日子里给你体贴和呵护；可是至少，他那句"代你还清所欠父母的一切"，确实是一个不知道责任与爱到底是什么的轻狂少年才会说出来的。

（《晚报文萃》，2007 年第 4 期）

在这位母亲的信中，饱含着其对女儿的一片深情，没有慷慨激昂的情感宣泄，只是将女儿出生、成长中的片断，以及父母的心路历程娓娓道来，貌似平淡，却令人震撼。女儿心目中唯有物质、金钱，要"彻底与这个家断绝来往，过自由自在的生活"，声称"会还清 22 年来欠父母的一切——以金钱的方式"。"彻底"，何等绝情！"以金钱的方式""还清"，何等无知！母亲着眼的则是牺牲、关爱、责任。"在爱这一个领域，迄今还没有一个人，能够准确地计算出它的价值。"对"爱"的深广内涵理解是何等深刻！母亲怀孕蕴藏着很大的风险，"痛苦地挣扎一番后"，决定"无论如何"也要将女儿生下来，"哪怕要冒一辈子的风险"。父亲"因此辞去了待遇优厚的工作，专心地回来照顾"妻子，一取一舍的背后，包含着多么深厚的爱啊！"我们情愿放弃一切"，母亲是"拿了一生的幸福作为赌注"，这样的付出，一切金钱和利益在此面前黯然失色，也与女儿所认识到的爱——"海誓山盟"、"蜜语甜言"、"虚空豪言"成为鲜明的对比。母爱父爱无价，情义无价。世上有些爱，确实是无法计算，也无法用物质还付的；而真正的爱，不会写在脸上，挂在口边，不会嵌在缤纷多姿的玫瑰与物质里，它从来都是藏在最深处，像洋葱一样，一层层地剥开，会让你流泪，让你感动，让你羞愧。

（二）语言的情感满足

人们既需要情感的诉求，同时也希望得到情感的满足，这是同一问题的两个方面。因此，语言强化情感因素，又必须时时关注交际对象的情感需求，针对特定的事件，确定恰当的话题，选择富有感情色彩的词句，将话说到对方的心坎上，以取得良好的情感效应。商场犹如战场，在商场和其他与物质利益关系非常紧密的领域，赚钱赢利是无可厚非的，甚至可以说是天经地义的。但是物质需求与感情需求往往是紧密关联的，一味强调、突出、追求经济利益，忽视、漠视、无视感情的因素，有可能适得其反，赚钱赢利的期望落空。道理实际上很简单，员工、客户不是任你摆布的机器，而是有血有肉、有情有义的人。文章《韦尔奇的秘密》如是说：

通用电气公司前总裁韦尔奇是全球杰出的 CEO，他之所以被人誉为"管理大师"、"全球第一 CEO"。是因为他的管理手段非常高明，他有着许多外人所不知的秘密。据说，小纸条也算是他管好这个航母企业的秘密武器。

　　韦尔奇的办公桌上时常放着一沓小纸条，他的下属，甚至整个车间的工人，谁也不知道韦尔奇会在什么时候带给他们一张小纸条。韦尔奇曾交给杰夫·伊梅尔特许多便条，其中有一张这样写道："……我非常赏识你一年来的工作……你准确的表达能力以及学习和付出精神非常出众。需要我扮演什么角色都可以——无论什么事，给我打电话就行。"

　　以递纸条的方式传递带有私密性的认同情感，充满了人情味，这会给下属带来多大的激励和感动。杰夫·伊梅尔特说："收到韦尔奇的纸条后。我大为感动，觉得他是一个尊重他人付出、肯定他人成果、拥有宽广胸怀的人。"多年后，杰夫·伊梅尔特成为通用电气新一任 CEO。

　　没有人知道韦尔奇在通用电气公司任职期间写了多少纸条，但每一个人都承认，韦尔奇的纸条是他们最为期待的，不论是鼓励还是批评。因为员工们都觉得，用这种方式沟通是一种莫大的尊重，他身上散发出来的人情味，让人自叹弗如。

（《东方青年》，2009 年第 15 期）

　　这一例中，韦尔奇通过频繁地写小纸条的形式，尊重、关心、激励、感动不同级别的众多下属，"非常赏识"员工的工作成绩，肯定他们"非常出众"的"准确的表达能力"、"付出精神"，连续运用表示程度很高的副词"非常"，高调赞扬，进行心灵的沟通，满足了下属的情感需求，甚至跟下属承诺无论遇到什么事情，"需要我扮演什么角色都可以——无论什么事，给我打电话就行"。真心实意为员工着想，无条件地为员工服务，甚至有求必应，"员工们都觉得，用这种方式沟通是一种莫大的尊重，他身上散发出来的人情味"，这是物质、金钱奖励不可能取得的效果。

三、蕴含道德信念

　　道德信念是人们自己认为可以确信的关于道德的看法。美好的道德信念是人的自我完善、人的心灵美的集中展现。涉及需要的语言，特别是关系到切身的重大利益需求的语言，更能够显露出人们内心的道德信念。语言蕴含道德信念，实际上就是要求坚守需求利益的道德底线，而且通常要求自觉自愿，言行一致，公私分明。"欠债还钱"、"礼尚往来"等都是道德信念的表现。蕴含道德信念的语言，在是与非、该与不该、要与不要问题上表述得一般比较清楚；应承或拒绝语言形式丰富多样，但核心态度却是明显的。

（一）蕴含感恩思想

　　感恩是一种处世哲学、道德信念，是对别人所给的帮助表示感激。学会感恩，感谢他人的赠予，为自己已有的而满足，这样才会有一个积极的人生观，不会斤斤计较个人得失，保持健康的心态，维护、建设良好的人际关系。不少场合，物质的给予、付出存在弹性，可计可不计，说写者却能够深怀感恩之心，以诚待人，信守并践行承诺，超越了物质利益需求的界限。下面是载于《法制文萃报》的一篇报道片断：

> 1991年，正处于股市乍兴的疯狂年代，章铸夫妇向36位亲友借款共计105万元，悉数交给自称能买原始股的王某，结果被骗得血本无归。然而，这对诚挚朴实的夫妻向债主们一一承诺："今生今世，一定要把这笔债还清！"夫妇俩当时的月薪是400元。105万元，得还上219年。他们吃剩叶、摆地摊、搞贩运……到最后创办公司，吃尽人间苦头，最终，228次，竟奇迹般在第十个年头还清了所有债务。回忆艰难的10年还债生涯，章铸最大的念想却是感恩。他说："今生今世难以忘怀这些默默等待、积极帮助自己的债主们。"
>
> 早在章铸承诺还债当初，36位债主就相互约定："绝不能把章家逼上绝路。"胡玉霞借给他们夫妇5 000元，一得知他们被骗，就表示："自己的钱当是丢了，不要放在心上。"并劝慰两人绝不要苦了正在高考的儿子。……在突遭厄运的那一年春节，章家来了一对老年夫妇，男人姓唐，女人姓曹，是章铸7.4万元的债主。老唐平静地对章家说："今天来就是想告诉你们，钱这东西生不带来，死不带去，你们要想开些。"话音落定不到半年，传来老唐去世的消息，章铸夫妇这才知道老唐来访时已被确诊白血病，想到他那天的话，夫妻俩的热泪夺眶而出。可万万没想到，几年以后，他们竟偶然得知，老曹也身患绝症，一对不幸罹患不治之症的夫妻，却把患病的消息紧紧瞒住欠他们数万元的债务人，这是怎样宽厚的情谊啊！夫妻俩深受震动，赶在老曹辞世前还清了欠老唐夫妇的所有欠款。

这个故事，令人唏嘘不已，感慨不尽。对借债人来说，"今生今世，一定要把这笔债还清！"话虽不多，但一诺千金，掷地有声，包含着"借债还钱，天经地义"的坚定信念；当还清了全部债务时，他们也并非因经济两清而浑身轻松，而是心中谨记着宽厚仁慈的债主们，最大的念想便是感恩，"今生今世难以忘怀这些默默等待、积极帮助自己的债主们"，"今生今世"指一辈子，感恩绝不随着岁月的流逝而消退。对债主来说，"自己的钱当是丢了，不要放在心上"，"钱这东西生不带来，死不带去，你们要想开些"……身患绝症，并不计较巨款能否归还，而且安慰对方，"当是丢了"，"不要"将债务放在心上，劝导"要想开些"，轻描淡写，淡薄金钱，反而是真心实意为借债人着想，把友情放在第一位。这些善良的人们，将复杂的人际关系简化为诚信与宽容的往与来。

（二）蕴含自律信条

自律是对自我的约束，话语中渗透进信奉的准则。严于律己，也表现在对个人的需求和欲望加以约束方面，不说背德之话，不贪非分之财，不做越轨之事。蕴含自律信条，讲究修辞艺术，严于律己，却并非无情无义，故作清高，拒人于千里之外。要真正做到自律，常常需要拒绝、否定，但可以使用委婉措辞表达，给对方面子，提出两全其美的方案、意见。

"帮忙"本来是个褒义词，但这个词在现代社会部分情况下变了味。明明是不合规定、不合情理的事情，人们常常托人疏通关系，不惜花费金钱财物开路。如果被请托人拒绝，请托人最难堪的往往不是事情没办成，而是自己遭到拒绝，失了面子。而请托人之所以不好意思拒绝，主要原因也常常是怕伤了对方的自尊和面子。在说"不"的同时，还能给足对方面子，这是语言艺术。在这点上，19 世纪曾两度出任英国首相的狄斯雷利拒绝给人加封爵号的一则故事可以借鉴：

> 有个野心勃勃的军官一再请求狄斯雷利加封他为男爵。首相知道此人才能超群，也很想跟他搞好关系。但军官不够加封条件，狄斯雷利无法满足他的要求。一天，首相把军官单独请到办公室里，对他说："亲爱的朋友，很抱歉我不能给你男爵的封号，但我可以给你一件更好的东西。"狄斯雷利放低声音说："我会告诉所有人，我曾多次请你接受男爵的封号，但都被你拒绝了。"

> 这个消息一传出，众人都称赞军官谦虚无私、淡泊名利，对他的礼遇和尊敬远超过任何一位男爵。军官由衷感激狄斯雷利，后来成了他最忠实的伙伴和军事后盾。

> (《才智》，2006 年第 11 期)

狄斯雷利拒绝给予对方男爵的封号的态度是明显的，因为那个军官不够条件，但语言却很委婉，称对方为"亲爱的朋友"，对自己不能加封表示"很抱歉"；还反转立场，将拒绝权交给对方，"我会告诉所有人，我曾多次请你接受男爵的封号，但都被你拒绝了"。"告诉所有人"、"多次请你接受"，将自己的被动拒绝变为对方主动拒绝，给足了对方面子，真是绝妙的策略！既严于律己，拒绝了对方的不合理要求，又很好地保护了对方的自尊心，且成就了军官的美名。

缺乏道德信念，缺乏自律态度的人，往往在语言中表现出孜孜追逐、计较个人的利益需要的特征，比如会提出这样那样的要求，而且这些要求通常不合情理，超出了对方的心理、行为承受能力。即使别人出于压力或其他原因，不得已鼎力相助，使之达到了目的，也会给他人留下不良印象，难以建立、维持长久而良好的人际关系。

> 母校举办一个大型活动，很多校友都专程回校参加。
> 大学 4 年，陈某参加过母校著名的校园刊物的工作，做过社长，这次回母校，他与新社员热情地聊起当年办刊的故事，然而新人们并不感兴趣，他们的提问都围绕着陈某和他的同学在哪儿工作、担任什么职位，追着要名片，这让陈某很失望。

回到北京没几天，陈某收到一条手机短信："师兄，我是你的师妹，请问你可以帮我联系去某某杂志实习吗？"陈某当时就被"雷"到了，那家媒体可是全国最主流、最有影响力的杂志，多少大学生憋着去实习呢！对方就是当时见过的社团成员中的一位。陈某问她："请问你有过媒体实习经历吗？有没有发表过比较有分量的作品？比如人物专访、深度报道。"师妹很老实地回答："没有。不过我给咱们校刊写过很多稿子，大家看了都说好。"陈某一听就知道没戏，只好跟她直说："实习的起点没必要那么高，我建议你还是先找个相对普通的媒体实习一段时间吧。如果你没有过媒体实习经历，对媒体的工作流程还比较陌生，就算你去了那儿，也没办法完成一次完整的采写任务，最后很可能什么也做不了，反而让你在第一次实习就受挫。"电话那头沉默了许久，才传来冷冷的一声"谢谢"，然后电话就挂断了。

几天后，一位在中央级媒体工作的师兄忽然给陈某打来电话，请陈某帮他的一个师妹进某某杂志实习。陈某马上就想到了那个师妹，一问，果然对上了人。冲着师兄的面子，陈某只得硬着头皮答应下来，四处托熟人，请客吃饭，终于让那家杂志的负责人答应让师妹去实习。

没想到"骚扰"还没结束。就在陈某把这个好消息告诉师妹的第二天，师妹的短信又来了："师兄，我下个月就去北京了，你能帮我找个离杂志社不太远的住处吗？最好是免费的，呵呵，找到了请你吃饭。"陈某哭笑不得，不客气地回复："你可以来了北京以后再租房。"师妹央求他："可是我以前没租过房子，也没签过合同，在北京被人骗了怎么办？而且找房子期间也得先有个住的地方啊，就麻烦你帮我一次性找好吧。"陈某只得本着"帮人帮到底、送佛送到西"的精神，整天打电话找人打听，帮师妹找房。

看着陈某悲愤的表情，朋友同情地说："你有义务一直帮下去吗？她来短信提要求，你不回不就得了？她自然会再想其他办法，直到学会自力更生为止。"陈某摇摇头："我也尝试过，可是她能一个晚上十几条短信询问、恳求，我烦都要被她烦死了！"

（《青年博览》，2009 年第 19 期）

这一例中，明明双方是陌生的人际关系，而"师妹"却以"师兄"为名头套近乎，央求不够，还要找后台，一个接一个提出不合情理的要求。先是要求进某主流媒体实习，明摆着条件不够。"师兄"仔细询问了"师妹"的情况，诚恳地提出了一个合情合理的建议："实习的起点没必要那么高，我建议你还是先找个相对普通的媒体实习一段时间吧。"师妹则大有不达目的誓不罢休的"耐心"和"毅力"，请有更高地位的人出面施加影响、压力，"师兄"无奈，煞费苦心，帮助其解决了。可是"师妹"继续提出非分要求："你能帮我找个离杂志社不太远的住处吗？最好是免费的。"

地理位置要"不太远"，而且要求是"免费"的——这个要求超乎常情常理，太过分了。陈某不客气地回复："你可以来了北京以后再租房。"意思很明确，是要她自己想法解决，而师妹转而央求，陈说种种难处，"我以前没租过房子"，"没签过合同"，"被人骗了怎么办"等等。"师妹"不是小孩子，租房也不是很困难的事情，罗列的问题说实在的并不成问题，这真像是"勒索"、"绑架"。也许这位"师妹"没有意识到，她一连串的请求给师兄带来了许多困扰和烦恼。当她真正毕业并进入社会的那天，她可能会明白：师兄帮你，是善意；不帮你，也是本分。

第四节　需要语言的细致贴心

满足需要的语言的第三个要求是力求细致贴心。人们的需要是丰富多样的，有的关涉重大利害关系，有的则是细小微妙的，无论是什么需要，人际交往中都必须予以重视和关注，而且要考虑周到。细致、贴心的语言，能够帮助切实提高满足的程度，帮助建立良好的人际关系。

一、面面俱到

面面俱到，就是各个方面都兼顾到，没有遗漏。人们的需要是全面的，各种需要往往同时并存。说写者在语言交际时如果顾及了交际对象的各种不同需要，那么就能够较好地表达出对对方的尊重、关心，如果超出了对方的需求期望范围，那就更足以表达出说写者的诚意。当然，面面俱到是相对的，而且在有些场合，交际对象的某种需要的满足可能特别急切，甚至其他需求可以暂时搁置。

（一）兼顾各种需要的语言

从广泛意义上来说，人们的需要是多种多样的，但在特定的场合，需要则是相对确定的一种或几种。对说写者来说，可能未必确切知道交际对象当时的需要究竟是什么。但是，如果考虑周到，或者详细陈述，不遗漏细枝末节；或者提出多种选项，给予对方充分选择的余地；再或者是详略结合，既突出重点需求，又不忽视一般需求，那么对交际对象来说，就常常意味着对其关怀备至。请看文章《像沃利一样工作》。

> 哈维在机场等出租车。当一辆出租车停在他面前时，他看到这辆车干干净净，明亮照人。然后，他看到了司机，小伙子穿戴整齐，彬彬有礼。司机打开后座车门，用手挡住车门上框，请哈维上车。
>
> 等哈维坐定后，他递给哈维一张名片，说："我叫沃利，很高兴为你服务。名片上写有我的服务宗旨，在我为你把行李放进后备箱时，你可以看一看。"名片背面写着："沃利的服务宗旨：用最快的速度，走最经济的路线，在一路友好

的氛围中平安地将顾客送达目的地。"

哈维暗自惊叹,看到车里面和车表面一样一尘不染时,对这个司机更是刮目相看。沃利上了车,在方向盘前坐下,说:"要喝一杯咖啡吗?我的保温瓶里有热咖啡。"哈维没有想到他会如此周到,于是开玩笑地说:"咖啡就算了,不过如果有软饮料的话,不妨来一杯。"谁知,沃利立即笑着回答道:"行呀,我这里有可乐、矿泉水和橘子汁。"哈维惊讶得说话都有点结巴了:"那就……就……就来一杯可乐吧。"把可乐递给哈维后,沃利又说:"如果你想阅读的话,这里有《华尔街杂志》、《华尔街时报》、《体育画报》和《今日美国》。"

车子启动后,沃利递给哈维一张纸。"这是电台的节目表,如果你想听哪一个频道,告诉我一声。"他又补充说,车上的空调温度可以按照顾客的要求进行调节。然后,他提出了这个时段抵达目的地的最佳路线的建议,请哈维定夺。他还告诉哈维,他可以介绍沿路的景色。也可以不说话让哈维安静,但这全凭哈维的选择。

(《演讲与口才》,2009 年第 6 期)

出租车司机与乘客之间的关系在一般人看来无非是做生意,司机将乘客安全载到目的地并合理收费,就算完成了交易。但在这一例中,沃利的一番话语已经远远超出了单纯的生意范围,沃利不断亲切地给乘客提出各种选择:可以选择喝自己想喝的饮料,说:"要喝一杯咖啡吗?我的保温瓶里有热咖啡。"亲切温暖;这里还有"可乐、矿泉水和橘子汁",品种够多的了;可以选择读,"这里有《华尔街杂志》、《华尔街时报》、《体育画报》和《今日美国》"。既有报纸,又有杂志,既有时事金融,又有体育娱乐;可以选择听,并明确告知:"这是电台的节目表,如果你想听哪一个频道,告诉我一声。"尊重顾客的需要、爱好;最后,沃利车的乘客还可以选择路线、车内温度、是否介绍沿路景色等。所考虑的、所说的都是乘客可能所想的、所需的,列举的服务项目已经远远超出了一般乘客的乘车需求,而且绝不勉强,令乘客感动,并且非常满意。

(二) 兼顾各种情况的语言

兼顾各种需要,是就需要的面而言;兼顾各种情况,是就需要的各种场合而言。在不同的条件、情况下,即使有难度,还是力求满足对方的需要,这是面面俱到的另一层意思。场合就是语境,有的在语言表达中可以明显看出,但有些则是很平和的陈述叙写,令人几乎察觉不出语境的痕迹,这更能在各种情况下表现出语言的温暖贴心。

从 1990 年开始到 2007 年春季,《读书》杂志的封二一直由"陈文丁画"垄断着,所合作的作品早已过半千之数。合作之初的陈四益只是一个名不见经传的编辑。为填充版面的不时之需，陈四益用文言写了些短小的寓言，想配上漫画一起刊发。丁聪看到陈四益写的文章多是借古人之口揭露现代的社会弊病，深感"志同道合"，只说了五个字："有意思，我画。"

丁先生各处邀请不断，时常会到外地，或讲学，或开会，或举办画展。为了使专栏的稿件不致延误，他每次外出前总有预报，告诉陈先生何时要到何地，行程几天。意思是如有稿件，可以在他出差之前给他。怕陈先生压力太大，又总是补充道："如果来不及，就请您等回来后再说。"而到了回京之日，他又会打电话告诉陈先生，已经到家，意思是有稿子可以送来了。有时，时间真的很紧迫，甚至只给他留下不到一天的作画时间，丁聪不但不指责，反而为陈四益宽心，说："请您不要着急，总归画得出来的。"果然，第二天，画作如期寄出。这时，丁聪还要恳切地问一声："您觉得怎么样？可以吗？不行再改。"事后，陈四益先生感慨地说："这样的合作伙伴，真是打着灯笼也难找！"

（《演讲与口才》，2009 年第 6 期）

在合作期间，由于各自事务的繁忙，可能给合作带来一定的麻烦，丁聪总是那样的善良厚道，站在平等合作者的位置上，先人后己，处处为对方着想，在急促时给对方善意的提醒，"每次外出前总有预报，告诉陈先生何时要到何地，行程几天"，还给对方留有余地："如果来不及，就请您等回来后再说。"假设出现的情况，提出解决的办法。在紧迫时给对方舒心的宽慰，劝慰对方："请您不要着急，总归画得出来的。"平缓随和的语言，"总归"给了对方一颗定心丸。在完稿时向对方恳切地征询意见："您觉得怎么样？可以吗？不行再改。"不是敷衍客气之语，"不行再改"，表示决不是停留在口头上说说而已。尽力在各种情况下满足约稿者的需求，这样的合作者真是难得、可贵。只有凡事多从语言和行动上各方面去考虑对方，关心对方，才能使友谊地久天长。

二、细致入微

人们的需要是否真正满足，还常常见诸细微，而细微的需要却容易被忽视。细致入微的话语能够顾及交际对象容易忽视或者比较特殊的需求。细致入微，不仅体现在满足需求时高度重视细枝末节，而且也体现在满足需求条件的详细限制上。任何需求都不是无限制的索取，哪怕这种需求很小很小，忽略了条件的详细说明，也可能因为得不到满足而产生人际矛盾。细致入微的语言，通常话题比较小，分量比较轻，语言密度比较大，分寸感比较强，尤其是需求条件的表述，总是细密而清晰的。

（一）细密要求的语言

要求细密，就是关涉需要的语言，无论是给予和取得，都表述得细致绵密，乃至超出了一般要求。这种表述语言，措辞严密，常常有明确的要求、特定的对象、规定的时间、精细的数据、变动的条件等。这些要求看似苛刻，但实际上往往具有鲜明的语言指向，并非不合情理，而是于细微处见深意、深情。

下面是小约翰·D. 洛克菲勒于1920年5月1日写给儿子约翰·D. 洛克菲勒三世的一封信。小约翰·D. 洛克菲勒当时46岁，在信里他为14岁的儿子列出了"财政"要求。信的全文如下：

爸爸和约翰的备忘录——零用钱处理细则

1. 从5月1日起约翰的零用钱起始标准每周1美元50美分。

2. 每周末核对账目，如果当周约翰的财政记录让父亲满意，下周的零用钱上浮10美分（最高零用钱金额可等于但不超过每周2美元）。

3. 每周末核对账目，如果当周约翰的财政记录不合规定或无法让父亲满意，下周的零用钱下调10美分。

4. 在任何一周，如果没有可记录的收入或支出，下周的零用钱保持本周水平。

5. 每周末核对账目，如果当周约翰的财政记录合规定，但书写或计算不能令爸爸满意，下周的零用钱保持本周水平。

6. 爸爸是零用钱水准调节的唯一评判人。

7. 双方同意至少20%的零用钱将用于公益事业。

8. 双方同意至少20%的零用钱将用于储蓄。

9. 双方同意每项支出都必须清楚、确切地被记录。

10. 双方同意在未经爸爸、妈妈或斯格尔思小姐（家庭教师）的同意下，约翰不可以购买商品，并向爸爸、妈妈要钱。

11. 双方同意如果约翰需要购买零用钱使用范围以外的商品时，必须征得爸爸、妈妈或斯格尔思小姐的同意。后者将给予约翰足够的资金。找回的零钱和标明商品价格、找零的收据必须在商品购买的当天晚上交给资金的给予方。

12. 双方同意约翰不向任何家庭教师、爸爸的助手和他人要求垫付资金（车费除外）。

13. 对于约翰存进银行账户的零用钱，其超过20%的部分（见细则第八款），爸爸将向约翰的账户补加同等数量的存款。

14. 以上零用钱公约细则将长期有效，直到签字双方同时决定修改其内容。

以上协议双方同意并执行。

小约翰·D. 洛克菲勒（签名）

约翰·D. 洛克菲勒三世（签名）

（《阅读与作文》小学高年级版，2005年第21期）

小约翰·D. 洛克菲勒一直认为自己是父亲巨额财产的管理者而不是拥有者。他把博爱当做毕生的事业，一生中为公共事业捐献了 5 000 多万美元。这封信，实际上是父子之间经协商一致以后签定的一份协议书，父亲对儿子零用钱的使用规定真可谓细致入微！金额小至"美分"；每项收入、支出都"清楚、确切地被记录"。"上浮"、"保持"、"给予"、"垫付"等都有明确、细致的说明。零用钱上浮的条件是"如果当周约翰的财政记录让父亲满意"；零用钱保持本周水平的条件是"如果没有可记录的收入或支出"；"找回的零钱"和"收据""必须在商品购买的当天晚上交给资金的给予方"，时限是"当头晚上"，表述清清楚楚；除车费外，不能要求他人"垫付资金"。公约时效是"直到签字双方同时决定修改其内容"。协议要求的细密程度远远超出了一般人的想象，表面上看似乎巨富父亲吝啬至极，但细看细想，可见父亲家教之严格。从日常生活做起，教育儿子成才，这是真正的父爱。

（二）细密规定的语言

需要总是依附于特定条件的，所谓无条件是相对的，只是条件比较宽松，所受的制约较少而已。详尽地述说满足需要必须符合的规定，一方面真正使确实需要者的需求得到满足，另一方面，排除了非正常需要，可以有效避免浪费等不良现象。在管理中，人们常常说：细节决定成败。事关需要方面的一丝不苟，就是取舍得失必须严格遵守具体而细致的、明文的、约定俗成的规则或要求。

> 上班的第一天，L 来到行政部办公室，向女同事问："请问是徐小姐吗？是在这里领办公用品吗？"女同事站起来，说："是的，我姓徐，您是新来的？"L 将胸牌拿起，示意道："生产管理部的 L，我来领一支笔。"徐小姐拿出一支签字笔，在纸上试了一下，递给 L 说："麻烦您在这里签个字。"随后她打开一本厚厚的登记册。L 龙飞凤舞地签好字，刚要转身离去，徐小姐说："L 先生，请您将日期写得清楚点儿。"L 笑笑，又将落款日期重新描了一下，然后开玩笑地说道："这个很重要吗？"徐小姐一脸正色地说："当然很重要，因为从今天开始到两个月后，你才能到这里来领第二支笔！"L 有点儿好奇地问："公司对员工领用这种廉价的签字笔也有规定？""当然，两个月之内，对您不再发放签字笔了。"徐小姐笑吟吟地说。"那如果我领用的这支笔坏了，写不出来怎么办？""那您可以用坏的来这里交换；没有坏，依然不能领用新的签字笔。""那如果我的笔写完了呢？""您可以拿用完的笔芯来换，但一个月内只可以换一支。"L 很吃惊，又问："倘若我提前用完了怎么办？""费用自理！"徐小姐果断地回答。L 的内心一阵翻腾，又问徐小姐："可是，假如我真的是因为工作将笔用完了呢？"徐小姐说："那是不可能的。你们生产管理部不是写字很多的部门，公司对每个部门的用笔情况都做过考查才制定了标准。"
>
> L 记得那天领完笔出来时，看见玻璃幕墙上用中英文对照写的一句话——

"决定成败的细节，在点滴之中。"

（《理财》，2010 年第 3 期）

上例中 L 新就职的地方，大家可能以为是一家名不见经传的小公司，错了，这是总部在德国的在世界五百强中排名第八的戴姆勒·克莱斯勒公司在中国的一家分公司。这一例中，公司的管理规定可谓细致入微，管理者徐小姐则严格贯彻。"请您将日期写得清楚点儿。"有工作经历的人都有体会，领取办公用品，一般对日期并不重视，记错了，相差一两天无所谓，但这家公司的日期在能否领取物品中至关重要。"两个月后，你才能到这里来领第二支笔！"清楚干脆，没有任何通融余地。如果领用的笔坏了，必须"用坏的来这里交换"。用完，"您可以拿用完的笔芯来换，但一个月内只可以换一支"，提前用完则"费用自理！"在客气、礼貌的语言中将时间、数量、质量、办法说明、交代得非常清晰、完整。这些一丝不苟的规定都是"公司对每个部门的用笔情况都做过考查"后才制定的标准。L 的惊讶、不解从反面衬托出规则、要求的严格和实在。徐小姐满足 L 的需要了吗？答案是完全满足了，而且各个方面都设想周全了。不但如此，这次领办公用品的经历还给 L 上了第一堂生动的管理课："决定成败的细节，在点滴之中。"

三、温暖贴心

温暖贴心的话语，亲密、亲近，无论是语言的内容和形式都渗透进对方的尊重、关怀，变换角色，设身处地，给人以温暖，常常既满足了对方物质利益的需求，又使对方在享受物质利益的同时，保持心情舒畅，并且在精神上得到抚慰。与此同时，自己也可能得到相应的经济、精神上的回报。在语言形式上，常常表现为明白而诚恳地表示自己的心理动机，触发对方的信任感；多用询问、商量的口气，提出切合实际的建议，给人选择的余地；用语平易、亲近，办求与交际对象保持平等，缩小相互之间的交际距离。

（一）贴合真实需要的语言

"雪中送炭"就是贴合真实需要的生动写照。人们的需要丰富复杂，在交际过程中，存在众多假象、表象，交际者并非都能正确判别交际对象的真实需要是什么。当说写者能够理解、懂得交际对象的心理特点，将话说到点子上，满足了必须满足的需要时，这才算贴近了对方的心灵，自然给人以温暖，还会产生强大的精神力量。

> 北京便宜坊烤鸭集团有限公司董事长雷国秀在国家行政学院举行的"学习型中国女性成功论坛"上，作了"领导力的真谛"的主题演讲。她讲道：
> 与员工共赢，就是把合适的人放在合适的位置上，给机会、给平台、给荣誉、给尊重。我们焖炉烤鸭的传人，现在是我们集团的副总经理、行政总厨孙立

新，我给予他最大的权力，最好的待遇。我自己是外行，进入便宜坊之前不会做菜，但我会数数。

而恰恰是这些，使他感受到了尊重，他为了保持对于菜品的嗅觉、味觉，从来不喝酒、吸烟。那天，端着两杯白酒走到我面前，他说："董事长，今天我要敬你两杯酒，第一杯酒我祝您身体健康，在便宜坊多干几年。第二杯酒，我祝我自己下辈子还给你做下级！"

我不会做菜，但是我会让做菜的人高兴，我会让能干的人高兴。在我手下，我不会让所有人高兴，但是我会让能干的人高兴。是鹰给你一片天，是龙给你一片海，是虎给你一片山。（雷鸣般的掌声）

（《演讲与口才》，2010 年第 5 期）

在雷国秀的演讲中，找不到华丽的辞藻，实话实说的语言好像在与挚友交心。她开诚布公地向听众承认"我自己是外行"，但"我的强项是管理"，"就是把合适的人放在合适的位置上，给机会、给平台、给荣誉、给尊重"。她能够跟焖炉烤鸭的传人孙立新建立起如此亲密的关系，主要原因就是给予孙立新"最大的权力，最好的待遇"，这些都是对方真实需要的东西，由此孙立新感受到领导的尊重、信任、情义，"他为了保持对于菜品的嗅觉、味觉，从来不喝酒、吸烟"，但破例给雷国秀敬酒。一句祝酒词"我祝我自己下辈子还给你做下级"，极其真切地反映出双方牢不可破的亲密人际关系。

（二）贴合转变需要的语言

人们的需要不是一成不变的，随时随地都可能发生变化，变化有不同的方向，对能否满足以及满足的程度会产生不同的影响，说写者对于变化了的需要情况，特别是这种变化是朝着不利于己方的方向发展的，如果表示谅解，改变态度，重定主意，言辞诚恳，更能赢得人心，得到交际对象的深度信任。语言转变越是干脆，态度越是诚恳，应承越是及时，满足需要的效果往往越是好。

一次，上海电视台主持人曹可凡约到了巩俐。访谈前，巩俐的经纪人跟他打招呼："涉及张艺谋的问题不能问。"曹可凡满口答应。谁知做节目时，巩俐谈着谈着，她自己竟提到了张艺谋的电影，并做了一番评价："《十面埋伏》和《英雄》拍得不怎么样，画面很美，但没什么内容，两部电影剪剪可以凑成一部，叫《十面英雄》。"巩俐的这番评价，绝对是重磅"炸弹"、节目的看点，剧组的人听了都心中窃喜。

谁知当晚，曹可凡就接到了巩俐的电话。巩俐用商量的口吻跟他说："可凡兄，录完节目后，我又仔细想了一下，觉得我评价张艺谋的一些话，说得有点问题，那一段能不能别播呀？"曹可凡听得出，巩俐虽是在和自己商量，但话语中透着焦虑。按常理，曹可凡访谈时遵从了事先的约定，没涉及张艺谋，对张艺谋的评价是巩俐自己说出来的，而且节目已经制作完成，他完全有理由拒绝巩俐，但曹可凡没有，他马上答应巩俐："没问题，就按你的意见办。"可当曹可凡要删剪时，剧组的一些同事坚决反对。因为在电视台，收视率绝对是一项硬指标，与大家的利益直接挂钩。

曹可凡非常理解同事们的心情，他耐心地劝导人家："一个节目，要想在竞争中立足，做节目的人就要有一颗善良的心，不能为了收视率，损伤受访者的利益，如果一味追求收视率，伤害了受访者的感情，那节目会越做口碑越差，到时候没人愿意上咱们的节目啦，还谈什么收视率……"听了曹可凡的劝解，大家豁然开朗，愉快地作了删剪。节目播出后，巩俐十分满意。

（《演讲与口才》，2009 年第 12 期）

上海电视台主持人曹可凡，在业内被称为"采访明星最多的主持人"。他之所以获此美誉，是因为从做《可凡倾听》节目那天起，就给自己设了一道善意的底线——对每一位受访明星，都以诚相待，把他们当做朋友，绝不为追求收视率，损伤他们的形象和利益。这一例中就是这样。曹可凡并未问及张艺谋的电影，是巩俐自己对张艺谋的电影做了一番评价："《十面埋伏》和《英雄》拍得不怎么样，画面很美，但没什么内容，两部电影剪剪可以凑成一部，叫《十面英雄》。"张艺谋是世界级的著名导演，《十面埋伏》于 2003 年获波士顿影评学会最佳导演奖，2007 年获华表奖优秀故事片技术奖；《英雄》内地票房达到 2.5 亿元人民币，全球票房达到 1.77 亿美元，获 2003 年奥斯卡最佳外语片提名，第 22 届香港金像奖最佳摄影等荣誉，是首部票房过亿的中国电影，2004 年在北美上映连续两周夺得票房冠军，是第一次在日本、韩国首周票房排行榜夺得冠军的中国电影，并且刷新了华语电影在日韩的最高票房纪录。而巩俐的这番评价，持有否定意见，加上巩俐的特殊身份，绝对是重磅"炸弹"、节目的最大看点，怪不得剧组的人听了都心中窃喜。但是曹可凡毫不犹豫地说出干干脆脆的一句话"没问题，就按你的意见办"，就消除了巩俐的担忧和焦虑。面对同事们的坚决反对，他还耐心劝导同事们"不能为了收视率，损伤受访者的利益"。此后巩俐成了曹可凡非常要好的朋友，并且一有机会，就主动劝说她的明星朋友们接受曹可凡采访。

第八章

工作关系修辞艺术

第一节　工作关系修辞概述

工作关系,是指以工作为纽带而形成的人际关系。工作是社会生活的核心内容,没有人们的工作,社会难以维系、存在,因而工作关系也十分重要,而且牵涉的面非常广阔。各色人员汇集在一起,成为一个组织群体,内外人际交往频繁,要保证工作机器正常、高效运转,维持良好的工作关系,绝对不是轻而易举的事情。

一、工作关系修辞的重要性

工作关系修辞在人际交往中具有重要意义,有助于工作正常运转,加强工作合力,提高工作效率。

(一)有助于工作正常运转

所谓工作正常运转,是指工作按照正常、正确的轨道进行。工作决策必须正确,上级的指示需要切实贯彻,下面的实情需要如实上传。在一个工作团队中,人们的地位、身份、个性、修养、要求等方面各不相同,而工作头绪纷繁,人际关系纵横交叉,主张观点不可能完全一致,内外矛盾众多复杂,不和谐的音符往往会对工作大局带来不同程度的损害,所以保证工作按照既定目标沿着正确轨道有序进行,这是首要任务。正确下达命令、指示,多向沟通信息,排除障碍、困难,巧妙化解人际矛盾等就显得十分重要了。

王铁民的《略论劝导说服的语用艺术》一文中举了这样一个例子:

> 有家公司的董事长与总经理发生了一场争论,内容是要不要向一个厂增加40万美元的投资用以更新设备。董事长坚持他的观点:"只有尽快更新生产设备,企业才能适应高技术产品的要求!"他们争论了一上午,并相约第二天上午继续开会。第二天,董事长将他所掌握的材料、论据、论点劈头盖脸地抛向总经理,足足两个小时,只听见总经理"是"、"对"的应答声。
>
> 当总经理开始说话时,他首先将董事长的观点复述了一遍,并用肯定的语调称赞这些主张:"我想这些主张若放在董事会讨论,也是一定能通过的,我赞成。"接着,他诚恳地承认,昨天争论中自己有些观点是不正确的:"很可能我是错的,可是,我主要担心公司运转初期会背上较重的包袱,影响公司的发展。"董事长插话说:"我也考虑过这个问题,我们可以通过改善经营来弥补初期的不足。"总经理又说:"是的!可是,我担心资金不足。比如,一项能获利50%的风险投资,银行不肯过多贷款,而我们又无多少资金,特别是需要调剂外汇。不过,请允许我考虑几天,再将策略交董事会讨论。"情况出现了微妙的变化,董

事长显得非常冷静，边思考着边说："不不，可能我也有考虑不周的地方，让我们都再冷静两天吧！"三天后，董事长同意了总经理的观点。

这一例，董事长与总经理的矛盾关涉企业的发展方向，即今后的运作，董事长的地位又高于总经理，矛盾该如何解决呢？总经理为了达到说服董事长的目的，态度冷静，循循善诱，用语得体，严格控制自己感情的宣泄，耐心地倾听董事长的表白。他首先复述了一遍董事长的观点，以表明自己对董事长的尊重和听解的准确无误，然后称赞董事长意见的正确性，表示"我赞成"，同时又称说自己的某些观点"很可能我是错的"，"很可能"，既强调自己错的可能性大，给足董事长面子，又留下自己意见是正确的这种空间，为董事长改变意见做好铺垫。这种主动让步的策略缓和了争论的气氛，赢得了对方的感情，促使对方主动考虑、怀疑自己的观点，从而为对方冷静听取不同意见扫清了对立抵触的情感障碍。这是一种不动声色地把说服对象的思路导入自己思路的"以柔克刚"的高超修辞艺术。接着用站在公司的立场，为公司的发展前途感到担心的恳切语言进一步阐明了自己的想法。"我主要担心公司运转初期会背上较重的包袱，影响公司的发展。""我担心资金不足。"以两个"担心"来陈述自己的意见，大大减弱了观点的冲击力，易于对方入耳入心。最后，总经理以对公司极端负责的态度，用尽情尽理的得体语言，表示希望董事长"允许我考虑几天"，然后将方案提交董事会讨论。而这，又是以同意并肯定董事长的主张为前提的。经过这样一番多层次的调控表达，最后被征服的不是一退再退的使用退让语言的总经理，而是不曾、不肯退让的董事长。

（二）有助于加强工作合力

工作通常是依靠团队进行的，这个团队必须具有向心力、凝聚力，即团结合作，开展工作。影响团队成员形成合力的因素很多，成见、偏见、心情、待遇、环境等，都可能造成人与人之间的摩擦，并分散力量。得体的修辞艺术则有助于消除这些干扰因素，促进团队人员之间相互信任，齐心协力，合作共事。

某公司老总对几个性子不好的部属很欣赏，但他们对老总却颇有成见，他决定找个机会把他们变成"自己的人"。一次，在决定任命新的财务会计人选时，遭到一些同志的异议，其中一个脾气暴躁，开口就大闹一通。老总一声不吭，任凭他"声嘶力竭"，最后才心平气和地说："你讲完了，怒气可以平息了吧？照理说，你是没有权利这样来责问我的，但我还是很愿意详细地给你解释……"几句话，使那个说话鲁莽的人感到很愧疚。接下来，老总和颜悦色地说："这件事情，其实也不能怪你，任何不明真相的人都会有看法的。"接着，他把理由一一解释清楚。事后，那人回忆说："我记不清老总的具体解释了，但有一点是值得肯定的，那就是老总太有诚意了。我那样无礼，他都承受了。静下心来想想，老总的选择有什么错呢？我们应该支持他。"

（《现代交际》，2007 年第 2 期）

这一例中，老总气度不凡，退一步海阔天空。老总先任凭下属"大闹一通"，"声嘶力竭"地发泄不同意见。"你讲完了，怒气可以平息了吧？"此时此景下的这一问句，无疑是情绪发泄的一个休止符号，对方事实上也已经无话可说了。接下来，老总说："照理说，你是没有权利这样来责问我的，但我还是很愿意详细地给你解释，……"按理，下属确实无权对老总的任命说三道四，但老总这一句话避开了部属情绪冲动的风口浪尖，其分量就显露出来了。再用"但"转折，表示"还是很愿意详细地给你解释"，"很愿意"、"详细"充分体现出了老总的诚意，并非滥用职权。那些"异己分子"，在他的一番恳切的话语感化下，对他"服服帖帖"，都成了他的好朋友。所以，从中我们也可以得到启示：工作中碰上"想不通"的事、桀骜不驯的人，切忌冲动，以免小事变大，激化矛盾。结交对你抱有敌意的人，自己首先要容忍别人，让他在忍让中真正了解、认识你，才有可能携手合作，朝着共同目标前进。

星期一早上开公司例会的时候，主管要求大家就某个提案发表自己的意见，Y 客观地表达了一点不同的看法，可没等他讲完，就听见提案人不阴不阳地说："我觉得这样的讨论不应该让什么人都参加，有的人才来几天啊，就想冒充专家了！"Y 气得一时语塞，想不通为什么自己就事论事，对方却要这样攻击。

（《科学大观园》，2005 年第 17 期）

Y 只是客观地表达了一点不同的看法，也是为工作着想，却遭到了提案人的冷言冷语和讽刺挖苦："不应该让什么人都参加，有的人才来几天啊，就想冒充专家了！"连意见本身的是非都不顾及，"什么人"、"有的人"，以虚指实，含沙射影，"就想冒充专家了！"无端拔高，无中生有，针对的是人身、人格，Y 的积极性受到严重的打击自然在情理之中。类似这样的纷争，必然损害同事之间的关系，影响团结合作，给工作带来负面影响。

（三）有助于提高工作效率

工作效率取决于人才的正确选拔、科学的思想方法、团队成员的积极性等因素，特别是作为领导者，要有一双慧眼，善于识别人才，将适当的人放在适当的岗位。能够全面、深入观察、分析，作出合乎实际的判断，作出正确的决策，还必须善于把握人际关系的症结，进而有效解决问题，提高成员的工作积极性。注重工作关系修辞，协调好方方面面的关系，则大大有助于提高工作效率。

有个酒店需要招聘一位厨师长。这个酒店的湖蟹很有名，每天都能卖出许多。湖蟹在进蒸笼之前需要用麻绳捆绑起来，这是个很烦琐的工序，而且一不小心还会让湖蟹夹住手，几乎所有的厨房员工都不喜欢这个工序。所以，每次绑湖蟹都是由厨师长亲自带头，其他的员工才会陆续加入进来。

有两位厨师同时来应聘，两人将各自上岗试工3天，等6天后才决定聘用谁。第一位除了自己带头外，还经常与其他厨师来一场"绑湖蟹比赛"。无论其他厨师如何加快手脚，也比不上他来得快，所有人都为他娴熟的技术所折服——他5分钟绑20只湖蟹，其他厨师最多绑12只！让老板更加满意的是，他懂得用比赛来提高大家的做事效率——之前他们5分钟最多只能绑10只。

接下来的3天是另一位应聘者。他也懂得"竞争"的道理，所以每天一开始绑湖蟹，他就号召大家来比赛，边比画手脚边数着："1只！2只！……5只……10只！"这位厨师的手脚并不快，但他的喊声最大："加油！加油！快加油！"每次一开赛，别的厨师一认真起来就很容易超过他。尽管如此，那位厨师却并没有觉得羞愧，反而用更大的声音喊着："你们当心，等着瞧，我一定会追上你们的！"他拼命加快速度追，其他的员工自然也就拼命地不让他追上。直到第6天试工结束，他绑湖蟹的效率依旧落在那些厨师的后面。

老板最终决定录用第二位厨师，并说出了其中的奥秘："第一位应聘厨师虽然手脚很快，但是正因为他的速度没有人可以超过，所以尽管开展了比赛，大家却缺乏自信和动力，也就是说，尽管大家都响应了比赛，但实际上大家都觉得这是场不可能赢的比赛，反正都是输，哪里还能拿出真正的动力和积极性来呢？而第二位厨师做事手脚虽然慢，但他的'步步紧追'逼迫着大家既兴奋又紧张地拼命加快速度，不让他追上，就在这追与赶之间，每个人都在无意识中提高了劳动效率。"接着，老板让所有员工再绑一次湖蟹做试验，这次几乎让所有员工都感到意外——他们竟然每5分钟可以绑18只湖蟹了。员工们没有想到的是，第二位厨师已经当着老板的面绑过一次湖蟹，他的效率是每5分钟绑25只湖蟹。他说："我是故意让别人赢的！我一个人少绑10只湖蟹，但是其余10个人由此有了积极性，每个人多绑了6只，也就是说，我一个人少了10只，其余的人却由此而增加了60只。60只减去10只，那么总效率就相当于每5分钟提高了50只！"

(《理财》，2010年第5期)

这个故事给了我们很好的启示。第二位厨师呼喊着开展竞赛，不泄露自己的真实水平，一直装作落后，不懈努力"追赶"。工作任务是需要依靠团队人员共同发挥积极性才能很好完成的。作为一个管理人员，他的价值不光在于个人创造的效益如何，而是在于他管理之下的整体效益如何。拼命鼓动员工，边比划手脚边数着："1只！2只！……5只……10只！"以数量的递增步步紧迫；喊声最大："加油！加油！快加油!"反复强化气势,加快工作节奏。"你们当心,等着瞧,我一定会追上你们的!"自己留了一手,假装输给下属,却时刻提醒员工"当心"、"等着瞧",不断给予其他厨师精神压力。这是一个管理者的智慧和胸襟。而老板也慧眼识人才,不为表面现象所迷惑,录用了第二位厨师,相信那位被录用的厨师今后的工作积极性一定是会非常高的,也能够带动部下更有效率地开展工作。

二、工作关系修辞的层级性

工作人际关系具有层级性。在工作系统中,人们都有各自的定位,职务、岗位、资历不同,所处层级位置也不相同。层级不同,担当的责任、拥有的权力、控制的内涵也相异,加上应对、处理事务的具体性、特殊性等因素,所以对处于不同层级的人员的语言具有各自的要求。工作关系修辞应该既要体现出层级性特点,同时也要根据种种不同情况灵活运用。

(一)职务层级

不同的职务构成不同的层级。这种层级简单地讲,就是上下级关系。上下级之间的关系,因为上级的位置高、层级高,所以下级在与上级交往时,必须清楚认识到自己所处的位置、层级,即使是为了工作,即使下级的意见是正确的,也应该注意语言表达的方式方法,维护上级的面子。充分地了解上司的性格、行事作风、价值观,甚至是思维和语言方式,按照他习惯和喜欢的方式与之进行沟通和互动,这样做,会让上级感情上舒服,感觉受到了尊重,交际过程因而顺畅,否则进言的下级可能产生埋怨情绪,甚至觉得"既然说不通,还不如自己来",将事情搞僵。作为上级的言论,也应该体现出对下级的尊重、爱护、谅解,因为上级的指示、命令、任务是由广大员工去执行、完成的,离开了下级的积极性,工作必然不能顺利开展。

在工作年会上,总经理正在讲话,大家都在聚精会神地听,总经理助理发现总经理遗漏了一项重要的行政决定,他便在便条纸上写下"关于……的决定"等,然后偷偷地递给总经理,提醒他,把这一决定在会上公布一下。

助理将"关于……的决定"以便条的形式暗中递给总经理,这种做法很明智。如果等总经理讲完话,助理急忙站起来,补充说明一番,相信总经理必定很生气,不但不感激他的补充,而且事后可能气冲冲地责备行政助理:"你以为我把那项决定忘在脑后了?我记得比谁都清楚,只不过我认为暂时不宜在会上宣布,没想到你自作聪明,招呼都不打一声就宣布了。"两人之间的关系必定会受到影响。如果总经理真的忘了,而助理不说,那总经理会认为他责任性不强,这么重要的事都不提醒一下,以后信任度可能会降低。在说与不说之间,助理选择了一种合适的表达方式,即不明言,该提醒的也提醒了,至于总经理说不说出来,由总经理最后决定。无论以后出现什么结果，总经理都不能将责任怪到他的头上。

业务经理陪老板到客户那里谈判，客户提出让利3%，业务经理当场拿出计算器，熟练地计算一番，然后把结果显示给老板看，嘴上说："不行，这样我们就无利可图了！"老板看看结果，心里明白，接着说："虽然如此，但是看在老客户的份儿上，再想想办法吧。"

明明可以接受，业务经理嘴上却说不行，"这样我们就无利可图了！"实则将决定权交给老板。老板若同意，等于给对方一个人情；老板若不同意，则有充分的理由拒绝。如果他计算完，不和老板商量一下，马上说"接受"或"不接受"，等于没把老板放在眼里；如果他计算完，一句也不说，就等着老板做决定，老板就比较为难，因为他的做法摆明了告诉对方可以接受，老板再拒绝，岂不是让对方嘲笑？

《企业文化》2008年第2期上有篇孙虹钢的文章《工作就是生意》，谈及企业中四种角色定位：

角色定位之一：老板是员工的客户。老板和员工的关系就是这么简单，老板就是你的客户，你把老板只当做客户对待或者对付，就很到位了。老板提需求，你按照老板的需求提交工作效果，老板再为此支付报酬。客户最为重视的，其实不是你对他的态度是否恭敬、亲切，而是你给他带来什么具体、实际的价值，满足了他什么期望。你期望更高的待遇，就要给客户创造更高价值，满足他们更高的需求。

角色定位之二：员工是老板的供应商。企业最终是为市场上的客户提供产品、服务，这些产品、服务由员工提供，所以员工是老板的供应商。

角色定位之三：竞争者，可能的替代者。老板都会有意识地在企业内部建立动态人才备份机制，让同事包括现在上下级之间进行竞争，让下属感觉有机会替代上级，这不是办公室政治和权谋，是正常的生意行为。你要的是保住你自己的位置和利益，老板要的是更大的公司利益，有冲突很正常。

角色定位之四：共赢或者共输的生死盟友。同事关系中，竞争者和盟友的角色共存。有人是对手，有人是盟友。同一人，可能在这件事上竞争，在那件事上合作，今天竞争，明天同盟，因为利益。一个团队，就是一群生意伙伴组成的，其中有供应商、客户，相互形成价链，有竞争、备份、同盟。所谓团队合作精神，就是你懂得在团队当中扮演适合自己也适合团队目标的角色，不要总想着成'将军'。没有哪个老板真的喜欢一上来要做将军的士兵。

上面所引述的观点，与通常我们对老板与员工、员工与员工之间关系的理解并不完全一致，渗入了现代企业人际关系思想观念，仔细想想，确有一定道理，可见工作中的控制关系一旦涉及具体的角色，就变得相互交叉，不断变化，十分复杂。老板、上司不能总是高高在上，满足于发号施令，任意摆布下属。

（二）岗位层级

在工作中，人们所处岗位不同，也会构成不同的层级。在一个具体的团体、组织中，一般都有核心岗位、重要岗位和外围岗位之分。岗位层级与职务层级虽然有紧密联系，但并不完全相同，职务层级主要按照人们担任的职务高低来区分，而岗位层级则主要是依据人们的岗位在单位、组织中的地位、作用来区分的。任何岗位的存在总是有其理由，有其作用的，岗位层级的划分并不是否定某些岗位存在的必要性。由于团体、组织的性质、目标、构成各异，我们很难对不同岗位层级的语言表达制定统一的标准，只能提出大体的要求。

处于核心岗位、重要岗位的人员，所负责任较大，语言行为应该慎重，有时候几句话就能够决定一桩生意的成败。在这类岗位上的人员，语言应指向明确，贴近工作目标；讲究规范性、穿透性、时效性、实效性等。外围岗位，语言指向工作目标相对距离较远，间接服务于团体、组织的工作目标，其中有些是服务性岗位，可以按照服务性行业的语言规范灵活要求。例如，一所学校，教师就是处于核心岗位的交际者，学校的声誉、教育的质量实际上取决于该校教师的综合素质水平，因而对教师语言的要求自然最高。教师的语言必须规范，既教书又育人；必须符合学生的认知规律，循循善诱，通俗易懂；务必收到切实的成效。如果教师的话语信息不能为学生很好吸收、接纳，在某种意义上说，那就是失败的教育、教学。学校的后勤岗位，虽然不可或缺，但毕竟是外围，该岗位主要是做好服务工作，可以参照服务性行业的规范，结合实际作出要求。

《新课程·小学》2009年2月8日一期上有篇李成秋的文章《那节课，迟到五分钟》，讲述的是这样一件事情：

那天下午，教育局长要听我的课，因忙于教案的润色，我忘记了上课铃声。等我心急火燎地赶到教室门口时，却迟到了整整五分钟。这还了得！该怎么去解释这迟到的五分钟？

我像往常一样，不慌不忙地走到讲台边。待学生坐定后，我拿起粉笔在黑板上从从容容地写下"老师迟到五分钟"几个字，然后问："老师从未迟到过，今天却迟到了五分钟。老师干什么去了呢？在我到达之前，你们心里肯定有很多各种各样的猜测，能说给我听听吗？"

学生们开始还有点拘谨，后来便争着道出了自己的猜想：有的说老师家里有人生病，老师送病人上医院去了；有的说老师感冒了，不能来上课；有的猜老师在路上帮助别人耽误了时间；有个"捣蛋鬼"甚至猜老师一定喝醉了酒，这会儿正在家里呼呼大睡呢。我又问："老师没来上课，你们都想些什么呢？""我在偷看校长的脸色。我想这下老师肯定要挨批了。""我可着急了，我想老师一定是生病了，恨不得马上去看看老师。""我想老师可能是学雷锋做好事去了。如果真是这样，我就给校广播站写一篇广播稿。"

学生们的回答丰富而有趣，教室里不断响起欢笑声。我又将"老师没来上课时，教室里是怎样一幅情景"等几个问题，让几个平时观察仔细、表达能力强的学生回答。他们对答如流，课堂气氛欢快而又热烈。最后，我如实告诉学生："刚才同学们的想象很丰富，很有趣，有些迟到的原因还很感人。但今天，老师迟到不是因为生病，也不是因为路上帮助别人耽误了时间，而是刚才我在备课时没有听到预备铃和上课铃声，错过了五分钟，请领导和同学们原谅！"

教室里掌声响起，掌声过后，我说："下节课，同学们就以'老师迟到五分钟'为题写一篇作文，每个同学都可以把自己的猜测写下来。我们写作文、做事情、做人，一定要真实，不可以想当然。"

那一堂作文课效果出奇的好，大部分作文都是"优"，还有的上了《小学生作文指导》呢。课后，校长对教育局长进行推荐，局长说："这堂课活就活在老师肚子里有真东西。"

教师在上一节重要课时迟到了五分钟，不能说是小事，但老师机智应对，借此调动起学生极大的兴趣，展开丰富的想象，且延伸到作文写作练习。如果到此为止，也不失为精彩的生成。可是，老师并没有就此满足于掩饰了自己迟到的失误，而是进一步真心诚意地向学生说明迟到的真实原因："老师迟到不是因为生病，也不是因为路上帮助别人耽误了时间，而是刚才我在备课时没有听到预备铃和上课铃声，错过了五分钟，请领导和同学们原谅！"两个否定语"不是"，一个肯定语"而是"，两相对照，强调原因的真实性，表示道歉，请求原谅，体现了对学生的高度尊重。这一例中，这位老师的语言兼及教书育人，富有艺术性，值得赞赏，应该倡导。师生的合作互动源自课堂上发生的真实事件，学生凭借自己的生活经验积极思维，勾画的图景生动有趣，不是表层的问问答答，而是发乎内心的深层次的积极参与。

（三）资历层级

资历是资格经历，资历层级主要是指工作人员资历的深浅。在一个团体、组织中，每个人的年龄、学养、经历、经验等各不相同，即使是人们的职务相同、岗位相同，资历却未必相同。资历深的人，特别是专业技术人员，是人才，是单位、组织的宝贵财富，对工作任务的完成往往起着至关重要的作用，如果确认自己的意见、主张是正确的，哪怕遇到压力、阻力，都应该坚持不动摇。他们理应受到尊敬、关心，即使是上级，与之交往时，都必须注意态度、方式、措辞。资历较浅的人，在工作交往中则应该虚心诚恳，切不能骄傲自大、自以为是、目空一切。

　　老邓和同事对公司模具部门的工模进行盘点，作为主要技术负责人的老邓对盘点事项作了详细的安排。不知什么时候上司过来了，看了老邓的工作步骤后，断然说："停下来，停下来！"然后又指点应该如何如何，老邓跟他解释说："这种方法是我多年来的经验积累，并且大家都已熟悉了这种方法，工作进行得很好，你的指示虽好，但用于模具盘点不合适。"上司立即阴沉了脸，非常坚定地命令老邓："你们必须按我说的要求去做！"因为上司的指示里含有明显的漏洞，老邓就据理力争，接下来发生了激烈的争吵，双方都暴跳如雷。最后，老邓说："既然你那么坚持，那你就让他们按你说的去做吧，我不想这样做！"说完就离开了车间。事后老邓问过同事，他们最后还是遵循了老邓的方法，上司的提议在实际工作中根本行不通。

　　之后，每次同事获得加薪或晋升，老邓都靠边站。老邓选择了离开。

（《青年文摘》，2004 年第 2 期，文字略有改动）

　　老邓是位资历深的技术负责人，至少要比上司精通业务，他对工作作了"详细的安排"，上司断然要求"停下来，停下来"，连续反复自己的指令。老邓耐心地解释，讲明原委，这种方法是"多年来的经验积累"，工作一直"进行得很好"，并且经过了实践的检验，来由表述得十分清楚。而上司却丝毫听不进，加大力度武断下达命令："你们必须按我说的要求去做！"已经到了没法沟通讲理的地步，结果爆发了激烈的冲突，老邓胳臂拗不过大腿，一走了之。这一例中，老邓的话语并没错，主要责任在于上司，业务上的事情，不能不懂装懂，更不能以权压制，甚至报复。如果按照上司的语言方式行事，最后受到破坏的不仅是人际关系，而且必然会给工作带来损害。

三、工作关系修辞的艺术性

　　工作交往与一般的人际交往相比较，特别注重实效性。因工作产生的人际交往，许多是直接与工作挂钩，完全是为了工作而交往的；还有一些，尽管在表面上似乎与工作本身没有什么关系，但实际上只是形式不同，归根结底都与工作有着内在、外在的关联，而且目的性鲜明，追求切实的效果。工作人际交往中的矛盾林林总总、上下纵横、交叉复杂，有的事关大是大非的原则性问题；有的虽然事情并不大，但人际关系失衡，不能够团结一致，也会产生不同程度的负面影响。在工作交往中，对矛盾、冲突绝不能回避、掩饰，回避、掩饰必然会给工作带来损害，所以一定要努力寻找、选择恰当的方法化解。这些决定了工作关系修辞必须讲究艺术性。

　　传统的领导习惯用"视线管理"、"问题管理"、"惩戒管理"、"封闭管理"、"高压管理"等方式来约束下属的行为。"视线管理"指的是领导者把被领导者的一切工作活动都纳入自己的"严密监控"之下，下属似乎成了"囚徒"，而领导者则充当了"监工"的角色；"问题管理"指的是领导者为了显示自己的高明，习惯于挑下属的毛病，喜欢没有问题找问题，将简单问题复杂化。诸如此类的管理模式，领导者用权过度，干预不切合实际，弊端是显而易见的，突出表现为抑制了下属的工作积极性和创造活力；管理活动中的人为因素多，随意性较大，容易造成紧张对立的人际关系。现代社会是一个法制的社会，不仅各种规章制度健全，而且人们的法制观念也在逐步增强，人们不再赞同那种过度管理的领导方式。强化"非权力因素"的影响和作用，"艺术化"领导成为必然选择，受到普遍欢迎。领导者高尚的品德、民主的作风、亲民的风格和高雅的情趣等都会给被领导者带来"潜移默化"的影响，一旦被领导者的人格魅力吸引，就容易认同领导者的观点和决策，这样就会使整个领导工作自动地开展、运行。这种"无意识"的管理方式，可以起到"随风潜入夜，润物细无声"的效果。

> 公司董事会决定，由现任中层各自率领自己的团队开展为期一年的工作，自负盈亏，做得好，年终奖励，做得不好，末位淘汰。很快，公司将分管的城市名单分配下来，U 看到分到手里的几个城市，心里不禁凉了半截，全是偏远不发达地区，这不明摆着是为难人吗？第二天，U 就向公司递交了辞职申请。
>
> 董事长把 U 叫进了办公室。"盘子里有 3 块西瓜，一块 300 克，另两块 200 克，你要哪块？""我要大的，要 300 克的。"U 赌气地说。"好！那我要 200 克的，我们一起吃，我的相对小些，所以我先吃完，那么盘里剩下的应该给我吧。你刚才赌气要大的，想占便宜，但是结果呢？是我吃了亏吃到小的，但是我吃了两块，加起来可是 400 克，比你要占便宜呀！"看到一脸恍然大悟的 U，董事长继续说："同样，你并没有了解那些城市的本质，为什么就断定那里没有市场前景呢？表面的东西可以迷惑人的，但是一个成功的商人不会被表面的大小好坏迷惑，市场是做出来的，不分大小好坏的。这是你的辞职信，你可以选择重新递交或者收回。"U 马上表示要收回辞职报告。

（《良友文摘》，2004 年第 1 期）

这一例中，U 对分配的工作地域有很大意见，心灰意冷，决定辞职。位高权重的董事长本来可以行使手中的大权，既然你不服从上级分配，提出辞职，那公司当然可以让你走，难道还少了你一人不成？完全可以批准辞职，而且还可以义正词严地教育一番。但董事长并没有这样做，而是询问了 U 对生活中的一件小事的选择："盘子里有 3 块西瓜，一块 300 克，另两块 200 克，你要哪块？"U 选择的是大的"300 克"，一笔账算下来，U 并没占到便宜。接着董事长自然引入工作的话题，提出问题供对方思考："为什么就断定那里没有市场前景呢？"讲述成功做市场的道理。最后也不是勉强 U 一定留下，表明"你可以选择重新递交或者收回"，由 U 自己作出决定。生活中的小事情蕴含着工作中的大道理，如此春风化雨般的合情合理的话语，使 U 感动，马上收回了自己的辞职报告。

公司新招的文员何莲是位大美女。打听到何莲暂时还没有"护花使者"，私下里不少人摩拳擦掌，跃跃欲试。

一天下了班，大家一起去吃饭。车经过何莲家，何莲说："不好意思，我要回去一下。"这时，黄主任说："不是带着扑克嘛，大家可以玩玩牌。我去买包烟，时间还早呢！"半个小时后，黄主任晃悠悠地回来了。过了一会，何莲拎着个小皮包也赶过来了。有同事开玩笑："不就是吃个饭吗，花那么长时间，搞那么隆重做什么？"何莲一脸无辜："我哪里隆重了？是黄主任到我家坐了一会，不信，你问黄主任。"大家一愣，黄主任不是说去买烟吗？等明白过来，大家一阵爆笑。再看黄主任，坐在那里，一脸的尴尬。

又一天中午，小李迟到了，正巧被黄主任撞见，尽管小李解释说是老家来了人，但黄主任还是将他狠狠地批评了一通。可第二天，全公司都知道小李撒了谎。因为何莲逢人就说："哎呀，昨天是我的生日，我都忘了，小李为了给我买盒巧克力，害得上班都耽误了。"大家将这话学给小李听，小李悲痛欲绝。在大伙无限同情的目光中，他咬咬牙说："告诉你们，别再打她主意了。再打，地球人全知道了。"

这两件事一传开，公司没人再敢沾何莲了。

（《牡丹晚报》，2012年2月15日）

这一例中，何莲表面上装得很单纯，实话实说，不注意场合，不尊重领导，但实际上她在处理与上级和同事的关系时很讲究修辞艺术。"我哪里隆重了？是黄主任到我家坐了一会"，还当面向黄主任求证："不信，你问黄主任。"何莲生日，小李讨好她，何莲逢人就说："小李为了给我买盒巧克力，害得上班都耽误了。"闹得全公司的人都知道了。既是实话实说，没有半点虚假，也并没有点明两人的用意，没有让两人大出洋相，适可而止。在这一特定的语境中，黄主任、小李的用意自然再清楚不过。何莲如果不这样"单纯"，怎么能够制止黄主任对她动手动脚？怎么能够打消同事的非分之想呢？

某公司开发部的职员小赵，拿一份材料让部门经理签字，经理一边低头翻阅材料，一边有些随意地问："小赵啊，最近公司准备开发一种新产品，是一种专门为女性顾客设计的新型汽水，你觉得怎么样啊？"小赵曾经做过一段时间的信息调查员工作，对市场上的汽水品牌销售情况略知一二，于是她就立即回答说："我认为汽水细分市场还不成熟，目前还不适合做开发，而且最好应先做详细的市场调查，看看消费者有无这种需求。"小赵话音未落，经理抬头目光锐利地看了他一眼，声音沉沉地说："新产品的开发必须保密，让顾客和同行竞争对手都感到神秘才好，恐怕不适合做详细的市场调查吧。你这样想是不是太草率了？"经理挥挥手让小赵走了。小赵坐在办公室里，越想经理冷漠的神情，越觉得心里不是滋味。于是和同事说："经理和我提起开发新型女性汽水的事，我说市场还不成熟。"同事说："这项新产品是经理一手策划的，你这样说话，恐怕他不会高兴。"小赵心里倒吸一口气，心想：上司辛辛苦苦策划了一个项目，自己直截了当地就给否决了，是够让上司窝心的，自己也实在太不会说话了。

（《校园心理》，2008 年第 9 期）

这一例中，经理和小赵谈及的是事关公司业务发展的一个新项目。小赵事先对情况毫无了解，也没有摸清楚交际对象的真实意愿，直截了当地否决了经理的意见，"我认为"、"不成熟"、"不适合"、"应先做"，态度明确，观点鲜明，但缺少了一些艺术性，伤及经理的自尊心，惹得经理一肚子不高兴。而经理的语言也存在问题，既然征求下属的意见，应该诚心诚意，不能只图个形式。当下属提出反对意见时，经理声音沉沉地批评说"太草率"，"恐怕不适合做详细的市场调查吧"一句话，表面上似乎说得委婉、灵活，结合说话的语态，前一句的"必须保密"要比直截了当的否定还要刺人、伤人。经理随即叫小赵离开，不满之情溢于言表。如此一来，严重打击了小赵的积极性，想必小赵今后不大可能敢于提出不同意见了，故而可以说这件事对其工作产生了负面影响。

第二节　贯穿目标性

由于人们以工作为人际交往的纽带，人们组成群体，在一起工作，结成工作关系，就要共同完成特定的任务，达到预设的目标，所以工作交往必然要贯穿目标性。工作目标是各种各样的，可以分为长远目标、近期目标；大目标、小目标；简单目标、复杂目标；功利目标、公益目标；个人目标、集体目标等。工作关系修辞也因而必须服从于特定的目标和任务，才能够促进人们顺利达到目标、完成任务。鉴于工作目标的多样性、实现目标的艰难性，工作关系修辞也就表现出丰富性、复杂性。工作语言贯穿目标性，大体可以区分为三种情况：零距离表述、近距离渗透、远距离寓含。

一、零距离表述

零距离表述，就是为了达到工作目标，明确、清楚地表达意见、观点。零距离表述，交际目的明明白白，指明方向、下达任务、力排众议、令行禁止等场合都需要零距离表述。无论是领导还是一般成员，在事关大是大非的原则问题上，或者在不能回避的矛盾、困难面前，或者在紧要的关头，大多应该采用直接表述的语言形式。如果话语模棱两可、含糊不清，那就可能致使交际对象无所适从、思想混乱、分散力量，严重的还会犯错误，导致工作、事业蒙受损害。

零距离表述，看起来简单，却与说写者深层的思想、能力诸方面修养息息相关，常常是敢作敢当的表现，因为其中夹杂的私利、认知的屏障、能力的水准等因素都会制约和影响着表达的直曲。尤其是领导者，面对尖锐的问题和矛盾，敢不敢拍案而起，旗帜鲜明地表明态度；敢不敢迎难而上，下定决心果断解决，这些不仅是衡量领导者领导语言表达艺术及其水平和能力的标尺，而且是判断其工作作风是否过硬的"试金石"。在现实中，一些领导者面对棘手的问题和矛盾，讲话旗帜不够鲜明，态度不够坚决，总会说一些带有"原则上"、"基本上"、"一般情况下"等字眼的模糊话，以"情况特殊"、"事出有因"、"下不为例"等为借口。究其深层原因，一是害怕承担责任，缺乏攻坚克难、啃硬骨头的勇气，担心将话说绝了，没有余地，万一目标实现不了丢了面子，有损自己的威信；二是害怕得罪人，顾虑自己说了直截了当的"硬话"，使对方工作没有了退路，会影响自己的人际关系。谨小慎微地说一些缺乏原则性的模模糊糊的"软话"，表面上是一个"怕"字，实际上是一个"私"字在作怪。这样做的结果，可能在短期内、表面上维护了人际关系，但从长远看、深处看，往往既影响了工作，又损害了人际关系。

零距离表述主要有以下三种类型的话：

（一）严肃的告诫话

谆谆告诫，言辞往往讲究委婉柔和、语重心长。而严肃告诫，其言辞则采用刚猛形式，是非分明，标准清晰，强调、突出后果的严重性。这种语言好像是敲警钟、擂大鼓，振聋发聩，特别能够引起交际对象的警醒。

2009年10月，原吉林省委书记王珉在一次会议上谈到"为官的底线"时，郑重讲道："作为领导干部，一条最基本的要求就是要做遵守国家各项法律法规的表率，决不能干违法违纪的事情。这是一个底线，一个做人的底线、从政的底线、为官的底线，是对一名共产党员、一个领导干部最起码的要求。底线就是底色，底线也是红线。底线不可逾越，突破了底线就改变了性质！我曾说过在反腐败问题上有两条原则：一条是'功不抵过'。'功'和'过'界限是分明的，无论是谁、无论级别多高、无论曾经做过什么贡献，只要触犯了党纪国法，最终都将受到法律的制裁！另一条是'罪不容赦'。不管多少年前的事情，即使你已经退下去了，党纪国法都是无情的，该算的账还是要算！这方面，每个干部都不能存有侥幸心理，必须始终绷紧底线这根弦！"

（《演讲与口才》，2010年第6期）

王珉同志的"底线论",就是"硬话"、"狠话"。"决不能干违法违纪的事情",否定得明白而坚决。"底线也是红线。底线不可逾越,突破了底线就改变了性质!"提高到性质改变的高度警示,以感叹句加强了力度和气势。"功不抵过"、"罪不容赦"两条原则的阐述可谓振聋发聩,连用三个"无论",接着加上"不管"——没有任何例外,排比犹如排炮;"最终都将受到法律的制裁!""该算的账还是要算!"将一旦出轨所产生的严重后果揭示得异常明显,表现出的是反腐倡廉、惩治腐败的决心和信心,想必在座的领导干部听后都会心头一震,不敢掉以轻心。

(二)严厉的批评话

批评是针对错误、缺点,为了治病救人,通常要顾及交际对象的自尊心,讲究方式方法。但是批评的形式也不是固定不变的,有些事件,有些场合,对错分明,且是顽症,必须锋芒毕露,一针见血,如果不这样,就无法真正触动对方,使其彻底扭转错误观念、改正不良行为。

> 有一次,(前)广东省省长黄华华到某企业调研,企业负责人对他讲"招聘女工很麻烦,问题多",而且特别提到有不少年轻女工,一进单位就结婚生育,休产假……闻听此言,黄华华当即反驳:"女工生育很麻烦,那你是怎么来的?女同志有很多优点,你懂吗?告诉你,广东的发展离不开这'半边天'!"对方无言以对。很快,该企业就改变了对女性的就业歧视政策,积极创造条件,为女性提供了很多就业机会。
>
> (《演讲与口才》,2010 年第 6 期)

招聘中的性别歧视现象普遍存在,这种观念和做法明显是错误的,而这位企业负责人还振振有词地诉说招聘女工如何麻烦,黄华华同志当即列举事实——其实都是常识性的,接连严词诘问反驳:"女工生育很麻烦,那你是怎么来的?女同志有很多优点,你懂吗?"越是常识性的、很浅显的问题,诘问越是有力。"告诉你,广东的发展离不开这'半边天'!"插入语"告诉你"的运用,显示出严肃庄重的语气,还特地选用了"半边天"借代女同志,彰扬女性的重要作用,是告诫,是唤醒,促使负责人认识了问题,并很快改正了错误,顺利展开了就业工作。

(三)严格的限定话

零距离表述,还常常将工作要求的性质、目的,完成的时间、条件等一一述说清楚、明白,而且作出严格限定,绝对不能变味、违反、走样,也就是俗话说的"硬性规定"、"硬杠子",如果不遵守,必须承担严重后果。

> 某市主要负责征地的同志在一次全市干部大会上,就该市个别地方因为征地引发风波问题说了三句"硬话":"今后,征地手段不齐全、不完备的项目,不能

开工；没有与农民就征地补偿民主协商达成协议的项目，不能开工；征地补偿款没有兑现到农民手里、各种补偿不到位的项目，不能开工。"在场的干部群众对这位领导同志的三句"硬话"报以了热烈的掌声。

（《党的建设》，2007 年第 5 期）

这一例中，三种情况下三个"不能开工"，条件列举清楚明确，针对性极强，简洁明了，掷地有声，没有任何变通的余地。征地之事关涉社会稳定大局、老百姓的切身利害，政策性特别鲜明，就是应该直截了当，绝对不能含糊其辞。这样的说法，可能得罪某些觊觎利益者，但会得到广大群众的拥护，拉近与老百姓之间的关系，提升领导者的威信。

二、近距离渗透

近距离渗透，就是说写者根据实际情况，将工作目的自然渗透进貌似与工作无关的话语之中。之所以说是近距离，是因为虽然没有十分明确宣示交际目的，但交际对象比较容易领悟，而且常常是在不知不觉中顺理成章地接受。近距离渗透具有多种语言形式：由远及近，从精心布设的与交际对象有切身关系的话题开始，引导至正题；由此及彼，从看来不搭界的事情说起，逐渐转入正题；由表及里，先从表面话题聊起，逐步深入目标；由反到正，由散及聚，铺开话题，逐渐收拢，指向目标等。在工作中，目标的实现，需要当事人的认可、接纳或赞同才有可能。由于人们的主观认识不一致，甚至会存在对立意见和情绪，人与人之间的障碍、困难性质、大小各不相同，直露无遗的正面交锋有可能把事情搞砸，这就需要运用近距离渗透的方式交往。近距离渗透的好处在于能够解除交际对象的戒备心理，在不知不觉中达到说写者的交际目的。

（一）由远及近

由远及近主要表现在话题的择取和思路的引导上。说写者在话题上精心选择，首先谈论的是交际对象感兴趣的日常普通话题，而且往往与交际对象有着切身关系，然后沿着话题慢慢引入与工作有关的正题，水到渠成，努力达成工作目标。服务性行业，当然也有明确宣示工作目标的方式，但由于接受客户并无必须接受服务的义务，因而在推广业务、吸引客户时，常常采用这种由远及近的修辞策略。

一个夏日的中午，去公司的路上，严某到小店买烟。一个正在买矿泉水的中年男子忽然朝严某笑了一下，并递了一瓶水给他："看你热成这样，请你喝瓶水不可以吗？怕有毒？"中年男子的热情中带有调侃。严某拿过水就喝，两人开始聊起来。

"你就住在附近吧，我怎么没见过你？""你以为你是片儿警啊，为什么你一定会认识我?""哦,我是隔壁美容店的老板,因为像你这样的人都会来我的店。""我这样的人?我是什么样的人?"严某好奇起来。"你工作很忙,晚上睡得晚,生活没规律,抽烟,舌苔比一般人厚,吃东西比别人咸。""你怎么知道?""看你一脸倦色,行色匆匆的。像你这样的人,住在这附近的,都会来我们店里洗头、理发。""为什么?""你们来店里洗头、理发是次要的,放松才是主要的,不是吗?我们店里有规定,每位客人的头部按摩时间不得少于40分钟。你睡着了没有人会叫醒你,你想睡多久就睡多久……不信你去试试。"

试试就试试,严某随他进了店。洗头开始没过多久,严某果然睡着了。一觉醒来,他发现身上盖了条薄薄的毯子。洗发服务生见严某醒来,细声细语地问:"先生,给你按下肩,还是去剪发?"严某感觉不错,此后几乎都在那家店里洗头。

(《故事家》,2009 年第 8 期)

这一例,美容店老板的目的是要严某加入他的顾客行列中去,但是如果直接宣传、邀请,恐怕很难奏效,作为顾客,由于自己的经验教训,面对陌生的面孔,往往会自然产生一种抗拒力,担心上当受骗。而这个老板,第一步凭借对消费者敏锐的洞察力,跟严某套近乎。"你就住在附近吧,我怎么没见过你?"很亲切的家常打招呼口吻。第二步准确分析客户的需求,——正确列述严某的生活习惯。"你工作很忙,晚上睡得晚,生活没规律,抽烟,舌苔比一般人厚,吃东西比别人咸。"察言观色,有根有据,细致入微。第三步针对客户的需求特性设计并介绍,确定初步的品牌认知并发出消费指令。"放松才是主要的,不是吗?""不信你去试试。"其所言并不强求,但蕴含的信息不难悟出。第四步承诺与消费体验的一致性,以实际服务让客户满意,进而形成重复消费。老板运用的就是近距离渗透的方式,拉近了人际距离,巧妙达到了自己的目的。

(二) 由此及彼

与由远及近不同,由此及彼,开始交谈的话题似乎与正题毫无关系,而实际上却有着内在联系,同一条线索,同一个道理,前后衔接紧密。常常运用举例、类比、铺垫方式,步步引导。这就需要从平易的陈述开始,将目标渗透其间,再逐步过渡到主题上面。

T大学毕业后在一家公司的策划部工作。部长对几个新人说:"公司要做个全国促销方案的策划,时间是一周,董事长要亲自过目。大家都是年轻人,好好抓住这个机会。"

苦思冥想之后,T决定在策划方案的数量上超过别人。在规定的时间里,T把四份文案交给了部长。几天后,董事长要T去他办公室。

　　办公室里坐着一个和蔼的老人。"坐下来，小伙子，我有个故事要讲给你听。'森林之王'老虎一胎产下两个宝宝，所有的动物都来祝贺，唯有老鼠不以为然。因为它刚刚产下 10 只老鼠，觉得'森林之王'不如它。猴子知道了它的心思，说：'老鼠呀，10：2 是客观存在，但你忘了，人家的品种比你好得多呀！'我的故事讲完了，你的四个策划案我看了，也看出你尽了 100% 的努力。但你忘了，当你把 100% 的努力投入四个策划案中的时候，每个方案你只有 25% 的努力，而你把 100% 的努力投入一个策划案的时候，你得到的是一个 100% 的策划案！数量只是一个标志，质量才是根本，我要的是精品，而不是庸作，哪怕你有很多。"

　　　　　　　　　　　　　　　　　　　　　　（《良友文摘》，2004 年第 1 期）

　　这一例中，董事长与 T 心平气和交谈，并没有对 T 的策划方案直接提出尖锐的批评意见，甚至也没有涉及具体方案的优劣，而是亲切地招呼小伙子坐下来，讲了个老虎和老鼠生宝宝的小故事，"老虎一胎产下两个宝宝"，老鼠一胎"产下 10 只老鼠"，虽说后者在产仔数量上远高于前者，但前者的品种比后者要好得多。表面上与方案完全不搭界。然后引入正题，做了个简单的计算："当你把 100% 的努力投入四个策划案中的时候，每个方案你只有 25% 的努力，而你把 100% 的努力投入一个策划案的时候，你得到的是一个 100% 的策划案！"董事长的交际目的自然而然浮出故事，"数量只是一个标志，质量才是根本，我要的是精品，而不是庸作"。"只是……才是……"句式透彻地说明了数量和质量的关系，强调了质量是"根本"；"是精品，而不是庸作"，又进而切入表达者的明确而真实的目的。故事中反映的道理和策划两者是一个道理，相信 T 这个年轻人一定会懂得其中的道理，乐于接受董事长的意见。

（三）由表及里

　　由表及里是先从一些与正题虽有关系，但并不是实质性的话题谈起，逐步深入，涉及工作正题、目标。由表及里，首先往往侧重于创造良好的交际氛围，或者作好深入交流的铺垫，再或者解除交际对象的戒备心理，这样引出工作目标就显得比较自然、顺畅，且容易达成。由表及里的语言话题一般比较轻松，口吻随意，多用赞美言辞，注重开放性、引导性。

　　有的商家在与客户谈生意时，开始往往是这样交谈的："我喜欢像您这样沉稳、富有思想的客户。我发现，像您这样的客户最终都成了我的最佳客户、老客户，购买量也最多。……"这是先从对客户的印象谈起，客户有个性特点——难缠，商家却不将其视为做成生意的阻力，反而表示"喜欢"，加以称赞，说其是"富有思想的客户"；"像您这样的客户最终都成了我的最佳客户、老客户"，说的似乎是其他客户，实际上是种引导，表达对对方的期望，已经不知不觉向工作目标迈进了。有时商家会询问"对于您目前正在使用的产品，您最满意的有哪些"之类的开放式问题，表面上并没有涉及自己的产品，却能够拉近与客户的距离，获取重要信息，极富成效地打开对话之门。在这类客户表露出他的购买标准之后，商家就会向他们展示，他们将从其所提供的产品和服务中获得更多的利益，从而促成生意，达到目标。

（四）由反到正

由反到正，是先从正题反面说起，这并不是说写者的本意，然后反转涉及工作正题，表明真实目标。由反到正的语言，常常构成对比，形成落差，蕴蓄语势，讲究跌宕起伏。在反面陈述时，沿着对方的思路、诉求，力求将话说满、说死，到了语言交际的最后阶段，再将意见、主张、观点逆转，回到真实的工作目的上面。

笔者的一位朋友是公司老总，听他谈过一件与外商谈判的事：

某市有家服装贸易公司，向欧洲一家服装厂商订购一批有两只口袋的上装，确定了款式，经过多次谈判，中方认为单件价格偏高，要求对方适当降低。但对方坚持不肯让步，报出了最后的价格底线，中方表示接受。中方代表提出："我们想再在上装上面多增加两只口袋，请问需要增加多少钱？"对方一听就回答："可以！可以！没问题！没问题！不过不要小看两只口袋，成本会提高，单件价格必须增加××欧元。"中方代表立即回应道："您说得很对，我们完全同意。但现在我们决定在上装上面减少两只口袋，请按照增加的金额相应减少××欧元。"对方一听傻了眼，只得降低了单件价格。

服装贸易公司代表对欧方报出的价格不满意，但又无法使对方让步，于是提出"在上装上面多增加两只口袋"的要求，欧方误以为这是赚钱的好机会，于是非常爽快地答应了。"可以！可以！没问题！没问题！"省略了句子的其他成分，以反复形式表态，显露出兴高采烈的心态；但随即述说这是麻烦的事情，"不能小看"，要求"单件价格必须增加××欧元"。中方代表立即毫不含糊地回答"很对、完全同意"，表示出充分的体谅、理解。但是中方忽然话锋一转，改变了主意，"决定在上装上面减少两只口袋"，以此提出降低价格要求，"请按照增加金额相应减少××欧元"，对方因为前面已经明确报出了两只口袋的金额，这个无法改变的报价，使他们不得不接受了降价的要求。这才是中方代表的真实目的。这一例，贸易公司代表的修辞艺术就表现为由反到正，工作的目标指向在急转弯后才显现出来。

三、远距离寓含

远距离寓含，是指工作目标深藏不露的语言交际活动。这种沟通、交谈，从表面上来看，似乎没有什么明确的工作目标、具体的工作任务，但实际上却与今后的工作目标有着内在的联系，不过交际距离比较远而已。例如，教育、培养员工的忠诚度与归宿感，在短时间内是无法奏效的，就是属于这种类型。远距离寓含通常以事件为中介，以感情为纽带，以语言为载体，将真实的、长远的意图、目标隐藏期间。

圣诞节快到了。一天上午，上司把小金叫去，递给他一沓贺卡："这是给你们的。"小金接过道了声谢，正要一一发放，却发现贺卡上并没有写明收卡人的名字——这是怎么回事？一向细致的上司怎么忽然粗心起来了？

小金满腹疑惑，又不好追问，他打开其中一张卡片："记得以后喝饮料要加热，对胃有好处。"小金莫名地心头一热，这摆明了是写给他的，整个办公室都知道小金有胃痛的病，发作起来非常厉害。小金忽然明白了什么，叫过同事一起辨别。"记得出门时，一定要带钥匙……这一定是我的！"同事小张叫了出来。她曾经因为没带钥匙而被锁在家门外，怎么这件事情上司也记得？"呵呵，这个，除了我还有谁呀？"小唐不慌不忙地取走了一张卡片，高声地念："某商场正在进行手机促销，欲购从速！"小唐欣喜若狂："我一直想换我那破手机了，来得正好！"话音未落，他就急忙按着上司留下的电话打了过去……

顿时，办公室一向沉寂的气氛被打破了，大家围着小金，按"特征"寻找着属于自己的那张卡片，互相交换，窃笑不已。大家惊异地发现，上司把每个人的生活特点、日常需要都掌握得恰到好处，并送上了最切合实际的祝福。

正当大家议论不休时，门被推开，上司满脸笑容地看着大家，大家心悦诚服地叫了出来："圣诞快乐！"这句话说过很多次，但没有一次像现在这样诚恳，这样快乐！

（《心理辅导》，2004 年第 3 期）

我们不得不佩服这一例中上司的良苦用心，别具一格的个性化圣诞祝福语，嘱咐"记得以后喝饮料要加热"，提醒出门时"一定要带钥匙"，告知"某商场正在进行手机促销"，虽然都是一些生活琐事，但不写姓名，员工却都能对号入座，足见老板对下属了解之深，关心之切。老板为什么这样与下属交流？还不是为了培养、加深相互之间的感情，进而调动下属的工作积极性，努力完成工作任务？大家心悦诚服地对老板祝贺："圣诞快乐！""这句话说过很多次，但没有一次像现在这次这样诚恳，这样快乐！"这说明员工的工作热情、积极性已经被调动起来了。

当然，远近距离是相对的，也有不少案例既可以看做是近距离，也可以看做是远距离，两者紧密联系，相互交织，在解决具体问题、矛盾的同时，寓含着深层工作目标。能够辩证对待、处理，这是工作修辞艺术的高手。

这是一家规模很大的私营企业。

一天，测量工程师老宋说家里有事儿，要回去一趟，并提出要借 8 000 块钱。老板了解到老宋账上还有 8 000 块多一点儿，马上明白了：老宋不想干了，要走。偏偏这个老宋在这里是个很重要的人，一旦他走了，很多损失是无法弥补的。

老板不动声色地说："我知道了，你先干活儿去，我回头让会计给准备一下，下午送钱过来。"随即就把工地项目经理叫过来，问道："老宋突然提出要回家，到底发生了什么事情？"经理回答："他和你小舅子高明吵了两句嘴。今天上午下管子的时候，老宋说垫层铺得不够，要求按规范施工，高明认为意思到了就行了。老宋说如果这样，他负不起这个责任，说着就要离开施工现场。高明挡住道不让走，结果两人就吵了起来。后来高明说，有本事走了就别回来，缺了你我们照样施工。"老板听了当即大怒，打电话要高明过来。老板不由分说一顿大骂，完了说："你的权限是管民工，管理人员你没权管，更没权开除。你马上找老宋去给他道歉，如果留不住他，你也别来上班了。"

下午，老板又来到工地问老宋："高明给你道歉了吗？"老宋忙不迭地说："来了来了，其实是一点小事儿，老板也不用小题大做。"老板说："这不是小题大做。一个家庭，一个单位，甚至一个国家，都要有规矩，没有规矩就不成方圆，谁也不能超越职权去办事。"完了又说："这事我看就这么过去了。现在工作很忙，是不是缓一缓再回去？"老宋说："老板你误会了，我不可能为了这么一件小事儿就闹情绪，我家里确实有事儿。"老板又问："能告诉我什么事儿吗？"老宋说："主要是女儿升学的事儿。女儿中考成绩不太好，又想上县里的重点高中，我得回家花点儿钱找找人。"老板说："要是这样还真不是小事儿，再大的事儿也不如孩子前途的事儿大，你回去看看吧。我考虑8 000块可能少了点儿，我给你准备1万块，如果不够你再说话。"老宋没想到事情会是这个结果，连声说："够了够了，谢谢老板。"

老宋就这么走了。有人对老板说："明知他不干了，为什么还要多借给他钱？"老板说："像老宋这种情况，你如数给他或者扣他一些，他肯定回去就不来了。你多借给他一些，他觉得欠你的不仅仅是一两千块钱，反而还有可能回来。我相信，只要用真心待人，人都是有良心的。"

过了半个月，老宋果然又回来了。

（《故事家》，2009年第8期）

这一例中的老板在处理老宋借故辞职的事情上很得法。首先，他暗中了解账目，判断老宋是不想干了，继而马上向有关人员摸清事情的原委，严厉批评小舅子"管理人员你没权管，更没权开除"，要求"马上找老宋去给他道歉"——规定时间且要求主动，态度一定要诚恳，"如果留不住他，你也别来上班了"——指明严重后果并堵塞小舅子退路。然后，他恳切向老宋提出："现在工作很忙，是不是缓一缓再回去？"最后，当老宋坚持要回去时，当即表示理解、支持、赞同："我考虑8 000块可能少了点儿，我给你准备1万块，如果不够你再说话。"主动提出多给2 000元钱，还说已经准备好了，而且可以根据需要再追加，只要老宋提出都可以给予满足。老板的话中，没有一字提及要求老宋回来，没有一点劝阻的意思，而是通过侧面批评小舅子，超额满足老宋"借钱"需求，表面上就事论事，但实际上解决具体问题，以情动人，巧妙留住了老宋的心，其深层目的当然是为了工作，为了企业的长远利益。

第三节　具有规则性

社会工作牵涉各个行业，每个单位都有多个职权不同的部门，种类繁多，十分复杂。为了保证工作能够沿着正常轨道顺利推进，取得良好效果，人际交往必须遵守有形、无形的规则。规则，通俗地说也就是规矩。有些规则是规章制度，有些规则则是约定俗成的规矩。表现在语言形式上，是指工作关系修辞具有规则性，要求符合规定，符合事实，符合礼仪。规则范围大有小，规定有严有宽，形式有显有隐，所以语言的规则性呈现出丰富多彩的色调。

一、符合工作规定

符合工作规定，主要是要求工作语言表达符合各种合理的原则以及规章制度。原则是说话所依据的法则或准绳；规章制度是说话的规则章程。这是一个组织有序、正常、高效运转的重要保证。随心所欲，无视工作规定，这样不但会给工作带来负面影响，而且也会对人际关系造成不良影响。符合规定的语言通常具有明确的依据，有章可循，有理可说，所以常常引用相关条文，表示认可或否定；即使没有必要引用具体的条文，也会告知对方规定的大体内容。另外，以规定为准绳的语言并不是死板冰冷的，而是完全可以融入感情的润滑剂的，即使是遭到反对、冷遇，也可以有礼有节，微笑相迎，婉转表达，关键在于关涉规定的问题，在理念和态度上要不松动、不退让，自觉、严格遵守。

　　约翰有一次将车送到城里一家大的经销商那里维修，取车时，负责接待的小姐告诉他修理费达数百美元。他说道："好吧，不过我要先试车，看看是否真的修好了。""可以，不过，您要先付修理费，才能把车开走。"

　　约翰是位大客户，他自己每几年就从这里购买一辆新车。此外，约翰供职的一家大集团经约翰之手，每年从这家经销商购买的车就达四五辆，该经销商为此指派一名销售人员专门负责跟踪服务。接待小姐对他的情况一清二楚，所以当约翰听到让他先付费后取车时，简直难以置信。"等一等"，他说道，"你是说，我不先付费，就不能把车开走？""十分抱歉，先生。可是，我不能坏了公司的规矩！"小姐说道，"这是公司的规定，我也毫无办法。"

　　约翰怒气冲冲地离开，给经销商打电话，吼道："你难道怀疑我不会付这区区一笔修理费吗？简直可笑！"经销商弄清事情的缘由后，马上向他道歉，保证一定会尽快妥善处理这件事，并表示要支付约翰取车未成的路费，并亲自将车交给约翰。

然而，出人意料的是，这个经销商从此再也没有跟约翰做一笔生意，并断言："约翰要不了多长时间就得卷铺盖回家，他已经变成一个没有规矩的人了！"

果然，没过多久，约翰因为回扣问题东窗事发，被炒了鱿鱼。这件事，几乎让所有认识约翰的人大吃一惊，同时，大家也佩服作出正确预言的经销商。

（《聊城日报》，2011 年 2 月 17 日）

"没有规矩，不成方圆"，不仅仅是一条经济定理、社会规范，更是一个人生铁律。一个集体、一个组织、一个社会，没有"规矩"、没有制度是不可想象的；同样，一个人，如果没了"规矩"，就有可能游走在危险的边缘。这一例中，接待小姐不因为对方是大客户而破坏公司规矩，明确告知"您要先付修理费，才能把车开走"，约翰"简直难以置信"，再次询问确认，小姐态度极其诚恳，表示"十分抱歉"，语言和态度礼貌到家，但依然坚持规定，毫不通融："我不能坏了公司的规矩！""这是公司的规定，我也毫无办法。"经销商虽然马上诚恳道歉并做好了善后工作，"保证一定会尽快妥善处理这件事，并表示要支付约翰取车未成的路费"，但并没有批评接待小姐——规矩是不能改变的，模糊的"妥善处理"并非同意不付钱就拿车的要求。而约翰却自以为是大客户，目无规矩，最终虽然面子上"赢"了，但却失去了经销商的信任，人际关系完全被破坏。《马寅初遭退稿》讲述了这样一件事：

> 翦伯赞任《北京大学学报》主编的时候，用稿坚持"三不"原则：不用错别字多的稿子；不用学术性太弱的稿子；不用托人说情的稿子。特别是人情稿，翦伯赞向来深恶痛绝。他多次在公开场合表明态度：做学问的时候，别拿交情说事！
>
> 一次，当时的北京大学校长马寅初亲手将自己的一篇稿子交给翦伯赞。翦伯赞看后立即将稿子还给了马寅初，并且坦率地说："学报是用来和国内外大学同行交流的。您这篇稿子学术味儿不太浓，发表后恐怕影响不太好。"原来，马寅初平时喜爱健身，这次便将自己在体育锻炼方面的经验总结了一下，打算发在学报上向全校师生推广。
>
> 马寅初听后，有些不甘心，便随口嘟囔了两句："这些都是我通过实践得来的，怎么不是学术？"翦伯赞反问道："您的稿子里有可靠的实验吗？有精确的数据吗？有严格的推演过程吗？这篇稿子只能算是一篇经验之谈，而不是学术论文。将它刊发在其他杂志上还可以，发在学报上绝对不行！"最后，马寅初只好悻悻而去。
>
> 马寅初并不是小肚鸡肠之人，此后业余时间仍和翦伯赞一起打乒乓球、下围

棋，有时还结伴远足，全然忘了那次被拒稿的不快。交情归交情，学术归学术，两件毫不相干的事情绝不能搅在一块儿，这就是翦伯赞做人的原则。

（《演讲与口才》，2010 年第 7 期）

翦伯赞用稿的"三不"原则实际上是学术刊物用稿的普遍性原则，认真秉承这一原则应该是主编的职责。这一例中，拿来稿件的是北京大学校长马寅初，位高权重，且是著名学者，这对一般人来说，恐怕很难拒绝。翦伯赞说："学报是用来和国内外大学同行交流的。您这篇稿子学术味儿不太浓，发表后恐怕影响不太好。"坦率拒绝，但又不失委婉，顾及了校长的面子。"学术味儿不太浓"，"不太浓"与"不浓"比较，明显前者的分量要轻；"恐怕影响不太好"，加了个"恐怕"，不将后果说死——其实确实是这样的后果，也是为了增添委婉的意味。马寅初听后有些不服，与翦伯赞争辩了两句，翦伯赞则不再委婉了，改用严肃的措辞批驳。"您的稿子里有可靠的实验吗？有精确的数据吗？有严格的推演过程吗？"连续三句反问，句句都是学术的核心标志，接着给文章的性质下了定论："只能算是一篇经验之谈，而不是学术论文。""只能算"，即充其量算，而与学术完全不沾边；再从反面否定，"不是学术论文"。最后的结论是："发在学报上绝对不行！"斩钉截铁，毫不动摇。工作是工作，交情归交情，两人并没有缘此产生人际隔阂、矛盾。

规定有的是由权威部门制定的，有的则是单位、部门制定的。不可否认，规定一般情况下是应该遵守的，但不合理或不完全合理的规定也是客观存在，因而在特定情况下，又可以灵活应对，否则反而会影响人际关系的和谐，产生矛盾纠纷。

L 跑进银行营业厅，营业厅里静悄悄的，一个人也没有，ATM 机前却排着长长的队伍。

营业员问："先生，你取多少钱？""3 000 元。"营业员微笑："对不起，请你到 ATM 机去取。"L 这才看到窗口上贴着一纸规定，说为了减轻银行人员的劳动强度，取钱在 5 000 元以下的，要到自动取款机取。L 只好对营业员解释说："我有急事，能不能通融通融，先给我取了？"营业员正色道："这是规定。"

L 灵机一动，又把储蓄卡递给营业员。他有点生气："不是说了让你到外面取吗？"L 说："我取 5 000 元！"这次营业员无语可说了，他乖乖地给 L 取了 5 000 元。L 从取出的钱里面抽出 1 000 元，连同储蓄卡递给营业员："存 1 000！"营业员张了张嘴想说什么，却什么也没有说出来。L 又抽出 1 000 元："再存 1 000 元！"营业员简直有点恼怒了："你为何不一块儿存？！""这是我的规定，我规定我自己一次只能存 1 000 元，不能多存。"

（《竞争时代》，2009 年第 11 期）

这一例，银行的工作规定不尽合理，但既然有此规定，作为顾客，又不能不遵从。如果顾客据理力争，银行会以规定为由反驳，势必引起矛盾，一时半会儿不一定能够解决。L先是用疑问句请求，"我有急事，能不能通融通融，先给我取了？""有急事"的原因向对方说明了，"通融通融"，复叠词语增添了恳切的意味，"能不能"体现出商量口吻。但遭到断然拒绝，而后L不再纠缠在规定上，简短的"取"、"存"几个感叹句，还说"这是我的规定"，理直气壮，既没违反规定，却又顺利取出了自己所需的金额，还顺便教训了营业员。

二、符合工作实际

符合工作实际，就是尊重客观现实，实事求是，力求语言传递的信息真实。符合实际的要求普遍适用于人际交往，貌似简单、不高，但在工作人际关系中有着特别的重要性，因为事关信息沟通的真实有效、团队人员之间的信任、工作事业的成败得失。在工作中，欺上瞒下的事情时有发生，往往造成不同程度的坏影响，而且一旦虚假信息暴露，还会严重损害人际关系的信任度。事实是客观存在的，但事实犹如干柴，感情、价值观念是火种，人们在表述时往往渗透进主观喜怒哀乐的感情色彩，融入个人的价值观念。符合工作实际的语言，陈述的是事物的本来面目，不能随意掺入错误的个人主观意图、倾向、色彩；为了表视真实性，还可以引用相关数据、证据；除非有特殊需要，一般少用或不用夸张之类的修辞方法。

（一）表述的确实性

在工作中，上下级、各部门、同事之间，乃至客户之间，经常需要互通信息，有的是汇报、请示，有的是下达指示、指标，有的是提供开展工作必需的信息，还有的是为了推销产品，做成生意等。信息是否确实无误，对工作的影响甚大，特别是一些重要信息、紧迫信息、特殊信息，绝对不能传递失误，如果明知故错，弄虚作假，那就不仅关乎语言表达的水平，更是道德、品行的严重问题了。

一天，某乡文教办主任老郭接到县教委通知，要求各乡迅速将历年拖欠教师工资的总数准确统计，如实报告上报。老郭统计结果：全乡10所学校188个教师被拖欠工资总计36万元。

老郭拟好报告，拿给乡长审批。胡乡长问："县里让统计这个数字是啥意思呀？"老郭说："问过，县上的同志没讲，只说是省里要统计的，让乡里如实报告就是。"乡长寻思了一会儿，说："不能报这么多。要让上面知道乡里欠老师这么多工资，挨批不说，还影响乡里的形象。"乡长提笔将36万元改为6万元，说："就按这个数报吧。"

报告上去没多久，县里拨下来一笔4.8万元的专项资金，指定用于清理拖欠教师的工资。乡长一看文件，别的乡都是十几万、几十万，就自己乡里最少。他很生气，把老郭叫过来。老郭说："乡长，这次上面拨款是根据各乡上报的拖欠教师工资的总数按比例下拨。国家、省里、县里三级财政负责80%，乡里自筹20%，要求年底一定要彻底清理拖欠教师的工资。上次您定的我们乡上报拖欠数6万元，所以上面只下拨了4.8万元。乡里这次吃了大亏不说，我正愁着怎么跟老师们交代呢？他们如果知道这里面的事，肯定会闹到乡里来。"乡长一听，哑了。

又一次，老郭接到县教委通知，要求各乡迅速将中小学校的危房数字准确如实统计上报。全乡10所学校，381间校舍，有危房33间。老郭拟好报告，呈给乡长审批。胡乡长问："县里又让统计这个数字是啥意思呀？"老郭说："我问过，县里的同志没讲，只说是省里要统计的，让乡里如实报告就是。"乡长寻思着，以前县里也拨了几笔校舍维修款，但大部分被乡里挪用还了几家饭馆的吃喝账，便说道："上次统计欠教师工资的事，我们少报了，吃了个大哑巴亏。这一次要吸取教训了。"于是乡长提笔将危房数33间改为99间："就按这个数报吧。"

一天，老郭气喘吁吁跑来汇报："上次报上去的学校危房数的统计报告惹祸了！刚接到县里通知，别的乡的校舍维修款都拨下去了，就咱乡不但没给拨款，县纪委、县教委还派了一个联合调查组来咱乡，说是要调查乡里校舍维修经费的使用情况，要查清我们乡里的学校为什么还有那么多危房，往年的款子都做什么用了。"乡长一听，蔫了，一拍大腿说："我们怎么总是这么倒霉哟！"

（《故事家》，2009年第10期）

上级要求各乡上报拖欠教师工资金额，统计危房数额，都应该实事求是。这本来不是一件复杂难做的事情，而这一例中的乡长却怀有私心，虽然也列出了数据，但却擅自少报或虚报。将拖欠的教师工资"36万元改为6万元"，数额大大缩小，理由是"要让上面知道乡里欠老师这么多工资，挨批不说，还影响乡里的形象"。"将危房数33间改为99间"，理由是"上次统计欠教师工资的事，我们少报了，吃了个大哑巴亏。这一次要吸取教训了"，结果是遭到了严肃的查处。难道这样弄虚作假，就会搞好上下级之间关系，谋求到所谓的"利益"？归根到底，受害的是教师、学生、群众的利益，也可以断定，这个乡长私心如此之重，长此以往，头上的乌纱帽是保不住的。

公司发来一批新机型数码9000彩电。温总看了看说明，又对比着看了看康佳、TCL等几家的货，一下子泄气了："这不都一个样吗？"怎么卖呢？温总心里一直有个大大的问号。

一天，一个客人听完温总耐心的产品介绍后，指着其中的一个样品问："这个数码9000的9000指的是什么？"温总一愣，心想：如果老老实实说是品牌规格，估计就没戏了。于是便严谨地说："这是数码产品的技术参数，9000 在国内是相当高的了。你见过比我们这个参数还高的产品么""没有。但为什么别的品牌都没有这个参数呢？"顾客很怀疑地反问。"那是因为他们的数码彩电数码参数太低，大部分才 3000 到 4000，不好意思标出来罢了。"温总深沉地小声说。顾客半信半疑地看着他。温总指着顾客手里的纯净水说："乐百氏纯净水知道吧，他们那个广告你应该记得，27 层净化。为什么别的纯净水做广告都拼命强调什么天然水质，没有污染，矿物质丰富等等，而就是不提多少次过滤，如何净化呢？就是因为工艺上比不过乐百氏。有些企业就会搞概念，从来不敢把真东西摆在桌上，但我们就不一样了，看这电视机——9000，谁能达得到？"温总像是义愤填膺的样子挥了一下手。那个顾客对他的见解佩服得五体投地，并毫不犹豫地选择了这一款数码彩电，临走还送了一瓶乐百氏纯净水给他以表谢意。

从那时起，他就把自己的座右铭更换为"科技以蒙人为本"。

（《大众商务》，2008 年第 22 期）

这一例中，温总为了推销电视机，以求在与其他品牌的竞争中获胜，不惜给客户提供虚假信息。客户提出一个又一个疑问，温总都以貌似合情合理的解释应对，将"数码 9000 品牌规格"欺骗说成"数码产品的技术参数"，"在国内是相当高的了"，还以反问"你见过比我们这个参数还高的产品么？"来加强说服力。再顺便用客户手中的乐百氏纯净水打比方，喻指"有些企业就会搞概念，从来不敢把真东西摆在桌上"，谬解顾客的疑问。一席谎言说得顾客"佩服得五体投地"。看来生意是做成了，赢得了利润，但谎言假语终究有拆穿的一天，一旦露馅，恐怕会使顾客对这一品牌产生不信任，酿成纠纷，说不定还要告这位温总的状。相信这是个夸张的例子，商家要真正做好生意，是必须向顾客提供真实信息的。

（二）表述的客观性

工作中的交往，绝对排除个人的主观因素是难以做到的，但是却不能因此有意或无意掺入主观因素来影响、掩饰、歪曲实际情况。对待领导、同事、下属应该光明磊落，说话要讲究信用，不能欺骗、蒙蔽，更不能以损害他人利益为手段而达到某种个人目的。捏造事实，打小报告，踩着别人的头"升官发财"，损害他人利益的人是不会有知心朋友，搞不好人际关系的，最后的结果很可能是搬起石头砸了自己的脚。

大学毕业后，A 进入一家药品公司工作。刚上班没几天，就听说所在部门的张小姐爱在领导面前告黑状。

不到一个月，张小姐的"黑状"就告到了 A 头上。一个周五下午，同学打电话来说 A 大学时的辅导员生病住院了，A 就想去医院看看他，于是就提前向张小姐请了两个小时假。可就在 A 临出门的前一刻，会计说部门的报表有误，张小姐连报表都没看一眼，立即把责任推诿在 A 头上："是 A 提供的数据，A 要负责！"
A 记得填在表上的数据是张小姐给的，当场拿出保存的草稿给她看，果真是她那
边出的错。

　　A 以为可以就此脱身，去医院探病，张小姐却在这个时候突然宣布，从今天
开始，下班时间延长到晚上六点钟，任何人不得以任何借口请假！说完扬长
而去。

　　第二天上班，财务部让 A 去结清工资走人，不用说，这又是张小姐的"功
劳"。A 冲进老板办公室，老板气愤地问："你说过，就是老板炒了你，都要出去
玩，有这事吗？" A 咬着牙倒豆子般把昨天的事前因后果说了个干净，之后很委
屈地申辩："她恃强凌弱，仗势欺人，我是没法才这样说的，其实我非常珍惜这
份工作。"老板瞪大了眼听我说完，沉吟片刻，说："没想到还这么复杂，看来炒
你是个误会，希望你能不计前嫌回来工作。" A 心里顿时释然。

　　没多久，张小姐就被调到仓库做保管员去了。

（《21 世纪》，2010 年第 1 期）

　　这一例，张小姐在处理工作和同事关系时，完全不顾事实，妄自断言，推卸责
任。报表有误，张小姐连报表都没看一眼，立即推诿在 A 头上："是 A 提供的数据，
A 要负责！" A 出示证据，张小姐就借机报复。明知 A 早已请假，却临时变更工作规
定，宣布："从今天开始，下班时间延长到晚上六点钟，任何人不得以任何借口请
假！"两个"任何"，斩钉截铁，专横跋扈。这还不算，张小姐还故意曲解语境条件，
断章取义，去告"黑状"，造成激烈的人际矛盾。而 A 则勇于向老板陈述事实真相，
最后以张小姐的降职调动解决了矛盾冲突。

　　有一个国有企业老总的秘书，下午 4 点 29 分（4 点 30 分下班）收到了销售
部经理的计划书。第二天，老总拿到了计划书，顺口问了声："销售部的计划书
什么时候送来的？"秘书回答道："4 点 29 分才送过来。"

（《演讲与口才》，2010 年第 3 期）

　　秘书的回答中用不用一个"才"字，意味不一样。"才"的意思似乎是嫌迟了，
包含着自己的主观臆断和感情色彩。作为秘书，客观回答老总的问题，才是得体的，
如果加上自己的主观色彩，就有可能影响老总对人的看法。本来老总可能对时间没有
要求，听到她说"才"，心里就有可能想这个经理做事比较慢，从而造成领导判断的
错觉。另外，一个"才"字，也可能让领导觉得，是不是你嫌他迟了，耽误了自己下
班，从而给领导造成秘书不敬业的感觉。所以，秘书只需说"4 点 29 分送过来的"
就可以了。

三、符合工作角色

符合角色，就是语言符合在工作中扮演的角色。在工作中，人们扮演着不同的角色，例如，领导者、被领导者角色，其中包含着不同的层级；同事角色，其中由于从事的工作不同，构成各种不同关系；对手角色，代表各方不同的立场、利益，谈判者就是较为典型的对手角色；服务者、被服务者角色，可以从广义上理解，老板、营业员与客户、顾客就分属于这两种角色；考官、应聘者，这是现代社会普遍扮演的角色，等等。语言符合角色的要求，应该说是全社会对所有人员的要求，但工作关系中的角色语言的重要意义在于：工作目标是通过角色的扮演才能得以实现和完成的，一旦错位，就很容易产生人际矛盾冲突，意见分歧无法达成一致，有可能造成失衡、失控局面，影响到工作机器的正常运转，损害当事人的正当利益、权益，由于人际关系也是在角色交往活动中得以建立和发展的，所以也会因此受影响。

（一）辩证把握工作角色语言的共性与个性

为了保证工作的正常运行，其角色扮演者必须明确角色的权利与义务，严格按照角色的规定实施语言行为，表现该角色必须具有的特征。如法官应该秉公审理案子，不徇私情；主管人事的领导干部应该举才唯贤，不能任人唯亲；医生应该以救死扶伤为天职，对患者一视同仁等。但是，从另外一方面来说，工作角色都是由人扮演的，而人又是有需要、有感情、有个性的。因此，扮演工作角色时，人又往往会不自觉地把自己的感情、个性特点带入所扮演的角色中去，使角色行为染上个人的色彩。因为工作角色本身只是规定角色语言行为的一般轮廓，无法规定每个角色扮演者表现行为的具体细节。个人怎样表现角色特征，取决于其对角色规范的掌握和领悟。每个人都会依据自己对角色的理解来表现角色行为，从而体现出不同的扮演风格。工作角色的规范与个性的显现是一对矛盾，必须辩证把握。

公务人员的讲话，实际上是一个代政府、组织立言的过程。所以公务人员在处理公务、服务社会的过程中，必须始终清楚自己担当的角色，充分认识到自己的公职身份，正确分析涉及的各种关系，站在政府、组织立场，而不是纯粹站在个人立场上表达观点，并且要始终坚持正确的角色定位，根据各种复杂的关系妥帖把握好讲话的分寸。这样，讲话才会取得良好效果，履行公务才能够到位。

2003 年四川省发布的《四川省省级新闻发言人手册》明确规定，新闻发言人应把握 12 个"要"与 6 个"不要"。12 个"要"是：要告诉事实，要真实准确，要敢于纠正自己的错误，要以开放的姿态与媒体打交道，要不厌其烦地回复记者的电话和留言，要有幽默感等；6 个"不要"则是：不要撒谎，不要不负责任，不要说"无可奉告"，不要说"对不起"、"这件事尚未被证明"等。此外，据四川省委外宣办负责人介绍，新闻发言人需着正装，发布新闻时需讲普通话，回答记者提问要有理有节，不卑不亢。这些规定体现出政府机构已经意识到通过与公众的沟通来建立良好形象的重要性。事实上，不只是政府新闻发言人应当承担这一责任，每一个党政机关工作人员，乃至企事业单位的领导干部都应当在公务语言表达中牢固树立这一观念。

公务人员如若不能很好地维护角色形象，必然会损害组织和政府的形象。2007 年10 月 31 日，时任国际古迹遗址理事会国际保护中心常务副主任、西安市文物局副局长的孙某某做客某网站，在谈及洛阳与西安之间的丝绸之路起点之争时，孙针对"河南人说起点可以有多个"的说法提出反驳说："那么在座的各位有几个生日呀？他妈生他能多次吗？只有一次。河南的哪个人他妈生了他两次呀？"此言一出，引起轩然大波。孙的话被网友贴到新华网、大河网、华商网等网站上，网友们猛烈批评这位官员素质太低。认为"作为一个文物局副局长，更应该具备基本文化修养。由此看来，孙某某显然不够格"；甚至有网友决定向法院提起诉讼，正式要求其向河南人民道歉。（吕露：《切合身份把握分寸——公务语言规则谈》，《特区实践与理论》，2008 年第 4期）该例中的副局长明显将个人的感情色彩不恰当地掺杂进角色语言之中。为了抢夺丝绸之路起点只有一个，就在西安，用了近乎粗俗的比喻："他妈生他能多次吗？""河南的哪个人他妈生了他两次呀？"公共场合不宜涉及这样的话题，而且是用反问句责骂，导致了不良后果。工作角色语言的个性化是有底线的。

足球名师特鲁西埃担任深圳足球队主教练后，一直是人们关注的热点。

"球员，需要管吗？"——这是特鲁西埃常挂在嘴边的话。41 名球员，他一个都认不出来。5 天训练后，他已经把自己的理念初步灌输给每一个人。于是，每人一个编号，从今天开始连续 3 天 3 场比赛，特鲁西埃保证每人获得最少一次上场机会。星期三晚上决定一份 24 或 25 人的大名单，淘汰率接近 50%。新老队员哪个不紧张？你还需要管他们几点睡觉？你还需要查房？你还需要封闭他们吗？特鲁西埃说，训练后你们想怎么玩都行，我不会管。

"每个人是平等的，小队员也是队员。"——大欺小是中国各种运动队的通病，但是特鲁西埃不吃这套。当他看到小队员给老队员抬东西，甚至帮教练捡球，他会立即制止："你是踢球的，你的任务是提高能力，然后有机会享受踢球的乐趣。"

"你是队医，你不能捡球。"——"做好自己的事"是特鲁西埃贯彻始终的要求。有一次他看到队医在场边跑去捡一个踢远的球，他甚至专门中断了训练。"你应该全神贯注盯着球场，你分神了，会让队员得不到必需的治疗。"

"坐着聊天就是你的态度？"——特鲁西埃不能容忍有懈怠。"你为什么坐着，人手已经不够，你坐着和别人聊天能解决问题吗？"他这样质问工作人员。从那天开始，连场边的记者都不敢在训练中与球员、工作人员搭讪。

"球衣不是球员的，那是俱乐部财产。"——按照中国球队的惯例，新赛季装备是开赛前才发的，因为那时候人员能确定下来，否则人来人往，俱乐部发下去的装备就拿不回来。但是特鲁西埃对此嗤之以鼻："装备是俱乐部的，不是球员的，必须有专人管理，训练前给球员，训练后收回，试训的也是这样，人离开装备留下，后来的接着用。"

"我只能多看几次，虽然我不想这么做。"——每天晚上，特鲁西埃会最少三次从房间走出来，看看会议室里有没有把第二天的训练装备按队员号码排列整齐，看看治疗室里有没有不停地给队员按摩。"我也不想这样，但是我没想到以前连这些都没做到。"

"刚吃完饭，你还要吃饼干？"——那天，某年轻主力饭后去买了几包饼干，被特鲁西埃撞了个正着。这位异国教练对拿着饼干的年轻球员一顿瞪眼："刚吃完饭你就吃饼干了，看来明天你不需要吃饭了……"某脸红……

（《深圳晚报》，2011 年 2 月 28 日）

从上引特鲁西埃的话语中，可以看出作为主教练角色，他是非常认真负责、尽心尽力的，符合角色被赋予的要求，同时特鲁西埃又被大家公认为是一个极有个性的人，管理语言是独特的。"球员，需要管吗？"表面上似乎放任自流，但实际上给予可能被淘汰的人以巨大压力，使队员自觉训练、自我约束。"你是队医，你不能捡球"与一般的观念不同，多做些事难道不好？其实他的意思是整个球队中的每一个人都应该扮演好自己的本分角色。"坐着聊天就是你的态度？"以反问形式批评懈怠现象，锋芒毕露。"球衣不是球员的，那是俱乐部财产"，直言不讳，打破惯例，将似乎复杂的问题变得简简单单。"我只能多看几次，虽然我不想这么做"，并不突出个人，自己细心做准备工作是"只能"，本意"不想这么做"。"刚吃完饭，你还要吃饼干？"毫不留情地质问，管得似乎太宽了，但他是为了使球员养成良好的生活习惯。主教练角色语言的共性与个性在这里达到了辩证统一。

（二）正确把握工作角色的话语权

这里说的话语权，主要是指说写者对话语的控制权和所负的责任。在工作关系中扮演特定的角色，必须注意正确把握话语权。话语权关涉控制权如何恰当使用，以及角色所要承担什么样的责任。

以说写者对话语信息所负责任的大小为标准，通常将话语角色分为三类：完全话权人、部分话权人和零话权人。完全话权人代表自己的意志表达，对语言行为负全部责任，与话语信息的距离最近；部分话权人代表自己所在的团体的意志表达，对语言行为负部分责任，是话语责任者之一，与话语信息的距离较远；零话权人像传声筒一样为传达别人或其他团体（说写者不是该团体成员）的意志而表达，对该语言行为不负责任，与话语信息的距离最远。

当说写者扮演完全话权人角色时，传达的是自己的思想、观点和感情，对语言行为的后果承担全部责任。如果语言得体，就会产生积极的效果，拉近说写者和听读者之间的距离，增进彼此感情上的交流，达成见解上的一致；如果语言不得体，产生的是消极的后果，说写者作为语言行为的责任者，就可能会和听读者产生矛盾冲突，拉大和接受者的距离，破坏感情的融洽。当说写者扮演部分话权人角色时，表达出的是团体成员都认可的思想、观点和感情，说写者对语言行为的效果只承担部分责任。如果是积极的效果，受益的主要是团体，在听读者面前树立团体的良好形象或者增强团体的力量；如果是消极的后果，说写者也可以避免和听读者产生激烈的正面冲突，因为语言行为的责任者是整个团体。当说写者扮演零话权人角色时，说写者对语言信息的后果不负任何责任。如果是积极的效果，受益的也不是说话者，而是未出现在交际现场的话语责任者，使话语责任者和听读者之间的距离拉近，感情加深或见解趋于一致；如果是消极的后果，表达者也不会和接受者产生冲突，因为他可以把语言行为的责任推给交际现场之外的话语责任者。

三种话语权各有利弊，选用时必须注意话语的必要性、正确性、适切性。在工作关系中的不同角色都有选择的自由，但不是没有条件的。一般情况下，掌控权力者选择的自由度比较大，特别是高层领导者，担当完全话权人角色、部分话权人角色的场合比较多，也有扮演零话权人角色的场合，例如，传达上级的指示、规定等。反之，处于低位的被领导者选择的自由度相对小，较多扮演部分话权人角色、零话权人角色。

2009年4月22日，在河南郑州市二七区"跨越式发展新三年行动"动员大会上，谈到抓项目落实问题时，（时任）区委书记朱是西特别强调说："有些科级干部官不大，架子大，只当传声筒，不当战斗员，可以算作'山寨'干部。一些科级干部只会把任务安排给下级科员，自己不干活。有的单位没有科员，这些干部就说：'我们单位没有干活的。'科级干部是干啥的？不能干活吗？是当神敬着的吗？如果科级干部不能干，我们宁愿不要科级干部！'山寨'干部表面上看是领导干部，但工作不图创新，不思进取，不负责任，像发条闹钟，不拨不动。这种情况在二七区各个局委、乡镇办里普遍存在，下一步二七区马上就要清理这种'山寨'干部！"朱是西这番话"狠"劲十足，他的声音通过大喇叭传出来，震得会场上的人耳朵嗡嗡直响。许多群众听了，却拍手称好，赞叹说："朱书记讲得好！二七区有希望！"

（《演讲与口才》，2010年第6期）

朱是西的讲话，严肃批评了干部中的不正之风，敢于说"不"喊"停"。他把那些"光说不干的科级干部"斥责为"山寨干部"，"像发条闹钟"，"架子大，只当传声筒，不当战斗员"，与干部本来应该担当的职责相去甚远。不仅比喻形象贴切，入木三分，讥讽有力，而且不遮不掩。"科级干部是干啥的？不能干活吗？是当神敬着的吗?"同一意思,连续诘问,步步递进,严厉严肃。"如果科级干部不能干,我们宁愿不要科级干部!"扬弃态度鲜明,绝不留情。一句"二七区马上就要清理这种'山寨'干部",雷厉风行,付诸行动,代表了民意,难怪老百姓称赞不已。朱是西选用的是拥有完全话语权的角色,具有很强的领导与组织能力,也敢于负责。

非权力掌控者——普通的工作者,虽然也有选择的自由,但在事关利害及责任关系的场合,常常扮演零话权人角色。如果领导因事不能与会,请秘书代为讲话,秘书发言前一般会说"某某领导因临时有事无法出席会议,我代他转达他的意见"之类的话,来表明自己是在传达领导的意旨,所传达话语信息的责任人是领导。一般不会说"我认为这件事情确实是某某的疏忽导致的,某某应该负主要责任,……""我是这次领导发言稿的撰写者,这件事情就按照……方式处理"之类的话来显示自己的看法,强调自己是话语创作者。如果秘书这样说了,那就表示他和领导一起承担责任,是责任者之一,这样表达可能给别人带来不好的印象,还可能导致与上司的关系出现问题。但问题还有另外一方面,必须扮演部分话语权角色的时候不能推卸责任,而是应该根据领导指示,积极主动完成工作任务。

一位老总在公司成立十周年之际,想感谢一下一路陪公司风风雨雨,为公司保驾护航的老员工们,于是便对秘书交代:"请你收集一下在公司服务了三年以上、五年以上及七年以上的员工名单及生日,我想在公司年会上一一酬谢,并且希望在以后每年员工生日的时候都为他们准备一份生日礼物。"三天后,老总的桌上多了一张A4纸,秘书说:"老总,上面是在公司服务了三年、五年及七年以上员工的名单及出生日期,请你过目。"老板看到后,不禁哑然,苦笑了起来:"你呀你,如果我只是要一份这样的名单,叫人事部提交就行了,何必专门叫你来,说这一大堆话呢?"

(《演讲与口才》,2010年第7期)

这一例中,老总交代秘书收集不同工作年限的"员工名单及生日",想在公司年会上"一一酬谢",并且为他们"准备一份生日礼物"。在老总看来,他已经向秘书提出了设想,说明了要求,下面的事情应该全部由秘书去操作了。而秘书仅仅是收集好了名单,呈送老总,并说"请你过目",以为这样做就是不折不扣地完成任务了,但是秘书没有想一下,老总的吩咐是为什么?要什么结果?至少应该考虑到礼物详单、礼品价位表以及年会安排等事项,并提出初步方案。虽然老总没有明说,但这是秘书应该扮演的角色及担负的责任。

第四节　显现礼仪性

　　工作关系中的礼仪，虽然与生活中的一般礼仪形式具有共同的一面，但也有其特殊的要求。人们都希望自己的工作环境是充满温馨和谐气氛的。礼仪的运用，会使工作人际关系和谐发展，并使人身心愉悦，提高工作的积极性。如果彼此见面、相处、别离不能以礼相待，甚至剑拔弩张，那么生活就会乏味无趣，极容易产生人际矛盾，进而影响工作效益。现代社会，越是竞争激烈，越是要靠礼仪来协调单位、组织的内外人际关系，吸引现有的、潜在的客户和顾客。从某种意义上说，在市场经济中，礼仪作为现代文明素质的重要组成部分和外在表现，正在不断创造价值和利润，虽然不一定能够为单位、组织带来立竿见影的物质利益和经济社会效益，但在将来带来利益或效益是必然的，只是与相关工作人员的礼仪表现存在一定的时间差而已。例如，1992 年冬天的一天，重庆一位私营企业经理按约出发，乘坐公共汽车去和一个"大买主"进行销售谈判。车上人多拥挤，这位经理踩了一位女士的脚，当这位女士抬头注视他的时候，这位经理不仅没有道歉，反而说了几句很难听的话："看什么？没见过？有什么大不了的？我难道是有意的吗？"到站下车以后，当这位经理到达对方办公室的时候，发现经理办公桌后坐的不是别人，正是被他在车上踩了脚的那位女士。这场谈判以还没有开始的方式就告结束了。所以，在所有显性或潜在的对象、公众面前，工作人员只有认识、理解了礼仪与单位、组织利益的关系、潜在效果及其重要性等之后，且能持之以恒地遵行礼仪，从而树立组织的良好形象，才能促进工作关系的和谐发展。

一、名实相副的礼仪形式

　　工作中的人际交往，必须讲究礼貌。礼貌既有形式，又包含着丰富的内涵。工作礼貌修辞要力求得体，符合交际双方的身份地位，既要渗透必要的感情因素，又不能超越理性的制约。诚实守信，是做人最基本的要求，也是礼貌的精髓内涵、至高境界，直接关涉工作的成功。诚信是道德的重要组成部分，诚信不仅是在利益关系发生冲突情况下的调停人，而且市场工作机制需要把它容纳到自身的运行机制当中去。一般情况下，诚实守信的语言判别必须结合语言交际过程，与语言行为的后续效果结合起来考察。有些人往往偏重于诚实守信的礼貌形式，忽视其内涵实质，这是理解上的一大误区。

（一）称呼名副其实

　　工作关系中的称呼，一般应与人们在团体组织中的身份地位、所担任的职务、所拥有的资历等相符合，在正式场合尤其要特别注意。关系比较亲密、特殊的，称呼可以适当渗透进个人的感情色彩，但在公开正式场合，则要视具体情况区别对待。

　　某应届大学毕业生J被招聘到公司市场部。J平时请示本部门的负责人许总监时，出于称谓的好听，总是称他为"许总"。有一天，公司管理层召开例会，J依然习惯性地称呼许总监为"许总"，许总监的脸红一阵白一阵，直朝他使眼色，而J却一直浑然不知。

　　F是被新招录到某局工作的。在她的意识里，似乎没有"上司"和"同事"的概念，她向比她大的男士一律叫"哥"，女士则一律叫"姐"，即使在办公室也哥啊姐啊的。一次，市局要在该局召开工作会议。前一天，上司让F准备会议材料。F一口保证："哥，这点儿小事儿，您就放心吧！"第二天，会议如期进行，可她准备的材料却出现了缺页的问题。会议结束回到办公室，上司把材料摔到F面前："这就是我对你的放心？"F一脸委屈："哥，我真的不是故意的。我明明是打完了啊！"当着很多人的面，F如此争辩，上司一听更恼火了："哥、哥，谁是你哥，以后请注意称谓！办公室不是家庭！你要执意这样，就去别的部门吧！"

　　L是某校教研室的老同志，年龄比冯主任大不少，但职位却一直没上去。L每次都在正式场合高声大嗓地叫主任"小冯"。有一次，上级领导到办公室检查工作，当走到L跟前问他情况时，L张口说了句："就让小冯说说吧！"领导一愣，说："谁是小冯？要不就让你们的主任介绍介绍吧！"站在旁边的副校长指了指冯主任说："这就是教研室的冯主任。"当时主任觉得挺尴尬的。

　　（《演讲与口才》，2009年第12期）

　　J一例中，J对自己的直接领导使用简称，表示尊敬，在部门里使用尚可，但不能随意乱用。在公司管理层的正式会议上，公司老总等高层领导都在场，如此称呼，可能产生误会，势必造成尴尬局面。F一例中，F对同事一律以"哥、姐"相称，显得私人关系很密切。但是，这种亲热的称呼不能过分，尤其称呼上司，要注意分寸。毕竟是在工作环境中，最好不要把私人关系和同事关系混为一谈。F的做法就欠妥当。特别是当上司对她工作中的失误进行批评时，她还"哥、哥"地辩解，就显得更不得体了，难怪上司会火冒三丈，并下了逐客令。L一例中，L凭借自己的年龄资历，不分场合，总是称呼上司"小冯"，有的上司可能会容忍，但未必所有的上司都能够容忍的。职场上，上司就是上司，下属就是下属，分派工作、检查工作等，都是职业化的分工，倚老卖老常会遭遇挫折。

（二）诚信名副其实

　　诚信意味着对交际对象真正的尊重、守信，工作中的诚信语言礼貌得体、周全，表达确凿、清晰。而名不副实的非诚信语言常常具有不确定性、片面性、模糊性等特征。不确定性表现为当出现与其自身的利益不相符合的情况时，则采取辩解、否认或逃避责任等手段；片面性表现为在信息的传播过程中注重对容易实现的、易引起人们兴趣的信息，作十分详细地介绍，而对其他的有关内容则闭口不谈或简略带过，待进入实质性阶段时再增加附加条件；模糊性是将有关信息内容用模糊的概念进行表述，"述而不作"或"藏尾露头"，只表述关键信息而将具体的措施省略，人为制造障碍损害合法权益，或利用概念的内涵与所述信息的某些内涵具有的共性（而外延完全不同，这些外延对内涵的影响至关重要）或词语的某些义项以替代的方式进行表述。

> 某商店的一个营业员自费印制了自己的名片，凡前来购买大宗商品的顾客，他都恭敬地递上名片，并叮咛一句："质量上如有问题，可按此名片与我联系。"本来只是一件微不足道的小事，只是平常、普通的一句话，可商店经理却发现，这个营业员柜台前的顾客竟一天比一天多起来。有一天，一位顾客来买商品，见不到这个营业员，竟然打道回府，宁愿第二天再跑一趟。
>
> （《南风窗》，1995 年第 8 期）

有"名"则信，信则赢。一张小小的名片一下子给了消费者一种信任感，让他们对所买商品有了信心。奥秘就在于递上名片的同时所说的一句话："质量上如有问题，可按此名片与我联系。"经过实践的检验，名片的功能大大地提高和延伸了。营业员给顾客名片，看似不太必要，而实际上却不失为一种新的销售方式，而顾客也的确需要有这样一张名片。有了名片和营业员的承诺，"质量上如有问题，可按此名片与我联系"，万一购物后发现商品质量或其他方面有问题，就会有"名"片可循，不致东跑西跑无端端浪费时间。递上一张名片，同时也就递上了你的礼貌、责任心和对顾客的关注。这比许多"质量保证"的广告都有效得多。

各大商场常用"打折——全场从某折起"（打折到什么程度不清楚，只片面突出某折），"买一送一"（送的具体内容不清楚，仅突出送一），房地产商的商品房"××××元起"（具体的价格不清楚，更不知道封顶的价格），经济合同中"验收合格后付款"（验收的标准、合格的标准、付款的时间、付款的数量等都可根据情况变化）等就属这种现象，亦即人们常说的"只听楼梯响，不见人下来"的不正常的经济语言现象。经济活动中往往将"赠送"的信息表述为"增送"。"增送"和"赠送"两个概念内涵的共性为"送出的数量增加"，但两个概念的外延完全不同："赠送"是无条件、无需增加费用地使数量增加；可"增送"是有条件的，需要增加费用而使数量增加，这就是典型的非诚信语言现象，这使传递的"赠送"信息具有模糊的、可变的，甚至完全不能履行的因素。

> 老总去了一趟日本，学回了很多新东西，不仅在厂门口安上了指纹考勤机，

而且各部门都装上了监控摄像头，还出台了许多条"不准"制度。大家被管得死死的，无法接受，但谁都没有胆量跟老总对着干，只好背地里吐唾沫，骂老总假洋鬼子。怨言传到了老总耳朵里，老总说："好呀，大家对我有气我一定让你们出个够。"几天后，公司里设了个出气房，老总给自己塑了个塑胶模型，放在出气房里供员工解气。可谁都不敢去出气房出老总的气。

老总下达了出气任务："每个员工都必须得到尊重，都得到出气房里对我出气，首先从中层干部开始。"D是中层干部，轮到了他，他不但动了口，而且还对老总的塑胶模型动了手，把这么些年来对老总的不满都痛快淋漓地宣泄了出来。

这办法还真管用，出完气心里觉得特别舒畅。接着，每个工人也都进了出气房。听说老总的塑胶模型最后被撕得四分五裂。

接下来，公司进行了改制，一大批人出现在了待岗名单里，D就是其中的一个，也是中层干部中的唯一一位。D不明白怎么会这样，准备向老总讨个明白。知情人士小刘拦住了他，并告诉了原因，说："你小子出手太狠了，老总的下身被你踹了好几脚。"D说老总怎么知道，小刘指了指远在墙角的摄像头说："都联网了呢。"D又说："这么多中层干部出了老总的气怎么就我一个下？"小刘大笑，说："傻哥儿们，人家进了出气房都是一劲儿地跟老总握手，对老总美言，哪像你呀，吐老总一脸唾沫，还对老总动手动脚。这不，像你这样的一帮子人都上了黑名单。"

（《中华工商时报》，2004 年 4 月 16 日）

这一例中的老总，对手下的干部、员工，表面上冠冕堂皇、尊重有加。"好呀，大家对我有气我一定让你们出个够"，肯定并保证，特地设了个出气房，给自己塑了个塑胶模型，放在出气房里供员工解气。可谁都不敢去出气房出老总的气。老总便当做任务下达命令："每个员工都必须得到尊重，都得到出气房里对我出气，首先从中层干部开始。"两个"都"，气量显得够大的了吧？而且"首先从中层干部开始"，人员、措施落实到位，而背地里却报复整人，他的出气房不过是个圈套，以此探测下属对他是否忠心，一旦发现有人真的"出气"，便开除解职。从其后续效果来考察，完全是虚假的，没有诚实守信可言。

二、积极主动的礼仪形式

积极的语言形式，主要是指正面、主动、诚恳的语言。这是工作礼仪深层内涵的外显形式。积极的语言表现出对交际对象的尊重，加深谦和的程度，深入对方的心灵，牢牢吸引交际对象，能够促使沟通顺畅，达到工作目的。相反，消极的语言形式，往往有意无意将责任推向客观因素，缺少热情，缺乏理解，缺失信誉，导致人际关系产生隔阂，进而影响工作成效。

（一）正面性表达形式

同样的意思，可以正面表达，也可以从反面述说。正面表达，在尊重、保护对方自尊心、自信心的基础上，着重在引导、鼓励、表扬，晓之以理，动之以情，力戒指责、训斥、讽刺、挖苦、侮辱的表达方式。

学校是青少年汇集的地方，教育的对象主要是青少年，青少年的思想、心理、生理等素质还不成熟，容易犯错误，存在这样或那样的缺点很正常。他们的承受能力要低于成年人，如果按照对待成年人的一套方式方法去对待青少年，那么往往适得其反，不但达不到教育目的，而且可能产生逆反心理，出现不同程度的对立情绪。所以，教师应该高度重视思想教育的修辞艺术，针对学生的心理特点，讲究方式方法，以正面引导为主，提高思想教育的有效性。

某高校食堂办得不好，每当中午下课铃声一响，许多学生不到食堂用餐，而是跑到学校门口隔着铁栅栏买外边小贩的快餐。于是中饭时分，校门口每每形成一道"风景线"，众多小贩吆三喝四，学生拥挤不堪，吵吵嚷嚷，秩序极其混乱，进出通道常常堵塞。学校领导研究后决定，要求班主任做好学生工作，坚决不准学生买外来的快餐。

班主任甲："经过学校领导研究，从今天开始任何人不准购买外边小贩的快餐，违者将受到纪律处分！大家看看，一下课，个个打冲锋似的，校门口像个什么样了！为什么不到食堂用餐？"学生不服，纷纷对规定提出不同意见："食堂伙食搞好了，我们会到外边去吃吗？为什么不对食堂工作加以改进？"

班主任乙："同学们，学校已经作出了规定，不允许购买外边小贩的快餐，这是为大家的健康考虑，小贩没有卫生许可证，对大家身体的健康有隐患，再说学校正在采取有力措施，改进食堂的工作，欢迎大家对食堂饭菜质量、价格等存在的问题多提宝贵意见，相信同学们一定会自觉遵守学校的规定的！"班里的学生以后再也无人去外边买快餐了。

班主任甲强调规定，严厉指责、训斥，不分析问题产生的原因，站在学生的对立面。"任何人不准购买"，严厉阻止；"个个打冲锋似的"，含有贬斥、讽刺意味；最后一句训斥式的诘问："为什么不到食堂用餐！"致使学生与教师发生争辩，规定无法落实。而班主任乙，虽然也向学生说明了学校的规定，但尊重、相信、关心学生，语气亲切。"对大家身体的健康有隐患"，这是为学生考虑，"隐患"一词用得恰当，促使学生不为眼前的"口福"所迷惑；"学校正在采取有力措施"改进食堂工作，讲明道理；表示"相信同学们一定会自觉遵守学校的规定的"，强调自觉执行。学生愉快地接受了规定，从此不再去购买小贩的快餐。

有一个高年级班的孩子，由于年龄渐长，对异性产生了好感。课间，他们也喜欢私下议论说某某喜欢某某。班主任老师闻言色变，决心在班级管理中杜绝此类有伤风化的言论。于是，他规定："请各位同学注意，谁再说这样'下流'的话就要请家长来校处理！请不要当我的话是儿戏！"并且将所说的话誊写多遍以警示余众。没想到规定颁布后就出现了屡禁不止、越禁越烈的怪象：他自己频繁接到各种捕风捉影的小道消息；有人乘其不在时直接将言语刻写在课桌上，涂写于黑板上，而他又苦于查不到"现行"，无法按章办事。一时间，似乎全班都陷入了"喜欢门"，而教师却无法兑现规定中的惩处条例，威信骤然下降。

另一位老师执教的班级发生此类情况时，他专门召开班会，告知孩子老师的态度："到了高年级，如果还没有异性喜欢你，就说明你的缺点大于优点。但是喜欢要有理由，大家可以大胆、公开地说，但更要说明自己喜欢对方的理由，如学习优秀，是体育健将，品德好等。"这番话，没有站在学生的对立面训斥，而是引导学生将"喜欢"纳入正常的轨道，解决这个问题的效果很好，学生也对老师更加信任、尊重了。

（《班主任之友》，2009 年第 7 期）

高年级学生喜欢异性，只要不超过度的限制，本来是件正常的事情。以上两位教师对待、处理的方式方法大不相同。第一位教师如临大敌，提到"有伤风化"的高度，可见该问题在其心中的严重性。而且进行严重警告，作出严格规定，要叫违反者"家长来校处理"，告诫"不要当我的话是儿戏"，并且将所说的话誊写多遍以警示余众。结果呢？适得其反，"屡禁不止、越禁越烈"，师生关系也急剧在"喜欢门"中恶化。第二位教师则是对学生表示理解、肯定，说："如果还没有异性喜欢你，就说明你的缺点大于优点。"这是从反面表述的，肯定更加有力。只是对表达方式提出了要求，应该"大胆、公开地说"，更要"说明自己喜欢对方的理由"，正确的引导消除了盲目早恋的隐患，师生关系更加和谐了。

（二）主动性表达形式

工作关系的交往中，难免碰到各种困难、障碍，因为通常关涉利益问题，特别是厂商与客户之间，哪怕是一些细小问题也可能会破坏人际关系的和谐，给组织团体带了短期或长期的负面影响。语言的主动性，就是积极应对语言交际中出现的困难、问题，尊重、理解、安慰对方，尽量为对方着想，将责任揽于自身，而不是总将原因推向客观或对方。

请比较下面几种不同的表达方式：

①A：你要的商品已经卖完了，我实在没有办法。

　B：您要的商品很热销，已经脱销了，实在对不起，能不能麻烦您留个电话？一到货我马上给您电话。

　　②A：对不起，这事根本不归我管。

　　　B：这事有专人负责，请稍等，我帮您联系，你可到某某处去找某某某具体商谈。

　　③A：这东西很难修理，零件不好找，我试试吧，但不能保证一定会修好。

　　　B：这东西确实很难修理，我一定尽力，寻找最好的办法解决。

　　④A：你怎么对我们公司的产品老是有问题？

　　　B：看上去这些问题很相似。

　　⑤A：我不能给你他的手机号码。

　　　B：对不起，您是否向他本人询问过他的手机号码？

　　同样对待客户的要求或意见，很明显，A 组的语言是被动表达。"实在没有办法"，推向客观原因，那主观上有没有尽力了呢？"实在"并不意味着已经尽了最大努力。"根本不归我管"，"根本"一词将个人的责任推卸得干干净净。"你怎么对我们公司的产品老是有问题？"反问责怪对方是找茬子，回避自身的质量问题。"不能保证一定会修好"，给自己修不好留下余地，也可能是一种借口。"不能给你他的手机号码。"虽然有其合理性，但含有对方不怀好意的潜台词，可能产生负面影响。而 B 组的应答则积极主动，千方百计寻找解决的办法。"麻烦您留个电话"、"马上给您电话"，明显是为顾客着想，但却说成"麻烦"对方，"马上"表现出高度的积极性。"帮您联系"，告知解决的路径，将本来不是自己管的事情主动承揽下来。"看上去这些问题很相似"，换种表达方式承认、肯定了对方"老是有问题"的意见，以此消除顾客的怨气。"对不起，您是否向他本人询问过他的手机号码？"既是委婉拒绝，又给予对方足够的面子，效果自然要好得多。

　　再看下面的例子：

　　Y 是某食品公司总经理的秘书。这天上午 Y 的上司外出办事，一个有预约的客人来访，不过，他预约的是 17 号，而今天才 11 号。接受这个预约的是新来的秘书 N。Y 在对客人说了上司外出之后，应该如何接待客人。下面有 5 个选项：

　　①我们预约的时间是 17 号，请您 17 号再来。

　　②我们预约的时间是 17 号，如果您事急，改在这两三天之内，可以吗？

　　③我们预约的时间是 17 号，您有什么事？我请具体业务负责人跟您谈，可以吗？

　　④不好意思，是我们在预约时出了差错，给你添麻烦了。我们另约个时间可以吗？

　　⑤我们预约的时间是 17 号，是我们新来的秘书 N 将 17 号听成了 11 号，给

你添麻烦了，真不好意思！下次再也不犯这样的错误了！我们另约个时间可以吗？如果我们具体业务负责人可以帮助您解决问题，请他接待您，行吗？

例①实际上是将责任归咎于对方，"请您17号再来"，一副公事公办的模样，对方听了，心情肯定不愉快。例②与例①相似，不过要重新约定时间，"改在这两三天之内"，提早了几天，要对方再跑一次，未必会得到对方谅解。例③同样将责任归咎于对方，但提出了解决的办法，"请具体业务负责人跟您谈"，不过这样应答，降低了商谈的级别，可能会使对方觉得主方轻慢自己。例④将责任揽到己方身上，作了道歉，另约个时间的解决方案也是可取的，但只有一种选择，对方处于被动状态。例⑤虽然同样将责任揽到己方，但原因更确凿，"是我们新来的秘书N将17号听成了11号"，是真也好，假也好，主要是力求显示出充分的诚意，而且提出了两种解决方案供对方选择，"另约个时间"或请"具体业务负责人"接待帮助解决。比较起来，例⑤的应对最为得体，讲究工作礼仪，解决这个难题最为妥帖。

（三）使役性表达形式

工作中常常运用使役性语言，说写者作出使役性语言行为的目的就是促使听读者接受其使役要求并作出发话人所要求的行动。正常的使役性语言行为，确实是为了工作的需要，未必会使听读者丢面子。但如果是恶意使用，耍威风，显蛮横，有意针对接受者的想法和行动进行反面强制，带有否定接受者愿望和行动的性质，不注意时机、场合，明显让接受者感到羞辱、难堪，这种有伤人尊严的使役性语言，则是必须避免的，因为这样的使役性语言不但达不到使役要求，而且会损害人际关系。所以，使役性语言同样需要真诚，需要礼貌，需要调节，可供选择的修辞手段是很多的。

寓使役于褒扬之中。先使用敬辞或褒扬性、肯定性的词语，然后提出使役要求。

在一次公司活动结束后，经理对小张说了一番话："小张，总体上你的表现还是不错的，但在一些细节上还应该注意。例如某某的精神状态似乎不太好，积极性不高，我估计肯定有什么原因，你找一些和他熟悉的人深入了解了解。"

在这段话中，经理先以"总体上"和"不错"来表扬小张。"总体上"，意思上以整个过程这一宏观大处为落脚点，但并不是指整个活动过程中的每一个细节，给予小张表扬的同时，也给经理留下了批评的余地。"不错"是肯定性语言，既非好，更非坏，介乎两者之间，分寸拿捏得很好。然后经理对小张提出了深入了解员工思想状态的要求，相信小张一定能够愉快接受经理的意见。

寓使役于征询之中。征询是与对方商量，体现出尊重和诚意，可以征求对方自己的意愿，让对方表示态度，作出决定；也可以提出一定的条件或选择恰当的辅助语请对方考虑。征询是一种礼貌的语言形式，虽然是要求对方必须这样做，但是减弱或消除了强迫指令的口气、意味。

有一次，公司要招聘一名财务会计，一个女应聘者引发了广泛争议，因为她被"举报"曾因经济问题坐过两年牢。老总倾向于聘用该职员，理由是面试时，老总与女应聘者有过较详尽的交流与沟通，老总既相信她的能力也相信她的人品。而一些人对这位有过"前科"的应聘者很是放心不下，一位主管对老总表达了上述担心。老总哈哈大笑："你面试时一直在场，平心而论，你看这个人可以吗？当初刚启用你时，不止一个人在我面前表示不信任和担忧，可你现在不干得相当出色吗？希望你能够支持我的决定。"这位主管听罢，口服心服，随即改变了怀疑、担心的态度，支持老总录用。

后来，那位女会计师不但没有出过任何闪失，而且还被公司提升为了财务副总监。

（《现代青年》，2007 年第 12 期）

这一例中，老总是完全有权力决定是否录用应聘者的，但对于这样一个颇有争议的人物，用尊重的口吻征求下属主管意见，"你看这个人可以吗"。同时以对方的自身经历帮助对方考虑、审视，确定态度，"当初刚启用你时，不止一个人在我面前表示不信任和担忧，可你现在不干得相当出色吗"。"不止一个"，指明反对人数较多；"不信任"乃至"担忧"，反对强度很大，两者十分类似。"希望你能够支持我的决定"，期盼口吻，丝毫感觉不到这是公司的在高位者——老总的意见。

寓使役于体谅之中。体谅是为交际对象着想，表示对对方的理解，尽量减少使役要求可能给对方带来的麻烦、不便或情绪上的反感。这一类的使役性语言，融情于指示、命令、要求之中，使交际对象易于、乐于接受。

方女士在某晚报社工作，平日采访工作繁忙，但她喜欢创作。林总编有一次问方女士业余是不是还在写小说，说在某本杂志上看到署名是她的文章。方女士就对他实说了自己确实向外面的杂志投稿，也说了在写长篇的事。总编颇为感慨地说："年轻真好，可以像你这么努力。报社效益好起来，我准备跟张总沟通一下，你每月交几篇稿子，然后就在家创作，不用来坐班，没有大的采访，单位也不打扰你，否则真耽误你的发展，你还有大发展，绝不会永远在晚报。"一席话感动得方女士竟然落下了泪。

（《女人街》，2009 年第 6 期，文字有改动）

这一例中，林总编慧眼识人才，充分了解方女士的爱好、特长，"你每月交几篇稿子，然后就在家创作，不用来坐班"，工作任务明确，保证给予充分的创作时间。

"没有大的采访，单位也不打扰你，否则真耽误你的发展"，设定"大的采访"任务前提，此外的采访说成是"打扰"；"否则真耽误你的发展"，要知道，这里的"发展"是方女士的个人爱好、特长，并非本职工作，"耽误"之前还用"真"强调，情真意切，说到了对方的心坎上。如此安排方女士的工作，下属哪有不积极工作的道理？

寓使役于体谅中，有一种自责性体谅，富有成效。交际客体身上出现的问题，内因当然是主要的，交际主体就具体的事件来说，没有直接责任，或者根本没有责任，但为了促使交际客体主动认识错误、缺点，交际主体视具体情况，先行主动承揽责任，融入关爱情意，触动对方的内心世界，或者适时转移话题，目的要求就往往能够较好地达到。

> 一天早上，化学课代表小董急匆匆地跑到办公室告诉老师说："龚某已有一个多星期不交作业了，做了许多工作都没有效果。"老师一听这话，马上叫龚某到办公室准备训斥他一通，但当小龚站到老师跟前时，老师却发不出气了，因为他眼角挂着缕缕忧伤，面容憔悴，神情木然。老师的心微微一颤：难道是家中发生什么不幸？于是，老师换了一种方式，关切地说："同学反映，最近你的脸色不好，是不是生病了？"他先是一惊，旋即避开老师的目光，抠弄起手指来。此时，老师知道小龚虽然消除了戒备心，但仍会隐瞒实情不予相告。于是，老师又旁敲侧击地展开自我批评，说："双休日返校时我就注意到了你的变化，我本来应该及时了解情况，帮你解决问题的，可我疏忽了，后来又忘了，这是我工作上的失误，还请你能谅解。"说着说着，龚某直摇起了头，泪珠滚了出来，最后道出了实情。原来从小抚养他的爷爷病重住进了医院，医生告知可能有性命之忧。情深义重的他割舍不下，茶饭不思，无心向学。老师及时递上一片纸巾，并拍着他的肩膀说："放心吧，你爷爷会好起来的。"
>
> 在后来的一段时间里，老师特别关注他，但从不过问作业之事。可是从那天起，他每天都能按时交作业，并在第三个周记中写道："我爷爷已永远地离开了我，但我仍得谢谢您，因为您的爱使我找到了支点。您放心，我会坚强地走下去的。"

学生龚某长达一个多星期不交作业，错误明显，作为教师，自然必须要求他按时交作业。但例中这位教师并没有横加训斥，而是通过仔细观察，推测可能另有原因。为了使学生说出实情，这位老师临时转移了话题，没有涉及作业问题，只是关切地询问学生的身体状况，"同学反映，最近你的脸色不好，是不是生病了"。接着反而真诚地作自我批评。"可我疏忽了"，转折中包含着很不应该的意味，"后来又忘了"，进一步加重自责语气，说成是"工作上的失误"，还请求学生能"谅解"。自此以后，学生"每天都能按时交作业"，做作业变成了自觉的行为。

三、尊重差异的礼仪形式

交际对象存在着思想、个性、心理、文化诸方面的差异。尊重对象差异，也是工作礼仪文化的重要组成内容，要求以平等态度对待交往对象，一视同仁，大方得体，把握好说话的分寸，对方即使与你意见、主张不同，也不能歧视、排斥；要了解交际对象不同的身份背景，包括其所属国家国情、民族、文化背景，尊重对方的风俗、习惯、禁忌。交际对象的差异，有些差异如果并不影响工作的顺利展开，可以忽略不计；而有些看来只是种形式的差异，却必须重视，如果不尊重这种差异，就是不尊重对方，可能导致对方情绪上的不快、反感、厌恶，进而在行为上造成负面影响。尊重交际对象存在差异的礼仪，在称呼、话题、表达角度、表达方式等方面都有表现。

（一）尊重意见的差异

在工作中，上下级、同事之间，对外交往、联络，人们因观念、主张、素养相异而出现分歧和矛盾是十分正常的，关键在于如何对待分歧和矛盾，只要不是恶意的中伤、诽谤，都应该以礼相待，尊重对方，至少不破坏人际关系。

李亚鹏有篇文章《对不起》，讲述了下面一件事情：

> 嫣然基金会成立后，我曾发誓，每次坐飞机都要发宣传单。我一般在飞机快降落时，等大家睡醒了才发。
>
> 有一次刚发完，我还没回到座位上，有一个人"啪"地把那份宣传单当着所有人的面扔地上了。我愣了一下，这是一种毫无理由的侮辱，我努力平复自己的情绪——其实我们那个宣传单的内容很简单，里面的话是我写的："如果您有一颗慈善的心，如果您还没找到实施的途径，请加入我们嫣然天使基金，让我们一起把爱传出去。如果您不需要此信件，请转交他人。"
>
> 因为已经写了这样的话，我认为自己并没有打扰到他。如果他不要，把它扔到地上，我也不要吗？我走过去把那个信封捡了起来说："对不起，打扰你了。"然后回到了座位。
>
> 后来有一天，我们基金会的办公室工作人员给我打来一个电话，说收到了一笔10万元的捐款，署名只写了"对不起"3个字。我一想，就知道是谁了。
>
> （《读者》，2009年第15期）

这一例中，作者热心于慈善事业，在不打扰乘客的前提下在飞机上发送宣传单，这是好事，而且宣传单上还明确注明，"如果您不需要此信件，请转交他人"。已经假设了不愿意加入、不需要信件的情况以及处理的办法，并无强求之意，礼数考虑周全，但一位乘客竟然将宣传单当着所有人的面扔地上，毫无理由地侮辱作者。这是个颇为特殊的人，怎么办？作者却没有发火，捡起信封，反而很有礼貌地道歉，"对不起，打扰你了"。显示出对对方的充分尊重，虽然仅仅是简短的话语，但并非任何人都能够在此情此景中说出口。好心有好报，最后的事实证明了作者讲究礼仪的应对方式完全正确。

（二）尊重文化的差异

工作人际交往活动是一种文化现象，人际互动行为是与人们的观念文化密切相关的。观念文化是社会文化的内核和深层结构，它包括价值观念、价值取向、社会意识、精神追求、精神境界、理想信念、伦理道德、传统、风俗习惯等社会心理。同时，又对人的语言行为方式起着指导、影响、支配作用。我们不能强行改变他人的文化背景、观念，只能是在尊重的前提下尽量适应，不能悖逆，以利于顺畅沟通，有效开展工作，建立和保持良好的人际关系。

在欧洲生活工作 26 年的卢福田大使在其撰写的《一个大使亲历的东西方思维方式冲突》（《海上文坛》，2000 年第 3 期）一文中讲述了他亲身经历的一件事：

> 1967 年文化大革命高潮的时候我还在中国驻荷兰大使馆工作。当时使馆的重要任务之一是散发《毛主席语录》，西方称其为当时中国的"圣经"或"小红书"。有一天一个荷兰人进来说，要一本毛主席的"小红书"，我就给了他。他说这种式样的"小红书"我也有一本，不过内容不一样，我说是语录吗？他说我不告诉你，明天寄给你看看。后来我收到了。跟毛主席语录大小一样，但是封面上写着"跟中国人做生意的秘诀"。这个题目很吸引我，我一口气读完，使我大为吃惊。这本书的开头讲，"目前中国正在进行文化大革命，文化大革命就是政治高于一切，一切都是算政治账，不算经济账。你现在不是参加广交会吗，必须注意要通过你的行为表明你是坚决拥护文化大革命的，这样你就被列为广交会组委会的国际友人，这样你就能财源滚滚。你千万不要以为价格和质量是最重要的，最重要的是要算政治账。"接下来一段就指明了你应当怎样表现。"第一，你到了广州以后，无论多晚，都应该告诉组委会，说我已经到达了，而且要表达这样的愿望，就是我非常愿意欣赏你们的样板戏，尤其是《红灯记》，麻烦你们千万给我安排一场。第二，手提包里放毛主席语录，而且跟中方谈判的时候，拉开提包的时候要轻轻的，不露声色地把这本语录似乎不经意地露出来，让中方的主人看到以后再把提包拉上。第三，在你西服里的衬衫上面必须要戴上毛主席像章，这个像章现在中国大使馆在广泛散发，你完全可以免费领到。"最后结论是："这一切，中国人都认为是绝对重要的，对于我们来说是一个手段，你只要达到目的就可以了。"

由这一例可见，在义利问题上东西方文化是存在很大差异的。东方人重义轻利，西方人重利轻义。在今天，"文革"自然是被否定的。但我们撇开事情本身的是非，就义利观念上来看，东西方文化确实是存在很大差异的。西方人为了做成生意，十分重视当时交际对象的文化观念，颇为精明。

尊老爱幼、照顾老人、关心孩子，是中国人普遍认同的道德准则，不过在工作上的人际交往中，要具体情况具体分析。西方人往往并不喜欢别人说自己年纪大了，需要特殊照顾，如果不考虑这种差异，很容易引起误会。

张勇的《谈言语交际的原则》一文中有这样一个例子：

> 一个中国教师带一个外国学生的班级外出见习。班上有十几个学生，年龄最大的叫布瑞德，快60岁了，最小的是汤姆，才22岁。上了卧铺车厢后，汤姆和几个年轻的同学跑得快，先占了下铺和中铺，只剩下几个上铺空着。教师帮助布瑞德提着行李最后上车。教师看了看剩下的上铺，感到极为不快，心想：这些学生真自私，一点也不照顾别人，很不懂礼貌，自己有责任安排好班级的出行。教师想了想，然后对下铺的汤姆说："汤姆，你能不能去睡上铺？把下铺让给布瑞德先生，他年纪大了。"汤姆很不高兴，说道："我们是同学，是平等的！"布瑞德也很不高兴："怎么老是说我年纪大了？刚才上车时就说我年纪大了，非要帮我提行李，现在又说我年纪大了，真没礼貌。我才五十多岁，还很年轻嘛，睡上铺有什么不可以？谁要他照顾！"于是，他飞快地瞪了教师一眼，说："我就要睡上铺，不要睡下铺！"说完就往上铺爬。教师很奇怪，但还是关心地说："布瑞德先生，您年纪大了，还是睡下铺吧，下铺方便些。"布瑞德不由得发脾气了："谁说我年纪大了？我就要睡上铺！"教师吃惊得一句话也说不出来，他生气地想：这个怪老头，简直蛮不讲理，乱发脾气。

在这个事例中，中国教师出于好心、工作责任心，试图根据年龄重新安排铺位，但由于没考虑布瑞德、汤姆的文化背景，一味按中国习惯说话，并没有取得良好的交际效果。"汤姆，你能不能去睡上铺？"虽然是征询的疑问句，但按照中国人的表达习惯，就是客气的要求，汤姆则是毫不退让地拒绝，"我们是同学，是平等的"，理直气壮，丝毫没有商量的余地。教师两次突出布瑞德年纪大了，"睡下铺吧，下铺方便些"，惹得布瑞德十分生气。"怎么老是说我年纪大了"，反问责怪，"老是"透出强烈的厌烦和不满情绪。"真没礼貌"，似乎混淆了对错，还用"真"强调，将中国教师的关心视作无礼。"我就要睡上铺，不要睡下铺"和"我们是同学，是平等的"，与年轻人的回应相映成趣。布瑞德"蛮不讲理"的不合作态度，搞得大家都不高兴。之所以会出现这种情况，是因为教师没有注意尊重交际对象与其自身的礼仪文化差异。

1950年前后，当时的美国哥伦比亚大学校长，也就是后来的美国总统艾森豪威尔，有一次请该校著名物理学教授拉比（拉比是 1944 年的诺贝尔物理学奖获得者）作演讲。艾森豪威尔在开场白中客气地说："在众多雇员里，你能够获得那么重要的奖项，学校以此为荣。"但是，拉比回敬说："尊敬的校长，我是这个学校的教授，你才是学校的雇员。"

（《竞争时代》，2009 年第 10 期）

从这一例可以看出，美国大学的观念与中国大学的观念是不同的。大学校长虽有很大的领导权力，但从观念上来看，他和其他行政人员甚至后勤人员一样，只是为教授和学生服务的，是真正的"雇员"。艾森豪威尔的开场白虽然客气尊敬有加，但将教授称作"雇员"，惹得拉比非常不满，拉比立即予以纠正、反驳。这是文化差异使然。

中央文明办为迎接 2008 年北京奥运会编写的《礼仪知识简明读本》（节选）中有以下几个要求：

89. 如何称呼外国人？

（1）在涉外交往中，一般对男子均称某某先生，对女子均称某某夫人、女士或小姐；对已婚女子称夫人、女士，未婚女子称小姐；对不了解其婚姻情况的女子也可称作小姐或女士。对地位较高、年龄稍长的已婚女子称夫人。近年来，女士已逐渐成为对女性最常用的称呼。

（2）对于有学位、军衔、技术职称的人士，可以称呼其头衔。

（3）对于地位较高的官方人士（一般指政府部长以上的高级官员），按其国家情况可称"阁下"，如某某"总统阁下"、"主席阁下"、"部长阁下"等；对君主制的国家，按习惯对其国王、皇后可称为"陛下"；对其王子、公主或亲王可称为"殿下"；对其公、侯、伯、子、男等有爵位的人士，既可称呼其爵位，也可称呼"阁下"或者"先生"。但是美国、墨西哥、德国等国却没有称"阁下"的习惯，因此对这些国家的贵宾可称"先生"。

（4）对社会主义国家和兄弟党，如朝鲜民主主义人民共和国等国家、越南共产党等其各种人员都可称作"同志"，有职衔的可另加职衔。

90. 在涉外场合如何进行介绍？

（1）介绍的方式。在涉外场合与初次见面的人士认识，可由第三者介绍，也可作自我介绍相识。为他人介绍时，要先了解双方是否有结识的愿望，不要贸然行事。无论自我介绍或为他人介绍，做法都要自然。正在交谈的人中，有你所熟识的，便可趋前打招呼，这位熟人顺便将你介绍给其他客人。在这些场合亦可主动自我介绍，讲清姓名、身份、单位（国家），对方则会随后自行介绍。为他人介绍时还可说明与自己的关系，便于新结识的人相互了解与信任。介绍具体人时，要有礼貌地以手示意，而不要用手指指点点。

93. 涉外交谈要注意哪些礼仪？

交谈中不涉及他人隐私，尤其是不问收入、不问女士年龄；主动回避敏感问题，如宗教信仰、人权、当事国的内政事务等；谈话的内容不涉及疾病、死亡等不愉快的事情；不谈一些荒诞离奇、耸人听闻、黄色淫秽的事情；对方不愿回答的问题不要追根问底；无意中谈起对方反感的问题或发现对方对自己谈论的话题不感兴趣时，立即转移话题；不批评、议论长辈或身份高的人员。

102. 涉外受礼要注意哪些礼仪？

（1）握手致谢。在参加各种涉外交往中，当接受宾朋的礼品时，应恭敬有礼地双手接过，并握手致谢。

（2）适当赞美。许多欧美人，喜欢别人接受礼品时，打开包装亲眼欣赏并赞美一番。此时，我们可仿效他们的做法，适时赞誉礼品，以表示自己的感谢之情。

这些要求确实对与不同的交际对象交往很有指导意义。例如，第89条第一则指出："在涉外交往中，一般对男子均称某某先生，对女子均称某某夫人、女士或小姐；对已婚女子称夫人、女士，未婚女子称小姐；对不了解其婚姻情况的女子也可称作小姐或女士。对地位较高、年龄稍长的已婚女子称夫人。"有些这样的称呼，汉文化中也有类似用法，但其中"对已婚女子称夫人"，"对地位较高、年龄稍长的已婚女子称夫人"等则不是汉文化的通行习惯。又如，"对于地位较高的官方人士（一般指政府部长以上的高级官员），按其国家情况可称'阁下'，如某某'总统阁下'、'主席阁下'、'部长阁下'等"，我们可能从电视和报刊等媒体中已经知道、熟悉这样的称呼习惯，但"美国、墨西哥、德国等国却没有称'阁下'的习惯，因此对这些国家的贵宾可称先生"，这些国家的例外，我们则未必熟悉。再如，"交谈中不涉及他人隐私，尤其是不问收入、不问女士年龄；主动回避敏感问题，如宗教信仰、人权、当事国的内政事务等；谈话的内容不涉及疾病、死亡等不愉快的事情；……无意中谈起对方反感的问题或发现对方对自己谈论的话题不感兴趣时，立即转移话题；不批评、议论长辈或身份高的人员"。明文详细指出了话题修辞的礼仪，其中既有一般的要求，如"不涉及他人隐私，尤其是不问收入、不问女士年龄"，又有牵涉国家与国家之间关系的特殊要求，如回避"人权、当事国的内政事务"等话题。

参考文献

1. 著作与学报文章

[1] 王希杰：《修辞学通论》，南京：南京大学出版社，1996 年版。

[2] 王希杰：《汉语修辞学》，北京：北京出版社，1983 年版。

[3] 王希杰主编：《汉语修辞和汉文化论集》，南京：河海大学出版社，1996 年版。

[4] 袁晖：《二十世纪的汉语修辞学》，太原：书海出版社，2000 年版。

[5] 袁晖、李熙宗主编：《汉语语体概论》，北京：商务印书馆，2005 年版。

[6] 倪宝元主编：《大学修辞》，上海：上海教育出版社，1994 年版。

[7] 黎运汉主编：《公关语言学》，广州：暨南大学出版社，1990 年版。

[8] 黎运汉：《汉语风格探索》，北京：商务印书馆，1990 年版。

[9] 黎运汉、盛永生：《汉语语体修辞》，广州：暨南大学出版社，2009 年版。

[10] 谭永祥：《汉语修辞美学》，北京：北京语言学院出版社，1992 年版。

[11] 刘焕辉：《言语交际学》，南昌：江西教育出版社，1986 年版。

[12] 刘焕辉主编：《言语交际学基本原理》，南昌：江西教育出版社，1997 年版。

[13] 陈望道：《修辞学发凡》，上海：上海教育出版社，2001 年版。

[14] 郑荣馨：《语言表达效果论》，桂林：广西师范大学出版社，1996 年版。

[15] 郑荣馨：《语言表现风格论》，合肥：安徽大学出版社，1999 年版。

[16] 郑荣馨：《语言得体艺术》，太原：书海出版社，2001 年版。

[17] 郑荣馨：《语言交际艺术——修辞策略探索》，太原：山西人民出版社，2007 年版。

[18] 钱进主编：《新世纪的修辞学》，南昌：江西人民出版社，2004 年版。

[19] 陈之芥、郑荣馨主编：《修辞学新视野》，北京：中国文联出版社，2005 年版。

[20] 陈之芥、郑荣馨主编：《走向科学大道的修辞学》，太原：山西人民出版社，2010 年版。

[21] 吴士文：《修辞格论析》，上海：上海教育出版社，1986 年版。

[22] 王德春、孙汝建、姚远：《社会心理语言学》，上海：上海外语教育出版

社，1995 年版。

[23] 李军:《话语修辞理论与实践》，上海：上海外语教育出版社，2008 年版。

[24] 陈艳华、高乐田编:《中外说辩艺术博览》，上海：上海文化出版社，1999 年版。

[25] 陈如松编:《世界名人论辩技艺欣赏》，北京：当代世界出版社，1999 年版。

[26] 江南:《汉语修辞的当代阐释》，徐州：中国矿业大学出版社，2001 年版。

[27] 王漫宇主编:《毛泽东谈话艺术》，天津：天津人民出版社，1993 年版。

[28] 王永盛、路则逢、张伟编著:《周恩来的语言艺术》，济南：山东大学出版社，1992 年版。

[29] 陈才俊:《论语全集》，北京：海潮出版社，2007 年版。

[30]《荀子》，北京：中华书局出版社，2007 年版。

[31] 钱梦龙:《导读的艺术》（修订本），北京：人民教育出版社，2004 年版。

[32] 柳斌主编:《中国著名特级教师教学思想录》（上下卷），南京：江苏教育出版社，2000 年版。

[33] 胡范铸:《20 世纪中国修辞学研究的几个问题》，《复旦学报》（社会科学版）1998 年第 6 期。

2. 期 刊

《修辞学习》、《毕节学院学报》、《语文建设》、《汉语学习》、《演讲与口才》、《读者》、《交际与口才》、《公关世界》、《现代交际》、《思维与智慧》、《晚报文萃》、《中外书摘》、《江苏教育》、《青年博览》、《成功之路》、《瞭望东方周刊》、《上海文艺界》、《年轻人》、《南方人物周刊》、《爱情婚姻家庭》生活纪实、《人民调解》、《教师博览》、《现代青年》、《东方青年》、《青年文摘》、《良友文摘》、《教书育人》、《新课程·小学》、《班主任之友》、《班主任》、《中学政治教学参考》、《河南教育》、《时代教育》、《心理世界》、《中国女性》中文海外版、《故事家》、《传奇文学选刊》、《少年读者》、《现代妇女》、《中国健康月刊》、《女人街》、《竞争时代》、《北京农业》、《工友》、《校园心理》、《心理辅导》、《企业文化》、《企业改革与管理》、《企业家天地》、《中国就业》、《语文教学与研究》、《女子文摘》、《科海故事博览》、《文学与人生》、《家庭》、《第二课堂》、《初中生学习》、《教育科学论坛》、《经纪人》、《故事会》、《中外管理》、《好同学》、《中国电力企业管理》、《聪明泉》、《文苑》、《北方人》、《可乐》、《企业管理》、《才智》、《理财》、《阅读与作文》、《科学大观园》、《创作》、《党的建设》、《竞争时代》、《大众商务》、《21 世纪》、《南风窗》、《海上文坛》、《外语研究》、《今日南国》

3. 报　纸

《报刊文摘》、《人民日报》、《文汇读书周报》、《解放日报》、《文汇报》、《中国教育报》、《新民晚报》、《青年参考》、《中国文化报》、《新闻午报》、《今晚报》、《无锡日报》、《江南晚报》、《南方周末》、《中国剪报》、《扬子晚报》、《现代快报》、《武汉晚报》、《环球时报》、《邢台日报》、《劳动报》、《人才市场报》、《深圳晚报》、《中华工商时报》、《重庆晚报》、《桂林晚报》、《钱江晚报》、《劳动报》、《北京青年报》、《文山日报》、《牡丹晚报》、《聊城日报》、《人民政协报》

后 记

七年之前，参加一次学术会议，与一位熟悉的朋友闲聊中，他提起我的一本拙著《语言表达效果论》（广西师范大学出版社，1996 年）。他说，经常受邀在外边给企业的管理人员讲课，并将拙作作为参考文本之一，观点和例子都能够派上用途，讲座颇受听众欢迎，进而讨论谈及一个话题——修辞学不应该仅仅停留在纯理论研究上，而是应该好讲管用，为广大听众、读者乐于接受，帮助他们解决现实生活中的问题，尽力发挥修辞学理论的社会效益。当时我很有感触，觉得这一意见极是。修辞学是门实践性很强、富有生命活力的学科，修辞学的生命活力在哪里？就在于现实生活之中。事实上许多专家学者也已经越来越重视修辞学的动态应用研究。由此，我在选择修辞研究课题时，特别注重从社会生活中提炼，以及重视课题对现实生活的指导价值。

人际关系是人们在进行社会交往过程中发生、发展和建立起来的人与人之间的关系，涵盖面十分广阔，包括整个社会人与人之间的各种关系，以及人与人之间关系的一切方面。和谐社会的构建，在某种意义上来说，就是建立和谐的人际关系。上海东方电视台有个名牌栏目《新老娘舅》，还开设了《柏万青和谐热线》、《热线追踪》，又开办了《一呼柏应》新栏目，影响颇大，很受观众欢迎。不少电视台也开设了类似的栏目。《新老娘舅》等栏目可以看做是普通百姓生活的一个缩影，关涉社会民生的诸多问题，而栏目主持人——"老娘舅"们凭借自己的修养、口才等修辞艺术，努力帮助人们解决人际矛盾，协调人际关系，为创造和谐社会尽心出力。在报刊上、电视节目中，也常常看到发生在职场中的许多发人深省的成功、失败的新闻事例；类似《非诚勿扰》的相亲节目，许多失败者败就败在语言表达上等等。这些，都成了我选择和研究人际修辞课题的最初动因。

如果说人际修辞问题至今没有引起人们的注意，那是不符合事实的。近些年来，公关语言、社交语言、营销语言、职场语言等吸引了人们的目光，探索也不断取得成果，有的还成为社会的热门课题。应该说，这些探索都涉及人际关系中的修辞问题，说明了人们已经在不同程度上普遍认识到解决诸如此类现实问题的重要性、迫切性。但考察人际修辞学的研究状况，存在的问题是明显的。一是研究的对象比较模糊。这些研究所关注的并不都是人际修辞问题，许多侧重在为人处世的方法上，有的甚至把权术运用、关系网建立等都拉进研究的范围。二是视野受到较大的局限。关注的大多是具体问题，比较零碎，未能从宏观上把握。三是理论比较薄弱，缺乏理论高度和层次。就事论事，忽视普遍规律的揭示，没有将研究提升到一门学科的高度来认识，更不要说进行科学建设了。所以，人际修辞学的建立很有必要，只有着力将分散的研究集中化，将零碎的探讨系统化，将感性的经验理论化，将肤浅的认识深入化，才能真正开创和建设一门新兴的修辞学分支学科。

经过几年的努力，我终于完成了这部书稿。在写作的过程中，随着收集的语料逐渐丰富，思考的逐步深入，我越来越感觉到这一课题的重要性和庞大性，便认真梳理、分析语料，发掘其中隐藏的规律，对照比较、归纳综合，提升理论高度，从不同角度、不同侧面进行探讨和研究。以后陆续写作、发表了《论人际修辞研究》、《论人际修辞的真诚宽容准则》等关于人际修辞的系列文章。这次成书，对原来形成的观点反复推敲、斟酌，作了较大的修改和调整，着重在科学化、系统化上下工夫。我又以为，语料在著作中有着十分重要的地位，不仅是用来论证观点，而且是诞生新观点的土壤，这是著作发挥切实有效现实指导作用的不能忽视的重要因素。所以，在写作过程中，我十分重视语料的收集、选择，尽量追求语料的鲜活、典型、真实、丰富，极少选用文学作品的例证，希望以此来加强书稿的可信性、指导性、趣味性。

由于人际修辞是个庞大、复杂的新课题，笔者限于诸方面的学识修养，论述多有不当之处，祈盼读者批评指教。

郑荣馨
2011 年金秋时节
于江苏无锡

语言研究新视角丛书（第一批）

语言研究新视角丛书（第二批）